使真者理论研究

李主斌 著

图书在版编目(CIP)数据

使真者理论研究/李主斌著.—北京:商务印书馆,2023
ISBN 978-7-100-22389-8

Ⅰ.①使… Ⅱ.①李… Ⅲ.①真理—理论研究 Ⅳ.①B023.3

中国国家版本馆CIP数据核字(2023)第075013号

权利保留,侵权必究。

使真者理论研究

李主斌 著

商 务 印 书 馆 出 版
(北京王府井大街36号 邮政编码100710)
商 务 印 书 馆 发 行
北 京 冠 中 印 刷 厂 印 刷
ISBN 978-7-100-22389-8

| 2023年9月第1版 | 开本 850×1168 1/32 |
| 2023年9月北京第1次印刷 | 印张 14¾ |

定价:88.00元

序

常言道，为人要讲真话，办实事。这种说法给出了一个提示：向往真理乃是人之为人的重要标识。当然，这里还预设了一个前提性的问题：何谓真理？

为什么在特定时刻我们相信"天在下雨"这句话是真话？因为那时确实天在下雨。为什么在特定时刻我们要说"张三正在读书"？因为那时张三的确正在办一件实事：读书。如此看来，真话之为真，实事之为实，端赖实际情形就是如此这般。换言之，真理之为真，在根本上取决于世界的实际状况（客观实在）——这一直白的表述，几乎是人人持有的直观看法，可称之为"真理直观"。

对这真理直观，有两种自然而然的解读方式："符合"（correspondence）式解读，即真理就是符合客观实在的东西；"使真"（truthmaking）式解读，即真理就是客观实在使其为真的东西。有不少学者认为，从学理上刻画这一真理直观，乃是真理符合论（The Correspondence Theory of Truth）和使真者理论（The Truthmaker Theory）共有的理论动机。就使真者理论而言，其看待真理的出发点就是坚持客观实在是真理的形而上学/本体论基础，进而着力澄清真理概念的基本特征，揭示真理与形而上学/本体论的关系，进而对过去与未来、反事实条件句、模态等一系列问题展开形而上

学/本体论的研究。(参见《使真者理论研究》所列参考文献 Asay 2014)

真理符合论很老,使真者理论很新。以新养老,尝试基于使真者概念,重构一种"谦虚的符合论",并为之做出辩护,正是《使真者理论研究》一书的宗旨。所谓"谦虚的符合论",其实就是一种探究真理问题的形而上学弱纲领,它不是那种试图定义真理概念的形而上学强纲领,也不是那种追问根据什么标准来判定一个真值载体是否为真的认识论研究纲领,而是致力于澄清"是真的"之类与真理相关的基本语词的涵义。例如追问:"雪是白的"为真是什么意思?进而可根据戴维森的看法,转化为这样的问题:什么东西使得语句"雪是白的"为真?(参见 2.3.2 节)。基于这一定位,作者在《使真者理论研究》的引言中坦陈:"本书试图在符合论辩护的大语境下考察使真者及其相关的诸论题,然后在这一基础上探讨使真者与符合论的关系。"

宗旨立定,主题明确,研究策略便清晰可见了:以使真者理论为纲,以真理符合论为目,以收纲举目张之效。这一研究策略的关键在于:评说各种符合论,重构新式符合论,为"谦虚的符合论"辩护,全都离不开使真者理论视角。换言之,全书所论诸多问题,皆可统摄于使真者理论之下。明乎此,也许就能领悟为什么作者会选择"使真者理论研究"作为书名了;明乎此,兴许亦可理解本书目录所示作者的问题意向和论析思路了。

依我看,《使真者理论研究》全书十章内容,可按主导问题及其相关性分为三个部分:第一部分,澄清真理符合论及其所受批评,并由此引出基于使真者理论以重构、辩护真理符合论的必要性和可能性(第1、2章);第二部分,探讨使真者理论的一系列核心论题和基本原则,重新定义使真者概念,并据此构建事实本体论,进而揭示使真者与真理符合论的关系,确立"使真者理论可以被看作某种版本的符合论"(引自第3章开篇处)这一核心观点,由此显示基于使真者理论以重构、辩护真理符合论的合理性与可行性(第3—9章);第三部分,"回应当前最热、最重要的真理论之一——真理紧缩论——对符合论的批评"(见引言结尾处),彰显基于使真者理论以重构、辩护真理符合论的独特优势(第10章)。令人赞叹的是,在对上述三个部分的论述中,随处可见作者鲜明的问题导向、严谨的治学态度和旺盛的创新精神。

根据书中的提示,我们可将真理符合论简略地表述如下:

(CT)一个真值载体是真的,当且仅当它符合特定实在。

假设命题是真值载体,事实是特定实在,就可得到一个通俗化的表述:

(CT^p)一个命题是真的,当且仅当它符合事实。

据此,参照"真值载体"、"符合"、"特定实在"这三个概念来对符合论进行分类,似乎是理所当然的事情。然而,作者认为"真值载体可能不是一个好的选项","因为对真值载体的争论往往与真理无关,而与哲学家们的形而上学立场或者其他偏好有关",所以"真值载体的分歧对符合论本身而言很可能是次要的、非实质性的"(引自 1.2 节开篇处)。

关于"符合"概念,根据理查德·科克汉姆(Richard Kirkham)的梳理,学术界主要存在两种解释:作为一致的符合(correspondence as congruence)和作为关联的符合(correspondence as correlation)。(参见 1.2 节)因此,以"符合"概念为参照,我们就可以把真理符合论分为"一致符合论"和"关联符合论"两种类型。但是,作者却认为"符合概念不是符合论的核心概念,而更像是一个口号式的存在"(同上,具体论证参见 2.1、2.3 节)。这一断言的主要理由是:各种试图界定"符合"概念,以及据此解释真理符合论的努力,似乎都面临一些难以克服的困难。(参见 1.2、2.1、9.1 节)

如果以"特定实在"为参照进行分类,则有关于真理的对象符合论(Object-Correspondence Theory of Truth)、事实符合论(Event-Correspondence Theory of Truth)、事件符合论(Fact-Correspondence Theory of Truth)之分。作者认为,"考虑到在漫长的哲学史上,给予事件符合论以严肃对待的哲学家非常少,而事件符合论本身也缺乏一个成熟的理论应有的技术刻画,因而值得关注的无疑是对象符合论和事实符合论"。(1.2 节)值得一提的是,在论述对象符合论的过程中,作者认为,除有些学者误解了语义性真理论之外,"在语义性真理论是否是符合论这一问题上,塔斯基本人也把事情弄复杂了"(1.2.1 节)。作者却经过详细论证,提出了一个明确的主张:"在本书看来,塔斯基借由满足概念而对真概念的定义是一种符合论,是一种基于对象的符合论。"(1.2.1 节)

基于上述分析,既然"真值载体可能不是一个好的选项",而且"符合概念不是符合论的核心概念"(对此观点的详细论证,参见 2.1 节），看来界定真理符合论的关键在于"特定实在"这一概念了。于是，我们看到了作者提出的一个策略性的主张："一种真理论是否是符合论，关键并不在于它是否赋予符合概念以关键作用，而是在于它是否奉行了如下本质教条：一个真值载体是凭借特定实在而为真的。"（2.3.1 节）据此，可得到一种基于使真者概念的符合论版本：

(CT^R) 一个真值载体是真的，当且仅当特定实在使其为真。

对此，作者给出了详细的解释（引自 2.3.1 节）：

如果一种真理论能坚持如下三点，它就是一种符合论：
(C1) 它是一种真理理论，即提供了对"是真的"的分析。
(C2) 它是通过求诸客观实在来解释真理的，一个真值载体为真是凭借客观实在而为真的。
(C3) [它]是客观实在的特定部分，而非客观实在整体，使得某个特定真值载体为真或为假。

(C1) 表明符合论是一种实质性的真理论，并且因此使符合论不同于今天非常流行的紧缩主义真理论。(C2) 是符合论的独有教条，足以区别符合论与融贯论、实用主义等其他实质性真理论。(C3) 需要特别予以说明，因为这是弹弓论证的教训（详见 2.2.2 节中的分析和论证）。需要注意到，满足 (C2) 的真理论仅仅是一种实在论的真理论，仅仅满足这一条件并不足以构成符合论。

如果选择命题作为真值载体,事实作为特定实在,则可得到另一种基于使真者概念的真理符合论版本:

(CT^{PR}) 一个命题是真的,当且仅当事实使其为真。

根据第 6 章的分析和论证,作者认为,"对象符合论与事实符合论并不冲突。然而有非常强的形而上学动机来支持事实符合论。这样,符合论的成败将取决于事实作为实体能否成立。"(引自 2.3.1 节)

可以说,《使真者理论研究》第二部分的主要工作是:参照使真者的真理符合论版本(CT^{PR}),着力澄清"使真者"、"使真关系"和"事实"概念(关于借助"本体论根源"和"典范描述"两个概念所提出的使真者定义,参见 9.2.3 节中的定义 9.1),揭示使真者与真理符合论的关系(参见 9.2 节),从而达成重构并辩护真理符合论的目的。

至于为什么(CT^{PR})中选择"命题"作为真值载体,作者给出的理由是:"诸多使真者理论家已经强有力地证明,使真者理论要求真值载体必须是作为抽象实体的命题。"(引自 3.2.4 节)概略地说,"在使真者理论中,使真者指的是使命题为真的实体。可以看到,在这一界定中,使真关系是关键。关于使真关系,由于使真者的核心直观是,实在是真理的本体论基础,因此几成共识的是,实体与它们使其为真的命题间有这样的使真关系:实体必然使得相应命题为真。"(引自 9.1.1 节)进一步说,"如果使真关系是内在的,那么语句、信念殊型等就不是真值载体,真值载体是作为抽象实体的命题。"(引自 3.2.4 节)

"使真关系"确实是内在关系,而且还是跨范畴的、多对多的关系(参见 4.1 节的论证)。关键是,使真关系表明,"一个命题的使真者是该命题为真的形而上学/本体论基础,真理与实在之间存在着形而上学依赖关系。"(见 9.2.1 节)于是,我们可以这样来表述真理符合论和使真者理论所共有的真理直观:真理在形而上学/本体论上依赖于实在;一个真值载体之为真,在形而上学/本体论上依赖于特定实在;一个命题之为真,在形而上学/本体论上依赖于相应的事实。因此,为了回应关于(CT^{PR})中"是真的"和"使其为真"可能有循环定义之嫌之类的批评,我们也许可以将其改写为如下形式:

(CT^M)一个命题是真的,当且仅当存在着与它相应的事实。

至于如何理解作为使真者的"事实"概念,经过一系列的分析、辩驳和论证(参见第 8 章),作者得出了这样的结论:"事实是由(薄的)个体、共相作为组成部分的结构性实体,但是在这里,无论是个体还是共相都是(某种意义上的)柏拉图式抽象实体。因而,以它们作为组成部分的事实也是一种抽象实体。"(引自 8.4.3 节)关于这一事实本体论的断言,可从作者本人的说明中体会其相关的问题背景和其观点的新颖之处:"通过第 8.2、8.3 两节的讨论,我们可以确定几个基本的结论：第一，为了应对布拉德雷倒退，构成事实的组成部分（即个体、属性）都是不饱和的，它们像维特根斯坦的链条那样勾连在一起；第二，个体的不饱和性乃是由于事实之组成部分的个体指的是薄的个体，一个薄的个体总是有各种各样的性质，与其他个体处于各种各样的关系中，因此抽象地考虑个体，这只是一个部分考虑行为；第三，存在薄的个体，这一点通过分析阿姆斯特朗放弃薄的个体与厚的个体的区分的理论后果可以确立。"（引自 8.4 节开篇处）

在此，需要特别指出，作者通过对弗雷格关于涵义—指称区分、涵项—主目分析和语境原则的独特解读，提出了一个新颖的观点：不仅概念是不饱和的（这是弗雷格的观点），而且专名也是不饱和的（超越弗雷格的观点）；不仅个体是不饱和的，而且属性也是不饱和的；不仅殊相是不饱和的，而且共相也是不饱和的。

现在，我们应该明白《使真者理论研究》基于使真者概念重构并辩护真理符合论的宗旨是如何达成的了。至于本书中论及的诸多关于使真者理论的主题、概念和原则，以及那些精彩的梳理、分析、论证、辩驳及其技术刻画，还有作者通过批评真理紧缩论来进一步支持本书核心论点的细节，就留给那些乐于享受理智愉悦的读者去慢慢品味吧。

我本人在品读《使真者理论研究》一书的过程中，就时时享受着理智的愉悦。为此，真心感谢李主斌约我为他的大作写序！主斌是我当年从中山大学调入复旦大学后正式招收的第一个博士生。难忘那段师生共同学习，一起讨论构思、写作博士论文的快乐时光！主斌那追求真理的激情、好学善思的禀赋、兢兢业业的态度、坚忍不拔的精神，以及谦和大度的品格，给我留下了深刻印象。

正是秉持其追求真理的激情和坚忍不拔的精神，经过将近10年的不懈努力，主斌在其博士论文《事实、真理与符合》的基础上，完成了《使真者理论研究》的写作。仿照书中多次提及的"一个真值载体凭借特定实在而为真"这种表述方式，可以说，主斌的新著凭借他的不懈努力而深化和拓展了其博士论文的内容。于我而言，甚感欣慰！

有理由期待主斌更上一层楼，在现有研究的基础上，展开进一步的深化、拓展研究工作。比如说，根据使真者理论，特别是使真者版本的真理符合论，探究真理与价值领域（特别是伦理学）的关系；审视实在论与反实在论的争论，从新的视角分析、评说真理与实在论/反实在论的关系；对真理多元论进行批判性的研究；反思真理和语言的关系。诸如此类，想必都是值得深究的有趣课题。

此外，我感到书中有一种论证方式值得一提。前面提到，参照"符合"概念可将真理符合论分为三类：对象符合论、事件符合论和事实符合论。主斌认为，"考虑到在漫长的哲学史上，给予事件符合论以严肃对待的哲学家非常少，而事件符合论本身也缺乏一个成熟的理论应有的技术刻画，因而值得关注的无疑是对象符合论和事实符合论。"在我看来，这一论证方式尚可商议（书中还有类似的论证方式）。在哲学史上严肃对待事件符合论的哲学家很少，而且迄今为止也缺乏一个成熟的理论对它做出技术刻画，这两点不足以成为事件符合论不值得关注的理由。概言之，人多势众和尚不成熟之事，未必不是重要之事。也许，事件与事实属于同一类似的概念家族。若是如此，则可分析这两个概念的类似之处，从而有可能得到一个同样基于使真者的真理符合论版本：事件符合论。也许，事件与事实具有实质性的区别。若是如此,则更有深化、拓展工作可做:挑明事件与事实的实质性区别,澄清事件的独特结构,分析事件的形而上学/本体论意涵,揭示事件与真理之间的关系。一言以蔽之,那些乏人问津的问题和尚不成熟的理论,有可能正是学术创新的着力点。

所思所感甚多,序文却不宜过长,就此打住吧。

祝愿主斌在追求真理的新征程中,尽情享受从容自在、怡然自得之乐!

张志林

2023 年 7 月 13 日

目 录

引言 ····· 1
第1章 真理符合论 ····· 10
　1.1 符合论引论 ····· 10
　1.2 符合论的哲学考古学 ····· 13
第2章 批评与辩护 ····· 60
　2.1 对符合的批评 ····· 60
　2.2 对事实的批评 ····· 68
　2.3 辩护符合论 ····· 96
第3章 使真者 ····· 110
　3.1 使真者引论 ····· 110
　3.2 使真者是什么？ ····· 116
第4章 使真关系与蕴含原则 ····· 143
　4.1 使真关系引论 ····· 143
　4.2 蕴含原则与不相关使真者难题 ····· 150
　4.3 避免不相关使真者难题的尝试 ····· 162
第5章 使真者最大主义与使真者必然主义 ····· 176
　5.1 使真者最大主义 ····· 177
　5.2 使真者必然主义 ····· 205

第6章 使真者论证：事实作为使真者 ······ 224
6.1 使真者论证 ······ 225
6.2 对象抑或事实？ ······ 231
6.3 特普论？ ······ 256

第7章 否定真理的使真者问题 ······ 266
7.1 复杂真理的使真者 ······ 266
7.2 否定真理的使真者 ······ 270
7.3 一般真理的使真者 ······ 282
7.4 拒斥否定性存在的再一次尝试 ······ 295

第8章 事实本体论 ······ 302
8.1 历史注记 ······ 302
8.2 布拉德雷倒退与统一体难题 ······ 306
8.3 阿姆斯特朗的例示必然性论题 ······ 323
8.4 事实：抽象的结构性实体 ······ 337

第9章 使真者与真理符合论 ······ 352
9.1 使真与符合 ······ 354
9.2 使真者与真理符合论 ······ 368

第10章 紧缩主义真理观对符合论的挑战 ······ 396
10.1 紧缩主义真理观 ······ 397
10.2 真理是否是断定的规范？ ······ 417

参考文献 ······ 437

译名对照表 ······ 453

后记 ······ 456

引　　言

如果此刻天在下雨，那么当一个人说"天在下雨"，他所说的东西即是真的；因为北京在上海的北边，所以，当一个人相信北京在上海的北边时，他所相信的东西也是真的。在上述两个语句中，前半句中的"此刻天在下雨"、"北京在上海的北边"所描述的无疑是世界的某种状况。这就暗示了人们关于真理的常识性看法：真理之为真在于世界本身的状况。这种看法直观自明到几乎不太可能会有人否认它们。问题是，如何在理论层面对其进行刻画？

通常认为，符合论是最契合上述直观的真理论。这一理论认为，真理存在于真值载体（truthbear，如命题、语句、信念等）对特定实在的符合中。当然，这是一个一般性的断言，信息量太少，符合论者需要对其给出具体刻画。从文献来看，哲学家们在漫长的历史中已经对其给出了各式各样的刻画，如亚里士多德（Aristotle）的古典刻画、罗素（Bertrand Russell）和维特根斯坦（Ludwig Wittgenstein）的逻辑原子主义、奥斯汀（J. L. Austin）的双重约定说、塔斯基（Alfred Tarski）的语义性真概念。这些刻画都着力于对上述断言中两个关键概念的阐明：符合与特定实在。当然，尽管符合论拥趸甚多，对其的批评不仅同样甚多，且从未止歇，这些批评也集中在这两个概念上。

在本书作者看来，针对符合概念的下述批评对于符合论是致命的。对"符合"一词的使用暗示着，符合论将真理分为两极，一极是真值载体，另一极是特定实在，然后将两者放在一起进行比较以确定它们是否符合。这种两极的提法暗示着确认一个真值载体与确定相应的实在是两个不同的程序。但是，这是荒谬的。可以想象一下，当某个比较得以成功的必要条件被满足时，我们面临的会是一种什么情况。就此，布伦塔诺（Franz Brentano）曾谈道：

> 一些人坚持认为，我可以将我的思想与对象进行比较来掌握真理。他们没有认识到，为了作出这样的比较，我必须已经知道该对象真正像什么，而知道这一点也就已经掌握了真理。（转引自 Künne 2003, p.127）

换言之，布伦塔诺认为，研究一个对象本身也就是判定一个关于该对象的真理。例如，研究苏格拉底然后知道苏格拉底是一位哲学家，这同时也就判定了＜苏格拉底是哲学家＞为真。[①] 一个真理的确定并非可以分为这样两步：先确定一个命题（思想、陈述，……）和确定特定实在，然后比较它们之间是否符合。真理的确定只是一步，当你确定特定命题（思想、陈述，……）后，它是否为真也就确定了；并不存在所谓的比较。

如果情况如此，那么这是否意味着符合论是错的，应该予以抛弃？或许抛弃符合论较为容易，但是抛弃符合论的直观就相当困难

---

① 在本书中，跟随霍维奇（Paul Horwich），我用"＜＞"表示命题，如"＜ p ＞"指的是命题"p"。

了。实际上,几乎无人否认这一直观。考虑到符合论是最好把握这一直观的理论,我们或许不应该轻易地放弃符合论,而应尝试弄清楚这一真理直观到底是什么,以及在什么意义上符合论是把握这一直观的最好理论。情况或许是这样的,就对这一直观的把握而言,符合概念对于符合论是次要的,因此符合论即使在符合概念不可信的情况下原则上依然是可辩护的。

如前所述,符合论的理论动机在于把握我们关于真理的下述直观:如果此刻天在下雨,我说"天在下雨",那么我所说的便是真的。对此直观,一种解读当然是从符合的视角去看,即一个真值载体是真的是因为它**符合**特定实在。但是一方面,哲学家们对符合概念提出了各种各样的刻画,这些刻画之间较少共通性,甚至我们可以看到,奥斯汀认为符合实际上是一种约定(指示约定与描述约定)。另一方面,所有的符合论都会着重表明,实在对于解释真理的必要性。从这个意义讲,对上述直观的另一种解读无需符合概念,即该直观所提示的、符合论所试图把握的是:一个真值载体之为真是由于客观实在,一个真值载体凭借(in virtue of)特定实在而为真;换言之,实在是真理的基础。这一解读被20世纪80年代兴起的"使真者"(truthmaker)概念特别明确地表达了出来。因此,探究"使真者"概念,这本身有可能成为刻画、辩护符合论的有希望的方向。

通常认为,使真者在两个领域中获得其重要性:其一是在真理论中。按照使真者,真理依赖于实在,一个真值载体是真的,是因为存在特定实在使其为真。其二是在形而上学中。一方面,由于使真者的拥趸们通常支持使真者最大主义(truthmaker maximalism,后面简称为"最大主义"),即所有的真理都有使真者,他们便以之为工具去探讨一系列形而上学论题,他们拒斥现象主义、行为主义、现存主义(presentism)。另一方面,使真者的拥趸们,例如阿姆斯特朗(D. M. Armstrong)认为使真关系是一种内在关系,因此只要使真者确定了,相应真理之为真也就确定了,这一方面表明真理实际上是"免费的午餐",另一方面也表明使真者(因而形而上学)的研究更重要。

那么,何为使真者?哪些实体可以作为使真者?哪些论题、哪些原则是使真者的应有之意?使真者的拥趸们对此却缺乏共识。仅就使真者的定义而言,哲学家们就已经提出了诸多不同方案。特别是,使真者理论可以作为一种特定的符合论而用于辩护符合论么?对此问题,使真者的拥趸们的态度也截然相反。就此而言,以使真者来辩护符合论并非是一目了然的事情。但是,正如前面所指出的,符合论的直观与使真者关系密切,因此,以使真者来刻画、辩护符合论无疑是一种很自然的选择、很有吸引力的方向。这正是本书所尝试做的工作,具体而言,本书试图在符合论辩护的大语境下考察使真者及其相关的诸论题,然后在这一基础上探讨使真者与符合论的关系。

本书的结构如下:

第1章是关于符合论的哲学考古学。我主要考察了两种类型的符合论:对象符合论与事实符合论。对于对象符合论,我讨论了亚里士多德的古典真概念和塔斯基的语义性真概念。人们通常认为亚里士多德给出了符合论的第一个版本。至于语义性真概念是否是一种符合论,人们对此争议很大。对此,本书将论证语义性真概念与古典真概念是一致的,并且因此是一种基于对象的符合论。对于事实符合论,我主要考察了在现当代哲学中有广泛影响的三种理论,即摩尔的符合论、罗素的逻辑原子主义和奥斯汀的双重约定说。

第2章讨论了符合论所面临的批评以及可能的辩护方向。对符合论的批评主要针对符合论的两个核心概念,一是符合,二是特定实在。对于符合,主要存在两类批评意见,一类认为符合是不可能的,一类认为符合是无意义的。第一类批评既有基于认识论立场的批评——如真理融贯论者通常的批评,也有纯粹的概念分析——如弗雷格倒退(Frege's Regress);第二类批评我们已经在前面提到。对于特定实在,由于本书坚持事实是使偶然真理为真的东西,因此我仅考虑针对事实的批评。在这里,我也仅讨论两个主要的批评,一是认为事实不过是真的命题,因而并非是一种自成一格的实体;一是认为如果一个命题由于符合某个事实为真,那么一个简单的论证(即弹弓论证)将表明,只有一个事实,即这个世界本身,而这是符合论者所不能接受的。本书接受关于符合无意义的批评,但是通过重构符合论的直观,我认为这并未表明符合论是错误的,这只不过是把所有的筹码放到了特定实在上,即放到了使真者上。即是说,如果符合论所试图把握的东西不过是真理依赖于特定实在,那么真理如何依赖于实在(或者说,特定实在如何使得相应命题为真),以及对于特定真理如何甄别出使其为真的实在,就是符合论之辩护所需要回答的关键问题。这样,我们开始进入到对使真者的探讨中。

从第3章到第7章我们主要探讨了使真者以及使真者理论的核心论题或原则,如蕴含原则和不相关使真者难题、使真者最大主义、使真者必然主义(truthmaker necessitarianism,后面简称为"必然主义")、使真者论证以及否定真理的使真者问题等。

第3章是对使真者的引入。这一章将简要地梳理使真者的历史，并分析定义使真者的几种主要方案，即蕴含解释、必然化方案、投射主义、本质主义和奠基策略。对这些不同方案的分析可以看到，如何能够避免不相关使真者难题是蕴含解释之后所有方案的出发点，但是这些方案即使能够成功避开不相关使真者难题，却也导致了新的困难。因此，看起来我们需要对使真者给出新的定义，这一定义我将在第9章给出。

第4章集中于不相关使真者难题，这一难题是由使真关系的蕴含原则所导致的，但蕴含原则对于使真关系本身又非常重要。使真者的直观，即真理依赖于实在，要求使真关系是跨范畴的，后者需要预设蕴含原则；使真者的拥趸们通常认为使真关系是多对多关系，这使我们能够拥有一个简洁的本体论，但这些也都需要蕴含原则为其背书。因此，为了避免不相关使真者难题，使真者理论家们提出了各种方案，这些方案要么要求限制蕴含原则，认为蕴含推理中的蕴含并不是经典逻辑的蕴含而是相干蕴含，要么限制蕴含推理的双方，例如要求它们是偶然真理甚至纯粹偶然真理。但是，相干蕴含策略的困难是目前我们拥有不同的相干逻辑系统，不同的系统将允许不同的蕴含推理，因此相干蕴含的支持者需要在这些系统中挑出一个能契合使真者的系统。这一工作还未富有成效地展开。偶然真理策略则太弱了，并不能避免不相关使真者难题，而纯粹偶然真理策略即使能够成功避免不相关使真者难题，所付出的代价也太大，它将侵蚀使真关系是多对多关系这一论题，并因此对使真者拥有简洁本体论的优势造成冲击。

第 5 章讨论使真者的两个正统论题：最大主义和必然主义。看起来，大部分使真者的拥趸都支持这两个论题。然而，当考虑否定真理的使真者问题时，这两个论题一起却会迫使人们承诺否定存在，如否定事实、缺乏、总体（一般事实）。因此，出于对否定存在的拒斥，一些学者尝试拒斥最大主义。在对最大主义的拒斥中，M 语句（"这个语句没有使真者"）被认为是最大主义的明显反例。另一些学者则认为非最大主义者会面临两难。在这一章中，我将尝试表明，最大主义是使真者的应有之意，抛弃最大主义也就是抛弃使真者自身。但是，本章将论证，尽管必然主义具有直观的合理性（即实在是真理的形而上学基础），但是当前关于必然主义的刻画，由于其本质是关于使真关系的蕴含解释，因此是错的。不仅如此，必然主义还需要为通常归于最大主义的抱怨负责，即最大主义使人们不得不承诺否定存在。

第 6 章讨论事实作为使真者的必要性。对于哪些实体可以作为使真者，学者们提出了诸多建议，如对象、事实、特普（tropes）等。即使限制在偶然真理的使真者问题上，上述三个选项也是我们经常可以看到的建议。但是，对这个问题，一种流行的观点认为，就偶然真理而言，使真者论证（truthmaker argument）证明了事实作为使真者的必要性。本书试图表明，由于这一论证预设了必然主义，因而并不可靠。通过对必然主义的弱化解读可以论证，这一论证只是表明了，事实作为使真者比对象作为使真者更精确、细密。然而，如果对对象做一番深入的分析，那么结果可能表明，对象在本体论中并没有位置。若如此，基于对象的符合论就不仅仅是不够精确，而且是错误的。此外，我也将在这一章讨论特普与事实（作为使真者的候选者)之间的竞争。在我看来,它们之间竞争的结果仅取决于各自在本体论层面的合理性方面,而非它们是否满足使真者的诸多限制方面。

第7章讨论否定真理的使真者问题。如前所述,如果承诺最大主义和必然主义,那么否定存在似乎不可避免。之所以如此,是因为对于否定真理的使真者,学者们所提出的任何基于肯定存在的建议似乎都不满足必然主义的要求。然而,一旦拒斥了必然主义,弱化了必然主义的要求,我们的眼前就会展现另一幅图景。

对于偶然真理的使真者是什么这一问题,本书第6章给出的建议是:事实。问题是,事实是什么?事实作为实体如何可能?我在第8章尝试回答这些问题。事实是统一体,以个体和属性作为组成部分构成,这是本书的一个基本立场。既然如此,它就面临着著名的布拉德雷倒退(Bradley's Regress),因此研究、回应布拉德雷倒退,将是这一章第一个重要的工作。在这一问题上,我认为弗雷格的不饱和策略给了我们提示,而他的语境原则则告诉我们不饱和的不仅仅是概念,个体同样不饱和。问题是,个体如何能够不饱和呢?在这一问题上,我借用了阿姆斯特朗关于薄的个体与厚的个体之区分,并且通过探讨放弃这一区分的结果是多么荒谬这一方式来辩护此区分。有了这些讨论后,本书确立了几个论题,即作为事实之组成部分的个体、共相都是抽象实体,因此事实也是抽象实体,但它是有结构的。当然,在给出这一结论前,本书先分析了关于事实的流行解释,以及它所面临的无法克服的困难。

第9章是本书的结尾部分,它探讨了使真者与符合论的关系。这一章先讨论了拒绝将它们等同的几个理由:其一是使真关系是非对称的，而符合关系是对称的，其二是符合论是一种真理理论，给出了关于真理的分析乃至定义，而使真者原则并没有如此。然后，我们尝试回顾之前章节（主要是第3、4章）的讨论，给出一个对于使真者的定义，并基于这样的定义来刻画符合论。在本书看来，真理的基础在于特定实在，对使真者的定义应该把"恰到好处"的实在挑出来，为此，我引入了"本体论根源"这一概念，并将其刻画为同一性条件的组成部分，然后基于本体论根源尝试给出一个关于使真者的定义，以及符合论的刻画。

如果本书是我画的一条蛇，那么第10章可能就是这条蛇的足，尽管我认为它是我们不得不添上的足，因为对符合论的辩护不能不回应当前最热、最重要的真理论之一——真理紧缩论——对符合论的批评。这一章我将以极小真概念为例分析紧缩主义真理观，我的焦点首先是它与实质性真理论（符合论是其中之一）的根本分歧之一："是真的"表征了一种性质，还是不过是一个句法谓词、仅具有句法（逻辑）功能？然后，我将聚焦于紧缩主义真理观与实质性真理论的第二个根本分歧，即真理是否是断定、信念的规范，真理有没有这样的规范作用。毋庸置疑，在这两个问题上，我都没有被紧缩主义真理观所说服，我将批评紧缩主义而辩护真理符合论。

第 1 章 真理符合论

1.1 符合论引论

正如本书引言开篇所述,如果此刻天在下雨,那么当一个人说"天在下雨",他所说的东西即是真的;因为北京在上海的北边,因此当一个人相信北京在上海的北边时,他所相信的东西即是真的。人们关于真理的常识性看法,暗示着真理之为真在于世界本身的状况。

如何从理论上刻画人们关于真理的上述直观?在这一点上,符合论是回答这一问题的最直接的尝试。根据符合论,上述直观表明:真理是一种对实在的关系,真理需要通过与实在的关系来进行解释。按照这一解读,符合论可以简略地刻画如下:

(CT)一个真值载体是真的,当且仅当它符合特定实在。

假如命题是真值载体,事实是命题所符合的特定实在,那么(CT)说的就是,一个命题是真的,当且仅当存在一个它所符合的事实。例如,<北京在上海以北>是真的,当且仅当它符合事实"北京在

第1章 真理符合论

上海以北"。

(CT)可以被看作是关于符合论之最一般、最简单的刻画,因为它对"真值载体"、"符合"、"特定实在"这些符合论的关键词项都没有给出任何细节性的说明。尽管如此,(CT)依然是对真理的符合论刻画,因为它至少承诺了符合论的两个关键点:其一,真理是通过求诸与实在的关系来给予解释的,这就使它不同于真理融贯论("一个命题是否为真依赖于它与特定命题集是否一致")、实用主义真理论("一个命题是否为真取决于它是否产生实效")等实质性真理论;其二,使一个命题为真的,既不是命题本身(不同于真理同一论),也不是其他命题或命题集合(不同于真理融贯论),而是特定实在。

众所周知,符合论是哲学史上最古老的真理论,它的历史通常被追溯到亚里士多德,他在一段被广为引用的文字中说:"说是的东西不是,或者不是的东西是,即为假;说是的东西是,或者不是的东西不是,即为真。"(Aristotle 1971, 1011^b25)这一引文的前半部分实际上借自柏拉图的《智者篇》。(柏拉图 2003, pp.37-38)在亚里士多德之后,中世纪的哲学家们更明确地表达了符合论,如阿奎那(Thomas Aquinas)在解释亚里士多德的上述引文时说:"真理是理智与对象的一致(agreement)。"(Aquinas 1949, alq1)阿奎那的解释将特定实在理解为对象,这一理解在符合论的历史上至关重要。实际上,在其后非常长的时间内,符合论者都是将特定实在理解为对象来刻画符合论的,如康德(Immanuel Kant)在其就职论文和第一批判中分别说道:

(K1)判断的真理存在于它的谓词与给定主体的一致中。(Kant 1968, sect.II, §11)

(K2)真理存在于认识与其对象的一致中。……一个认识是假的,如果它不符合它所关于的对象,即使它包含某些东西,后者对其他的对象可能成立。(Kant 1998, p.197)

又如黑格尔(G. W. F. Hegel)、海德格尔(Martin Heidegger)等人后来所做的。(Künne 2003, pp.104-107)

20世纪之交,随着分析哲学的兴起,符合论迎来了一个全新的面貌,这体现在如下两个方面:其一,数理逻辑的出现给予了哲学家们精确刻画"符合"概念所需要的工具,如逻辑原子主义借助同构概念对符合的刻画,又如塔斯基借由满足概念的递归定义对真概念的定义。其二,符合论开始与事实概念联姻,这首先是由于摩尔、罗素的工作,随后这一联姻得到了维特根斯坦的祝福,并在其后的哲学家们关于符合论的理解中成了一个教条式的存在。

当然,对于符合论,批评之声一直存在。在20世纪以前,这些批评主要来自符合论的竞争者(如真理融贯论、实用主义真理观等);分析哲学产生以后,首先出现了基于"是真的"这一语词的使用而反驳符合论的冗余论(redundancy),这一理论认为真概念是多余的。[1] 其后,伴随自然主义的兴起,一种自然化的真理论——即紧缩主义(deflationism),如去引号论、极小真概念、真理同一论

---

[1] 今天,人们也许会说,"冗余论"是一种用词错误,因为冗余论的支持者,如兰姆赛(F. P. Ramsey),并不认为真概念是冗余的,而是认为我们赋予了这一概念太多的意义、太多的重要性,应该予以收缩,因此冗余论实际上是真理紧缩论的一个先驱版本。

等——登上哲学舞台并日渐成为真理论中炙手可热的学说。紧缩主义尽管承认真概念有一些作用，即使我们能够表达出像"哥德巴赫猜想是真的"这样的间接认可、"他说的每一句话都是真的"这样的全称概述，但是，仅此而已，真后面并没有什么更基础的本质，因此所有关于真的实质性研究（如符合论、融贯论、实用主义）都误入歧途。但是，尽管面临巨大冲击，符合论凭借其与直观的高度契合，依然在关于真的研究中占据显要位置，一大批哲学家都尝试辩护这一理论。

问题是，如何辩护？显然，对符合论的成功辩护必须能成功地回应它所面临的各种批评。具体而言，它要能够回应同属实质性真理论阵营的各种竞争理论（如融贯论、实用主义）的批评，以及（在当下的哲学语境中，尤其要回应）真理紧缩论的批评。然而，相比于回应批评，也许更重要的是，如何能对符合论本身给予一个恰当的、可靠的理解和刻画？之所以后者更重要，是因为情况常常是：某个哲学家批评符合论，他的批评针对某个（些）符合论者的观点，或者当时关于符合论的通常理解，然而后者本身并没有恰当地把握住符合论的本质教条。

那么，符合论的本质教条是什么？如何恰当地理解、刻画符合论？为了回答这些问题，先回顾一下已有的符合论刻画无疑非常有益。

1.2 符合论的哲学考古学

为了便于梳理符合论的历史，最好基于某些标准对已有的符合论进行分类。从(CT)来看，或许人们可以根据符合论的三个关键概念(真值载体、符合和特定实在)来对已有的符合论进行分类。

真值载体可能不是一个好的选项，因为已有的关于真值载体大量而零碎的讨论表明，很难说只有一个真值载体，命题、陈述、语句(殊型、类型)、判断、信念等都可以被说成是真的或假的。在诸多关于真理的文献中，学者们常常在一篇文章中用一个作真值载体，在另一篇文章则用另外一个作真值载体，有的则同时用几个，或者干脆说他们对某个真值载体候选项的选择完全是为了论述的便利。之所以如此，是因为对真值载体的争论往往与真理论无关，而与哲学家们的形而上学立场或者其他偏好有关。例如，具有唯名论倾向的哲学家会对命题、陈述等深恶痛绝，甚至对语句类型也持排斥态度，而独独偏好语句殊型，而具有柏拉图主义倾向的人则会非常愉快地将真值赋予命题、陈述等。逻辑学家们出于技术刻画的便利，喜欢将语句用作真值载体。基于此，真值载体的分歧对符合论本身而言很可能是次要的、非实质性的。

如果以符合概念为参照，那么根据科克汉姆(Richard Kirkham)，存在两种类型的符合论：一致符合论(correspondence as congruence)和关联符合论(correspondence as correlation)。前者以逻辑原子主义为代表，后者以奥斯汀为典型。所谓一致符合论，简而言之，是指这样一种符合论版本，它认为每一个真理与它所符合的实在之间存在着某种结构上的关系：图示(picture)、镜像(mirror)、同构(isomorphism)等。与一致符合论的这种强要求不同，关联符合论并不承诺真理与实在之间有这样一种结构性的关系，而是认为真值载体作为一个整体与作为整体的实在相关。(Kirkham 1997, p.119)

如果以特定实在为参照，即尝试回答如下问题：使某一真值载体为真的特定实在是什么？那么根据库勒（Wolfgang Künne）的梳理，哲学家们已经提供了对象、事实、事件等候选项，因此相应的符合论可以分为对象符合论（object-correspondence）、事件符合论（event-correspondence）和事实符合论（fact-correspondence）。（Künne 2003, p.3）考虑到在漫长的哲学史上，给予事件符合论以严肃对待的哲学家非常少，而且，事件符合论本身也缺乏一个成熟理论应有的技术刻画，因而值得关注的无疑是对象符合论和事实符合论。

因为本书持有下述立场，即符合概念不是符合论的核心概念，而更像是一个口号式的存在，因此接下来的分类我们将仅基于事实概念。但是，这里还不是讨论这一立场的恰当时机，我将在第2.1、2.3节讨论这一点。根据库勒的标准，我们将梳理两种符合论：对象符合论和事实符合论。第1.2.1节梳理对象符合论，主要讨论亚里士多德的古典真概念和塔斯基的语义性真理论，第1.2.2、1.2.3、1.2.4节梳理事实符合论，分别讨论罗素的逻辑原子主义、摩尔的真理符合论和奥斯汀的双重约定说。

1.2.1 对象符合论：从亚里士多德到塔斯基

对象符合论通常指的是这样一种观点：一个陈述（语句、判断）是真的，当且仅当相应对象确实如它所陈述的那样。例如，陈述"苏格拉底是哲学家"是真的，当且仅当苏格拉底确实如该陈述所陈述的那样拥有是哲学家这一性质。历史上，亚里士多德是这一真理论最著名的持有者之一；20世纪以来，这一理论的典型代表无疑是塔斯基的语义性真理论。但是，这两个判断的任何一个实际上都颇具争议，需要辩护。这一小节的目标即是辩护上述判断，并希冀在此过程中展示对象符合论的形态样貌。

如前所述，在《形而上学》中，亚里士多德有一段被人广为引用的话：

（A1）我们首先来定义真和假是什么。说是的东西不是，或者不是的东西是，即为假；说是的东西是，或者不是的东西不是，即为真。(Aristotle 1971, 1011^{b}26-27)。

绝大多数人把这段话看作是一种符合论的表述，但是对于这段话的具体涵义，哲学家们却有着诸多不同的解释，分歧点在于如何理解谓词"是"。根据库勒的梳理，存在三种主要的解读：其一是将"是"理解为存在，如戴维森（Donald Davidson）(Davidson 1996, p.267)；其二是"事实"解读，布莱克本（Simon Blackburn）和西蒙斯（Peter Simons）即作此理解（分别参见：Simons 1988, pp.107-108；Blackburn and Simmons 1999, p.1)；其三是谓述性解读，这是C. 威廉姆斯（C. J. F. Williams）的偏爱。(Williams 1976, p.67)在《形而上学》的主要中译本中，苗力田先生、李真先生作"存在"解读，吴寿彭先生则作"谓述"解读。

那么，何种解读是正确的？考虑到不同的解读将直接影响我们对于亚里士多德之符合论版本的刻画，因此有必要先来探讨这一问题。根据库勒，存在相当充分的亚里士多德的文本证据支持谓述性解读。(Künne 2003, pp.96-100)所以，我们不妨先假定谓述性解读

是正确的,然后来看看它如何获得亚里士多德的文本证据支持。根据谓述性解读,上述引文所述的四种可能性可以重述如下:

(1a) 如果 S 是 P,那么"S 是 P"是真的;
(1b) 如果 S 不是 P,那么"S 不是 P"是真的;
(2a) 如果 S 是 P,那么"S 不是 P"是假的;
(2b) 如果 S 不是 P,那么"S 是 P"是假的。

借用命题逻辑,通过简单的几步我们就可以得到:上述引文等价于:[①]

(A 模式)"S(不)是 P"是真的,当且仅当 S(不)是 P。

现在来看看,这样的谓述性解读如何能得到亚里士多德文本的支持。在《解释篇》中,亚里士多德谈道:

(A2) 假和真必须处理结合(combination)与分离(separation)。(Aristotle 1963, 16^{a}12-13)

在稍后一些地方,他又谈道:

(A3) 肯定(affirmation)是将某物"朝向"(forward)某物的谓述,否定(negation)是将某物"远离"(far away)某物的

---

① 关于这一结论的具体得出步骤,参见 Künne 2003, p.97。

谓述。现在,有如下谓述的可能:

[a] 将属于某物(的东西)谓述为不属于(它);

[b] 将不属于某物(的东西)谓述为属于(它);

[c] 将属于某物(的东西)谓述为属于(它);

[d] 将不属于某物(的东西)谓述为不属于(它)。

(Aristotle 1963, 17^{a}25-29)

现在,出于一种试验性的目的,假定"x 属于 y"意味着"x 和 y 结合","x 不属于 y"意味着"x 与 y 分离"。现在,我们能看出(A2)谈的是什么,即是说,如果对于两个结合(分离)的东西,你谓述它为分离(结合),那么就是假的([a]、[b]);两个结合(分离)的东西,你谓述它为结合(分离),那么就是真的([c]、[d])。可以看到,这种解读与(A1)的谓述性解读是一致的。

问题是,上述试验性的假定有何根据?关于"结合"与"分离",一种契合亚里士多德实体(substance)—属性(attribute)形而上学的自然想法是:假设武松、武大郎是个体,美、丑是共相。由于武松例示美(即美属于武松),所以美与武松结合;武大郎例示丑(即丑属于武大郎),所以丑与武大郎结合。武大郎不例示美(即美不属于武大郎),所以美与武大郎分离;武松不例示丑(即丑不属于武松),所以丑与武松分离。共相之间同样存在属于关系,因此也存在结合与分离问题。关于这一点,亚里士多德的下属表述是直接的文本证据:

(A4)真在结合的情况中给予肯定,在分离的情况中给予

否定；假则具有与此相反的指派。(Aristotle 1971, 1027^{b}20-23)

(A5)真和假依赖于(就所关心的事物而言)它们的结合或分离；所以，一个人如果认为分离的东西是分离的，或者结合的东西是结合的，则他拥有真的思想；一个人如果与事物不一致，那么他拥有假的思想。(Aristotle 1971, 1051^{b}1-5)

由此可见，对(A1)的谓述性解读与亚里士多德关于真理的其他表述是一致的。

这样，亚里士多德的古典真概念就可以刻画如下：

(CTa) x 是一个真的谓述，当且仅当相互结合(分离)的对象与性质根据 x 是结合(分离)的；x 是一个假的谓述，当且仅当相互结合(分离)的对象与性质根据 x 不是结合(分离)的。

这样，举例来说，由于苏格拉底与智慧是结合的，而"苏格拉底是智慧的"也断言它们是结合的，因此根据(CTa)，"苏格拉底是智慧的"是真的；由于苏格拉底与木匠是分离的，而"苏格拉底是木匠"则断言它们是结合的，因此根据(CTa)，"苏格拉底是木匠"是假的。

第1.1节已经提到，亚里士多德对真理的上述看法被中世纪的哲学家们解释为：真理是理智与对象的一致(符合)。这实际上是符合论获得其通用名字的开端。但是，当代符合论的教条式表述常使人认为，符合论一定要求诸事实，否则就不是符合论。例如，戴维森在"试图定义真乃是愚蠢的"一文中认为，塔斯基的语义性真理论确实把握了亚里士多德的(A1)，但无论是语义性真理论还是(A1)

都不是符合论,因为它们都没有求诸像"事实"这样的东西:

> 尽管塔斯基赞同符合论,其中语句被说成符合事实,但是不应该认为他安慰了符合论的忠实信徒,亚里士多德也没有。因为,无论是亚里士多德的表述还是塔斯基的真之定义,都没有引入像事实或事态这样的句子所符合的实体。(Davidson 1996, p.268)

可以看到,基于前述梳理,这样的判断显然有违历史的实际情形,这一点恰如库勒对戴维森的如下评论:"如果一个人注意到,在数个世纪中关于真理符合论的主流解释,那么这一限制看起来相当随意。"(Künne 2003, p.102)

有了对亚里士多德真理论的上述梳理,我们容易看到,为什么塔斯基的语义性真理论属于对象符合论。众所周知,塔斯基关于真概念的定义是通过对满足的递归定义给出的,即真被看作是满足的一种极限情形(自由变元数为 0 的情形)。关于满足概念,塔斯基的递归定义如下:

定义 1.1 假设 f 是对象的无限序列,p 是命题函项,则 f 满足 p,当且仅当如下四个条件之一成立:

1. p 是 n 元命题函项,且有序 n 元组 $<f_1, f_2, f_3, \cdots, f_n>$ 满足 p;
2. 存在命题函项 q,使得 $p = \neg q$,且 f 不满足 q;
3. 存在命题函项 q 和 r,使得 $p = (q \wedge r)$,且 f 满足 q,f

满足 r；

4. 存在变量 x 和命题函项 q，使得 $p = \forall x q$，并且任何一个最多在变量 x 上不同于 f 的序列满足 q。

先解释一下这一定义。首先是"对象的无限序列"和"命题函项"这两个术语。序列 <柏拉图, 莱布尼茨, 弗雷格, 哥德尔> 是一个由四个对象构成的序列。如果某个序列的构成对象是有穷的（比如 n 个），则称为"有序 n 元组"；如果某个序列由无限个对象所构成，那么它即是这里所说的对象的无限序列。在序列中，对象的位置不能随意变动，否则所得到的将是不同的序列，例如序列 <柏拉图, 莱布尼茨, 弗雷格, 哥德尔> 不同于序列 <莱布尼茨, 柏拉图, 弗雷格, 哥德尔>。"命题函项"也被称为"语句函项"，它指的是这样一类东西：

_____ 是白的。
_____ 是 _____ 的老师。

其中，下划线"____"表示一个空位，需要填入所谓的"主目"（argument）；由于所需填入的主目并不固定，因此人们通常会用一个代表变元的符号——如"x"、"y"——来替代下划线，因此"x 是白的"、"x 是 y 的老师"也表示命题函项。函项与主目的区分主要归功于弗雷格（G. Frege）的工作，根据弗雷格，任何一个陈述句都可以分析为函项与主目。当把相应主目填入函项的空位后，我们就获得了一个具有完整涵义的语句；语句本身也是一个函项，即自由变元数为 0 的函项，换言之，语句是函项的一种极限情况。

接下来看一下上述四个条件。条件 1 是一种最简单的情形，因为它不包含逻辑连接词，也不包含量词；它是所谓的原子语句。假设以汉语（一种自然语言）为对象语言，并且假定对该语言的真理定义不会导致悖论。我们由简到繁考虑三种情况：只有一个自由变元、有两个自由变元和有 n 个自由变元。情况一，考虑命题函项中只有一个自由变元的情况，例如，"x 是白的"。此时满足概念的定义可以表示如下：

给定任意对象 a，a 满足"x 是白的"，当且仅当 a 是白的。

于是，"雪"、"白花"、"白云"等都满足命题函项"x 是白的"，而"煤"、"红苹果"、"黑板"则不然。情况二，考虑命题函项中有两个自由变元的情况，此时"满足"概念所涉及的对象不是一个，而是一个有序对（二元有序组）。不妨以"x 看到 y"为例说明此种情况：

给定任意有序对 $<a, b>$，$<a, b>$ 满足"x 看到 y"，当且仅当 a 看到 b。

情况三，考虑命题函项中有 n 个自由变元的情况。显然，情况一、二是情况三的特例，即 $n=1$、$n=2$ 的特殊情况。为了给出这一一般情况，我们需要稍费一些唇舌。假定用"f"表示对象的无限序列：

$f = <f_1, f_2, \cdots, f_n, \cdots >$。

即无限序列 f 中的第 n 个($n \in N$，且 $n \neq 0$)对象用 f_n 表示；并且假定：f 满足某个 k 元命题函项（即包含 k 个自由变元的命题函项）当且仅当由 f 的前 k 个对象所组成的有序 k 元组 $<f_1, f_2, \cdots, f_k>$ 满足该命题函项。这样，包含一个和两个自由变元的上述情况就可以分别说明如下：

f 满足"x 是白的"，当且仅当 f_1 满足"x 是白的"，当且仅当 f_1 是白的。

f 满足"x 看到 y"，当且仅当 $<f_1, f_2>$ 满足"x 看到 y"，当且仅当 f_1 看到 f_2。

现在，考虑包含 n 个($n \in N$，且 $n \neq 0$)自由变元的命题函项"v"。假定用"v_k"表示 v 中的第 k 个($k \in N$，且 $0 < k \leqslant n$)**自由**变元，那么"v"可以一般性地表示如下：[①]

$$v = P\, v_1 v_2 \cdots v_n$$

其中，大写的"P"是 n 元谓词符号。这样，"f 满足 v"就可以定义如下：

f 满足 v，当且仅当 $<f_1, f_2, \cdots, f_n>$ 满足 v，当且仅当 $P f_1 f_2 \cdots f_n$。

---

① 由于 v 是原子语句，不含量词，因此 v 中的任何变元都是自由变元。

这是条件1的情形。条件2和3分别处理的是包含否定符号与合取符号的情形，对此，所有的数理逻辑教材都会给予处理，这里就不再赘述。我们主要来看一下条件4。

塔斯基对现代逻辑的一个重大贡献即是创立了模型论(model theory)以处理量词符号，而在他之前，还没有哪一个逻辑学家能有效地处理量化的谓词逻辑。(Kirkham 1997, p.142)条件4即属于这一工作。假设以初等数论语言为对象语言，再假设 q 表示命题函项"x 不小于0"，则 p 表示命题函项：(对所有的自然数 x) x 不小于0。我们考虑这样一些序列，它们最多在第一个元素上不同于序列 f：

$$< 1 \quad f_2 \quad f_3 \quad \ldots \quad f_n \quad \ldots >$$
$$< 2 \quad f_2 \quad f_3 \quad \ldots \quad f_n \quad \ldots >$$
$$\vdots \quad \vdots \quad \vdots \quad \vdots \quad \vdots \quad \vdots$$
$$< n \quad f_2 \quad f_3 \quad \ldots \quad f_n \quad \ldots >$$
$$\vdots \quad \vdots \quad \vdots \quad \vdots \quad \vdots \quad \vdots \quad 。$$

根据条件1，所有这些序列满足命题函项 q，因此根据条件4，序列 f 满足命题函项 p。

有了对满足概念的递归定义，塔斯基说，它也就自动地适用于那些不包含自由变元的特殊命题函项，即语句，因为后者不过是命题函项的特殊情形(自由变元数为0)。容易看到，对语句来说，只有两种情况：或者被所有的对象序列满足，或者不被任何对象序列满足。前一种情况的语句是真语句，后一种情况的语句是假语句。(Tarski 1956, pp.189-195)这样，我们就得到了塔斯基对真概念的定义：

> （CT$_l$）x 是一个真语句，当且仅当 x 是一个语句，且每一个对象的无限序列满足 x。

例如，语句"雪是白的"是真的，因为任何一个对象的无限序列都满足它；而语句"煤是白的"是假的，因为任何一个对象的无限序列都不满足它。

如上描述的语义性真理论是否是一种符合论？对此问题，哲学家们有非常激烈的争论，这些争论的焦点往往集中在塔斯基的下述约定 T（Convention T）上（一个误入歧途的做法）：

> （约定 T）"x"是真的，当且仅当 p。

其中，"x"是对象语言的某个语句在元语言中的名字，p 是该语句在元语言中的翻译。根据语义性真理论是符合论的最大牌支持者波普尔（Karl Popper）的看法，只要有了对象语言与元语言，塔斯基就对符合论给予了令人赞叹的澄清和辩护："如果我们要谈论一个陈述对于一个事实的符合，我们就需要一种元语言，在这种元语言中，我们可以阐述有关陈述所论及的事实（或者断定的事实），此外，通过对该陈述使用某种约定的或描述的名称，我们还能讨论有关陈述本身。"（卡尔·波普尔 2005，p.52）为什么只要有了元语言，便可以轻易得到符合事实的陈述？对此波普尔的理由是塔斯基的 T 等式。假设"'雪是白的'"是英语语句"snow is white"在汉语中的名字，"雪是白的"是这个英语语句在汉语中的翻译。那么，根据波普尔的论述，有：

1.1 "雪是白的"是符合事实的，或者符合事件的实际状态的，当且仅当雪是白的。

再根据约定 T 的具体实例：

1.2 "雪是白的"是真的，当且仅当雪是白的，

有：

1.3 "雪是白的"是真的，当且仅当它符合事实。

上述所有三个当且仅当式都是在元语言中表述的。显然，1.1 式能够成立的必要条件是"当且仅当"的右边指的是事实。根据这一点，再加上 1.1、1.2 一起推出 1.3，则 1.2 式能够成立的必要条件也是"当且仅当"的右边指的是事实。（李主斌 2009, p.101）

可以看到，在波普尔看来，由于元语言具有谈论事实的能力，因此约定 T 是一种符合论的表述。但是，一方面，塔斯基引入元语言与对象语言的区分是为了避免类似于说谎者悖论这样的悖论，而为了做到这一点，塔斯基还进一步对此区分给出了严格的限定，即元语言比对象语言丰富仅是语言学和逻辑上的，至于语言与世界的关系，则对象语言说了多少，元语言便也同样说了多少。（Tarski

1944; Jennings 1983)因此，元语言与对象语言的区分显然无法支撑波普尔关于语义性真理论是符合论的断言。另一方面，如哈克（Susan Haack）等人所分析的，约定T并不能将符合论独个地挑出来，它同样支持（举例而言）马基（J. L. Mackie）的冗余定义：陈述"p"是真的，当且仅当p。哈克说，就是因为这一点，塔斯基才强调他的理论在认识论上的中立性。(Haack 1978, pp.112-114)稍微注意一下真理论的历史，我们会发现，当代紧缩主义的诸多版本都奉约定T为圭臬，如蒯因（W. V. O. Quine）的去引号论；(蒯因1999, p.71；蒯因2007a, p.220)霍维奇的极小真概念。(Horwich 1999, p.18)就此而言，认为约定T支持了符合论，恐怕要背负沉重的辩护负担。

在语义性真理论是否是符合论这一问题上，塔斯基本人也把事情弄复杂了。塔斯基曾明确表示，他的目的是把握古典的真概念（即亚里士多德在(A1)中展示的真概念），即符合论。(Tarski 1956, p.153)他也谈到，一个语句的真在于它符合事实。(Tarski 1956, p.404)他还谈到，一个语句的真在于它与实在一致（或它符合实在）。一个语句是真的，如果它指称一个现存的事态。(Tarski 1944, p.343)但是，塔斯基也说过这样的话，即语义性真理论并不能使我们断定像"雪是白的"这样的东西，它只是说，一旦我们断定或反对这个语句，我们就必须准备断定或反对如下语句：语句"雪是白的"是真的。因此，我们可以在不放弃任何我们已有的认识论态度的情况下接受语义性真理论，语义性真理论在各种认识论态度的争论中完全中立。(Tarski 1944, p.361)对此情况，达米特（Michael Dummett）曾做了一个有意思的评论，他说："关于塔斯基的真理定义,大量的争论与塔斯基最初的意图没什么关系。实际上,塔斯基本人后来关于这一真理定义之意义的评价是不是没有显著地偏离他原初的意图,这一点也不清楚。"(Dummett 1993, p.197)

因此,要论证语义性真理论是一种符合论,我们必须走一条新的道路。关于这一点,存在两个重要的启发资源:其一,1944年,塔斯基在论及语义性真理论是否是符合论时,建议我们去看他的新表述。(Tarski 1944, pp.359-360)这里,"新表述"的提法暗示着,当追问语义性真理论是否是符合论时,我们应该去分析他对真的定义,即通过满足而对真的递归定义。据此而言,前述波普尔与哈克等人的争论就误入歧途了,因为约定T是一个评价真理定义的标准,而非语义性的真理定义;其二,戴维森在"对事实为真"一文中认为,语义性真理论是符合论,之所以如此,是因为满足概念在其中所起的作用:

> 由塔斯基所提出的语义性真理概念,由于满足概念所扮演的这一部分角色,应该被称作一种符合论;因为已经完成的东西显然是:是真的(being true)这一性质是通过语言和其他东西之间的关系而给予(非贫乏的)解释的。必须允许的是,满足关系与人们直观上所期待的符合不完全一样;而且用于满足的函项或序列也不太像事实。(Davidson 2001a, p.48)

虽然戴维森后来否认语义性真理论是符合论,但其缘由不过是此时的他认为,符合论必定求诸事实,而事实在语义性真理论中无用武之地。本书同意戴维森关于事实在语义性真理论中不起作用的判

第1章 真理符合论

断,但正如前面对符合论之历史的梳理所表明的,还存在一种对象符合论,因此,从语义性真理论不求诸事实概念并不能推出语义性真理论不是符合论。

在笔者看来,塔斯基借由满足概念而对真概念的定义是一种符合论,是一种基于对象的符合论。下面来解释这一点。已经知道,在语义性真理论中,塔斯基对真概念的定义实际上是关于满足概念之定义的一种特殊情况,因此,如果我们能得到关于满足之定义的一般性结论,那么它们将同样也适用于作为特殊情形的真概念。根据递归定义的本性,对带有逻辑连接词、量词符号的命题函项的处理最终会还原到原子命题函项的情况,因此实际上,我们只需考察最简单的原子命题函项的情况即可。此外,就我们所关心的主题而言,包含多个自由变元的情况与只包含一个自由变元的情况是一样的。因此,为了论述的简便,这里仅考虑只包含一个自由变元的情况。

如前所述,对象的无限序列 f 满足"x 是白的"当且仅当 f_1 是白的。假设 $f = <雪, f_2, f_3, \cdots, f_n, \cdots>$,那么,$f$ 满足"x 是白的",当且仅当雪是白的。到这里,一种自然的倾向是,因为事实上雪是白的(或雪是白的是一个事实),所以 f 满足"x 是白的"。但是,这是一种过度解读,因为在塔斯基关于满足概念的递归定义中,事实概念不曾发挥作用。实际上,尽管塔斯基在诸多地方谈及"事实"、"事态"这样的词语来表明其工作是对古典符合论的精确刻画,但是在他的技术刻画中,从来没有用到事实概念。这样的情形使人误认为,语义性真理论是逻辑上的和语言上的,与实在无关。甚至,存在一种关于语义性真理论的极端批评意见,它认为语句"雪是白的"

之所以是真的，是因为"雪"满足"x 是白的"，"雪"之所以满足"x 是白的"，是因为语句"雪是白的"是真的。因此，语义性真理论实际上犯了循环谬误。（翟玉章 2011）

所有这些误解和批评意见都忽视了一个要点，即语义性真理论之所以被称作**语义性**真理论，是因为真概念是通过其他的语义学词项（即满足）所定义的，而语义学词项——如满足、定义、指称——处理的是表达式与对象之间的关系。（Tarski 1944, p.345）实际上，如科克汉姆所说的，塔斯基分析真概念的主要目标是为他称之为的"科学的语义学"（scientific semantics）奠定基础。（Kirkham 1997, p.141）受逻辑经验主义的影响，塔斯基信奉物理主义，他对物理科学没有假定的抽象实体持排斥态度。（Tarski 1944, pp.366-368）因此，对于科学的语义学，他希望通过真概念来定义除满足以外的所有语义学概念，然后真概念又通过满足概念给予定义，最终满足概念又仅仅通过物理的、逻辑的和数学的词项予以定义。

因此，当我们讨论为什么"雪"满足"x 是白的"时，并不能说"因为'雪是白的'是真的"，恰当的回答应该是求诸物理的、逻辑的和数学的词项给予解释，因此最终我们将进入实在中去。例如，当考虑"雪"是否满足"x 是白的"时，我们最终要进入到"雪"所指称的物理对象中去，即考虑雪这种对象是否拥有"是白的"这一性质。当考虑有序二元组 <麦利图斯，苏格拉底> 是否满足"x 指控 y"时，我们最终要进入到"麦利图斯"和"苏格拉底"所指称的物理对象中去，即麦利图斯与苏格拉底是否拥有"指控"的关系。如我们所看到的，这实际上就是自亚里士多德以来数个世纪中关于符合论的经典表述，也因此使得语义性真理论是一种基于对象的符合论。

1.2.2 逻辑原子主义

由于亚里士多德实体——属性形而上学的强大统治力,事实概念在哲学中迟迟无法出场,这一情形直到穆勒(John Stuart Mill)才发生实质性改变。(Olson 1987, pp.37-43)事实与符合论的联姻更晚,它直到20世纪初期由于摩尔和罗素的工作才得以成为现实。(Künne 2003, p.112)关于摩尔版本的符合论,我们将在下一小节予以讨论。在这一小节中,我们主要以罗素为代表讨论一下逻辑原子主义真理观。

逻辑原子主义真理观通常会与两个人的名字联系起来,即罗素和维特根斯坦。罗素的逻辑原子主义主要是他在1918年的"逻辑原子主义哲学"一文中提出的,而维特根斯坦的相应版本则在他1921年的《逻辑哲学论》中给出。根据罗素,他关于逻辑原子主义的观点很大程度上是对维特根斯坦的某些观点的阐明。(Russell 2010, p.1)然而显然,罗素不是一个忠实的解释者,他是一个具有原创精神的哲学家,他的所谓阐明其实质不过是:罗素利用了维特根斯坦所提供的原材料,但他端出来的实际上却是他自己的菜品。其结果是,他们两者的观点其差异是显著的。哈克曾谈道:

> 维特根斯坦对逻辑原子论的阐述是简洁的,罗素以一种认识论扩展了这一理论,根据这种认识论,逻辑原子(对于逻辑原子的特征,维特根斯坦持不可知的态度)是感觉材料。……罗素的表达形式与维特根斯坦的表达形式之间还有别的差别,

其中有些差别更重要。罗素理论的优点在于认识到了把全部分子命题，尤其是信念命题和带全称量词的命题，都看作是原子命题的真值函项时存在的困难。然而，罗素理论的其他方面似乎也引起了一些不必要的困难；……（苏珊·哈克2003，p.114）

这是其中的一些方面，还有其他一些方面的差异也将对他们理论产生重大影响，例如罗素对命题的形而上学理解就会为其版本的逻辑原子主义真理观带来致命的伤害。这一点，我们马上会看到。

尽管有诸多不同，但罗素与维特根斯坦共享"逻辑原子主义"的称号，这显然是因为他们一些共同的信条。如果按照维特根斯坦在《逻辑哲学论》中的表述，这些信条可以表述如下（Proops 2017）：

（i）每一个命题都有一个唯一的最终分析，这一分析将显示它是基本命题的真值函项；(3.25, 4.221, 4.51, 5)

（ii）这些基本命题断言原子事态的存在；(3.25, 4.21)

（iii）基本命题是相互独立的——每一个命题都可以独立于其他命题的真或假而是真的或者假的；(4.211, 5.134)

（iv）基本命题是语义上简单的符号或"名字"的直接结合；(4.221)

（v）名字指称完全简单的东西，它们被称作"对象"；(2.02 & 3.22)

（vi）原子事态是这些对象的结合。(2.01)

罗素和维特根斯坦都认为，这里的分析不是别的（例如物理分析），而是逻辑分析。

按照逻辑原子主义的上述信条，真理论的关键是如何理解基本命题的真值，以及如何将复杂命题的真值还原到基本命题的真值上。后者是由如下真值表来完成工作的：

α	β	$\neg \alpha$	$\alpha \wedge \beta$	$\alpha \vee \beta$	$\alpha \rightarrow \beta$
T	T	F	T	T	T
T	F	F	F	T	F
F	T	T	F	T	T
F	F	T	F	F	T

当然，这个真值表没有处理包含存在量词和全称量词的语句。从前面所引哈克的论述中可以看到，罗素与维特根斯坦在这里有分歧。实际上，就上述真值表中各复杂命题的真值是否可以还原到相应简单命题的真值，或者说，是否只要能够解释简单命题如何为真，我们就能相应地解释各复杂命题的真理，罗素与维特根斯坦也有分歧。如果说维特根斯坦认为每一个命题最终都可以分析为基本命题的真值函项，那么罗素则曾明确表示，否定（真）命题、全称（真）命题的真值不能最终分析为基本命题的真值函项，或者说，并不是我们有了对基本命题之为真的解释，我们就能解释为什么相应的否定命题、全称命题是真的（或假的）。(Russell 2010, pp.44-45; 69-71) 但是，关于这一问题，我们将放到第 7.1 节再给予详细讨论。

对于如何理解基本命题的真假，维特根斯坦谈道：

2.222 图像的真或假就在于它的涵义与实在符合或者不符合。

4.06 只有作为实在的图像,命题才是真的或者假的。

显然,维特根斯坦是要在命题与实在的关联(相符与否)中说明真理,而这是真理符合论的基本教条。问题是,命题到底是如何与实在符合或不符合的?从前面表述的逻辑原子主义的核心信条来看,这种符合实际上是一种同构:基本命题由语义上简单的名字结合,名字指称简单的对象,而原子事态则由这些简单的对象结合而成。这说的是,基本命题与原子事态的组成成分一一对应。但是,命题与实在的相符要求更多,它们还需要求,这些组成成分结合的方式相同,对此维特根斯坦谈道:

2.15 图像的要素以一定的方式相互关联,这表明事物也是以同样方式相互关联的。图像要素的这种关联称为图像的结构,而这种结构的可能性则称为图像的图示样式。

2.151 图示形式是这种可能性,即事物之间的联系方式和图像要素之间的联系方式是相同的。

后面我们会看到,罗素版本的原子主义与维特根斯坦这里的观点是一样的。

罗素并非从一开始就持有真理符合论,在20世纪的最初几年,他支持一种被称为"真理同一论"的真理观。按照真理同一论,一个命题是真的,当且仅当它同一于某个事实。直观上可以看出,这样一种真理论能够成立的关键在于提供一种对"命题"或"事实"的独特解释。它有两个可能的选项：选项一是把命题"推向"事实，选项二是把事实"推向"命题，无论是哪个选项，最终的目的是使它们成为同一个东西。(Candlish and Damnjanovic 2011a)罗素选择了选项一：

> 人们设想，如果 A 存在(exists)，那么 A 是一个事实；但真正的事实是："A 的存在"(A's existence)或者"A 存在"(that A exists)。这类东西，我称之为命题，并且如果它们恰巧是真的，那么这类东西就被称为事实。(Russell 1994, p.492)

这是罗素持有真理同一论的明证。罗素使命题同一于事实的关键步骤是对命题提供了迥异于弗雷格的解释。按照弗雷格，命题由概念组成，如"勃朗峰高 4000 米"这一命题包含"勃朗峰"的涵义作为组成部分。与弗雷格相反，罗素在一封致弗雷格的信中认为，"勃朗峰高 4000 米"这句话的涵义包括勃朗峰这座山峰本身(它所有的石头以及雪等)作为组成部分。(Frege 1980, p.169)在《数学原理》中，罗素说道："但是一个命题，除非它恰巧是语言学的，本身并不包含语词：它包含语词指称(indicated)的实体。"(Russell 1903, sec.51)由于命题与事实由同样的东西并以相同的方式组成，因此它们之间的同一唾手可得。这样，罗素才会说："真理并不存在于我们的观念与事实的符合中，它存在于事实本身中。"(Russell 1994, p.492)

但是，这样一种观点面临着一个明显的难题：如何解释假命题?把这个难题放在统一体(unity)的问题背景下会更清楚。人们一般认为罗素在1903年左右持有判断的二元关系论,认为一个判断就是判断者与某个单一对象(即命题)的关系。对于这一理论,一个问题是:如果在判断为真(judge truly)时,在判断者面前确实有一真命题(即事实),那么在判断为假(judge falsely)时,在判断者面前的是什么?此时有两种可能:其一是什么都没有。因为判断是一种二元关系,这意味着并不存在假判断。其二是假命题(罗素有时称假命题为"客观假"(objective falsehood)①)。根据判断的二元关系理论,这个假命题也是一个单一对象(即统一体)。困难出现了:假命题能是统一体吗?不妨对比一下真命题的统一体与假命题的统一体来看这一困难。我们说"上海在北京的南边"是一个事实(统一体)是因为"在……南边"这一关系实际地(actually)关联着上海和北京;但是,假命题的情形完全不同,这一点正如斯蒂文斯(Graham Stevens)所说的:

> 但是,这里有一个更严重的担忧。假命题必须是统一体。这看起来蕴含着,一个假命题的关系部分必须实际地关联它的对象。但是,在假命题中关系不能关联它的对象,因为如果它

---

① 众多真理同一论者在回顾同一论之历史时,往往错误地将罗素为解释假命题而被迫承诺的东西称之为否定事实。(Candlish and Damnjanovic 2011b)如果以罗素在1918年左右所刻画的否定事实为参照,那么这种错误显而易见。这一点可以从客观假和否定事实扮演完全不同的角色看出来。按照这里的说明,客观假是为了解释假;但罗素对否定事实的设定却认为,否定事实既可以解释命题的假,也可以解释命题的真,例如:"这个房间没人"这一否定事实可以解释<这个房间没人>这一命题的真,也可以解释<这个房间有人>这一命题的假。

关联了它们,这个命题就是真的了。如果斯诺登峰与珠穆朗玛峰拥有关系"比……高",那么命题<斯诺登峰比珠穆朗玛高>就不会是假的。(Stevens 2008, p.497)

因为假命题中的关系部分不能关联其中的客体,所以假命题不能是统一体,不能是单一的对象。因为判断是一种二元关系,因此并不存在假判断。这即是说,当判断为假时,上述两种情况都意味着并不存在假判断。这当然违背我们"健全的实在感",这种健全实在感促使罗素开始放弃判断的二元关系理论。

在1910年左右,罗素开始持有判断的多元关系论,即判断并不是判断者与某个单一对象的二元关系,而是判断者与多个客体的多元关系。[①] 相应地,罗素也放弃了真理同一论而转向真理符合论。

在判断的二元关系论下,判断"奥赛罗相信苔丝狄蒙娜爱卡西奥"是由"奥赛罗"和命题"苔丝狄蒙娜爱卡西奥"两样两个对象借由相信关系组成;[②] 在判断的多元关系论下,这个判断却是由"奥赛罗"、"苔丝狄蒙娜"、"爱"和"卡西奥"借由相信关系组成。当然,这个判断包含着罗素称之为的方向(direction)或者涵义(sense):奥赛罗 → 苔丝狄蒙娜 → 爱 → 卡西奥。这个方向或者涵义解释了上述判断为什么不同于判断"奥赛罗相信卡西奥爱苔丝狄蒙娜"。

[①] 在"论真与假的本质"一文中,罗素对判断的二元关系说进行了系统的批判,但此时他并不提及他1903年的理论而把判断的二元关系说归于迈农(Alexius Meinong)。

[②] 罗素将"判断"和"信念"作同义词理解。

现在问:这个判断在什么情况下为真,什么情况下为假?对此,罗素说道:

> 当一个信念是真的时,就存在另一个复杂统一体,在这个统一体中,其中一个信念客体作为关系将另外的客体联系起来。因此,如果奥赛罗真的(truly)相信苔丝狄蒙娜爱卡西奥,那么就存在一个复杂的统一体,"苔丝狄蒙娜对卡西奥的爱"(Desdemona's love for Cassio),后者完全由该信念的各个客体组成,且按着它们在信念中的顺序,并且,作为信念之客体的关系此时作为连接该信念其他客体的胶合剂。另一方面,当一个信念是假的时,就不存在仅由该信念的客体所构成的复杂统一体。……因此,当一个信念符合某个特定的相联系的复杂统一体时,它是真的,否则它就是假的。(Russell 1912, p.128)

根据此引文,信念(判断)的真假依赖于是否存在相应的复杂统一体(事实),该复杂统一体是由信念的客体作为组成部分构成的(且这些客体在该复杂统一体中的方向与它们在相应信念中的方向相同)。以"奥赛罗相信苔丝狄蒙娜爱卡西奥"这一判断为例,根据罗素,如果存在这样一个复杂统一体,它由如下元素构成:苔丝狄蒙娜,爱和卡西奥(按照这一顺序),那么该判断是真的;否则就是假的。

科克汉姆用如下图表来刻画罗素的上述想法:(Kirkham 1997, p.121)

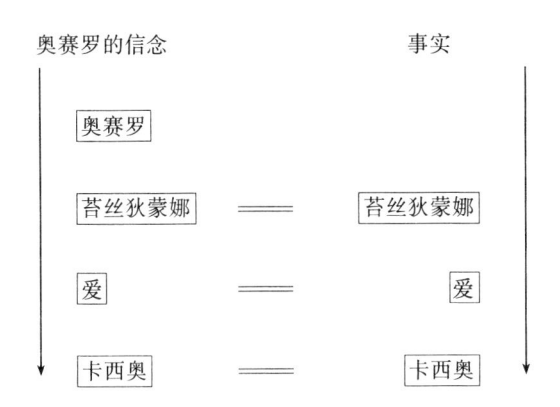

```
奥赛罗的信念                          事实

   奥赛罗

  苔丝狄蒙娜    ══════    苔丝狄蒙娜

     爱       ══════       爱

   卡西奥     ══════     卡西奥
```

其中，箭头号表示罗素所要求的方向。在上图中，判断的客体必须与所符合事实的相应组成部分一一对应，苔丝狄蒙娜对应苔丝狄蒙娜，爱对应爱，卡西奥对应卡西奥，这样所论的判断才是真的；只要其中的任何一个条件没有被满足，例如苔丝狄蒙娜对应爱（方向错了），或者苔丝狄蒙娜没有对应者，那么所论判断就是假的。

罗素的上述理论其优点在于清楚明白，它将原本多少有些含混的符合概念刻画得异常清晰，但这样一种刻画也使符合面临的可能批评清楚明白。例如哈克就这样质疑符合的可能性："符合论的困难在于它的关键概念即符合弄得不够清楚。甚至在最有利的情况下，所需要的命题结构与事实之间的同构也遇到困难。"（苏珊·哈克 2003, p.114）试考虑命题<这只猫在这个人的左边>与这一命题对应的实在的图像。看起来，命题至少包含三个部分："这只猫"、"这个人"以及"在……的左边"；而相应的实在则只包含两个成分："这只猫"和"这个人"。因此，符合是不可能的。（苏珊·哈克 2003, pp.114-115）

从关系唯名论立场来看,这的确是个批评。但是,对关系实在论者来说,这不是个批评,因为关系实在论者可以坚持认为,在实在中也有三个成分,"这只猫"、"这个人"和关系"在……左边"。关系是抽象的,不是那种我们可以看到实物的东西。从罗素与布拉德雷(F. H. Bradley)关于布拉德雷倒退的著名论争中,我们已经清楚罗素的立场。[①]

然而判断的多元关系论有一个自然的推论,即:既然判断是由判断主体及其所关于的对象组成,因此如果某个客体不存在,那么就不存在包含该客体的判断或信念。科克汉姆认为,这里一定有一些非常严重的错误,他说:"孩子们相信圣诞老人长着白胡须。圣诞老人不存在这一事实并不能阻止他们拥有这一信念。因此看起来是,如果信念是一种关系,它不可能是现存对象之间的关系。"(Kirkham 1997, p.123)显然,如果构成信念(判断)的组成部分不是对象本身,而是对象的表征、概念,那么即使圣诞老人不存在,孩子们依然可以拥有上述信念。因此可以看到,判断之多元关系说在这里所面临的难题类似于在判断之二元关系论时罗素式命题观所面临的难题,它们都属于罗素在拒斥弗雷格式内涵性实体后所导致的恶果。

故事并未结束。前面已经提到,1903年的判断理论面临着一种两难困境:当判断为假时,要么认为在心灵面前什么也没有,要么认为存在客观假。这一判断理论的困难还有另一面。判断的二元关系说认为,判断是两个实体,即心灵与命题,之间的二元关

---

① 关于这场争论,这里暂时搁置,而将其推迟至第 8.2 节再讨论。现在,我们暂且集中于罗素式符合论的困难上。

系。命题由语词所指称的实体构成。对这些实体,罗素称其为"项"(item),每一个项都是一个逻辑主词。现在问:命题为什么是实体?答案是,因为命题是统一体。那么,什么东西使得命题是统一体?关于这一点,罗素的回答是命题的组成部分由命题的动词关联在一起:"命题中真正的(true)逻辑动词可以一直被看做是断定了一个关系。"(Russell 1903, sec.53)这样,命题统一体(propositional unity)就区别于其组成部分的罗列,它说了某些东西。但是,这样一个统一体的观念与罗素关于项的断定似乎不一致。根据罗素,"每一个命题的每一个组成部分,为避免自相矛盾,必须能够被作为逻辑主词。"(Russell 1903, sec.52)于是,在一个命题中,动词本身就必须是一个项,是能成为主词的东西。然而,要使命题能够成为统一体,该动词又必须是一个特别的项,因为它必须同时成为命题统一体的来源,实际地关联该命题的组成部分(项也是这组成部分之一)。于是就正如罗素所认识到的,该动词具有"双重本质……,作为真正的动词和动名词,两者的区别可以被表述为实际关联着的关系(relation actually relating)与关系本身(relation in itself)之间的区别。"(Russell 1903, sec.54)一旦动词作为逻辑主词,它就必须被刻画为关系本身,而非实际关联着的关系,但这摧毁了原初命题的统一体。这一点正如罗素自己所描述的:

> 例如,考虑命题 < A 不同于 B >。如果我们分析该命题,那么它的组成部分看起来仅仅是:A,不同,B。但这些组成部分,如是一个接一个地排列,并没有重构这一命题。命题中的不同实际地关联着 A 与 B,而分析之后的不同是一个并没有连

接 A 与 B 的概念。……事实上，命题本质上是一个统一体；并且当分析摧毁了这一统一体后，其组成部分的枚举并不能重构该命题。这个动词，它被用作动词，包含着命题的统一体，因此它不同于被看作项的动词，虽然对这一区分的精确本质，我并不知道如何给出一个清晰的解释。(Russell 1903, sec.54)

所以，一方面罗素要求关系是真正的项，另一方面这又要求关系实际地关联着其他组成部分。这个难题，一般被研究者称为关系的双重角色(twofold role)难题。(Newman 2004, p.96)

当判断的多元关系说否定命题统一体后，上述难题似乎被消解了。情况是否真的如此？坎德利什(Stewart Candlish)认为，所谓的消解不过是一种幻觉。(Candlish 1996, p.109)在判断的多元关系下，命题统一体被命题行为(propositional act)统一体所取代，后者由判断关系所提供。但是，为了说明为什么"奥赛罗相信苔丝狄蒙娜爱卡西奥"和"奥赛罗相信卡西奥爱苔丝狄蒙娜"这两个判断是不同的判断，罗素诉诸了"涵义"或"方向"概念。为什么判断统一体会有涵义或方向？如果不对此问题作出解释，对它们的设定就难免会被质疑为是特设性的。这个难题，一般被研究者称为方向问题。(Newman 2004, p.96)罗素很清楚这一点，他对此的解释有两种版本。

在 1910 年，罗素这样解释方向问题："该关系必须不是抽象地呈现在心灵前面，它必须以从 A 到 B 而非从 B 到 A 的方式呈现在心灵面前。"(Russell 2009, p.151)但是这个回答，与其说是解决了问题，不如说是重述了问题。罗素对关系所作的要求，即非抽象的

第1章 真理符合论

而是实际地从 A 到 B，让人怀疑它们不过是 1903 年关于关系之双重角色的另一种伪饰的说法而已。到 1912 年，罗素修改上述回应认为，方向之源泉不是作为客体的关系，而是作出判断的心灵：

> 当一个相信行为（an act of believing）发生时，存在一个复合体，在其中"相信"是一个统一关系（uniting relation），并且主体和客体依照相信关系的"涵义"（sense）所确定的特定秩序被安排好。在诸对象中，如我们在考虑"奥赛罗相信苔丝狄蒙娜爱卡西奥"时所看到的，有一个必须是关系——在这里的实例中，即关系"爱"。但是，这一关系，因为它出现在相信行为中，并不是创造了由该主体和该客体所构成的该复合整体（complex whole）的关系。关系"爱"，当它出现在该相信行为中时，是对象之———在该结构中，它是砖块，而非水泥。水泥是关系"相信"。(Russell 1912, pp.127-128)

这一修改的后果是什么？考虑一下修改后的理论是如何工作的：当我们判断 A 爱 B 时，修改后的关系"爱"便作为关系本身，而非一个关联着的关系。这样，当我们作出上述判断时，我们的心灵不过是从 A 跳到爱，再跳到 B，或按此顺序将它们组织起来，但是这并不是判断"A 爱 B"。坎德利什认为，除非爱被允许作为关联着的关系，否则判断是不可能的。(Candlish 1996, p.117) 但是一旦这样允许，以前的困难又全部出现了。

此外，坎德利什上述最后一个批评提示我们，独立于方向问题，判断之多元关系论也面临着命题统一体的难题。如果不存在命题统一体，那么在心灵面前的就仅仅是：A、爱和B，以及这样一个想法：顺序是某种非常重要的东西（考虑布拉德雷的无穷倒退，这种重要性本身不能是判断进一步的组成部分）。但这真的是一个判断吗？在我看来，或者我们承认它不足以成为一个判断，因而认同命题统一体的重要性；或者我们否定命题统一体的必要性，而表明上述就足以构成一个判断。但后一种选择似乎必须满足如下条件才可以成立：心灵具有某种神奇的、神秘的念力。

对于罗素的判断多元关系说，维特根斯坦曾做了一个批评。维特根斯坦认为，一个判断理论必须能够区分判断与胡言乱语："对命题 < A 做了判断 p > 的正确分析必须显示，一个判断是一段胡言乱语，这是不可能的（罗素的理论并不满足这一要求）。"（Wittgenstein 1922, 5.5422）假如在判断中，并不存在所谓的命题，那么如何将那些有意义的判断与胡言乱语区分开来，例如如何区分如下两个判断：Q 相信 A 爱 B 和 Q 相信爱 AB？维特根斯坦分析这一点时说："当我们说 A 断定某某时，我们必须提到 A 所断定的整个命题。仅仅提到它的组成部分，或者它的组成部分和形式，但不以恰当的顺序，这些都行不通。这表明了，命题本身必须出现在被断定的陈述中。"（Wittgenstein 1979, p.94）即是说，一个判断之成为（有意义的）判断，必须包含命题在其中。

从前面关于判断的多元关系说之困难的梳理，和维特根斯坦的这个评论中，我们基本可以得出一个结论，即判断必须包含命题在其中。考虑到罗素关于判断的二元关系说所面临的困难，这里的命题也不能是罗素式命题。因此，如果聚焦于其哲学的变动轨迹，我们就会发现罗素一个惊人的转身：抛弃之前的反心理主义立场，引

入心理主义,认为意义原本就是一个心理学问题:

> 据我所知,逻辑学家很少去解释被称作"意义"的关系其本质,在这方面他们也未受到指责,因为这个问题在本质上是一个心理学问题。(Russell 1956, p.290)

这个时候,罗素就不再是一个逻辑原子主义者了。出于主题的考虑,我们不再追寻罗素的步伐,去考察他的心理主义。

1.2.3 摩尔的真理符合论

摩尔讨论符合论的文献不多,主要集中在《哲学的主要问题》一书的第14、15章。此外,尽管摩尔的符合论同样求诸事实,但他不同于逻辑原子主义有一个原子命题和分子命题、简单事实和复杂事实的区分,他对所有命题的处理遵循同一套原则。

如后来的塔斯基一样,摩尔在给出他的真理定义之前先考察了关于真、假之定义的标准:

> 假定……我朋友相信我去度假了。我认为,毫无疑问,至少在真、假这两词的日常意义(不管它是什么)上,下述陈述成立:……如果他这个信念是真的,那么我一定去度假了……而且,反过来说……如果我去度假了,那么他这个信念肯定是真的……换言之,我去度假了是他的信念为真的必要且充分的条件……而且,类似的……我没有去度假是这一信念为假的必要且充分的条件……所以,如果我们要找真、假之涵义的正确定

义,那么它一定不能与这些条件是必要且充分的条件这一陈述相冲突。(Moore 1953, pp.274-275)

摩尔这里所论述的必要且充分的条件实际上是塔斯基后来提出并且冠名为"约定T"的东西。[①]不仅如此,也如塔斯基一样,摩尔坚持认为,上述必要且充分的条件并不构成真和假的定义。如果它是真、假的定义,那么就意味着(举例来说)"信念'我已经去度假了'是真的"与"我已经去度假了"意义相同。[②]摩尔承认,这两个陈述密切相关:"没有一个可以是真的,除非另外一个也是真的,没有一个所表述的事实可以是一个事实,除非另外一个也是事实。"(Moore 1953, pp.275-276)但是,他坚持所论的两个事实并非同一个事实:当我们断定"信念'我已经去度假了'是真的"时,我们断定这一信念拥有某种性质,该性质是它与其他真信念所共享的;但是,仅仅断定"我已经去度假了",我们并没有归于这个信念任何性质,我们仅仅是断定了一个事实。显然,我可能已经去度假了,而我的朋友不相信这一点。如果这样的话,他的信念就是假的。因此,相比于仅仅说"我出去度假了",进一步断定他的这一信念是真的时,我已经断定了一个不同的事实。(Moore 1953, p.276)

由于将上述充分必要条件当作是真、假的定义实际上源于如下

[①] 塔斯基并非是第一个提出真理定义之标准的人,摩尔的上述论述是其先驱之一,兰姆塞是另一个先驱。(Ramsey 1991, p.14)

[②] 注意到,这实际上就是后来的去引号论、极小真概念等真理紧缩论所坚持的观点,因此摩尔下面的拒斥可以看作是对这些理论的一个批评。

现象：对于任何一个信念"p"，信念"p"要为真所需要满足的充分必要条件都可以通过"事实'p'"来指称。(Moore 1953, pp.256-257)因此，如果上述充分必要条件并未提供真、假的定义，那么摩尔就需要表明真信念与使其为真的事实之间还存在另外的关系。摩尔承认，要定义（在分析的意义上）这个关系非常困难甚至不可能，"但是，我认为我们看到了这一关系；我们对它都非常熟悉；所以，我们可以在指出它是什么关系（通过简单指出，它是这样的关系，当一个信念为真时它在该信念与该事实间成立，并且在该信念与任何其他事实间不成立）的意义上定义它。"(Moore 1953, p.276)这即是说，摩尔实际上将符合关系看作是初始的：我们可以指出它是什么，但除此以外，我们什么也做不了（我们无法分析它）。

摩尔对真、假的说明或定义是这样的：

……每一个真信念都对一个事实且唯一的事实拥有一种独特的关系——每一个**不同的**真信念对一个**不同的**事实拥有所论的关系。(Moore 1953, p.256；黑体为原文所有。)

我所说的关系是这样一个关系：信念"我去度假了"（如果是真的）对事实"我去度假了"拥有此关系，对其他的任何事实不具有此关系。……**定义**真和假的困难主要来源于这样一个事实，即这一关系……没有一个不含糊的名字；它没有一个只适用于它的名字，即不能也用于与它可能完全不同的其他关系……我建议称它为符合关系……将"符合"仅仅用作这一关系的名字，我们就可以立马断定"说这个信念是真的，即是说，在宇宙中存在一个它所符合的事实；说它是假的，即是说，在

宇宙中不存在一个它所符合的事实"。(Moore 1953, pp.276-277)

根据上述引文，摩尔有如下两个立场：

> 立场一：信念是真值载体。
> 立场二：符合关系是一对一的：一个真信念只符合一个事实，不同的真信念符合不同的事实。

关于立场一，尽管摩尔在第14、15章中的绝大多数地方谈论的是信念的真假，但是他对信念的分析以及其他论述可以表明，在摩尔看来，命题才是首要的（primary）真值载体。摩尔认为，信念可以分为两个部分，信念的行为和信念的对象，信念的对象是命题。(Moore 1953, p.258)命题同样有真假，而且命题的真假与对应信念的真假是一致的。就此而言，我们仅需承认存在一个首要的真值载体，即命题，而信念作为真值载体是导源性的（derivate）。(Moore 1953, p.262)为什么命题是首要真值载体，而信念是导源性的真值载体，这是因为信念之为真假的这样一个机制：

> 真信念和假信念之间的不同（……）仅仅在于，当信念为真时，除了事实存在（is or has being）外，命题（信念的对象）也拥有一种简单的不可分析的真性质。……所以我们应该说，狮子的真实存在——信念"狮子存在"所指称的事实——仅仅存在于命题"狮子存在"对一种简单性质的拥有中。(Moore

1953, p.261）

即是说，一个信念是真的，是因为它的对象（命题）拥有是真的这一性质，换言之，因为相应的命题是真的。就此而言，信念的真导源于命题的真。

接下来我们就以命题为真值载体来看摩尔版本的符合论。从前述引文知道，摩尔认为一个命题是真的，当且仅当在宇宙中存在一个该命题所符合的事实。这并没有完整地刻画他的符合论，因为这一说法没有把握摩尔的第二个立场，即符合关系是一对一的。一种改进这一点的方式是增加一条原则，即：对于任意两个事实，如果真命题"p"符合它们，那么它们是同一个事实。但是我们实际上无须这样做，因为摩尔对事实的刻画确保了这一点。

根据摩尔，事实是命题对真性质的拥有，事实是命题的真理。命题的真理并不等于真命题（Fine 1982, p.52），因此我们不能从这里得出摩尔持有真理同一论，实际上他此时拒斥真理同一论。（Baldwin 1991）如果事实是命题对真性质的拥有，那么命题、真性质就是事实的组成部分，它们通过拥有关系而关联在一起。我们不应该在此担心，拥有关系会导致布拉德雷倒退，因为如果拥有是一种关系，那么该关系的双方一定是部分同一的，因此不会要求进一步的关系。[①] 即是说，事实的组成部分有且仅有命题和真性质，例如事实"p"的组成部分有且仅有：命题"p"和真性质。假设我们有一个算子C，它表示命题对真性质的拥有，再假设"p"表示命题，"t"

---

① 关于这一点，我们将在第8章给予详细讨论。

表示真性质,那么摩尔的事实概念就可以用如下方式来表示:[①]

$$C(p, t),$$

这可以看作是命名(个体化)事实"p"的方式。但是,摩尔并没有采取这样的方式,因为他谈到,刻画事实只有唯一的方式,即通过 that 从句或等价的名词短语,(Moore 1953, p.257)因此,他实际上采取的是如下命名方式(假设"F"表示"fact that","p"表示命题):

$$F(p),$$

由于事实是命题对真性质的拥有,因此可以看到,如果 p 是真的,那么 F(p)存在(is or has being),如果 p 是假的,那么 F(p)不存在。

从这里,我们立刻可以得到摩尔版本的符合论:

(CT_m)x 是一个真信念,当且仅当 $x = B(p)$,并且存在一个事实 y,$y = F(p)$。

容易证明,(CT_m)满足摩尔的第二个立场,即符合关系是一对一的。首先,对于真信念"B(p)",任何两个它所符合的事实(令其分别为 t 和 s)都有 $t = s = F(p)$,即 t、s 是同一个事实。其次,对于任意

[①] 在法恩(Kit Fine)看来,相比于通过"fact that"算子,这是刻画事实的更可取的方式。(Fine 1982, pp.51-52)

两个真信念(令其分别为 b、c),如果它们都符合事实 t,那么根据摩尔的事实概念,有:存在一个命题 p,使得 $t = F(p)$。根据 (CT_m),有:$b = c = B(p)$,即 b、c 是相同的信念。

摩尔的事实概念蕴含一些有趣的结论:其一,两个事实是同一个事实,当且仅当作为事实之组成部分的命题是同一个命题。所以,尽管通常认为上海在北京以南和上海在中国的首都以南是同一个事实,但是,因为<上海在北京以南>和<上海在中国的首都以南>是不同的命题,所以根据摩尔的事实概念,它们是不同的事实。其二,因为每一个真命题之为真是因为它符合一个唯一的事实,因此有多少真命题,就有多少事实。由于下述命题都是真的,所以它们描述的事实都存在,且是不同的事实:

1. 上海不在北京以北。
2. 林黛玉是《红楼梦》中葬花的人。
3. 如果上海在北京以南,那么苏格拉底是柏拉图的老师。
4. 或者上海在北京以南,或者苏格拉底是柏拉图的老师。
5. 所有的人都是有死的。

也就是说,对摩尔而言,存在否定事实、析取事实、蕴含事实和一般事实。这与逻辑原子主义试图在事实本体论上的节俭相反,它是铺张浪费的。之所以如此,很可能是因为在摩尔这里,原子语句与分子语句的区分根本不存在。

在当代,摩尔的事实概念得到了塞尔(John Searle)的支持:

哪个事实符合真陈述"这只猫不在这张垫子上"？显然是事实"这只猫不在这张垫子上"。哪个事实符合真陈述"如果这只猫曾在这张垫子上，那么这只狗曾咬了它"？显然是事实"如果这只猫曾在这张垫子上，那么这只狗曾咬了它"。并且，对所有的情况都是如此。对于每一个真陈述，存在一个相应的事实。(Searle 1998, p.395)

简单评论一下摩尔的真理论，我们会说，这个理论最让人犹豫的是它的事实概念。其一，这个事实概念有违直观。例如，事实通常被理解为客观世界的一部分，按此理解，"上海在北京以南"与"上海在中国的首都以南"描述的是同一个客观实在，即同一个事实，但是在摩尔处，它们却是不同的事实。其二，这个事实概念在本体论上极其奢侈。通常认为，事实作为实体的必要性来自于它的两个角色，一是作为倒退终止者（regress-stoppers），一是作为使真者。这两个角色我们将分别在第3、8章予以讨论。通过这里的讨论，我们将看到，无论是哪个角色我们都不需要合取事实、析取事实这样的实体。从这个角度考虑，根据奥康姆剃刀，它们都不存在。

1.2.4 奥斯汀：双重约定说

逻辑原子主义试图实质性地刻画符合关系的做法，在奥斯汀看来完全误入歧途：

符合也导致麻烦，因为它通常被给予过于严格或过于丰富的内涵，或者一些在此语境下它无法承担的东西。符合的唯一本质要点是：语词（即语句）与下述情境（situation）、事件类型之间的关联完全是纯粹约定性的：如果语句所产生的陈述指称该类型的某个历史情境，那么该陈述是真的。（Austin 2001, p.30）

根据奥斯汀，我们可以指派任何符号去描述任何情境类型，只要真理的机器运行良好，[①] 因此如下假设毫无必要："用于产生一个真陈述的语词以某种方式（哪怕是间接的）'镜像'（mirror）情境或事件的无论什么特征。"（Austin 2001, p.30）一个陈述要为真，不需要复制实在的多样性、结构，或者形式。

如果语词与实在的关系是纯粹约定性的，那么如何解释真理？奥斯汀认为，真理涉及四个项（陈述、语句、事实、事实类型）和两种约定关系（描述约定、指示约定）。陈述是首要的真值载体，语句则是产生陈述的词项。事实和事实类型都是存在于客观世界中的东西。根据奥斯汀，语句由语词构成，陈述在语词中产生；相同的语句可产生不同的陈述。（Austin 2001, p.27）当然，不同的语句也可产生相同的陈述，其条件——根据他关于相同语句产生相同陈述的论述——是：陈述"s"同一于陈述"t"，当且仅当它们指称相同的事实。此外，作出陈述是一个历史事件，但是陈述本身不是，而

[①] 关于这一想法，参照戴维森对指称概念的拒斥无疑是有益的。根据戴维森，尽管指称本身必不可少，但是没有必要承诺任何特定的指称公理。（Davidson 2001a, Essay 15, 16）例如，在现在的汉语中，我们用"苹果"一词指称一种水果，用"梨子"一词指称另一种水果，但是如果把它们的指称关系调换一下，在真理问题上也不会有任何损失。按照奥斯汀，这种指称关系是约定性的，而且是随意的。

陈述本身才是真值载体。①

关于描述约定和指示约定，奥斯汀作了如下说明：

（描述约定）描述约定将语句与情境、事物、事件等的类型关联起来，后者在世界中被发现。

（指示约定）指示约定将陈述与历史的情境等联系起来，后者在世界中被发现。

按此说明，描述约定的双方是语句与情境、事物等的类型，而不是（比如说）语句的特定部分（如主词部分）与情境、事物等类型的特定部分；指示约定的双方是陈述与历史的情境等，而不是陈述的特定部分与历史的情境的特定部分。此外，对于这两个约定中的"情境、事物、事件，等等"，奥斯汀认为，"事实"是一个表示它们的一般性词项。(Austin 2001, p.28; Strawson 2001, p.452)但是，奥斯汀没有解释"事态类型"是什么，例如，如果那只猫在那张垫子上是一个事实，那么这个事实的类型是什么？这是奥斯汀理论的一个困难，我们后面会再谈到。

有了上述说明，奥斯汀这样解释陈述的真：

如果一个陈述通过指示约定所关联的历史性事态（陈述所指称的东西）是用于产生该陈述的句子通过描述约定所关联的

---

① 斯特劳森（Peter Strawson）在这里有一个误解，即认为在奥斯汀处，作为真值载体的陈述是作为历史事件的言语片段（speech-episodes）。(Strawson 2001, pp.447-449)

事态类型的一员,则该陈述是真的。(Austin 2001, p.28)

考虑句子"那只猫在那张垫子上"。无疑,这个句子产生了一个陈述,即那只猫在那张垫子上,该陈述根据指示约定指称着一个事态,假设是事态"f";同时,该句子还根据描述约定描述了一个事态类型,假设是"F",那么根据上述引文,当 f 是 F 的一员(表示为:$f \in F$)时,陈述"那只猫在那张垫子上"是真的。科克汉姆曾用下图表来表示奥斯汀的上述想法(Kirkham 1997, p.125):

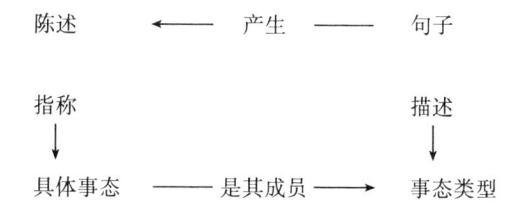

```
陈述    ←——  产生  ——   句子

 ↓指称                    ↓描述

具体事态 ——  是其成员 ——  事态类型
```

即:句子产生陈述,句子通过描述约定描述了事态类型,陈述通过指示约定指称着某个具体事态,如果该具体事态是该事态类型的一员,那么该陈述是真的。

奥斯汀似乎认为,一个陈述是假的,当且仅当上表中底部的箭头号不成立。问题是,其他三个箭头号难道不能不成立?对此,科克汉姆建议说,对奥斯汀来说,其他的箭头号不可能失败。在奥斯汀看来,一个陈述(根据其**定义**)通过指示约定与某个具体的事态关联起来:任何没有这样关联的东西都不是陈述。类似的,如果一个语句没有通过描述约定与某个事态类型关联起来,那么它就不是一个语句;一个陈述,根据其定义,是由语句产生的。(Kirkham 1997, p.127)但是,这就导致了一个问题。还是假设那只猫在垫子上是一个事实,那么当一个人说出语句"那只猫不在垫子上"时,他是否作出了一个陈述?答案是肯定的。那么这个陈述必须指称一个事实。问题是,哪个事实?如果是事实"那只猫在垫子上",那么看起来,同一个事实有两个不同的陈述指称它。例如,对那只猫在垫子上这一事实而言,就有陈述"那只猫在垫子上"和陈述"那只猫不在垫子上"指称它。然而,根据奥斯汀对陈述的说明,这两个陈述就是同一个陈述。这当然是错的。

这个错误的产生似乎是因为混淆了指称与描述的范畴区分。前面提到,描述约定和指称约定的双方分别是语句与事态类型、陈述与事实,而不是它们各自的部分。但是,在这个问题上,奥斯汀本人的论述允许不同的解释。上述解释依赖于他关于两种约定的说明,但是他也这样说过:"在哲学中,我们错误地将描述性的当作指称性的(共相理论)或者将指称性的当作描述性的(原子论)。"(Austin 2001, p.38,注 10)语句通常被认为可以分成两个部分:主词(指称对象)和谓词(指称共相)。奥斯汀的上述说法表明,他认为谓词与共相间的关系是描述而非指称,因此上述通常的做法是一个错误。这就意味着,奥斯汀在谈及描述约定与指称约定时,约定的双方指的是相应项的部分,而非整体,这一点正如斯特劳森所理解的:

在使用这些语句做出陈述时,我们指称一个事物或人(对象)以便刻画它:我们指称以便描述。**指称**可以正确或不正确。**描述**可以适应或不适应它所应用的事物或人。当我们正确地指称时,在所使用的语词与我们指称的事物之间,肯定存在着通过约定确立的关系。当我们正确地描述时，在我们用于描述的语词与我们描述的事物或人的类型之间，肯定存在着通过约定确立的关系。(Strawson 2001, p.451)

如果这样理解，那么一个事实与两个陈述间有约定关系就不再面临困难。然而，这时的约定关系不再是一个（指示约定）而是两个（指示约定和描述约定）。例如，在前述例子中，"那只猫"都正确地指称了所论对象，"在垫子上"正确地描述了该对象，而"不在垫子上"则没有正确的描述该对象。但是，在这一图景中，正如斯特劳森所说的，本体论中只要有对象即可以了，"事实"、"事态"根本没有位置。

如果把上述困难理解为"确定一个陈述所指称的具体事态"的困难，那么奥斯汀的事态类型同样面临着困难。前面提到，奥斯汀没有解释事态类型是什么。例如，关于下述事态的事态类型，我们在他的文本中找不到建议：那只猫在垫子上。对此，一种可能的建议是：事态"那只猫在垫子上"的事态类型是一只猫在垫子上。(Kirkham 1997, p.125; Haack 1978, p.93)这种建议的实质是说：一个句子所描述的事态类型指的是，当该句子中指称特定对象的语词（那只猫）被替换为不指称特定对象的语词（一只猫）后，所得的句子所描述的情形。陈述所指称的具体事态是，包含确定所指的句子所描述的情形。

这种建议后来得到了阿姆斯特朗的呼应。阿姆斯特朗认为，共相即是事态类型：

共相是取出内脏的事态；它是将事态所包含的特定殊相在思想中抽取后该事态所剩下来的所有东西。所以，它是一个事态类型，是包含该共相的所有事态共同的组成部分。(Armstrong 1997, pp.28-29)

假设"Fa"（a 是 F）、"Rab"（a 和 b 具有 R 关系）是两个句子，其中"a"、"b"分别表示对象，它们是个体；"F"、"R"分别表示非关系属性和关系，它们是共相。按照科克汉姆和阿姆斯特朗的上述说法，上述两个句子所描述的事态类型可以分别表示如下：

F _____，
_____ R_____。

其中，下划线表示要填入具体对象，具体对象填入后最终和共相一起确定了一个具体事态。容易看到，尽管阿姆斯特朗的上述建议似乎依然将指称与描述分别赋予语句的不同部分，但是由于共相本身是事实（事态类型），因此前面讨论的奥斯汀所面临的消解"事实"、"事态"等概念的风险实际上并不存在。这样的话，似乎可以援引阿姆斯特朗的观点来辩护和发展奥斯汀的双重约定说。但是，阿姆斯特朗的上述观点究竟会将把我们引向何方，还需拭目以待。

对于奥斯汀的双重约定说，还有一种质疑是，尽管确实有一些陈述可以分为指称部分和描述部分，但是否所有的陈述都如此？例如，包含存在量词、全称量词的语句所产生的陈述就不涉及指示约定。考虑陈述"所有人都是有死的"，由于它不指称任何具体的人，因此很难说它包含指示约定。关于这个问题，奥斯汀也许可以采纳逻辑原子主义的一些想法对其观点进行改进，即他所谈的陈述仅限于由原子语句（即不包含逻辑连接词和量词符号的语句）所产生的陈述，至于那些复杂语句所产生的陈述之真理，则通过逻辑学的工具还原到原子语句的真假上面。此外，奥斯汀关于事实的论述也引发了相当大的争论，特别是他与斯特劳森关于这一主题的著名论争对于真理、事实等概念的探讨产生了深远的影响。关于这一点，我将放到第 2.2.1 节给予分析和讨论。

第 2 章 批评与辩护

上一章梳理了符合论的几个主要版本,并简要分析了各自所面临的一些困难,这一章我们跳出符合论的具体版本,来一般性地看一看符合论所面临的批评或困难。如第 1 章所述,对符合论之最简单、最一般的刻画(CT)承诺了符合论的两个关键点:其一,真理是通过求诸与实在的**关系**来给予解释;其二,使一个命题为真的,既不是命题本身,也不是其他命题或命题集合,而是**特定实在**。符合论所面临的批评主要集中在这两个关键点上。这一章我们来看一下这些批评,具体而言,第 2.1 节讨论针对符合的批评,第 2.2 节考察针对事实的批评。在分析、讨论完这两类批评后,我们在第 2.3 节进一步探讨这样一个问题:真理符合论是否原则上是可辩护的。

2.1 对符合的批评

已经清楚,符合论认为,一个真值载体要为真,它必须符合特定实在(对象、事实、事件等)。对符合论的这种一般性理解似乎暗示着,某个真值载体要为真,需要与特定实在比较。但是,批评意见认为,这种比较要么是不可能的,要么是无意义的。(Künne 2003, p.127)

第 2 章　批评与辩护

先看不可能。在其关于逻辑的讲座中,康德谈道:

> 只有通过作出一个关于该对象的判断,我才能将该对象与我的判断进行比较。所以,我的判断被假定成由自己所证实,这对于它的真是不充分的。因为对象外在于心灵,而判断在心灵中,所以我只能判断,我关于该对象的判断是否符合我关于该对象的判断。(Kant 1974,sec.VII.B,init;转引自 Künne 2003, p.127)

康德的这个批评后来被戴维森所接受,在多处地方,戴维森像这样说道:

> 他如何能够说它们[1]是真的,或倾向于为真?我们已经假定,只有将他的信念与世界关联起来,使他的信念一个个直面感觉的判决,或者使其信念总体直面经验的法庭,这才可能。但是,没有这样的直面是合理的,因为我们不能越出我们的皮肤找出是什么导致了发生在我们内部的、我们意识到的东西。(Davidson 2001b, pp.143-144。另外,参见:Davidson 2001b, p.137, p.146。)

在上述两处引文中,康德批评的是将判断与对象的比较,戴维森则引申了这一批评,将其扩展到信念与实在的比较,但他们的要点是

---

[1] 指他所有的信念。

一样的：由于判断、信念内在于我们，实在外在于我们，而我们又不可能越出自身，因此我们不可能将判断、信念与实在进行比较。

这实际上是一种基于认识论视角对符合论的批评，其要义是：假设符合论是对的，即一个真值载体之为真在于它符合特定实在。现在，给定 <p>，我们如何能判定它是否为真？按照符合论，我们应该将其与特定实在比较以确定它是否符合该实在，但是由于这样的比较是不可能的，因而符合论是错的。从文献来看，基于认识论视角而对符合论的批评在哲学实践中非常普遍，如逻辑经验主义者纽拉特（Otto Neurath）（Neurath 1983, pp.52-57; 58-90）亨普尔（Carl Hempel），唯心主义者布莱夏尔德（Brand Blanshard），更近一些的，如 M. 威廉姆森（Michael Williams）。（参见：Alston 1996, ch.3、Künne 2003, p.128）问题是，这样的批评是否有力？即使我们不能将判断、信念与实在比较，从这里也只能推出，我们无法判断某个给定的真值载体是否为真，或者说，依据符合论的定义，我们无法判断任何具体真值载体的真理。对于那些将真理看作一个认识目标的人而言，这当然是一个不能忍受的结论。试想一下，我们手上有一种真理理论，但是对于任何具体的真值载体，这种理论都不能告诉我们该真值载体是真还是假，这是一件多么尴尬的事情。

然而，如库勒所注意到的，如果符合论的目标不是回答下述问题，那么这一批评就打错了靶子：我们如何找出一个命题的真值条件？如何提供某个真值载体为真的判断标准？（Künne 2003, p.128）即是说，如果符合论并不试图告诉我们如何认识真理，并不旨在提供关于真理的认识论，那么上述批评就打错了靶子。本书支持库勒、科克汉姆等人的如下判断，即符合论的目标是去研究"真理"、

"是真的"等词项的涵义，而非试图去刻画一个真值载体为真的条件。在第 2.3.1 节，我将展开对这一点的论证，这里暂时仅考虑对符合的批评。值得指出的是，康德在上述引文稍后的地方谈到，上述批评仅在把符合论看作是提供真理的标准时才成立，但这是一种对符合论的误读。

有没有可能将上述批评的认识论因素去掉，从而将其改造成一种对作为涵义研究的符合论的批评？对此，弗雷格曾提供了一个选项：

> 此外，只有当相符合的东西是一致的(coincide)，因此并非不同的东西时，符合才可能完美。一般认为，通过将一张纸币与一张真币进行立体式地比较可以确定该纸币的真实性，但是试图立体式地比较一块金币与二十马克的纸币则很荒谬。把一个观念与一个东西比较时，仅当这个东西也是一个观念，这种比较才可能。这时，如果前者完美地符合后者，则它们是一致的。但这完全不是真被定义为一个观念与一个现实的东西的符合时人们所想要的，因为实在不同于观念，这一点是根本性的。但是，这样一来，就不可能有完全的符合，不可能有完全的真。所以，没有什么东西是真的，因为仅仅一半真的东西是不真的(untrue)。(Frege 1956, p.291)

抛开这段引文中可能含有的认识论因素，这段话基于对符合的分析对符合论提出了如下反驳：

2.1 真理不允许有程度之分,所有的真理必定是绝对真理。(预设)

2.2 仅当符合是完美的,或者相符合的东西是完全的符合,所得的真理才是绝对真理。

2.3 只有相符合的东西是一致的,即并非不同的东西时,符合才可能完美。

2.4 在符合论的语境下,相符合的东西是不同的,这一点具有本质重要性。

由(2.4)和(2.3),可得:

2.5 符合论的符合并不完美。

由(2.5)和(2.2),可得:

2.6 所得的真理不是绝对真理。

与预设(2.1)矛盾。因此,符合论是错的。

虽然一些唯心主义者(如布拉德雷)可能会对该论证的预设提出质疑,但符合论者一般会接受它,因此这是一个符合论者需要回应的挑战。那么,这个论证是否有效?要回答这个问题,关键是如何理解"完美的符合"这一术语。弗雷格没有解释什么叫"完美的符合",他只是给了一些例子,他谈及纸币与真币的比较,以及纸币与金币的比较。似乎在他看来,由于纸币与真币属于相同的范畴,而纸币与金币范畴不同,因此前两者间的比较是可能的,而后两者间的比较是荒谬的。这一点从他认为一个观念只能与一个观念比较也可以得到验证。这里特别重要的是,弗雷格在分析纸币与真币、纸币与金币、观念与观念之间的比较之可能性时,将它们是否可以比较的原因归于它们的范畴。但是,为什么?

来看一下如何将一张纸币与真币进行比较。假定我手上有一张第五套人民币的"红大头",现在,为了确定它是否是一张真币,我从各个不同的方面对其进行检视:摸该钱币的厚度,摸人像、盲文点、中国人民银行行名等处在手中是否有凹凸感,看水印,看安全线,看将"红大头"正面左下角倾斜到一定角度时,100元券的面额数字是否会由绿色变为蓝色,等等。所有这些检视手段都预设了与真币的比较,但这些比较中有几样需要预设范畴相同?无疑,这张"红大头"必须是纸做的,这一比较预设了相同范畴;可能摸在手中的感触也预设了范畴的相同。但除此以外,我看不到还有哪些方面一定要范畴相同才能比较。我们当然不能通过将"红大头"与一个金币比较以确定它是否是真币,但看起来是,之所以不能比较不是因为它们范畴不同,而是因为通过比较什么以确定该纸币的真假,这一点从来就没有被确立起来。关于这一点,考虑一下纸币与真币的比较就会很清楚。我们之所以可以将"红大头"与100元真币比较以确定其真假,根本原因在于百元大钞提供了一系列特有的标识,这些标识既有范畴上的,也有非范畴上的;而金币却从来没有提供这样的标识。

应该说,不同范畴的东西之间也是可以比较的。例如,在上述"红大头"与百元大钞的比较中,其中一个关于厚度的比较就可以发生在不同范畴的事物之间。一张纸币就不能跟一根木棍比厚度？当然可以！当苹果公司在其 iPhone 5 中放弃 Google 地图而采用苹果地图后，它曾被人们广为恶搞，其原因就在于苹果地图存在诸多错误，例如它把纽约的莱克星顿大道放到了新泽西。所谓的"地图错误"，不是只有在将地图与实在进行比较后才能确定吗？如果不同范畴的东西之间不能比较，那么地图是否正确就不可能像通常那样被评判。

由此一来，弗雷格上诉论证中的(2.3)不成立，弗雷格的批评并不成功。

再看比较是无意义的这一批评。符合论通常被认为将真理分成了两极，一极是真值载体，另一极是特定实在。符合就是将真值载体与特定实在放在一起进行比较。这种两极的提法暗示着确认一个真值载体与确定相应的实在可以是两个不同的程序。哲学家们对这样的观念进行了批评。想象一下，某个比较得以成功的必要条件被满足时，我们面临的会是一种什么情况。就此，布伦塔诺谈道：

> 一些人坚持认为，我可以将我的思想与对象进行比较来掌握真理。他们没有认识到，为了做出这样的比较，我必须已经知道该对象真正像什么，而知道这一点也就已经掌握了真理。（转引自 Künne 2003, p.127）

换言之，布伦塔诺认为，研究一个对象本身也就是判定一个关于该对象的真理。例如，研究苏格拉底然后知道苏格拉底是一位哲学家，这同时也就判定了<苏格拉底是哲学家>为真，我们并不需要在判定该真理之前将其与苏格拉底这一对象进行比较。

当然，无论是布伦塔诺的上述引文，还是我们前面的表述，都使用了"知道"、"掌握"、"判定"等认识论词汇。如果符合论研究的是"真"、"是真的"的涵义而非我们如何认识真理，那么基于这些认识论立场的批评不是打错了靶子么？如我们看到的，库勒正是这样回应布伦塔诺之批评的。(Künne 2003, p.128)但是，在我看来，"知道"、"掌握"这样的认识论词汇并不是布伦塔诺上述反驳的关键，问题的关键在于真命题与其符合的特定实在之间的紧密关系。符合论将真解释为与特定实在的关系，这样，在给定一个真命题后，符合论者通常要去实在中寻找使这一命题为真的特定实在。[①]假设相应实在是事实，考虑（举例而言）<雪是白的>的真理。要解释这一命题的真理，符合论者需要刻画这一命题因之而为真的事实，他们不能简单地说这一命题因为符合一个事实而为真。问题是，如何刻画这一事实？几成共识的是，只能通过语言，同样几成共识的是，只能通过真语句来刻画事实。于是，一方面语言表达思想，另一方面语言描述事实。这种情形意味着，确定事实与确定真命题实际上是同时发生的，两个确定是同一个程序。

塞尔对这一点曾给过一个精彩的论述，他谈道：

> 由符合论产生的这种图像，即事实是复合的对象或事件，

---

① 作为一个其志不在提供真之认识的理论，符合论并不会要求这一特定实在必须是我们认知上可把握的。

而真理存在于陈述的要素与事实的要素之间的一种匹配或同构，这一图像是荒谬的。我们一旦确认陈述和事实，我们就无须进一步去比较它们，因为确认一个事实的唯一途径就是作出一个真的陈述。我们一旦回答了"哪个事实？"这一问题，我们就已经建立了真理，因为（根据斯特劳森）真陈述与事实并非是两个独立的实体。(Searle 1995, p.205)

当然，从事实与真陈述之间的紧密关系中，塞尔得出了一个独特的事实概念，这一事实概念我们在介绍摩尔的符合论时已经介绍过（参见第 1.2.3 节）。简单来说，本书并不认同这一事实概念。

2.2 对事实的批评

对事实的批评，最重要的有两类，其一是认为根本不存在符合论者所要求的那种事实，即作为一个命题为真时所符合的客观实在，也即作为这个世界的居住者（occupant），一种存在于指称领域的东西。对于"事实"一词在日常语言中有着广泛的使用这一现象，这种批评意见认为，事实不过是真的命题。这一论断最初可能由弗雷格提出，在斯特劳森处得到发扬，并在今天成了真理同一论的教条。其二是认为，如果一个命题是由于符合某个事实而为真，那么可以借用一个简单的论证——即弹弓论证（the slingshot argument）——证明，所有的真命题符合同一个事实，即大事实（the Great Fact）。在这一节，我们讨论这两类批评。

2.2.1　真理同一论：事实不过是真的命题

事实即是真的命题，这是弗雷格在"思想"一文中所提出的一个论断。(Frege 1956, p.307)这个论断被斯特劳森在1950年与奥斯汀关于真理、事实的世纪之争中所发扬，并成为当前真理同一论的官方教条，是当前拒斥符合论的事实概念最重要的论断之一。

弗雷格并没有给予这一论断太多的关注，这可能是由于事实概念在他的语义学中没有位置。根据弗雷格，一个语句（陈述句）有涵义和指称，其涵义是它的思想，用后来流行的术语来说，即命题。一个语句的指称是它的真值，真值只有两个，真和假，因此所有的真语句指称相同，即真（the True），所有的假语句也指称相同，即假（the False）。涵义与指称的区分穷尽了一个语句的语义学，事实概念在这里无用武之地。所以，弗雷格之所以提及事实，是因为"事实"一词在日常语言中有着广泛的应用，大家都在用，而且科学家们还会频繁地使用这个词以暗示科学的基础。(Frege 1956, p.307)

斯特劳森基本遵循了弗雷格的思路，不过他关注的不是语句而是陈述。他与奥斯汀一样都以陈述作为真值载体。对于奥斯汀认为"事实"是一个表示情境、事件、事物、事态等的一般性词项，(Austin 2001, p.28)斯特劳森认为事实有别于所有这些东西，奥斯汀由于没有充分地辨别这些语词，犯了如下三个错误：第一，将事实同化为事物，或者（几乎是同样的东西）将陈述（stating）同化为指称（referring）。第二，错误地表征了"真的"一词的使用。第三，掩盖了其他一些更为基础的问题。(Strawson 2001, p.450)为了论证他的这一系列观点，斯特劳森从指称和描述这两种功能开始，认为所有的陈述包含两个部分：指称部分和描述部分。例如，考虑如下三个语句：

> 这只猫有兽疥癣。
> 那只鹦鹉说了很多。
> 她的陪同是一个中等身材、脸刮得干干净净、着装得体且有着英格兰北部口音的男人。

斯特劳森谈到，在使用这些语句所做的陈述中，我们指称一个人或事物以进一步描述、刻画他（它）。指称可以正确或不正确，描述可以适合（fit）或不适合。指称部分所指称的东西正是描述部分所试图刻画的东西，这一东西正是语句所关于的对象，除此以外，不存在语句所关于的其他任何东西。他说：

> 陈述的指称部分所指称的、陈述的描述部分所适合或不适合的那个人、物等是陈述所关于的东西。显然，这个世界上不再存在该陈述所关联——这一关联或者以某种它自己的进一步的方式，或者以不同的方式（在这些方式中，陈述的不同部分关联该陈述所关于的东西）——的其他任何东西。显然，要求应该存在这样的关系项是逻辑荒谬的：一个逻辑的基础类型错误（logically fundamental type-mistake）。但是要求在世界中存在使陈述为真（奥斯汀先生的术语）的东西，或者当陈述为真时，在世界中存在它所符合的东西，就是这样一个要求。
> （Strawson 2001, pp.451-452）

第2章　批评与辩护

按此说法，所存在的东西只有能以单称词项指称的东西，即对象，此外别无他物。然而，事实并不是对象，这一点可以从如下两个语言学现象中看出来：其一，虽然我们确实会说，陈述符合（适应、证实、与……一致）事实，我们从不说陈述符合事物、人等它所关于的东西；其二，事实被知道、陈述、学习、忘记、忽视、评论、交流或者注意；而事物被听到或看到、打破或掀翻、打断或延长、击打、摧毁和修补等。（Strawson 2001, pp.452-453）

如果事实不是对象，那么事实是什么？在这个问题上，斯特劳森一开始有些含混，后来则明确起来。在1950年时，他一方面给出了两个肯定性论题：其一，事实（与命题一样）总是通过that从句给出；其二，事实是陈述所陈述的东西，而非陈述所关于的东西，陈述所陈述的东西并不存在于世界中；并且说，事实与真陈述在角色上是重合的（overlap）："除了风格，在'那是真的'与'那是一个事实'、'……是真的？'与'……是一个事实？'之间，没有任何的细微差别。"（Strawson 2001, p.453）这些都强烈地暗示着"事实即是真的陈述"这一结论。但是，斯特劳森另一方面又明确否认"事实即是真的陈述"这一论断，因为"正如通过尝试在语境中交换它们的实验所能看到的，这些表达式在我们的语言中有不同的角色"。（Strawson 2001, p.453）到了1998年，斯特劳森明确认为事实不过是真的命题：

> 事实不是"在世界中"的使命题为真的任何东西。一个命题，一个意向性的抽象物（abstract item），可以有很多性质：它可以是简单的或复杂的；它可以蕴含这个、那个或其他命

题，或与它们不相容。它也可以拥有性质"是真的"，并且因此可以被恰当地称之为"真理"；这就是事实所是的，即真理。（Strawson 1998, p.403）

弗雷格、斯特劳森的上述论断是当代真理同一论的主要灵感来源，并且他们将这一论断表述为：一个命题是真的，当且仅当它同一于某个事实。但是，在论证这一论断上，不同于斯特劳森主要基于日常语言实践的观察来立论，他们尝试提供更多的理论依据。

真理同一论是一种在分析哲学的初创年代有重大影响、近些年来又一次变得显目的真理论。（Gaskin 2019）通常认为，在20世纪初期，诸多重要的哲学家，如布拉德雷、弗雷格、摩尔和罗素，都有真理同一论的思想。20世纪80年代，沉寂了大半个世纪的同一论思想再次弥漫于哲学家们的思想中。例如，在一篇讨论马基之真理符合论的文章中（该文章1985年首印于一本纪念马基的文集中），麦克道威尔（John McDowell）谈到，马基的刻画（即："一个真的陈述是这样的，即事物所是的方式正是该陈述表征它们所是的方式"）使得"真理存在于事物所是的方式与事物被表征为所是的方式两者间的符合（而非同一）关系中"。（McDowell 1998, p.137, n.21）1989年，坎德利什在一篇讨论布拉德雷真理论的文章中第一次使用了"真理同一论"这一表达式。（Candlish 1989）自此以后，关于真理同一论的文献便多了起来。真理同一论在当代捕获了不少重要的拥趸，例如，麦克道威尔在1994年出版的《心灵与世界》一书中明确拥护真理同一论；霍恩斯比（Jennifer Hornsby）1996年就任亚里士多德学会会长时其就职演说的题目就非常显目的是"真理：

同一论"。(Hornsby 1997)

那么多重要的哲学家会被真理同一论所吸引，这本身就是一个值得思考的问题。通常认为，对于那些认为世界是一个统一体，在其中，表征者与被表征这之间不存在根本区分的哲学家（如布拉德雷），同一论有着先天的吸引力；对那些希望心灵与世界之间不存在本体论间隙的哲学家（如麦克道威尔），同一论也是一个必然的选择。此外，大卫（Marian David）还认为，人们谈论事实与命题的方式——即都借助 that 从句——也为哲学家们拥护真理同一论提供了强烈的动机。(David 2001)但是，正如贾斯金（Richard Gaskin）、坎德利什等人所言，最好将真理同一论理解为是对真理符合论的反应。(Gaskin 2019; Candlish and Damnjanovic 2011a) 第 2.1 节引用了弗雷格拒斥符合的一段论述，霍恩斯比在解释这段话时认为："如果真理是通过任何关系予以解释的，那么这种关系必须是同一，因为任何比真理候选者与所谓的相应事物之间的一致还弱的东西都将导致一个无法忍受的结果，即没有真理。"(Hornsby 1997)同一论者认为，由于刻画这两个实体的表达式间似乎不存在任何的语言学差别，因此真命题与事实之间的关系不是符合，(Künne 2003, p.8)而是同一。这一观点被下述解释性的事实所强化。符合论者在解释为什么 <雪是白的> 是真的时通常会说，<雪是白的> 是真的因为雪是白的是一个事实（It is true that snow is white because it is a fact that snow is white），但是这一解释被认为不过是在重复自己。

符合论者会说，事实与真理间的解释关系是一种形而上学解释而非语义解释。这一形而上学解释认为，事实是命题之真假的形而上学基础，命题之真假奠基于客观实在（事实）。例如，使真主义者罗德里格斯—佩雷拉（Gonzalo Rodriguez-Pereyra）曾尝试论证一个口号：没有使真者，就没有使真（no truthmaking without truthmakers）。（Rodriguez-Pereyra 2005）但是同一论者，如多德（Julian Dodd）、霍恩斯比，坚持认为形而上学解释不成立。（Dodd 2002）不仅如此，基于事实与命题间的亲密性，同一论者反对使真者这一概念，因为这一概念似乎暗示着真值载体与使真者的区分，并且真值载体与使其为真的使真者是两类不同的实体；同一论者认为，由于并不存在不同于真值载体的使真者，又因为没有任何东西可以使自己为真，因此并不存在使真者，所存在的只是真值载体。（Gaskin 2019）霍恩斯比的文章"没有使真实体的真理"其标题即清晰地表明了同一论者的这一立场。（Hornsby 2005）

如果没有使真者，那么事实当然就不是使真者，我们就不需要将事实构想为居于指称领域的语句形状的（sentence-shaped）居住者；如果再假设事实是某种类型的实体，那么将事实还原到真命题就颇具吸引力。（Dodd 2008, ch. 4）当然，这只是一个提议，同一论者需要提供支持它的理由或论证。这样的理由或论证主要有两个：

其一，事实是命题态度的对象，命题态度的对象是命题，所以事实是（真的）命题。斯特劳森曾谈到，事实被陈述、学习、知道、忽视等，这些在多德看来都是命题态度。（Dodd 2008, pp.81-82）但是，一方面，这是一个很大胆的判断，却缺乏论证，人们常会说信念是典型的命题态度，一些人甚至会认为欲望也是命题态度，但是很少有人会如此大范围的扩大命题态度的外延；另一方面，即使这些中的某些是命题态度，它们显然并非全是，例如，很难说忽视是一种命题态度，另外，陈述肯定也不是命题态度。如果陈述是命题态度,那么当两个人在不同时间说出同一个陈述句时,那么他们就作出了同一个陈述,这显然不对。例如,我昨天说"天下雨了",你今天说"天下雨了",我们当然是作了不同的陈述,但如果陈述是命题态度,由于<天下雨了>并不会由于时间变化而变化,那么我们就应该作了相同的陈述,即<天下雨了>。所以,陈述不是命题态度。

其二,戴维森处理 that 从句的并列(paratactic)理论会支持"事实即是真的命题"这一断言。在"真理与意义"一文中,戴维森提出了著名的真值条件语义学,但在这篇文章的末尾,他坦承,这一理论面临一些困难,如对信念归属句的处理。在"论说出(that)"一文中,戴维森尝试解决"真理与意义"一文所遗留的几个困难之一,即如何处理间接引语以及命题态度语句,提出了他关于 that 从句的并列理论。根据戴维森,像(举例而言)"命题(that)狗在吠叫"这样的 that 从句,跟在"命题(that)"后的语句不能理解为没有结构的名字,因为这样将使得我们拥有无穷多的初始词汇从而使得语言的习得不可能。(Davidson 1996, p.274)实际上,我们正是通过理解"狗在吠叫"这一语句从而知道"命题(that)狗在吠叫"这一单称词项的指称。所以,问题的关键是,如何利用"狗在吠叫"这一语句的语义特征来确定"命题(that)狗在吠叫"的指称?that 从句的并列理论旨在提供回答这一问题的方案。

考虑下述句子:

2.7 伽利略说(*that*)地球运动。

这个句子的表层语法暗示着,这个句子"包含另一个句子'地球运动',而后面这个句子本身又是由单称词项'地球'和谓词'运动'所构成"。(Davidson 2001a, p.93)这种处理的困难是显而易见的,例如,如果"地球"在(2.7)中是一个单称词项,那么用一个共指称的词项替换它,并不会改变(2.7)的真值。实际情况并非如此,因为如下情况是完全可能的:伽利略说了"地球运动",但是他没有说"蓝星运动"(假设"蓝星"也是地球的名称),因此句子"伽利略说(that)地球运动"为真,而"伽利略说(that)蓝星运动"为假。所以,(2.7)的表层语法所暗示的逻辑形式并非是它真正的逻辑形式。那么,(2.7)真正的逻辑形式是什么?对此,戴维森的并列理论给出了如下建议:

2.8 伽利略说(*that*)。地球运动。

其中,"地球运动"是话语(utterance),"that"是指称该话语的指示性单称词项。(Davidson 2001a, p.105)即是说,说出"伽利略说(that)地球运动"意味着两个在逻辑上(语义学上)相互独立的言语行为,其中一个包含了对另一个的指称。(Davidson 2001a, p.52)

但是,并列理论本身面临着明显的困难,兹举两个。先看第一个。由于"that"在并列理论中是指称话语的单称词项,因此,当我说"伽利略说(that)地球运动"时,"that"指的是我说出"地球运动"的言语行为,所以,当不同的人(或同一个人在不同时候)说出这个句子时,每一次对"地球运动"的说出都是不同的话语,因而"that"便指称不同的东西。这样,通过不断地说出这个句子,我们就可以随心所欲地将特定数量的不同东西归于伽利略所说的东西里,这当然很荒谬。(McFetridge 1975)这一问题通常被称作"计数问题"(counting problem)。再看第二个问题。考虑如下推理：

2.9 很多人相信(*that*)地球运动。

所以，很多人相信(*that*)地球运动。

这是一个形如"A→A"的论证，是一个重言式，因而是形式上有效的。如果并列理论是对的，那么这一论证就等价于：

2.10 很多人相信(*that*)。地球运动。

所以，很多人相信(*that*)。地球运动。

但是，如前所述，"地球运动"在(**2.8**)中的两次出现指的是不同的话语，因此就存在如下可能：前提真而结论假。即是说，(**2.10**)这个论证不是形式上有效的，它与(**2.9**)并不等同。

多德认为，只有认为(**2.8**)中的指示词"that"指称"地球运动"这一话语所表达的命题，而非该话语本身，关于并列理论的所谓"计数问题"才能得到解决。(Dodd 1997, p.270；Dodd 2008, pp.35-45)至此，我接受多德的观点，那么它如何支持"事实即真命题"的论断？在这里，多德做了一个重大的扩展，即认为修改后的并列理论不只适用于间接引语，而是适用于所有的that从句。然后，就存在这样一个推理：

2.11 *It is true that Superman can fly*

逻辑等价于

2.12 *True*(*that*). *Superman can fly*,
2.13 *It is a fact that Superman can fly*。

逻辑等价于

2.14 *Fact*(*that*). *Superman can fly*。

由(**2.12**)和(**2.14**)可以得到,是真的东西(真命题)即是是事实的东西(事实)。所以,事实即是真的命题。(Dodd 2008, p.83)

暂且假定多德对 that 从句之逻辑形式的分析是正确的。可以看到,从(**2.12**)到(**2.14**)的推理,以及结论(事实是真的命题)的确立,它们依赖于一个前提条件,即事实需要通过 that 从句来刻画。即是说,在给出某个具体事实时,我们总是用 that 从句的方式,如"the fact that snow is white"。回想一下斯特劳森在 1950 年认为事实不同于真命题的理由,可以看到,与斯特劳森一样,多德的立论也是基于日常语言实践或语言学的考察。[1] 这就使他的论证面临风险,因为多德同意这样一种观察:一个语词在日常语言实践中的用法可能仅是一系列偶然历史事件的结果,词的用法本身不蕴含任何

---

[1] 斯特劳森认为事实并不同于真的陈述,因为这两个词在语言中有不同的角色。例如,"拿破仑没有发觉来自左侧攻击的危险,这个事实造成了他的失败"这样说是有意义的,而"拿破仑没有发觉来自左侧攻击的危险,这个陈述造成了他的失败"这样说要么没有意义要么意指完全不同的东西。

第2章 批评与辩护

形而上学的重要性。多德曾运用这一观察去消解斯特劳森基于语言学观察认为事实并非真陈述的判断。现在,如果用that从句刻画事实的通行做法也仅是一系列偶然历史事件的结果,那么他赋予其重大形而上学意义的做法就非常值得商榷。

在奥斯汀与斯特劳森关于真理的著名论争中,事实概念是争论的焦点之一。与斯特劳森一样,奥斯汀同样注意到,事实一般与that从句一起用,他认为,这种情形可能使人误以为事实不过是真陈述的另一种说法,但是,"'事实(that)'这个短语被设计出来是为了用于那些事实与关于它的真陈述之间的区别被忽视的场合。在日常生活中,这常常是有好处的,但在哲学中却很少如此。"(Austin 2001, p.29)奥斯汀否认"fact"一词必定要与that从句联姻,他对fact一词作了一个历史学的考察,其结论认为,"fact"并非生来就与that从句联姻,它们的婚姻是约定的,而且即使现在很多时候,fact也是作为单身存在。奥斯汀说,根据牛津英语词典,"fact that"是一个相对较近期的语言学装置。在十八世纪以前,并没有"fact that"这样的使用方式,它的被发明是后来的事情,是一种类似于"circumstance that""event that""situation that"这样的that从句构造;引入"fact that"是为了避免动名词作句子的主语或处于介词的辖域。① 在"fact"这个词最初被使用的200

---

① 如果没有"fact that"这一短语,我们可能这样表达:the kitchen's being draughty annoyed him ; I was unaware of the kitchen's being draughty。前者是动名词作主语,后者是动名词处在介词的辖域。如果有"fact that"这一语言学装置,我们可以分别将上述两个语句表达为:the fact that the kitchen was draughty annoyed him ; I was unaware of the fact that the kitchen was draughty。

年里,^① 它的意思是指所做的事(deed)或者行动(action),18世纪后这个涵义逐渐被如下涵义取代:事实指真正发生了的事情,或者是实际如此的东西。(Austin 1979, pp.163-164)

根据奥斯汀的这段梳理,"fact that"是作为语法约定而被引入的,它的意义是通过"fact"的意义而被解释的,而非"fact"的意义通过"fact that"的意义来解释。

如果奥斯汀的这个梳理是正确的,那么多德的上述论证就受到了质疑。实际上,如果浏览关于事实概念的文献,我们会发现,实际情况可能更如奥斯汀所描述的。纽曼(Andrew Newman)曾对刻画事实的语言学装置作了一个梳理,他说道:

> 就事实如何被语言学地表达,同样存在不同的版本。一些人这样谈论事实:"a作为F"(a being F)和"苏格拉底作为是扁鼻子的"(Socrates being snub-nosed),另一些人则这样谈论事实:"a的作为F"(a's being F)和"苏格拉底的作为是扁鼻子的"(Socrates's being snub- nosed)。罗素谈论复杂对象"knife-to-left-of-book",也谈论复杂对象"A的对于B的爱"(A's love for B),和复杂事件"查尔斯一世在绞刑架上的死"(Charles's I's death on the scaffold)。格罗斯曼简单地这样谈论事实:A是绿的。(Newman 2004, pp.141-142)

---

① 奥斯汀在这里似乎有一个关于时间的错误。一方面他说"fact of"在18世纪以前没有被使用,而"fact that"一词则更晚出现。另一方面,当他说 fact that 被使用的最初200年时,又括弧标出16和17世纪。由于本书并不关心"fact that"被使用的具体年份,因此我们不去考证这一问题。

即是说,在关于事实之本体论的讨论中,存在各种刻画事实的方式。不仅如此,上述刻画事实的方式都不曾用到 that 从句。如果注意到阿姆斯特朗的论述,可以看到,由于意识到借助 that 从句刻画事实概念的做法可能使人将事实同一于命题,阿姆斯特朗不再用"事实"这一概念,而使用一个更复杂的术语,即事态(states of affairs)。尽管在很多不以事实之本体论为主题的哲学文献中,尽管在摩尔、塞尔等的相关文献中,用 that 从句来刻画事实是一个通行的做法,但无论如何我们已不能说,对事实的刻画必定要借助 that 从句。就此而言,斯特劳森、多德等人基于语言学观察来支持事实即是真的命题的做法缺乏牢固的根基。

现在,我们来考虑这样一个问题:对于事实即是真的命题这一观点,我们能够提出什么样的批评或反驳?这里仅考虑两个在本书看来非常有力的反驳。

先看第一个反驳,即所谓的模态问题。摩尔曾提出了这一问题以反驳真理同一论,该问题后来被哲学家们,如艾耶尔(A. J. Ayer)、法恩、库勒,所不断重复。(Moore 1953, p.308; Ayer 1971, p.211; Fine 1982; Künne 2003, pp.9-10)这里以法恩的版本为例看一下这一问题。法恩说道:

> 即使限制在一个简单的模态语言中,即只包含存在这一个谓词,也有可能表明事实不是命题。比如,考虑命题 p(that)卡特在 1979 年是总统,和事实 f(that)卡特在 1979 年是总统。然后,即使卡特不是总统,命题 p 也存在,但事实 f 则不然。所以,p 与 f 是不同的。(Fine 1982, pp.46-47)

根据这一论述,命题与事实拥有不同的模态性质(在所有可能世界中,命题 p 存在,但事实 p 仅在某些可能世界中存在),因此,根据莱布尼茨律:

$$\forall x \forall y (x = y \to \forall Q (Qx \leftrightarrow Qy)),$$

事实与命题是不同的实体。

对此批评,一种回应是:这不是一个真正的问题,因为莱布尼茨律太强了。按照莱布尼茨律,命题(that)卡特在 1979 年是总统不同一于真命题(that)卡特在 1979 年是总统,因为前者在任何可能世界都存在,而后者在命题(that)卡特在 1979 年是总统为假的可能世界中不存在;苏格拉底不同一于脾气暴躁的苏格拉底,因为在某些可能世界中,苏格拉底存在,但是脾气和蔼可亲,即暴躁的苏格拉底不存在。

这一回应会削弱但不会消除前述反驳的力量,因为一旦我们将莱布尼茨律中的性质 Q 限制在构成对象之同一性条件的本质性质,那么就可以这样改进上述反驳:通常来讲,那些需要求诸"同一于某个事实"来确定其真理的命题都是偶然真命题,例如命题 p(that)卡特在 1979 年是总统。作为偶然真命题,是真的(being true)只是该命题的一个偶然性质。现在,假设如同一论所认为的,事实 f 同一于命题 p(其中命题 p 是真的)。由于是真的只是命题 p 的偶然性质,因此当该命题不拥有该性质时,命题 p 的同一性不会发生改变。这就像此刻我面色红润,但我可能面色苍白,无论是面色红润还是苍白,这种偶然性质的变化不会改变我的同一性,我依然是我。所以，如果有一个实体与面色红润的我同一，那么，当我面色苍白时，（由于我依然存在）该实体也同样存在。因此，如果 f 与真的 p 是同一个东西，那么即便 p 不拥有是真的这一性质，f 也存在。现在，假设 p 是假的，即卡特在 1979 年不是总统，这样卡特在 1979 年是总统当然不是事实，即 f 不存在。矛盾产生了。

对上述论证，类比卡特莱特（R. L. Cartwright）的方案，多德曾给出了一个回应。卡特莱特曾谈到，存在某个人可以被正确的描述为《语词与对象》的作者，但是为了使得没有任何人可以被正确地描述为《语词与对象》的作者，并不必然要求所有实际存在于宇宙中的人都消失，而只需要求没有人写过《语词与对象》。（Cartwright 1987, pp.76-78）类似地，多德认为，要使卡特在 1979 年是总统不是一个事实，并不必然要求一个实体从宇宙中缺失，而只需要求，一个实际拥有是一个事实这一性质的实体没有这一性质。（Dodd 2008, p.87）因此，情况是这样的：当卡特在 1979 年是总统时，有一个实体，它拥有是一个事实这一性质；当卡特在 1979 年不是总统时，同样的实体依然存在，只不过此时它不拥有是一个事实这一性质。①

这一方案说的是什么？设想 A 和 B 之间有一段对话，② 对话的内容是关于某个世界，在该世界中，苏格拉底并不聪明。假定 A 认为苏格拉底在该世界中是聪明的，B 会怎么回答？通常的回答是这样的："不，你错了。在该世界中，并不存在这样的事实；所说的事实，即苏格拉底是聪明的，在该世界中不存在。"但是，如果 B 是一个持有上述方案的同一论者，他就必须这样说："是，你是对的，

---

① 同样的回应方案还可以参见 Gaskin 2019, sec.5.1。

② 这一对话借自 Gaskin 2019, sec.5.1。

在该世界中存在这一事实,即事实(that)苏格拉底是聪明的,只是在该世界中,这一事实不是一个事实。"后一种回答看起来非常怪异。对此,贾斯金认为存在一个回应的策略,即区分事实与事实性(factuality):事实,作为命题,在所有该命题存在的可能世界中都存在;事实性,作为事实的具体化(reification),仅在相应命题在其中为真的可能世界中才存在。(Gaskin 2019)这一策略看起来像是玩文字游戏:既然事实在相应命题存在的所有可能世界中都存在,那么命题的真就不能通过与事实的同一来确定,因为这样会使得所有的命题都是真的。最终,能够解释真理的是那些在某些世界存在某些世界中不存在的事实性。这样,扮演人们通常归于"事实"概念之角色的不是贾斯金的"事实"概念,而是他的"事实性"概念,真理同一论的命题因此也要修改为:一个命题是真的,当且仅当它同一于某个事实性。命题与事实同一的模态问题变成了命题与事实性同一的模态问题。

实际上,细品多德、贾斯金的方案,会发现其中最关键的要点在于:他们把"是一个事实"看作是与"是真的"一样的性质归属表达式,这样,"f 是一个事实"就是把是一个事实这种性质归属于 f,这正如"p 是真的"是把是真的这一性质归属于 p。然而,这可能是一个范畴错误:我们不应该认为,每一个形如"某某是 ###"的句式都意味着存在是 ### 这样的性质,因为这样做可能会混淆实体与属性的区分。例如,我们不应该认为"苏格拉底是人"意味着存在是人这种性质。如果人是实体,而人又是性质,那么实体与属性的区分何在?正如亚里士多德所观察到了,实体的种和属可以谓述第一实体,如"苏格拉底是人",但这并不意味着,实体的种和属是属性（attributes）。（Aristotle 1963, p.4）在我看来，对"苏格拉底是人"这一语句的恰当分析应该是：苏格拉底属于人这个类。如果一个人非要将是一个人作为一个性质纳入我们的本体论范畴，那么他（她）得解释恰当运用这一性质的一些条件，比如告诉我们：为什么是一个人可以恰当地应用到苏格拉底上，但对卡拉（电影"卡拉是条狗"中的卡拉）却不行？仅仅说苏格拉底而非卡拉拥有这一性质，这毫无帮助。回到是一个事实这种性质上，我认为情况同样如此。如果事实是实体，那么不应该再认为是一个事实是一种性质。此外，从同一论者的自然主义倾向来看，上述方案也是怪异的。例如，多德对除了科学研究（以物理学为典范）所断定的性质以外的性质都持保守态度，他甚至否认是真的是一种性质。（Dodd 1999）现在，为了回应模态问题，多德把这一立场抛弃了，走到了甚至比柏拉图主义者更远的地方。

再来看第二个反驳。如果如多德等人所认为的那样，事实是真的命题，那么这一说法会有什么样的理论后果？由此所构建的真理论会是什么样子？根据真理同一论，一个命题是真的，当且仅当它同一于某个事实。显然，同一论的可信性依赖于它对命题、事实的特定理解。因此，存在两种可能的策略，其一是使命题向事实靠拢，其二是使事实向命题靠拢。就此，多德认为存在两种版本的同一论：

> 如果事实如符合论者所构想的那样，以特定的对象和性质作为组成部分，其总体组成世界，那我们称这样的同一论为强硬的（robust）。强硬的同一论，在将真命题同一于这种世间的

项(worldly items)时,消除了内容与实在之间的间隙。……

但是,还有另一种同一论,它通过一定的辩护可以被称为是自明的(truistic)。弗雷格曾非常著名地将事实同一于真思想。但是,因为思想(因而事实)是以涵义而非对象和性质作为组成部分,因此他并没有将事实理解为世间的物(worldly thing)。对弗雷格而言,事实是真的思想而非这个世界的居住者。我们把这样一种同一论称为是谦虚的(modest),如果它的事实以这种弗雷格式的方式构建。(Dodd 1995)

罗素曾持有的同一论采取的即是第一种策略,这一理论所面临的困难我们在第 1.2.2 节已经展示过,现在来看多德所持有第二种策略。多德否认事实是世界的栖居者,它仅仅处于涵义领域,以涵义作为组成部分。此时,说某个思想是真的当且仅当它同一于某个事实,这一说法的正确性是从事实概念中贫乏地(truistically)推出来的,因而它是自明之理。至此都没有问题,问题在于,如果事实不是世界的居住者,那么"真命题同一于事实"这样的说法就对心灵——世界之关系没有说任何东西。多德不觉得这是一个严重的问题,(Dodd 1995, p.164)他曾明确地将自己的立场表述为是某种类型的紧缩主义:"真理不过是,在一个语言中,它的表达式为该语言提供一套刻画间接的、一般性断言的装置。"(Dodd 2008, p.133)但是,按照霍维奇对紧缩主义的刻画,[①] 多德上面仅谈到了真谓词的功

---

① 霍维奇认为,关于真理的紧缩主义,由下述三个论题构成:(1)真谓词的功用和存在理由使我们能够对于模式概化给出直接刻画;(2)这一谓词的涵义存在于下述事实中,即我们对它的全部使用来源于我们倾向于接受等价模式的实例;(3)关于真理的解释性的基本事实由等价模式的实例所表达。参见:Horwich 1999, p.18。

用，然而一种恰当的真概念还需提供真谓词的涵义，这一点即使对紧缩主义来说也是如此。谦虚版本的同一论不能告诉我们这一点，它对于真理几乎没有说任何东西，既没有为"是真的"给出定义，也没有解释真理存在于何处，或者真与假的区别是什么。(Candlish and Damnjanovic 2011a, sec.3.2)如果我们问，为什么命题(that)雪是白的是真的，它不能回答说，因为雪是白的是一个事实。它不能这样回答，是因为这一回答(在谦虚的同一论中)等价于说雪是白的是真的，因此这样的回答属于同语反复。如果现在天在下雨，一个人说命题(that)天在下雨是真的，同一论者由于其真理概念对于心灵——世界之关系什么也没说，也只能尴尬地回答说，也许如此，也许不是如此。[①]

就此而言，谦虚版本的同一论尽管可能不会面临麦克道威尔、霍恩斯比版本同一论的困难(如果多德关于这一困难的论证是正确的话)，它也绝不(应该)是真理同一论有希望的辩护方向。基于上述分析，我认为同一论的论题，事实即是真的命题，并不成立。

2.2.2 弹弓论证

如果说，"事实即是真的命题"这一论断尝试从正面解释事实是什么，从而表明并不存在符合论者所要求的实体，那么弹弓论证就是一个挖墙脚的工作，它尝试论证，如果事实存在，那么它也是一个令符合论者尴尬的东西。

"弹弓论证"这一名字应该是取自《圣经》中大卫用一把弹弓

---

① 一种既要坚持同一论的论题，又要照顾实在的方案，我们可在麦克道威尔的同一论版本中看到，但是它的尴尬也非常明显。关于这一点，参见：李主斌 2013a。

杀死巨人歌利亚的故事，意指用小（少）的东西杀死庞然大物。弹弓论证其形式非常简单，但却被广泛应用。(Neale 2001, p.49) 丘奇 (Alonzo Church) 用它反对卡尔纳普 (Rudolf Carnap) 的意义实体（但他将其归功于弗雷格）(Chruch 1943, pp.298-304)；蒯因用它反对模态逻辑 (Quine 1953, pp.139-159; Quine 1960, pp.146-157)；戴维森更是将这一论证广泛地运用到他的哲学中：他对意义实体的拒斥，他对事实实体的拒斥从而对符合论的反驳，他对概念框架与经验内容之二分的批判，以及他对表征主义的批判，等等。(Davidson 1990, pp.303-304; Davidson 1996, p.266; Davidson 2001a, pp.41-43, pp.193-194; Neale 2001, pp.2-7) 如果一个形式如此简单的论证（如我们后面将看到的），却能有如此巨大的威力，那么"弹弓论证"的名号当之无愧。问题是：这一论证能否如大卫杀死歌利亚一样杀死符合论、意义、模态逻辑等庞然大物？这里，且以符合论为例看一下这一点。

符合论认为，一个命题——例如＜雪是白的＞——为真，是因为符合特定实在。假设特定实在是事实，那么对这一说法的进一步追问将迫使我们回答如下问题：是哪个事实？如第 2.1 节的末尾所说的，通常的回答是：是事实"雪是白的"，即通过在一个真语句前添加"事实"(fact that) 一词来指明一个事实。这种确定事实的方式似乎会导致一些困难。直观上，语句"那不勒斯比红崖更靠北"不仅与语句"红崖比拉布勒斯更靠南"符合相同的事实，还与语句"爱琴海 30 英里内最大的意大利城市比红崖更靠北"符合相同的事实。这就意味着，同一个事实可以有不止一个真语句来表达它。设想这样一种极端情境：同一个事实可以用任意一个真语句表达，或者所有的事实都可以用同一个真语句表达。此时,世界上只有一个事实,事实就是世界本身。这时,事实对符合论者来说毫无意思,因为说某个命题符合事实不过是说它是真的。

乍看起来,说所有的真语句符合同一个事实,这很荒谬,但它却是弹弓论证的结论。下面来看一下反驳事实实体的弹弓论证。

前面已经提到,直观上,如下三个语句符合同一个事实:

2.15 那不勒斯比红崖更靠北。

2.16 红崖比拉布勒斯更靠南。

2.17 爱琴海30英里内最大的意大利城市比红崖更靠北。

即,当用"红崖比那布勒斯更靠南"代替(2.15)"那不勒斯比红崖更靠北","爱琴海30英里内最大的意大利城市"代替(2.15)中的"那不勒斯"时得到的表达式(2.16和2.17)所符合的事实并没有不同于(2.15)所符合的事实。注意到,(2.15)与(2.16)是逻辑等价的,"爱琴海30英里内最大的意大利城市"与"那不勒斯"指称相同。因此,看起来,这一替换实例中隐藏着这样的替换原则:

> 如果一个陈述符合由"事实p"这种形式的表达式描述的事实,则它符合由"事实q"描述的事实,只需如下两个条件之一成立:(1)替换p和q的句子是逻辑等价的;(2)"p"区别于"q"的地方仅在于:某个单称词项(singular term)被具有共外延的(coextensive)单称词项替换。(Davidson 2001a, p.42)

我们且将条件(1)称之为句子替换原则(SS),将条件(2)称为项替换原则(TS)。基于这两个替换原则,戴维森构建了如下版本的弹弓论证(令 S 是某个真句子的缩写):

2.18 命题 S 符合事实 S。

2.19 命题 S 符合事实(<u>此唯一的 $x(x=$ 第欧根尼 $\wedge S)$ 等同于此唯一的 $x(x=$ 第欧根尼$))$</u>。【S 与加下划线的句子逻辑等价;SS】

2.20 命题 S 符合事实(此唯一的 $x(x=$ 第欧根尼 $\wedge T)$ 等同于此唯一的 $x(x=$ 第欧根尼$))$。

【(2.19)和(2.20)中宋体字体的部分共指称;TS】

2.21 命题 S 符合事实 T。　　【SS】

其中,T 是任意真语句。根据上述论证,S 与 T 符合相同的事实,由于 T 是任意真语句,因此可以得出:所有的真语句符合相同的事实。这个事实即是大事实。

从形式上看,上述论证极其简单,但它有效吗?借助弗雷格信念报道之谜,我们立马可以看到上述论证的反例:

2.22 弗雷格相信金星是金星。

2.23 弗雷格相信晨星是金星。

由于晨星与金星指称相同,因此根据 TS,"晨星"与"金星"的互换并不会改变"弗雷格相信金星是金星"所符合的事实。实际情况并非如此。弗雷格可以在相信金星是金星的同时却不相信晨星是金星,因此在(2.22)为真的情况下(2.23)可能为假。所以,TS 是错的。同样的方式可以证明 SS 也是错的。当然,TS、SS 之所以在上述两种情况中是错误的,可能是因为这里的内涵语境。如果是这样,那么将弹弓论证限制在纯粹外延性语境下(即不包含如相信、认为等非外延性算子),就可以避免上述反驳,但此时的弹弓论证对于符合论依然是致命的。

因此,下面我们将弹弓论证限制在纯粹外延性语境下继续考察。先看 SS 原则。假设用"雪是白的"代替 S。塞尔认为从(2.18)到(2.19),从(2.20)到(2.21)的推理不成立,因为"雪是白的"符合的不是关于第欧根尼的事实,第欧根尼以及他的同一性与"雪是白的"所符合的事实完全无关。(Searle 1995, p.188)这个论证的问题是用待论证的东西作为论据。塞尔意识到这一点,并认为对这一问题的回答涉及对事实、真理与符合这些概念之整个的理解。关于事实,他这样界定:"与这一讨论有关的整个'事实'概念就是使一个陈述为真或一个陈述据以为真的东西的概念。(Searle 1995, p.189)"按此界定,要使 <雪是白的> 为真,并不需关于第欧根尼以及他的同一性的任何信息,因此后者不是 <雪是白的> 所符合的事实。巴维斯(Jon Barwise)和佩里(John Perry)通过坚持事实是一个与主题有关的东西从而表达了类似的观点,他们认为,因为(2.18)与第欧根尼无关而(2.19)与其有关,因此,两者所描述的不可能是相同的事实。(Barwise and Perry 1983, pp.24-26)

但是,如果弹弓论证的支持者坚持《逻辑哲学论》的如下观点,即重言式并不被任何东西使其为真。那么他们可以反驳塞尔说,使

<雪是白的>与<此唯一的$x(x=$第欧根尼$\land$雪是白的)等同于此唯一的$x(x=$第欧根尼)>为真的是同样的东西,因此,它们符合同一个事实。当然,重言式是否需要使真者,这个问题在当前使真者理论中是一个被激烈争论的论题。一种与维特根斯坦针锋相对的观点认为,所有真理都有使真者,重言式(必然真理)的使真者是对象。无须更深入地探讨这一问题,我们就可以看到,弹弓论证所基于的表面看来毫无问题的 SS 原则实际上依赖于一个非常有争议的论题。然而,退一步讲,即使塞尔、巴维斯和佩里对 SS 原则的反驳是正确的,弹弓论证的支持者依然有可能构造某种版本的弹弓论证,它不依赖于 SS 原则。

早在 1944 年,哥德尔(Karl Gödel)就已经提示了另一个版本的弹弓论证,这个版本不依赖 SS 原则但依赖 TS 原则以及哥德尔自己构建的 GI 原则。假设 Fa,$a \neq b$,Gb 分别代表三个真的原子语句,f_1,f_2 和 f_3 分别是这三个原子语句所符合的事实。哥德尔构建了如下替换原则:(Gödel 1944)

(GI) 一个具有"Φa"形式的原子语句,如果它是真的,则它与自己的如下扩展形式始终符合相同的事实:a 是唯一的 x $(x = a$ 且 $\Phi x)$。

现在,根据(GI),"Fa"与

2.24 a 是唯一的 $x(x=a$,且 $Fx)$

符合相同的事实，即 f_1。同样，"$a \neq b$" 与

2.25 a 是唯一的 $x(x=a，且 x \neq b)$

符合相同的事实，即 f_2。由于(2.24)和(2.25)中的限定摹状词（"唯一的 $x(x=a，且 Fx)$"和"唯一的 $x(x=a，且 x \neq b)$"）指称相同（全都指称 a），因此，根据 TS，可以得到(2.24)和(2.25)符合相同的事实，即 $f_1 = f_2$。

同样的方式可以证明 $f_2 = f_3$，于是 Fa，$a \neq b$，Gb 三者符合相同的事实。

可以看到，这个论证不需要 SS，但它需要 TS，问题是，TS 能否成立？即：两个共指称单称词项的替换会不会改变原表达式所符合的事实？如果不会改变，那它们就应该可以保真替换。但是，实际情况可能并非如此。试考虑这样一个例子：假设晨星和暮星指称同一颗行星，即金星。如果支持弹弓论证，则"晨星"和"暮星"在

2.26 晨星是一颗早晨出现的行星。
2.27 暮星是一颗早晨出现的行星。

应该可以保真替换，因此(2.26)和(2.27)符合相同的事实。但是，一般认为"晨星"和"暮星"在(2.26)、(2.27)中保真替换失效。当然，"一般认为"并不意味着实际上如此，即是说，这里并没有证明弹弓论证是错的，而是说弹弓论证的支持者面临着这样一个挑战：他们要表明(2.26)和(2.27)可以保真替换，并解释为什么人们直观

上认为它们具有不同的真值条件。①

抛开上面所给出的弹弓论证的众多难题，我认为依然有一个判定性的证据表明弹弓论证不成立：它基于两种不相容的限定摹状词理论。我们从哥德尔的想法谈起。哥德尔本人并不支持弹弓论证，他在提示弹弓论证的时候注意到，这个论证预设了对限定摹状词的某种理解，即限定摹状词是单称词项。他认为，如果一个人像罗素一样认为摹状词是量化式，是不完全符号，并不指称东西，那么他就可以拒绝弹弓论证，因为此时从(2.19)到(2.20)、从(2.24)到(2.25)的替换不成立。为了拒绝弹弓论证，哥德尔认为，我们应该放弃弗雷格的摹状词理论，弗雷格的组合原则与摹状词理论不可同时成立。哥德尔的想法给予了我们启发，但是沿着他的思路，我们最终发现他的结论是错的，因为无论哪种版本的弹弓论证（戴维森版本或哥德尔版本）实际上都预设了两种不相容的摹状词理论，因而都不成立，因此，问题的关键并不在于弗雷格的摹状词理论与组合性原则不相容。

先看戴维森版弹弓论证。已经知道，从(2.19)到(2.20)的推理假定了限定摹状词是单称词项。但是为了使(2.18)到(2.19)的推理成为可能，限定摹状词必须理解为量化式，因为如果限定摹状词是单称词项，那么(2.19)式的右边即是"第欧根尼＝第欧根尼"，说它与S符合相同的事实正是弹弓论证要证明的。哥德尔版弹弓论证面临的情况与此类似。已经知道，从(2.24)到(2.25)的替换要求限定摹状词是单称词项。但是，如果限定摹状词是单称词项，那么很难

---

① 关于非内涵语境下的替换失效现象，参见何朝安2011。

理解（GI）在何种意义上能成立，因为此时"a 是唯一的 $x(x=a$，且 $\Phi x)$"即是"a 是 a"，说它与"Φa"符合相同的事实正是弹弓论证要证明的。因此，要使"Φa"与"a 是唯一的 $x(x=a$，且 $\Phi x)$"符合相同的事实，限定摹状词就必须如罗素一样被理解为量化式。因此，无论是戴维森版还是哥德尔版，弹弓论证都预设了两种限定摹状词理论，其一是限定摹状词被理解为量化式，其二是限定摹状词被理解为单称词项。问题是，这两种摹状词理论不仅仅是不同的，而且是不相容的。

此外，从已有的两种主要的事实概念来看，弹弓论证也不成立。哲学家们对事实大致有两种理解：其一是组合性事实概念，即认为事实是一种复杂的结构性实体，由个体和共相作为组成部分构成。例如，事实"北京在上海以北"即是由北京、上海两座城市和关系"在……以北"作为组成部分构成。这种事实概念为罗素、阿姆斯特朗等人所信奉，也是当今关于事实概念的流行看法；其二是命题式事实观，即认为事实导源于真命题，是通过在真命题前添加相应的算子而得到。例如，如果<雪是白的>是真的，那么就存在雪是白的这样一个事实。摩尔、塞尔的事实概念即属此类。

看起来，弹弓论证针对的明显是组合性事实概念而非命题式事实概念。命题式事实概念因为认为事实导源于真命题，因此事实的同一性条件被刻画为：两个事实是同一的，当且仅当它们所导源的命题是同一的。这样，真命题与事实之间的符合关系是一对一的，因此不管是 TS 原则还是 SS 原则都不成立。

如果事实被理解为组合性的，即由对象、属性作为组成部分"组合"而成，则事实的同一性条件被刻画为：两个事实是同一的，当且仅当它们由相同的组成部分按相同的方式构成。于是，共指称词项的替换不会改变原来事实所包含的组成部分。就此而言，TS 原则是适用的，那么 SS 原则以及 GI 原则的情况又如何？从组合式事实的定义来看，可以很容易否定 SS 原则，因为"雪是白的"不包含第欧根尼作为组成部分，而"此唯一的 $x(x=$ 第欧根尼 $\wedge$ 雪是白的)等同于此唯一的 $x(x=$ 第欧根尼)"包含第欧根尼作为组成部分，因此两者符合的事实不相同。GI 要更难拒斥些。需要弄清楚的是，如果事实"Fa"是包含 F 和 a 作为组成部分，那么事实"a 是唯一的 x($x=a$ 并且 Fx)"的组成部分是什么？这里有两种可能的回答：第一，它的组成部分与 Fa 不同，它至少包含一个不属于 Fa 的组成部分，即"等于"关系，这样 GI 原则被拒斥。第二，它与 Fa 的组成部分相同，但构成方式不同。这样，GI 原则也不成立，因为即使组成部分完全相同，如果组成部分组合在一起的方式不同，它们也是不同的事实。

可以看到，无论对事实概念持何种理解，弹弓论证都不成立。可以把这看作是拒斥弹弓论证的另一种思路。

2.3 辩护符合论

2.3.1 符合论的直观再研究

由于历史的原因，符合论通常被理解为真理存在于真值载体与实在的符合中，而符合本身又蕴含着比较真值载体与实在以确定他们是否符合的诉求，但是这一诉求——如第 2.1 节所论述的——是虚妄的（因为刻画实在与真值载体的工具是同一个，即真语句），因此符合论本身令人怀疑。对于这一整个推理过程，作为一项符合论的辩护工作，本书认为人们（符合论者与反符合论者）对于符合论的本质存在误解。

如第1.1节所论述的，符合论的理论动机在于把握我们关于真理的下述直观：如果此刻天在下雨，我说"天在下雨"，那么我所说的便是真的；因为北京在上海的北边，所以当我相信北京在上海的北边时，我所相信的就是真的。如何解读这一直观？一种可能性当然是从符合的视角去看，即是说，<天在下雨>、<北京在上海以北>之所以是真的，是因为它们分别符合下述事实：天在下雨和北京在上海以北。但是我认为这个解读并没有把握住符合论的本质：一方面，符合论者们对符合概念提出了各种各样的刻画（亚里士多德关于分离、结合的谓述；塔斯基的满足刻画、逻辑原子主义的同构、奥斯汀的双重约定），这些刻画之间较少共通性。我们甚至看到，奥斯汀认为符合实际上一种约定（指称约定与描述约定）。另一方面，所有的符合论都会着重表明，实在对于解释真理的必要性。从这个意义讲，本书的建议是，上述直观所提示的、符合论所试图把握的是这样一个东西：一个真值载体之为真的原因在于客观实在，一个真值载体凭借特定实在而为真；换言之，实在是真理的本体论基础。

关于这一点，亚里士多德曾明确论说过：

> 如果存在一个人，那么我们所说的陈述"存在一个人"就是真的，反过来也如此——因为如果我们所说的陈述"存在一

个人"是真的,那么就存在一个人。并且,尽管该真陈述不可能是该真实事物存在的原因,该真实存在的事物看起来在某种程度上是该陈述为真的原因;正是因为该真实存在的事物存在或不存在,该陈述才被称为真的或假的。(Aristotle 1963, pp.39-40)

根据亚里士多德,<存在一个人>是真的或假的,是由于一个人存在或不存在这一客观实在,反过来则不成立。

在本书看来,这正是符合论最本质的东西。因此,一种真理论是否是符合论,关键并不在于它是否赋予了符合概念以关键作用,而在于它是否奉行如下本质教条:一个真值载体是凭借特定实在而为真的。从这个意义上讲,通过比较真值载体与实在来建构一种真理论,并且将真理定义为真值载体对实在的符合(一致,适应,等等)当然是符合论,但这不是唯一的途径。任何一种真理论,如果它坚持了符合论的如上本质教条,就有资格称作符合论。具体而言,在本书看来,如果一种真理论能坚持如下三点,它就是一种符合论:

(C1)它是一种真理理论,即提供了对"是真的"的分析。

(C2)它是通过求诸客观实在来解释真理的,一个真值载体为真是凭借客观实在而为真。

(C3)是客观实在的特定部分,而非客观实在整体,使得某个特定真值载体为真或为假。

(C1)表明符合论是一种实质性真理论,并且因此使符合论不同于今天非常流行的紧缩主义真理论。(C2)是符合论的独有教条，足以让我们区别符合论与融贯论、实用主义等其他实质性真理论。(C3)需要特别予以说明，因为这是弹弓论证的教训。需要注意到，满足(C2)的真理论仅仅是一种实在论的真理论，仅仅满足这一条件并不足以构成符合论。我们知道，戴维森试图通过弹弓论证拒斥符合论，但他同时坚持客观真理概念，即坚持(C2)。无需戴维森的整体论背景，我们也容易看到这一点。假设<雪是白的>之为真依赖于客观实在，但如果此处的"客观实在"指的是实在本身，那么说<雪是白的>因为符合实在而为真就不过是说<雪是白的>是真的。通常认为，<雪是白的>与<煤是黑的>尽管都是真的，但它们为真的方式有别：(举例而言)对于对象符合论者而言，前者为真是因为雪这个对象拥有白色属性，后者为真是因为煤这个对象拥有黑色属性。如果特定实在指的是实在本身，那么这样的区别就荡然无存。直观上，当我们说"天在下雨"时，要判断我们所说的话是否为真，人们一般会去观察该语句说出时我所在地方的天气状况。无疑，这一天气状况并不等于客观实在本身，它仅是客观实在的一部分。这种情况的存在，使得(C3)对于符合论而言也是必不可少的。至于客观实在的特定部分是什么，这里我暂时持开放立场。一些哲学家认为它是对象，如亚里士多德、阿奎那、纽曼，在我看来，塔斯基也在这一行列。另一些哲学家则认为它是事实，如罗素、摩尔、奥斯汀、阿姆斯特朗。在第6章，我将论证，对象符合论与事实符合论并不冲突，然而有非常强的形而上学动机来支持事实符合论。这样，符合论的成败将取决于事实作为实体能否成立。

2.3.2 真的可定义性问题与真理符合论

关于符合论,还有一个关键性问题需要澄清和说明,即真的可定义性与符合论的辩护问题。通常认为,符合论试图对真理或"是真的"给予定义,但如果真是不可定义的,那么符合论就是错的。这一小节我意图表明情况并非如此,换言之,即使真是不可定义的,这也不意味着符合论就是错的。

对于真的不可定义性问题,弗雷格曾提出了一个论证,以表明任何定义真的努力都不可能成功,因此真是不可定义的。他说道:

> 我们应该做什么以判定某物是否是真的?我们必须研究,一个观念与一个现实的东西在规定的方面相符合,这是否是真的。这样,我们就碰到相同类型的问题。游戏重新开始。所以,试图将真解释为符合的尝试失败了。这一点,其他任何定义真的尝试都同样如此,因为在定义中,某些标识将被刻画。当考虑任何具体的情形时,问题总是:这些标识运用于被定义项,这是否是真的。人们陷入了循环。因此很可能是,语词"真的"的内容是独特的和不可定义的。(Frege 1956, p.291)

弗雷格的上述论证可以分为两个部分,第一部分针对符合论,第二部分针对一般性的真理定义,但两者本质上是一样的。我们以符合论为例看一下这个论证。

尽管弗雷格将他的论证看作是恶循环论证,但不少哲学家,如达米特、卡拉瑟斯(Peter Carruthers)认为它实际上是一个无穷倒退(infinite regress)论证，并因此把它称为"弗雷格倒退"（Frege's Regress）。(Carruthers 1981)达米特这样刻画弗雷格倒退：

> 如果一个句子的真存在于它与某物（令其为 W）的符合中，那么为了判定是否有这个符合，我们必须研究另外一个句子的真理，即"这个句子符合 W"。接下来，如果这后一个句子的真理也存在于它与某个进一步的事物（令其为 W^*）的符合中，那么，为了确定它的真理，我们必须研究如下句子的真理："句子'这个句子符合 W'符合 W^*"；用此方法，无穷倒退产生了。(Dummett 1973, pp.442-443)

可以看到，达米特的表述与弗雷格的表述高度相似，但达米特所刻画的确实是一个无穷倒退论证而非恶循环论证。按此论证，如果"是真的"可以通过"符合特定实在"来定义，那么要确定某个真值载体是真的，就需要先确定无限多的、不同的真值载体是真的，这使得任何真值载体之为真都不可确定。但是，有时候人们确实能够判定给定的真值载体是否为真，所以，"是真的"不能通过"符合特定实在"来定义。其他的定义方式同样如此，因此"是真的"不能通过任何方式来定义，即"是真的"不可定义。(Künne 2003, pp.130-131)

这一论证是否有效？可以看到，如果弗雷格倒退是恶性倒退，那么不仅仅是真的定义，真本身也面临恶性倒退。例如，假设一个人想搞清楚（举例而言）哥德巴赫猜想是否是真的，那么他必须研究下述命题的真理：< 哥德巴赫猜想是真的 >，后者又迫使他研究下述命题的真理：<<哥德巴赫猜想是真的>是真的>，如此以至无穷。这样，他永远都搞不清楚哥德巴赫猜想是否是真的。对于任何其他的真命题，情况与此类似。但是，我们有时候确实能判断某些命题是真的，如我们确信<1 + 1 = 2>是真的，所以，真概念本身也值得怀疑。(Carruthers 1981, p.19)基于这一情况，达米特认为，弗雷格倒退与真的可定义性无关，它是为可接受的真定义提出了一些要求，而符合论的定义并不满足这些要求。(Dummett 1973, pp.443-444)这一解读是否符合弗雷格的原意，这可能值得商榷。这里，我们仅考虑这样一个问题：真的定义（以符合论为例）所面临的弗雷格倒退是否是恶性倒退？

显然，弗雷格倒退基于如下论题(Künne 2003, p.130)：

2.28 必然地：一个人判定是否 p，当且仅当他判定 p 是否是真的。

这个论题说的是，"p"与"p 是真的"涵义相同。这是一个为弗雷格所持有的论题，证据如下："无论如何都会被想到的是，我们不可能认识到某物的某种性质，而不同时认识到该物具有该性质这一思想是真的。……同样值得注意是，'我闻到紫罗兰的香味'这句话与'这是真的：我闻到紫罗兰的香味'这句话具有相同的内容。"(Frege 1956, p.293)从前面我们关于"符合"概念的讨论可以知道，(2.28)是可接受的。

现在，假设我们用 φ 表示"符合特定实在"，那么符合论的定义就可以表示如下：

(Df) p 是真的,当且仅当 $\varphi(p)$。

然后,根据弗雷格倒退,有:判定是否 p,即是判定 p 是否是真的(2.28),即判定是否 $\varphi(p)$(Df),即判定 $\varphi(p)$ 是否是真的(2.28),即判定 $\varphi(\varphi(p))$,如此以至无穷。这样,倒退就产生了。问题是,这一倒退为什么是恶性的?如果"p"与"p 是真的"涵义相同,"p 是真的"与"$\varphi(p)$"涵义相同(Df),那么探寻是否 p 与探寻是否 $\varphi(p)$ 就是同一个探寻。因此,尽管它是无穷倒退,但并不是恶性的。(Carruthers 1981, p.20)就此而言,弗雷格倒退要是一个恶性倒退,如下两个条件之一必须成立(Künne 2003, p.131;Carruthers 1981, p.21):

2.29 一个人不能判定是否 p,除非他首先判定 p 是否是真的。

2.30 一个人不能判定 p 是否是真的,除非他首先判定 $\varphi(p)$。

如果(2.29)成立,那么要判定 p 是否是真的,即判定是否 $\varphi(p)$(Df),先要判定 $\varphi(p)$ 是否是真的;要判定 $\varphi(p)$ 是否是真的,即判定是否 $\varphi(\varphi(p))$(Df),先要判定 $\varphi(\varphi(p))$ 是否是真的,……如此以至无穷。同样地,如果(2.30)成立,那么要判定 p 是否是真的,先要判定是否 $\varphi(p)$,即判定 $\varphi(p)$ 是否是真的(Df);要判定 $\varphi(p)$ 是否是真的,先要判定是否 $\varphi(\varphi(p))$,即判定 $\varphi(\varphi(\varphi(p)))$ 是否是真的(Df),……如此以至无穷。由于上述这两个过程是无穷的,

因此 p 是否是真的最终根本无法判定。恶性倒退的要害即在于此。

但是，这两个条件都不成立，也没有一个是符合论的，而且很显然，它们与(2.28)也不相容。根据(2.28)，由于"p"与"'p'是真的"涵义相同，因此判定"p"与判定"'p'是真的"是同一个程序，没有先后之别。就此而言，(2.29)和(2.30)都不会为弗雷格所接受，同样，它们也不会被符合论者所接受：

> 真被定义为理智与事物的一致。因此，识别出存在这样的一致就是识别出某物是真的。(Aquinas 1950, q.16,a.2,resp；转引自 Künne 2003, p.131)

所以，弗雷格倒退并不是一个（哪怕是针对符合论的）恶性倒退，因而它不足以反驳真的可定义性。

在真的可定义性问题上，弗雷格倒退的破坏力可能是最强的，因为如果它是正确的，那么任何定义真的努力都注定会失败。但是，这个论证并不成功。对于真的可定义性问题，还存在其他一些破坏力较弱的论证，其中最著名的无疑是塔斯基在"形式化语言中的真概念"一文中给出的证明。但是，这个证明很难复述，因为它是这篇十余万词的长文以大量的精细工作所获得的结果。这里，我仅作几个观察，以表明为什么即使塔斯基的论证令人信服，也不会彻底摧毁那些尝试定义真的努力。就此而言，它的破坏力没有弗雷格倒退大。

第一个观察是，塔斯基证明了，在我们的日常语言或口语化的语言中，真不可定义，因为：其一，它会导致语义悖论（如说谎者悖论);其二,我们缺乏一种技术手段来个体化语句以使其满足全称量化的要求。即是说,在日常语言中定义真时,我们会碰到难以克服的技术上的困难。但是,在分析这些困难之所以难以克服的原因时,塔斯基认为,应该负责任的是我们的日常语言:

> 如果一个在其他语言中出现的词不能翻译到该语言中,那么这就与该语言的精神不一致;人们可能宣称:"如果我们可以有意义地谈论任何东西,那么我们就同样可以在口语化的语言中谈论它。"如果我们打算坚持与语义学的研究有关的日常语言的全域性(universality),那么,为了保持一致性,我们必须承认,除了它的语句及其他表达式,该语言也包含这些语句和其他表达式的名字、包含这些名字的语句,以及如下语义学表达式:"真语句"、"名字"、"指称",等等。(Tarski 1956, p.164)

塔斯基把这种具有全域性的语言称作语义上封闭的。他认为,通过分析说谎者悖论,可以确信不存在一个一致的语言使得通常的逻辑规律有效,并且同时满足如下条件:(i)对于出现在该语言中的任何语句,该语句的名字也属于这个语言;(ii)每一个从约定T中通过用该语言的任何语句替换符号"p",用该语言的名字替换符号"x"后得到的表达式被认为是该语言的一个真语句;[①](iii)在所考察的语言中,一个以经验性方式确立的前提可以被形式化,并且可以作

---

① 关于约定T,请参见第1.2.1节。

为真语句而被接受。(Tarski 1956, §1; Tarski 1944, sec. 8)简言之，日常语言中的真概念无法定义，其根源是日常语言本身，而非真概念。基于这个判断，塔斯基尝试在一种简单的形式语言——即仅包含一个关系运算符"I"（I表示"包含于"）的类演算语言——中定义真概念，并且成功地做到了。(Tarski 1956, §2, §3)就此而言，充斥于哲学文献中的所谓"塔斯基证明了真概念不可定义"的说法至少是不严谨的。

第二个观察是，塔斯基同样证明了，在一种较为丰富的形式语言——即有限序（finite order）语言和无限序语言——中，定义真概念的前景是消极的。对于无限序语言，我们无法给真概念一个正确的定义。但是，即便如此，形式化的语言与自然语言的一个不同点在于，虽然我们不能对较为丰富的形式语言正确地定义真概念，但是只需将其作为特殊科学的初始词项使用，我们便能一致地、正确地使用它。(Tarski 1956, §4, §5)无论如何，对于那些用一个简洁的公式意图一劳永逸地解决真理定义问题的所有尝试，塔斯基的工作使得它们前景黯淡，但是，这并不意味着我们不能——如塔斯基自己所做的那样——在一种受到限制的情况下尝试定义真概念；当然，由此一来，真理的定义方案会不会变得琐碎而无意义，则是另一个需要探讨和回答的问题。

如果我们关心的是日常语言中的真概念，那么，即使是在受限的情况下（因而不会导致悖论）真是否可定义，这也是一个重要的、有意义的问题。戴维森对此给出了否定的回答，其基本理由是：真与知识、信念、行动、原因、善等概念一样，是我们所拥有的最基本的概念，是那种没有它们我们不会拥有任何概念的概念。既然如

此,那么,

> 为什么我们应该期待能以定义的方式把这些概念还原为其他更简单、更清晰和更基础的概念?我们应该接受一个事实:使这些概念如此重要的东西一定也排除了为它们发现一种更深层基础的可能性。(Davidson 1996, p.264)

从已有的哲学实践来看,对真理的各种定义通常会求诸其他一些比真更模糊、更复杂或争议更大的概念,例如符合论的定义会求诸符合、事实、事态这样一些概念,而后面这些概念更受非议,人们对它们的理解也远不如对真概念的理解清晰。(Halbach 2011, p.3)从这个层面来讲,真概念确实不可定义,因为定义真时所求诸的那些概念通常会(在绕了几个弯后)又求诸于真概念本身来界定。当然,这并不是说,如紧缩主义所认为的那样,对于真理,我们说不出任何有价值的东西。在这一点上,我非常赞同戴维森的如下判断:

> 我们不能希望以某种更透明或更容易把握的东西来支持它。正如摩尔、罗素和弗雷格所主张、塔斯基所证明的那样,真乃是一个不可定义的概念。这并不是说,关于它我们无法说出任何富有揭示性的东西:通过把它与其他诸如信念、欲望、原因和行动等概念联系起来,我们能够对它做一些揭示性的说明。真的不可定义性也不意味着这个概念是神秘的、歧义的或不值得信赖的。(Davidson 1996, p.265)

因此，即使真概念不可定义，真概念是一个初始概念，对于真理的研究人们依然有许多工作要做。众所周知，戴维森所做的工作即是研究真与意义之间的关联，不仅如此，由于自然语言的真语句有无穷多，因此他认为应该采取公理化的方法，即通过确定一些基本的公理以将所有的真语句挑出来。(Neale 2001, pp.33-40；李主斌 2013b, pp.157-162)

但是，就有意义的真概念研究而言，戴维森的尝试不是唯一的选择，还有其他事情可做。就此而言，本书的一个论断是，符合论也可以做一些非常重要的、有意思的工作。诸多学者已经表明，就对真理的研究而言，可以区分两种不同进路，其一是认识论研究，其二是形而上学研究。(Hacck 1978, pp.88-91；Krikham 1997, pp.20-31；Künne 2003, ch. 7)认识论研究追求的是，给定一个真值载体，我们如何知道或判定它是真的。换言之，认识论研究追求提供一套关于真理的标准，依此标准，我们可以知道某个给定的真值载体是否为真。或者还可以这样说，如果你认为某个真值载体是真的，那么你的理由是什么？你如何对你的这个判断给予辩护？由于这种情形，关于真理的认识论研究也被称作真理研究的"辩护方案"（justification project）。(Krikham 1997, p.20)

与认识论研究不同，形而上学研究关心的不是我们对于真理的认识，而是真理是什么？换言之，说一个真值载体是真的，这是什么意思？如果以语言哲学为背景，那么形而上学研究所追问的是："真理"、"是真的"这类词项的涵义是什么？对这一问题最好的研究方式当然是给"真理"下定义，因为如果能够做到这一点，那么就可以一劳永逸地将其应用到所有包含这一词项的语句中。但是，形而上学方案不必然采取定义的方式,因为给出语词的意义不必然是给语词下定义。这一点在现代逻辑产生后,特别是在语言哲学的照耀下,显得特别清楚。定义当然属于对意义的分析,但它不是意义分析的唯一方式,它属于意义分析的强纲领。因此,情况很可能是这样的:符合论者放弃定义真概念的努力,而致力于澄清"真理"、"是真的"等词项的意义。于是,问题是这样的:说一个语句(例如"雪是白的")是真的,这是什么意思?根据戴维森,这个问题以一种必要的方式转化为:什么东西使得语句"雪是白的"为真?正是在这里,符合论发挥了作用,即:世界的客观存在,世界中具体的对象、事件或(和)事实,使得特定语句为真。(Davidson 2001a, p.198)

本书的目的是要辩护这样意义上的符合论,我们不妨将其称之为"谦虚的符合论"。

第 3 章　使真者

第 2.3.1 节谈到，符合论的本质直观是，真值载体之为真是由于客观实在，真值载体是凭借特定实在而为真的。换言之，实在是真理的（本体论）基础。这一直观也是使真者（truthmaker）概念所试图把握的。根据使真者，一个命题是真的，是因为特定实在使其为真，特定实在是命题之为真的本体论基础。使真者理论将这一观念作为起点，去澄清真理的一些特征及其他与本体论的关系，并因此在形而上学中就过去与未来、反事实条件句、模态以及其他论题提出一系列观点。（Asay 2014）

可以看到，粗略地讲，使真者理论可以被看作是某种版本的符合论。在本书看来，使真者是对符合论之直观把握得最精准的概念，因而就对符合论的辩护而言具有独特的优势。因此，我们从本章开始探讨、分析这一概念及其核心论题，以便从中提领出辩护符合论所需要的资源。

3.1　使真者引论

使真者理论兴起于 20 世纪 80 年代，以 1984 年穆利根（Kevin Mulligan）、西蒙斯和史密斯（Barry Smith）合发的一篇名为"使真者"的论文为其标志。它最初主要为一批澳大利亚哲学家所推崇,由于他们的工作,使真者在当前已经成为真理论中的显学、形而上学的一个重要概念。

尽管使真者理论的历史很短,但是这一理论的基本观念却古已有之,并在历史上时隐时现,它最早可以追溯到亚里士多德的《范畴》。(Fox 1987;Künne 2003, pp.150-154;Armstrong 2004a, p.4)在《范畴篇》中,亚里士多德谈道:

> 如果存在一个人,那么我们所说的陈述"存在一个人"就是真的,反过来也如此——因为如果我们所说的陈述"存在一个人"是真的,那么就存在一个人。并且,尽管该真陈述不可能是该真实事物存在的原因,该真实存在的事物看起来在某种程度上是该陈述为真的原因;正是因为该真实存在的事物存在或不存在,该陈述才被称为真的或假的。(Aristotle 1963, pp.39-40)

这段文字我们在第 2.3.1 节已经引用过,用以说明符合论的真理直观。从使真者的角度来看,亚里士多德在这里提出了使真者的核心观念:某个真值载体之为真,是因为特定实在,反过来则不成立。亚里士多德之后,使真者的观念还可以在如下哲学家的著作中找到:莱布尼茨(G. W. Leibniz)(Armstrong 1997, p.14;Mulligan 2009, pp.39-42)、罗素和维特根斯坦(Horchberg 1978;Mulligan et al. 1984, pp.287-289;Simons 1992, pp.156-161)、斯托特(G. F. Stout)、麦克塔格特(John McTaggart)(Mulligan 2009)。

尽管使真者的观念历史悠久,这一观念并没有在哲学史中扮演重要角色,这一情况直到罗素和维特根斯坦的逻辑原子主义才发生改变。在"逻辑原子主义哲学"一文中,罗素开始明确使用"使……真"(make... true)这样的提法,并将事实看作是使命题为真的东西(即使真者):

> 我希望引起你们注意的第一个自明之理(……)是:世界包含事实,事实是无论我们对其持有什么看法都是其所是的东西;……当我说事实时——我并不打算下一个精确定义,而是给出一个说明,以便于你了解我谈论的是什么——我指的是那类使命题为真或为假的东西。(Russell 2010, p.6)

此外,奥斯汀也明确持有使真者观念,例如他曾这样说道:"当一个陈述为真时,当然存在使其为真的事态。"(Austin 2001, p.29)

然而如前所述,真正使得使真者成为真理论、形而上学中的重要概念,则是由于一批澳大利亚哲学家始于 20 世纪末期的工作。穆利根、西蒙斯、史密斯、毕格罗(John Bigelow)、福克斯(John Fox)、雷斯托(Greg Restall)、阿姆斯特朗等人是这一理论走向兴盛、繁荣的重要参与者。此外,根据阿姆斯特朗,无论是他自己关于使真者的工作,还是上述穆利根等人的文章,其思想资源都来自于另一位澳大利亚哲学家马丁(C. B. Martin)。(Armstrong 2004a, p.5)

为什么要持有使真者,或者说,持有使真者的理论动机是什么?关于这一点,前面所论述的关于真理的直观——即真理依赖于客观实在——应该是持有使真者最直接、最重要的理论动机。使真者的拥趸通常认为,使真者是把握这一直观的最好工具。但是,直观通常意味着它是非常基础的,难以给予进一步的说明,更难以证明。因此,我们只能通过某些间接的方式去理解它。抓住作弊者(catch the cheaters)即是这样一种间接的方式。所谓"抓住作弊者",指的是抓住那些不相信使真者的人,也就是考察那些缺乏使真者的理论会有什么样的缺点。根据赛德(Theodore Sider),抓住作弊者是使真者的全部目的所在。(Sider 2001, p.40)

阿姆斯特朗(他再一次将之归于马丁)曾论道,借助使真者可以很容易地驳斥贝克莱(George Berkeley)、穆勒的现象主义(phenomenalism)和赖尔(Gilbert Ryle)的行为主义(behaviourism)。先看现象主义。现象主义认为物理对象是由知觉印象构成的。那么,这一立场如何处理那些未被知觉到的物理对象?通常的方式是求诸反事实条件句:如果x被知觉到,则x会如何如何。例如,对于月亮背面一块从未被人知觉的石头,现象主义会说,如果你到达月亮的那个区域,你会有一个类似于石头之知觉的知觉印象。对此,使真者的拥趸可以问一个简单的问题:假设这个反事实条件句是真的,那么它的使真者是什么?为这一问题背书的是这样一个疑问:难道不是由于这个世界所是的方式,这一反事实条件句是真的?对于反现象主义者来说,答案很简单,即这块石头本身使这一反事实条件句为真;但是,由于现象主义囿于一个实际知觉印象的本体论,将很难找到一个恰当的答案回答上述问题。

再看赖尔的行为主义。赖尔的心灵哲学强烈地依赖于"倾向"(dispositions)概念,他认为一个含有心理词项的断言可以被分析为一个含有倾向的虚拟条件句。例如,我相信苏格拉底是一位哲学家,行为主义会认为这一句子等价于,如果我被问及苏格拉底的职业,我将回答"是哲学家"。对此,阿姆斯特朗问道,如果这一虚拟条件句是真的,它的使真者是什么?对此,赖尔没有回答;而行为主义可能提供的回答看起来只能是:要么认为这一虚拟条件句的真是初始的,不需要进一步解释,要么认为存在某种心灵状态使其为真。第一种回答不可取,而第二种回答本身又在否认行为主义。(Armstrong 2004a, pp.1-3;Asay 2014, sec. 1)

相似的论证还可以应用到普莱尔(Arthur N. Prior)的现存主义(presentism)上,后者认为除了现存的东西没有其他东西,因此关于过去和未来的真理没有与之对应的实在。(Sider 2001, pp.35-41;MacBride 2016, sec. 3.1)

对于如上所述的抓住作弊者,麦克布兰德(Fraser MacBride)认为,追问使真者并不能帮忙"抓住作弊者",因为只有已经接受了使真者,我们才会认为对使真者的追问显示了现象主义、行为主义和现存主义等的缺陷。(MacBride 2016, sec. 3.1)这个判断是正确的,因为追问反事实条件句、含有倾向的虚拟条件句之使真者是什么,这一追问只有在预设了使真者的情况下才有可能。然而,使真者的拥趸(如阿姆斯特朗)并不认为上述推理是一个表明使真者之正确性的证明,恰恰相反,他们几乎都同意,使真者的基本原则——使真者原则(Truthmaker Principle,简写为TP):如果一个命题是真的,那么必然存在某个实体(集),后者使得该命题为真——很难证明。例如,阿姆斯特朗说道:

一经注意到使真者原则,我就觉得它相当自明,但我不知

道如何进一步论证它。(Armstrong 1989b, p.89)

我希望具有实在论倾向的哲学家会立马被如下观念所吸引,即真理(任何真理)其为真依赖于"外在于"它的东西,它凭借后者而是真的。(Armstrong 2004a, p.7)

因此,正如梅里克斯(Trenton Merricks)所认为的,对于抓住作弊者最好的理解是,它与本节一开始所说的使真者的直观其实不过是一个硬币的两面,它并非是一个新的动机。(Merricks 2007, pp.3-4)这也就是说,使人们接受使真者的不过是这样一个关于真理的直观,即真理以一种非贫乏的方式依赖于所存在的东西;抓住作弊者不过是从反面来使人们更好地理解这一动机。

另一个持有使真者的动机是对符合论的辩护,例如,阿姆斯特朗曾这样谈道:

任何被真理符合论所吸引的人都应该对使真者感兴趣。符合论要求真理所符合的对象,真理所符合的对象是使真者。(Armstrong 1997, p.14)

可以很自然地认为,一个命题根据它符合或者不符合某个独立的实在而是真的或者假的。……在更深的、本体论的层次,符合论告诉我们,因为真理要求使真者,所以世界上存在某些东西符合真的命题。符合论与使真者理论是同一个东西。(Armstrong 1997, p.128;类似的表述可以参见 Armstrong 2004a, pp.16-17)

阿姆斯特朗认为，只要从符合论中删除符合关系是一对一的，我们就能获得使真者理论。第1章的梳理清楚地展示，在符合论的漫长历史中，仅有摩尔、塞尔等极少数符合论者才认为符合关系是一对一的，大部分哲学家都不曾持有这个观点。就此而言，将使真者理论看作是符合论之一种，至少可以得到阿姆斯特朗的支持。

3.2　使真者是什么？

根据使真者，任何具体的真理是凭借特定实在而为真的，换言之，真理以一种非贫乏的方式依赖于实在。这一使真者的基本观念可以被刻画为如下使真者原则：

（TP）对于任何命题 <p>，如果 <p> 是真的，那么存在某个（些）实体 a，<p> 凭借 a 而为真。

例如，<苏格拉底是一位古希腊哲学家> 为真是由于存在一个实体，比如说，事实"苏格拉底是一位古希腊哲学家"。

对于这个原则，至关重要的问题有：什么是"凭借"（in virtue of），"<p> 凭借 a 而为真"是什么意思？对这些问题的讨论，文献中通常在冠以"使真者是什么"的名目下进行。简单地浏览文献就可以看到，哲学家们对这个问题的见解分歧很大，他们已经提出了数目不少的建议，如蕴含解释、投射主义、本质主义、奠基策略等。下面先简要梳理一下这些建议。

3.2.1 蕴含解释

所谓"蕴含解释",即是试图通过逻辑学的蕴含(entail)概念来定义使真者的方案。按此方案,使真者可被定义如下(Fox 1987, p.189；Bigelow 1988, pp.125-127):

> (En-T)实体 α 是 <p> 的使真者,当且仅当如果 α 存在,则 <α 存在> 蕴含 <p>。

其中,"蕴含"指的是逻辑蕴含,即如果 <α 存在> 蕴含 <p>,则下述情况不可能: <α 存在> 为真,而 <p> 为假。按照这一方案,举例来说,事实"苏格拉底是哲学家"是 <苏格拉底是哲学家> 的使真者,因为 <事实"苏格拉底是哲学家"存在> 逻辑蕴含 <苏格拉底是哲学家>。

对于蕴含解释,人们很容易发现它的严重困难:首先,它使得每一个存在的实体是每一个必然真理的使真者,因为任何命题都蕴含必然真理。例如,因为 <π 存在> 蕴含 <2+2=4>,所以 π 是 <2+2=4> 的使真者。(Rodriguez-Pereyra 2006c, p.959; pp.962-963)其次,它甚至导致这样的结论:任何实体是任何真理(不管它是必然真理还是偶然真理)的使真者。且来看一下为什么如此。假设下述析取论题(Disjunction Thesis)是可接受的(Mulligan et al. 1984, p.316):

> (D-T)如果实体 α 使得 <p ∨ q> 为真,那么或者 α 使得

<p>为真,或者 α 使得 <q>为真。

然后考虑命题 <p ∨ ¬p> 的使真者。显然,这是一个必然真理,它为任何命题所蕴含,所以任何实体都是它的使真者。令 α 表示使 <p ∨ ¬p> 为真的任意实体。已经知道,<p ∨ ¬p> 为真,当且仅当 <p> 为真或 <¬p> 为真。假定 <p> 为真。由 <p> 为真可得 <¬p> 为假。由于 <¬p> 为假,则没有任何东西能使其为真,因此根据(D-T)有:α 是 <p> 的使真者。由于 α、<p> 分别是任意的实体和真命题,因此,任何实体是任何真理的使真者。(Restall 1996, pp.333-334;Rodriguez-Pereyra 2006b, pp.186-187)

然而,就像我们在第 2.2.2 节的讨论所显示的,就一个命题之为真而言,很多东西是不相关的。例如,就 <雪是白的> 之为真而言,第欧根尼及其同一性就是不相关的。然而,从(En-T)中我们可以得到,第欧根尼是 <雪是白的> 的使真者。这当然很荒谬。这就是著名的"不相关使真者(irrelavant truthmaker)难题"。

粗看起来,回应不相关使真者难题,人们可以采取如下两种策略:其一是拒斥析取论题。(Read 2000;López de Sa 2009)如果析取论题不成立,那么任何实体是任何真理的使真者这一条便难以成立,但是,即便如此,任何一个实体是任何必然真理的使真者这一不相关使真者难题并不依赖于析取论题,因此蕴含策略依然面临不相关使真者难题。换言之,仅仅是拒斥析取论题并不足够。(Rodriguez-Pereyra 2006b, p.187)其二是对蕴含关系的双方进行相应限制,如阿姆斯特朗认为蕴含关系的双方不能包含必然真理,必须是纯粹偶然真理。(Armstrong 2004a, p.11)但是,如我将在第 4

章所展示的,纯粹偶然真理的限制对于避免不相关使真者难题而言既不是充分条件,也不是必要条件。

实际上,学者们基本上已经达成一个共识,即(En-T)是有缺陷的。问题是,如何改进?从已有的文献来看,一些哲学家们提议用"相干蕴含"(relavant entailment)替代"蕴含"来定义使真者,即否认这里的蕴含是经典逻辑中的蕴含。按此提议,使真者可被定义如下:

(Re-T)实体 a 是 <p> 的使真者,当且仅当如果 a 存在,则 <a 存在> 相干蕴含 <p>。

这一方案的挑战是当前存在不同的相干逻辑系统,每一个系统允许不同的蕴含推理。因此,对使真者的相干蕴含定义需要仔细地选择一套相干逻辑系统以供自己使用,或者提供一套新的关于蕴含推理的原则。这项工作还未富有成果的展开。

3.2.2 使真关系:必然化

对蕴含解释之困难的反思使人们意识到,由于蕴含关系的双方是命题,即蕴含解释实际上只涉及了命题与命题,因此它已经违背了使真者最重要的一个直觉:使一个命题为真的,不是另一个命题,而是客观实在。就一般情形而言,实在不是命题,这是显然的。就此,阿姆斯特朗断言,使真关系(truthmaking)不是任何形式的蕴含,它是一种跨范畴的关系,关系一方是命题,另一方是实在。(Armstrong 2004a, pp.5-6;同样的看法也可参见:Lowe 2006, p.185)那么这一跨范畴的关系是什么?阿姆斯特朗提出了一个建议,即引入"必然化"(necessitate)来刻画"使真者"。

按照这一建议,使真者可被定义如下(Armstrong 1997, p.151; Armstrong 2004a, p.96):

(Ne-T)实体 α 是 <p> 的使真者,当且仅当如果 α 存在,则 α 必然化 <p> 之为真(necessitates p's being true)。

需要解释一下"必然化"这一概念。根据阿姆斯特朗,如果采用可能引人误解的可能世界概念来表述,那么,α 必然化 <p> 之真指的就是,不存在这样一个可能世界,在其中,α 存在,但 <p> 不是真的。显然,根据这一定义,"α 必然化 <p> 之为真"是"α 是 <p> 的使真者"的充分必要条件。

这一定义的好处之一看起来是,它避免了蕴含解释所面临的如下不相关使真者难题:(举例而言)事实"雪是白的"是 <草是绿的> 的使真者,因为事实"雪是白的"并不能必然化 <草是绿的> 之真理。但是,支持(Ne-T)的理由是什么?对此,阿姆斯特朗曾给出了一个归谬论证,但这个论证被普遍认为犯了循环论证的谬误。此外,对于(Ne-T),我们还可以提出这样一个问题:必然化是一个实体作为使真者的充分必要条件吗?对于阿姆斯特朗支持(Ne-T)的论证,以及必然化是否是使真者的必要条件,我们将在第 5.2 节讨论使真者必然主义时予以详细讨论,这里仅简要看一下必然化是否是使真者的充分条件。

首先,如果必然化关系的一方是必然真理,如 <2+2=4>,另一方是实体,如苏格拉底,由于苏格拉底必然化<2+2=4>(即在苏格拉底存在的所有世界,<2+2=4>都是真的),因此,根据(Ne-T),苏格拉底是<2+2=4>的使真者。然而,通常认为,苏格拉底与<2+2=4>之为真是不相关的。可以看到,就有关必然真理的不相关使真者问题而言,(Ne-T)并不比(En-T)做得更好。(MacBride 2016, sec.1.2)其次,让我们考虑这样一种情形:假设上帝希望约翰亲吻玛丽,上帝的意愿因此必然化<约翰亲吻玛丽>之真。根据(Ne-T),上帝的行为是这一命题的使真者。但是,看起来这是错的,上帝的意愿与约翰亲吻玛丽之间仅有因果必然性,后者的真理并不本体论依赖前者。再考虑一个更严峻的情形:假设你作了如下判断,即约翰亲切地亲吻玛丽(John is kissing Mary graciously)。与这个判断中的副词"亲切地"所对应的实在是一个二阶的特普(trope)(令其为 g),其存在依赖于如下一阶特普,即约翰的亲吻(John's kissing)。[①]因此,如果 g 存在,则必然有约翰的亲吻这个一阶特普存在,因此必然有:判断"约翰亲切地亲吻玛丽"为真,接着必然有:判断"约翰亲吻玛丽"为真。根据(Ne-T),g 因此是判断"约翰亲吻玛丽"的使真者。但是,我们绝不能认为,<约翰亲吻玛丽>之为真是由于存在特普亲切地,即不能认为后者是前者的使真者。由此可见,必然化并不是使真者的充分条件。(Smith 1999, p.278)

为什么如此?史密斯论道:

[①] 关于特普概念以及特普论,请参见第 63 节。

> 因此，一个给定判断的使真者，必须不仅仅是该判断所符合之实在的必然化部分（necessitating part），它在本质上必须是正确的部分。它必须是该判断所**关于**（about）的部分，必须满足一些相关性限制。（Smith 1999, p.279）

基于这样的判断，史密斯给出了他刻画使真者的方案，即投射主义。

3.2.3 投射主义

根据史密斯，对应于判断与实在之符合（fit）的两个方向，使真关系也有两个方面。一方面，实在通过决定哪个判断是真的限制了判断的实践，另一方面，我们的判断实践也影响了实在自身：当我们做出了真的偶然判断时，我们因此也勾画出了相应的使判断为真的一块实在。（Smith 1999, p.274）例如，如果判断"约翰亲吻玛丽"是真的，那么它也勾画了如下实在：约翰和玛丽两个对象，以及约翰的亲吻这一特普。

史密斯用投射（projection）概念来刻画判断对实在的这一勾画。为了把握这一刻画，我们需要先引入几个技术刻画：

(i) 令 x、y、…等变量符号表示偶然存在的对象（实体、特普、它们的集聚（aggregates）以及部分），ϕ 表示对这些对象成立的一元谓词。

(ii) $\sigma x \phi x$ 表示所有拥有 ϕ 的对象之部分学总和（mereological sum or fusion）

在这里，x、y 等对其所指之物的指称是具体的，如"苏格拉底"对苏格拉底的指称，"上海"对上海的指称。但是，由于在不同的可能世界中，拥有 ϕ 的对象可能不同，因此，"$\sigma x\phi x$"在不同的可能世界中的指称也可能不同。假设"$\sigma x\phi x$"指称 $\sigma x\phi x$，那么显然，前者指称后者的方式不同于（举例而言）"苏格拉底"对苏格拉底的指称。史密斯说，"$\sigma x\phi x$"对其所指之物只是一般性地（generically）指称。

为了像把握具体的指称一样把握一般性的指称，史密斯引入了麦克布兰德称之的"部分学综合原则"（mereological comprehension principle）（Smith 1999, p.275；MacBride 2016, sec.1.3）：

$$(T\leqslant)\exists x\phi x \text{ 当且仅当 } E!(\sigma x\phi x)。$$

其中，"E!x"是"x 存在"的简写。$(T\leqslant)$ 说的是，存在具有 ϕ 的东西，当且仅当存在具有 ϕ 的东西的部分学总和。例如，如果有一个东西是红的（如某面红旗），那么就存在一个由红的东西组成的部分学总和（它至少包含一个对象，即那面红旗）；反过来同样如此。

接下来可以定义"判断的投射"这一概念（Smith 1999, p.279）：

$$(DP)\, xP\, p := p \wedge (p \Rightarrow E!x),$$

其中，$p \Rightarrow q$ 是 $\neg\Diamond(p \wedge \neg q)$ 的缩写。所以，根据（DP），一个判断"p"的投射是这样一些东西，即如果 p 是真的，则它们不存在是不可能的，也即：如果 p 是真的，则它们必定存在。所以，约翰亲吻玛丽这一判断的投射就是这样一些东西：如果＜约翰亲吻玛丽＞为真，那么它们必定存在。显然，约翰、玛丽，以及亲吻（它是所有具体的亲吻这样的特普之部分学总和）都是约翰亲吻玛丽这一判断的投射。

有了投射这一概念，史密斯接下来就对使真者给出了如下定义：(Smith 1999, p.282)

> (Pr-T) 实体 a 是判断"p"的使真者，当且仅当如果 a 存在，则 a 必然是判断"p"之全部投射 (total projection) 的一部分。

史密斯认为，按此定义，上帝的意愿、二阶特普亲切地都不是判断"约翰亲吻玛丽"的使真者，因为它们都没有落入后者的投射中，即不是如下集合的元素：{约翰，玛丽，亲吻}。

从史密斯提出投射主义的初衷来看，他是要以投射概念来确保，一个判断所撒的网不会把那些不需要的鱼给抓住，例如"约翰亲吻玛丽"这一判断所撒的网不会把上帝的意愿这一条鱼给抓住。但是，对于投射主义，有两个问题值得我们进一步思考，其一，就不要多抓那些不相关的鱼而言，它是否能成功？其二，就抓住那些相关的鱼而言，它是否都抓住了？且来一一看一下这两个问题。

先看第一个问题。尽管史密斯认为，投射主义不会把哪些不相关的鱼给抓住，例如"约翰在亲吻玛丽"这一判断所撒的网不会把上帝的意愿这一条鱼给抓住。但是，麦克布兰德认为情况并非如此。因为根据"投射"的定义，一个判断的投射指的是该判断为真时将必定存在的东西，因此，"约翰亲吻玛丽"的投射就是这一判断为真时的所有存在性后果。① 显然，约翰、玛丽是其投射。但是，如果约翰存在、玛丽存在，那么必定有：某人存在。因此某人也是其投射。根据史密斯对"存在"的看法，即存在是一个谓词，它对其所指之物的指称是一般性的，因此从(T≤)可以得到，判断"约翰亲吻玛丽"的投射包含这样一个部分学总和：它由且仅由所有存在的东西作为其组成成分。因为上帝的意愿是存在的，故上帝的意愿也在其投射中。因此，根据(Pr-T)，上帝的意愿是该判断的使真者。(MacBride 2016, sec.1.3)这与史密斯自己的判断相反。

对这一批评，投射主义的一种回应方式是否认"存在"是一个谓词。但是，这并不能避免捕错鱼的情形发生。来看一下这一点。根据史密斯的描述，正是上帝的意愿使得约翰亲吻玛丽这一具体事件发生，因此如果上帝没有该意愿，那么这一事件不可能发生，即判断"约翰亲吻玛丽"不为真。基于此，如果判断"约翰亲吻玛丽"为真，那么必然有上帝的该意愿存在，因此，根据(DP)，上帝的该意愿就是判断"约翰在亲吻玛丽"的投射。对于这一质疑的明显回应方式是，即使上帝的该意愿不存在，依然可能有约翰亲吻玛丽，因此判断"约翰亲吻玛丽"会为真。然而问题是，根据史密斯，判断是特普，是精神片段。(Smith 1999, pp.174-175)即是说，如果上帝的该意愿不存在，那么所存在的判断也不是我们所讨论的那个判断，它是一个新的精神片段、新的判断。

也许，我们可以修改史密斯的这些具有自然主义倾向的看法，即认为，命题是首要的真值载体，一个判断之所以是真的，是因为

---

① 存在性后果指的是，如果这一判断为真，那么可以推出哪些东西是存在的。

它断定的命题是真的。这样，当你考虑命题＜约翰在亲吻玛丽＞的投射时，我们可以排除上帝的意愿。即是说，因为即使上帝没有约翰亲吻玛丽的意愿，＜约翰亲吻玛丽＞也可能是真的，因此前者不是后者的投射。对这样的修订，需进一步思考的问题是：是否存在必然存在的实体。显然，如果存在的话，那么投射主义依然会捕错鱼。假设β是一个必然存在的实体，那么显然有：只要＜约翰亲吻玛丽＞是真的，则β就存在，因此β落入了＜约翰亲吻玛丽＞的投射中，并且因此是＜约翰亲吻玛丽＞的使真者。

再来看第二个问题，即与一个命题之为真相关的使真者，投射主义能否全部囊括？不相关使真者难题提出的挑战是，就一个命题之为真而言，某个特定的使真者定义是否抓了太多的鱼，把一些不相关的鱼也抓来了？这里所论的第二个问题所提出的挑战则是，就一个命题之为真而言，它是否抓了太少的鱼，以至于不能解释相应命题之为真？考虑判断"约翰亲吻玛丽"的使真者。根据史密斯关于投射的定义，约翰、玛丽和亲吻一起是该判断的投射，换言之，约翰、玛丽和某个具体的亲吻都是该投射的部分之一，然后，根据(Pr-T)，约翰、玛丽和某个具体的亲吻都是判断"约翰亲吻玛丽"的使真者。但是，尽管我们都承认，约翰的亲吻是"约翰亲吻玛丽"的使真者，然而，约翰和玛丽（单独地）并不是该判断的使真者，因为仅仅是约翰（举例而言）存在，不足以解释"约翰亲吻玛丽"的真理。从这个角度来看，(Pr-T)是不够的。

对此批评，一种可能的回应是将(Pr-T)中的"一部分"删除，即是说，一个判断的使真者是它的投射，而不是投射的一部分。然而，史密斯在给出(Pr-T)时，看起来，他的脑海里想到的使真者是具体的特普，即约翰的亲吻是"约翰亲吻玛丽"的使真者。从这一点来看，由于特普"约翰的亲吻"只是判断"约翰亲吻玛丽"之投射集的一个元素，因此谈论"一部分"是必要的。于是，我们看到了投射主义的另一个尴尬之处：如果一个判断的全部投射一起才是该判断的使真者，那么该投射的某些部分对于解释该判断的真理是多余的；如果只是判断之投射的部分才是该判断的使真者，那么由于有些部分不足以解释该判断的真理，因此我们需要进一步的办法把那些作为使真者的投射部分挑出来。

3.2.4　本质主义

看起来，我们依然面临这样一个任务，即找到一个足够精细的概念，它能帮助我们挑出并且仅挑出给定命题所关于的实在。对此，穆利根和劳（E. J. Lowe）给出了一个建议，即求诸"本质"（essence）概念。这里我们以劳的方案为例介绍一下刻画使真者的本质主义进路。劳从这样一个问题入手，即如何区分必然真理的使真者？前面谈到，不相关使真者难题有两类情况：一、任何实体是任何必然真理的使真者；二、任何实体是任何真理的使真者。对第二种情况的论证需要假定第一种情况成立。所以，如果能否认第一种情况，那么就可以消解不相关使真者难题。可以看到，劳采取的是"釜底抽薪"策略。

劳认为，使真关系涉及各种**本质性依赖**（essential dependence）。一个命题的使真者，他说，"是这样的东西，如果它存在，则该命题是真的，这一点是该命题之本质的一部分。"（Lowe 2009, p.209）我们暂且把这一点看作是劳关于使真者概念的直观理解，为

"(Lo-T)"。下面要做的是解释这一直观理解。首先需要解释什么是本质？对此，劳说道：

> 对于任何实体的"本质"，我的意思仅仅是，凭借它，该实体是其所是。所以，举例而言，属于特定的本体论范畴，这是任何实体之本质的一部分；并且，它是所论范畴而非任何其他范畴的一员，这也是它之本质的一部分。所以，假定存在命题这样的实体，并且他们确立了一个本体论范畴——甚至仅是某个更基本范畴的子范畴——那么，对于任何给定命题，它是一个命题，并且它是那一个而非任何其他的命题，都将是该命题之本质的一部分。但是，至少某些命题其同一性依赖其他本体论范畴的实体。更具体地讲，任何（如我们说的）"关于"其他实体的命题其同一性依赖这些实体。所以，某一特定的个体实体（individual substance），a，例示了特定共相，F，这个命题的同一性依赖 a 和 F 两者：因为该命题本质上是关于这些其他实体的，并且如果不关于它们，则它将不会是这个命题。从这里可以得到，仅当 a 和 F 都存在，命题 <a 是 F> 存在，这是该命题之本质的一部分。至少，从这里可以得到，如我所坚信的，一个实体不可能存在，如果其同一性依赖不存在的其他实体。（Lowe 2009, pp.212-213）

从这一段论述中，我们可以得到劳的如下两个论点：

其一，本质是使一个实体是其所是的东西。这是从事物的同一性条件着手刻画本质：某一特定实体为什么是这一实体而非其他

第3章 使真者

实体？或者说两个实体需要满足什么条件才会是同一个实体？显然，根据这里的定义，两个实体的本质相同，当且仅当它们的同一性条件相同。依据这一刻画，劳得出他的第二个论点：其二，命题的同一性（因而本质），依赖于它所关于的实体，例如，<a 是 F> 这一命题其同一性就依赖于实体 a 和 F。但是，劳对第二个论点所做的进一步说明，即如果 a 和 F 不存在，则命题 <a 是 F> 不存在，却来自于对本质的另一个解读，即从存在性条件的角度刻画本质：一个实体存在，当且仅当其本质所依赖的对象存在。应该看到，对本质的这两种刻画是哲学中的经典刻画，例如《牛津哲学词典》对"本质"的定义就是这样的：所谓本质，指的就是某物"如果缺乏它就不成其为该物，一个事物不能在失去其本质的同时依然存在"（Blackburn 1996, p.125）。

回到劳关于使真者的界定，即（Lo-T）。劳需要回答，为什么某个使真者如果存在，则相应命题为真，这是该命题之本质的一部分？很遗憾，劳并没有解释这一点。他的关注点是对使真者的这一刻画如何能区分不同必然真理的使真者，以及这一简单刻画所面临的一个问题。先看劳的第一个关注点。一个直接的问题是，<a 是 F> 的本质是什么？根据对本质的同一性条件刻画，这一问题转化为：<a 是 F> 之为 <a 是 F> 是因为什么？依赖于 a 和 F，这构成了它的部分本质。但是，如果在 a 是 F 时，<a 是 F> 不为真，那么 <a 是 F> 也就不是我们所论的那个命题，因为这时或者意味着"a"不指称 a，或者"F"不指称 F（在某个可能世界中，这种情况是会存在的）。就我们所讨论的那个命题而言，如果"a"指称 a，或且"F"指称 F，那么必然有：如果 a 是 F，则 <a 是 F> 为真。因此，这一条件式也构成了该命题的同一性条件,也即是它的部分本质。

劳认为,对使真者的这样一种理解能够区分不同必然真理的使真者,例如,它可以区分逻辑必然真理与形而上学必然真理。考虑如下两个必然真理:$\forall x(\neg(x \wedge \neg x))$ 和 5+7=12。前者是逻辑必然真理,它自己即是该命题的使真者,因为下述情况是它的部分本质:如果它存在,那么它就是真的。由于该命题必然存在,因此它无条件为真。后者是算数必然真理,5、7 和 12 这些数字是它的使真者,因为下述情况是它的部分本质:如果 5、7 和 12 存在,那么该命题是真的。很显然,如果这个分析是对的,那么我们将很容易区分必然真理的使真者。其一,所有的逻辑必然真理其使真者是自身,不同的逻辑必然真理拥有不同的使真者,例如 $\forall x(\neg(x \wedge \neg x))$ 和 $\forall x \forall y(x \rightarrow (y \rightarrow x))$ 的使真者分别是 $\forall x(\neg(x \wedge \neg x))$ 和 $\forall x \forall y(x \rightarrow (y \rightarrow x))$。其二,形而上学必然真理(算术必然真理是其中一类)的使真者是该真理所关于的实体,所以 <5+7=12> 的使真者是 5、7 和 12,<3+4=7> 的使真者是 3、4 和 7。(Lowe 2009, pp.209-210)

再来看(Lo-T)的问题。劳谈道,(Lo-T)会导致一个结果,即:一个命题的使真者并非是该命题的同一性所依赖的东西。与事实主义者不同,劳认为,关于使真者,我们只需求诸共相、个体实体、方式(mode)或特普这些本体论范畴中的实体,而无需求诸事实实体。在一个包含特普的本体论中,特普本身就是相应真理的使真者,如这个苹果的圆形(this apple's roundness)就是 < 这个苹果是圆的 > 的使真者。(Lowe 2009, p.210)现在,假设 a 是个体实体,F 是共相,m 是特普,它表示 a 对 F 的具体例示,即 a 拥有 F 的具体方式。尽管 m 是 <a 是 F> 的使真者，但后者的同一性并不依赖于 m。[①] 从这里可以得出一个结论，即使真者并非是它使之为真的命题其同一性所依赖的东西。把这一情况与（Lo-T）结合起来，劳认为一个困难产生了，即我们必须承诺：如果 m 存在，则 <a 是 F> 为真，这是 <a 是 F> 之本质的一部分。但是，这是错误的，劳谈道：

> 这是有问题的，如果一个人认为，如我所倾向于做的那样，没有实体可以直接地本质依赖于任何这样的实体，即它在前者自身存在的情景中不存在……（Lowe 2009, p.213）

基于这样的考虑，劳认为，对于使真者的定义，有必要对（Lo-T）给予修订。最终，他提议这样一个复杂的定义（Lowe 2009, p.215）：

（Es-T）对于任何命题，p，某个给定的实体 e 是它的使真者，当且仅当如下两个条件成立：

（i）对于 p，存在一个或多个实体类型（types of entity），$E_1, E_2, \cdots, E_n$，使得：对于 1 和 n 之间的任何 i，如果某个类型的实体，E_i，存在，则 p 是真的，这一点是 p 之本质的一部分。

（ii）e 属于某个实体类型 E_i。

其中，"实体类型"指的是特普的类，如对于"这张纸是白的"，我

[①] 一个命题的同一性不会依赖于构成该命题的对象以怎样特定的方式例示构成该命题的共相，例如，在 <这个苹果很甜> 中，这个苹果例示了甜这一性质。甜味是有程度的，但是，这个苹果以不同的程度例示甜味，并不影响这个苹果对甜味的例示。

们说,这种纸例示了白色,但是这张纸对于白色的例示可以呈现为多种具体的形式,如乳白、灰白,等等。每一个具体的例示都是一个特普,但这些不同的特普却可以归为同一个类下面,即白色,后者即是劳所述的"特普类型"。容易看到,按照(Es-T),特普"这个苹果的圆形"是<这个苹果是圆的>的使真者,因为:根据(i),存在这个苹果的圆形这一特普的类,后者(类)如果存在,则<这个苹果是圆的>是真的,这一点是<这个苹果是圆的>的部分本质;根据(ii),特普"这个苹果的圆形"是这个特定类的一个成员。

如何评论关于使真者的本质主义刻画?麦克布赖德认为它将付出沉重的代价,因为这一理论必须承诺柏拉图式的命题概念作为真值载体,而这将侵蚀使真者理论所宣称的"直观吸引力"(intuitively attractive)。(MacBride 2016, sec.1.4) 但是,一方面,诸多使真者理论家已经强有力的证明,使真者理论要求真值载体必须是作为抽象实体的命题(David 2005, pp.141-159; Rodriguez-Pereyra 2006b, p.189);另一方面,本书并不认同麦克布赖德关于使真者概念之直观吸引力的判断,在我看来,这一理论的直观吸引力并非来自于它的概念是自然主义者愿意接受的那些概念,而是来自于它所尝试把握的那个直观,即真理依赖于实在。就此而言,即使作为抽象实体的命题缺乏直观吸引力,也并不表明使真者本身缺乏直观吸引力,因为不管真值载体是什么,使真者理论所宣称的直观(即真理依赖于实在)依然具有直观吸引力。

在本书看来,(Es-T)的缺陷在于,它只处理了特普作为使真者的情形,而没有处理必然真理的情形,因为在必然真理的情形中,谈论实体类型可能不是一个好策略。例如,就逻辑必然真理

"$\forall x(\neg(x \land \neg x))$"而言,如前所述,其自身是它的使真者。说它自身是某个实体类型的元素,这恐怕有些难以自圆其说。当然,这一困难不是那种难以克服的困难,因为劳可以把必然真理的情况添加进去,通过分类处理的方式来避免这一困难。

劳的理论还面临着劳对本质概念的利用所产生的问题。按照传统理解,本质既涉及同一性条件,又涉及存在性条件。劳对本质的理解是这种传统理解。基于存在性维度,劳认为,某个实体的存在是那些本质依赖于它们的实体存在的必要条件(第131页劳的引文说的正是这个意思)。就此而言,对象"a"和性质"F"的存在是命题 <a 是 F> 存在的必要条件。假设个体实体 a 是时间依赖性的,即仅在某个特定的时间段(假设是从 t_i 到 t_k)存在,而在这一时间段之外(即 t_i 之前和 t_k 之后)则不存在。根据对本质的同一性条件刻画可以得出:命题 <a 是 F> 依赖于 a 和 F,然后根据对本质的存在性条件刻画可以得出,命题 <a 是 F> 在 t_i 之前和 t_k 之后不存在。这显然是错误的。如果命题是抽象实体,那么显然,一个对象不存在,并不意味着不能存在相应的命题。例如,金山不存在,<金山不存在> 这一命题却可以存在。又如,圣诞老人不存在,但 <每年圣诞节,圣诞老人会从烟囱里钻进来给小朋友送礼物> 这一命题却可以存在。

此外,尽管劳对使真者的复杂定义非常有吸引力(因为它能够使用"当且仅当"这样的表述,而非简单刻画那样,只能使用"当……"这样的表述),但给出这一刻画的动机是有问题的。再考察一下 m 是 <a 是 F> 的使真者这一情况。确实,<a 是 F> 并不本质依赖于 m,但是,即使是对使真者的简单刻画也并不承诺 m 是

<a 是 F> 的部分本质，它所说的是，如果 m 存在，则 <a 是 F> 为真，这一点是 <a 是 F> 的部分本质。当然，可以看到，这实际上是从 <a 是 F> 的同一性条件来考虑的。如果从存在性条件来考虑，<a 是 F> 的存在并不依赖于任何 a 例示 F 的方式，即并不本质依赖于任何特定的 m，因此，在一种极端情况下，即没有任何的 m，那么根据劳，<a 是 F> 就也不存在。我们前面已经拒斥了这一点。

从这两点我们得到的启发是什么？让我们放宽视野，从使真者的直观谈起。使真者的直观说的是，一个命题为真是由于特定实在，换言之，如果没有该特定实在，它就不是真的。这说的是什么？我的建议是，如果该特定实在存在，但该特定命题却不为真，这就意味着它不是我们所通常谈论的那个命题。举例来说，假设 <这个苹果是红的> 的使真者是特普"这个苹果的红色"或事实"这个苹果是红的"，再假设这一特普或事实存在，但 <这个苹果是红的> 不为真，那么意味着什么？答案显然是，<这个苹果是红的> 并不是我们通常所谈论的那个命题。就此而言，如果从本质的角度思考使真者，我认为与其有关的应该仅仅是本质概念所涉及的同一性条件，而不应该包含存在性条件。因此，对使真者的定义应该吸取我们这里所得到的教训，应该诉诸一个概念，它与本质概念的同一性条件等同，但不包含本质概念的存在性条件。

3.2.5 奠基策略

近些年来，一些学者——其中，最有名的无疑是谢弗（Jonathan Schaffer）——尝试通过引入"奠基"（grounding）概念来定义使真者。什么是"奠基"？谢弗认为，奠基是一个直观上很清楚的概念，

我们可以借用几组例子来给予说明(Schaffer 2008a, p.311):

(i) 苏格拉底和{苏格拉底};
(ii) 苏格拉底和事实"苏格拉底存在";
(iii) 苏格拉底和苏格拉底的智慧;
(iv) 苏格拉底的神经功能和苏格拉底的智慧。

在上述四对中,通常认为,"和"字左边的要先于(prior to)右边的。对前三对而言,以苏格拉底为元素的集合、关于苏格拉底的事实和苏格拉底所拥有的性质都需要以苏格拉底为前提,没有苏格拉底也就没有这些东西。就此而言,苏格拉底先于所有这些东西。对第四对而言,通常认为,精神性质(mental properties)以神经性质(neural properties)为基础,因此,苏格拉底的神经功能先于苏格拉底的智慧。毫无疑问,上述四对中的优先其涵义有所不同,"奠基"被看作是刻画它们之间相同因素的一般性概念。

实际上,在关于"奠基"的形而上学讨论中,奠基被看作是一个表示非因果性优先(non-causal priority)的一般性词项。关于这样的优先,在哲学的不同领域存在广泛的使用(Correia and Schnieder 2012, p.I):

1. 精神事实的存在是因为(because of)神经生理学事实。
2. 法律事实奠基于(are grounded in)非法律事实,比如,社会事实。
3. 规范事实基于(are based on)自然事实。

4. 涵义是由于(due to)非语义的事实。

5. 倾向性质凭借(in virtue of)范畴性质而被拥有。

6. 实体先于(prior to)其特普或模式。

7 因为(because)雪是白的,所以<雪是白的>是真的。

可以看到,上述七个表述有一个共同的地方,即都在表述两个东西之间的非因果性优先。①从非因果性优先的视角来看,上述四对之间都存在着这种优先关系,因此可以用"奠基"一词来一般地表示它们之间的优先性。

谢弗认为,实在与真理之间也存在这种奠基关系,因为直观上人们都会认为,真理依赖于实在。这种直观,如第3.1节所表明的,至少可以追溯到亚里士多德,它也是使真者理论所试图把握、坚持的直观。这种直观可以分两个部分来促发。直观的第一部分是,命题的真理不是实在的基础特征(fundamental feature)。尽管实在的基础特征是什么可能存在争议,比如粒子的排列或场中的波函数或其他,但是,"语义事实,如给定命题有着特定的真值这一事实,恰好不是基础的事物。"(Schaffer 2008a, p.308)直观的第二部分是,非基础的东西必须导源于基础的东西。所以,"如果一个命题恰巧是真的,那么,这一定是(如实在的任何非基础特征一样)导源于基础的东西。"(Schaffer 2008a, p.308)

那么什么是"基础的"? 通常认为,奠基关系是非对称的、非自

---

① 当然,这些表述并非没有争议,不过,奠基的形而上学并不试图去讨论这些争议,而是要讨论这些表述之间所存在的共同点,即非因果优先本身。

返的和传递的。(Schaffer 2008a, p.311)即是说，就奠基关系而言，实体间存在着一个偏序。这一偏序可用下述树形图来表示：

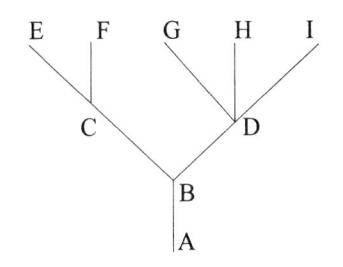

```
    E  F    G  H  I
     \/      \ | /
     C        D
      \      /
        B
        |
        A
```

在这一树形图中，我们说，E、F 奠基于 C，G、H、I 奠基于 D，C、D 奠基于 B，B 奠基于 A。由奠基关系的传递性，有：E、F、G、H 和 I 都奠基于 B，因此最终都奠基于 A。同样，C、D 也最终奠基于 A。关于这一点，我们以 E 奠基于 A 为例，简单展示一下，其他情况类似：

> 根据上述树形，E 奠基于 C，C 奠基于 B。根据奠基关系的传递性可以得到：E 奠基于 B。根据上述树形图，又有 B 奠基于 A。再次根据奠基关系的传递性，有：E 奠基于 A。

又由于奠基关系是非对称的和非自返的，因此如果有上述奠基树形图，则不可能有：C 奠基于 E 或 F，D 奠基于 G 或 H 或 I，B 奠基于 C 或 D 或 E 或 F 或 G 或 H 或 I，或者，A 奠基于 B 或 C 或 D 或 E 或 F 或 G 或 H 或 I 的情况。这一点很容易论证。且举例论证一下。假设通过某个奠基序列，有 C 奠基于 E，那么它首先违反了奠基是非对称的这一原则；又由 E 奠基于 C，则根据奠基关系的传递性有：C奠基于C，这违反了奠基是非自返的这一原则。就此而言，在上述树形图中，我们说，所有除A以外的树枝节点都奠基于A，而A不奠基于任何其他节点。就此而言，我们说，A比其他任何节点（实体（entity））都更为基础。

如果我们可以将这个世界的所有存在物之间的奠基关系确定下来，那么我们会得到很多这样的树形图，在这些树形图中，有些实体处于树形图的根部，它们不奠基于任何他物，但为他物提供奠基。这样的实体，这样一些处于树形图根部的实体，就是谢弗所说的基础的实体。

有了关于基础性实体的说明，谢弗接着就将使真者的奠基主义策略刻画如下：(Schaffer 2008a, p.311; Schaffer 2008b, p.10; Schaffer 2010, p.311)

(Gro-T)$\forall p \forall w$(如果p在w中为真，那么$\exists x$(x在w中是基础的，并且，p在w中为真奠基于x。))

其中，"p"指的是命题变量，"w"指的是可能世界变量，"x"指的是存在于世界w中的实体变量。可以看到，根据这一界定，使真者是为命题之真理给予奠基的基础实体（fundamental entities）。

对于奠基主义策略，第一个要看到的是，(Gro-T)可以解决不相关使真者难题。如前所述，这一难题的症结是必然真理的使真者问题：任何实体是任何必然真理的使真者。所以，我的左耳是<2+2=4>的使真者。但是，根据(Gro-T)，情况并非如此了，因为不管数字依赖于什么（也许数字是柏拉图式实体，因而是基础的，不依赖于任何东西；也许数字奠基于它们的具体实例；也许数字是我们心灵的投射；等等），数字显然不奠基于我的左耳。由于关于数字的命题之真理奠基于数字，而数字不奠基于我的左耳，因此我的左耳不是 <2+2=4> 的使真者。

不仅如此，看起来，这一解决还有一个优势，即无须诉诸"关于"这样的模糊性概念。但是，让我们暂且不要满足于这一表面现象。假定 α、β、δ，……表示这个世界的基础实体，<p>、<q>、<r>，……表示命题。根据（Gro-T），<p>、<q>、<r>，……之为真依赖于 α、β、δ，……。问题是，依赖于哪个（些）实体？例如，<p> 之为真依赖于 α 还是 β 抑或其他？对此，（Gro-T）没有告诉我们任何信息。当然，这依赖于我们对基础实体的界定。如果认为特普是基础实体，那么语义学也许能告诉我们哪个（些）特普为 <p> 之真理奠基。如果认为事实是基础实体，情况也如是。例如，考虑 <苏格拉底是智慧的>，那么，特普"苏格拉底的智慧"（Socrates's wisdom）或事实"苏格拉底是智慧的"就是 <苏格拉底是智慧的> 的使真者。但是，作为一个新亚里士多德主义者（neo-Aristotelian），谢弗并不支持上述建议：

> 作为起点，我在新亚里士多德主义的框架内工作，该框架设定**实体**（substance）与**后验之物**（posteriors），它们通过**本体论依赖**关联起来。实体是存在的基础。换言之，它们是基础的、独立的、原始的、不可还原的、稀疏的，以及首要的。后验之物是需要奠基的。它们是导源的、依赖的、直接的、可还原的、冗余的，以及第二性的。后验之物奠基于（导源于、依赖于、

因为、基于)实体。(Schaffer 2010, pp.309-310)

按照这一框架,特普、事实都不是基础的,因为(举例来说)特普"苏格拉底的智慧"和事实"苏格拉底是智慧的"都依赖于实体"苏格拉底"。这是说,特普、事实不是 substance 意义上的实体,如果硬要称它们是实体,也仅是 entity 意义上的。换言之,只有 substance 意义上的实体才能是使真者。

关于 substance 意义上的实体,如我们所知道的,亚里士多德本人曾有些犹豫不决。在《范畴篇》中,他认为个体(如一个具体的人,一匹具体的马)是实体。在《形而上学》中,他详细讨论了四种最可能是实体的东西,即"是其所是"、普遍、种与载体(基质),结论是"是其所是"才是实体。(颜一 2002, pp.71-72)如果基于是其所是(即同一性条件)这一界定,那么在一个个体中,那些与该个体作为该个体无关的偶然性因素,就可以从实体的同一性条件中剔除出去。比如,苏格拉底的扁鼻子这一偶然属性,因为苏格拉底即使是鹰钩鼻也还是苏格拉底,就与苏格拉底之为苏格拉底无关。如果把所有的偶然属性都从实体的同一性条件中剔除出去,那么最后所得到的应该就是使苏格拉底成为苏格拉底的东西。这一东西是什么?我们暂时将这一点搁置起来。问题在于,这样的脱离所有偶然属性后的东西、使苏格拉底是苏格拉底的东西,看起来并不能作为<苏格拉底是智慧的>的使真者,因为显然,即便使苏格拉底成为苏格拉底的东西存在,苏格拉底也可能不是智慧的,而是愚蠢的。

所以,我认为,谢弗关于使真者的奠基策略面临着一个困难:

他将真理奠基于基础的事物(substance，实体)，但是实体本身不能作为使真者，不能使命题为真，因为一个命题之真理不仅奠基于实体，还奠基于实体存在的方式。[①] 即是说，<苏格拉底是智慧的>要为真，不仅需要苏格拉底(作为实体)存在，还要求苏格拉底以特定方式存在，比如是有智慧的。

看起来，这个困难并没有落入谢弗的视野，但他所提出的"使真者一元主义"(truthmaker monism)却恰好回应了这一挑战：

> 对于所有的命题 p 和所有的世界 w，如果 p 在 w 中为真，那么(p 在 w 中为真奠基于 w，并且，对于任何 x，如果 p 在 w 中为真奠基于 x，则 $x = w$)。

换言之，对于任何世界 w，w 中的使真者有且只有一个，即 w 自己。

对于使真者一元主义，如下两点应该是显然的：第一，世界自身是所有在其中为真的命题的使真者，或者说所有在某个世界为真的命题之为真依赖于这个世界自身。第二，世界本身是基础的。但是，即使使真者一元主义是正确的，很长时间以来，很少有哲学家对它给予重视，因为它是"贫乏的"(trivial)：

> 关于使真关系的最为粗糙的(coarse-grained)理论为每一个真理，肯定的或否定的(真理)，指派了同一个使真者，即

[①] 多德认为，使一个命题为真的并不是对象或事实，而是对象存在的方式。(Dodd 2002, p.74)

世界本身。这是一个真的但贫乏的使真概念。(Molnar 2000, p.83)

类似的观点,我们还可以在阿姆斯特朗、罗德里格斯—佩雷拉的文献中看到。(Armstrong 2004a, pp.18-19; Rodriguez-Pereyra 2006c, p.964)不仅如此,在哲学中甚至有这样一种习惯性做法,如果一个概念或理论最终得出一元论的结果,那么就需要拒斥该概念或理论。关于这一点,回顾一下前面第2.2.2节所讨论的弹弓论证就很清楚:如果存在事实实体,那么通过弹弓论证可以得到,所有的真命题都符合同一个事实(大事实)。这是不可接受的,所以事实实体须被拒斥。这种拒斥背后的动机容易理解,如果所有真理的使真者都是世界自身,那就很难解释为什么<雪是白的>与<煤是黑的>是不同的真理。直观上看,对第一个而言,当雪是白的时它为真,对第二个而言,当煤是黑的时它为真,由于这两个真理为真的条件不同,所以它们是不同的真理。但是,如果世界自身是唯一的使真者,那么这两个真理为真的条件就相同的,即这个世界存在,那么如何能说,它们是不同的真理呢?

第 4 章 使真关系与蕴含原则

由于"T 是 \<p\> 的使真者"等价于"T 使 \<p\> 为真",因此上一章在解释使真者是什么时,也就已在解释使真关系是什么。例如,学者们已经提出的,使真关系是一种蕴含关系、必然化关系等。尽管如此,关于使真关系还有一些对使真者理论而言至关重要的内容,如使真关系是跨范畴的、多对多的(many-many)、内在关系等。在确立使真关系是跨范畴关系、多对多关系时,蕴含原则都扮演着关键性角色,就此而言,蕴含原则对于使真者具有至关重要的作用。但是,蕴含原则本身也导致严重的问题,其中,最主要的是不相关使真者(irrelavant truthmaker)难题。这些问题是本章的主题。

4.1 使真关系引论

先看使真关系是跨范畴关系。使真者的拥趸们基本同意,使真关系是一种跨范畴关系,但如何解读这个论题,学者们则存在分歧。阿姆斯特朗显然认为,所有使真关系都是跨范畴的。(Armstrong 2004a, p.6)首先,就那些原子命题的真而言,其为真凭借的是属于另一个范畴的实体(集),如 \<苏格拉底是智慧的\> 的使真者是事实"苏格拉底是智慧的"或特普"苏格拉底的智慧",后两者属于实在的部分。这里的使真关系是跨范畴的。其次,就那些包含逻辑联接词的分子命题而言,如果不存在相应的分子事实,其使真者与它之间的使真关系如何能跨范畴?考虑 <p ∧ q> 这一合取命题的使真者。假定 p、q 都是偶然真理,且它们的使真者分别是作为实在之部分的 α、β。根据阿姆斯特朗,因为 {p, q} 蕴含 <p ∧ q>,所以 <p ∧ q> 的使真者是 {α, β},后者是 α 和 β 作为其元素的部分学集聚(aggregation)。因此,这里的使真关系依然是跨范畴的。

这个解读忠实于使真者的基本观念,即真理依赖于实在。其困难在于,如几乎所有重要的全称命题一样,它面临反例。考虑 <至少存在一个命题> 的使真者。显然,这个命题的使真者是某个具体的命题(集),比如 <哲学是一趟高贵的智识冒险>,但如此一来,这里的使真关系就不是跨范畴的了。基于此,罗德里格斯—佩雷拉认为,使真关系是跨范畴的,这一点必须在下述意义上理解:使真关系可以在分属不同种类的实体中获得,而不能在下述意义上理解:使真关系必须在分属不同种类的实体中获得。(Rodriguez-Pereyra 2006b, p.189)但是,此时说使真关系是跨范畴的就毫无价值,因为恰当的说法是:使真关系有时跨范畴,有时不跨范畴。一个无聊的提法!

尽管似乎面临反例,使真关系是跨范畴的,这一提法依然值得我们给予同情性的理解,因为它的精髓是:命题之为真依赖于客观世界。如果把命题如弗雷格那样看作是涵义领域的东西,客观世界看作是指称领域的东西,那么使真关系就是跨范畴关系。反例来自于这样一种特殊情况:一方面,命题是涵义领域的东西(因而是真

第4章 使真关系与蕴含原则　　*145*

值载体); 另一方面, 它们又是世界的构成部分, 隶属于指称领域。当谈论 <至少存在一个命题> 的使真者时, 使其为真的同样是一个命题, 但此时作为使真者的命题却属于指称领域。因此, 尽管这一反例对使真关系作为跨范畴关系的提法构成了挑战, 但是并没有挑战跨范畴关系的精髓。此外, 我们注意到, 尽管 <哲学是一趟高贵的智识冒险> 是 <至少存在一个命题> 的使真者, 但后者之为真不依赖于前者甚至任何其他命题, 因为只要 <至少存在一个命题> 本身存在, 它就是真的(因为它也是一个命题), 它自己是自己的使真者。根据 E.J. 劳, 这样的真理是逻辑真理。(参见第 3.2 节。)把这一点一般化, 我们也许可以说, 除了逻辑真理, 所有其他真理与其使真者之间都隶属于两个不同的范畴, 因而其间的使真关系是跨范畴的。

这里, 我们看到蕴含原则的第一个重要性: 没有蕴含原则, 使真关系作为跨范畴关系就不可能完整、彻底地建立起来。例如, 前面在讨论 $<p \wedge q>$ 之使真者时, 由于不愿意承认合取事实作为一个实体的存在, 使真者的拥趸通常会认为, $\{\alpha, \beta\}$ 是这一合取命题的使真者。为什么如此? 这一问题的答案存在于下述推理中:

$$\alpha \models p,$$
$$\beta \models q,$$
$$\underline{\{p, q\} \rightarrow (p \wedge q),}$$
$$\therefore \{\alpha, \beta\} \models (p \wedge q)。$$

其中, "$\alpha \models p$" 表示 α 使得 p 为真, 即 "$\models$" 表示使真关系; "$\rightarrow$" 表

示蕴含关系。即是说，由于 p 和 q 一起蕴含 $\{p \wedge q\}$，所以 p 和 q 的使真者一起使得 $\{p \wedge q\}$ 为真。

再来看使真关系是多对多关系。所谓"使真关系是多对多关系"指的是，一个真理可能有不止一个使真者；一个使真者可能不止使一个命题为真。例如，如果 α 是 <p> 的使真者，β 是 <q> 的使真者，那么 <p ∨ q> 就至少有两个使真者：α 和 β。同样地，α 和 β 各自也至少使两个命题为真：就 α 而言，它至少使 <p> 和 <p ∨ q> 为真；就 β 而言，它至少使 <q> 和 <p ∨ q> 为真。(Armstrong 2004a, pp.16-17) 为什么如此？同样也是蕴含原则在其中扮演了关键角色。考虑 α 是 $p \vee q$ 的使真者：

$$\alpha \models p,$$
$$\underline{p \rightarrow (p \vee q),}$$
$$\therefore \alpha \models (p \vee q)。$$

使真关系作为多对多关系为阿姆斯特朗所坚持，在关于使真者的文献中也被普遍认可，但我们还需考虑一下，这一看法会被多少使真者的拥趸所支持。毫无疑问，那些对使真者概念持蕴含解释、必然化解释的人会支持这一看法。劳的本质主义不会支持多对多关系，因为按照劳的本质主义看法，如果在 a 不存在的情况下 p 可以为真，那么 a 不会是 p 的本质。但在 α 是 $p \vee q$ 之使真者的情形中，$p \vee q$ 却可以在 α 不存在的情况下为真（只要 β 为存在），因此 α 不是 $p \vee q$ 的本质。同样地，β 也不是 $p \vee q$ 的本质。然而，这种情况与其说表明使真关系是多对多关系是错的，不如说这是另一个表明劳关于本质主义的存在性解读是错误的证据。就谢弗的奠基策略而言，由于谢弗坚持使真者一元主义，因此他也仅会赞同使真关系是一对多的，而非多对多的。但是，如上一章所说的，使真者一元主义不会被人们认真对待，因为尽管世界会被认为是所有真命题的使真者，但这一论点却是贫乏的。

本书支持使真关系是多对多关系，这主要是基于本体论的简洁性考虑。注意到，当我们说使真关系是多对多的时，我们使用了这样一个论题，使 <$p \land q$> 为真的是 $\{\alpha, \beta\}$。为什么要这样，而不是说，<$p \land q$> 的使真者是 $\alpha \land \beta$? 这里有一个形而上学的动机，即尽可能少的承诺实体的存在，以便使我们的本体论相对简洁。即是说，如果只承诺简单的实体就可以解释所有复杂命题的真理，那么我们就尽量不要承诺复杂性实体的存在。例如，如果只要承诺 α 和 β 的存在就可以解释 <$p \land q$> 的真理，那么就不要承诺 $\alpha \land \beta$ 这一新的实体存在。如果否认使真关系是多对多关系而认为使真关系是一对一关系，那么我们将不得不为构造命题的无穷可能方式买单，从而承诺无穷多的实体。例如，对于任意命题 p，我们可以在其后不断地添加 $\land\, x$（其中 "x" 表示命题变量）从而得到新的命题，在使真关系是一对一的情况下，我们就需不断地承诺新的实体，以使得所得到的命题为真。这在本体论上是奢侈浪费的。

如何得到这样一个简洁的本体论？这里我们得到了蕴含原则的第二、三个重要性。如前面所分析的，正是因为有了蕴含原则，才有 $\{\alpha, \beta\}$ 是 <$p \land q$> 的使真者，α、β 都是 <$p \lor q$> 的使真者。就此而言，我们可以看到，蕴含原则的重要性还体现在如下两个方面：其一，蕴含原则是确保使真关系是多对多关系的核心工具；其二,蕴含原则是我们不必承诺像合取事实、析取事实等复杂性实体的关键。

最后再看一下使真关系是内在关系。什么是内在关系？使真关系为什么是内在的？阿姆斯特朗曾这样论述道：

> 称一个关系是内在的,我的意思是:给定该关系的项,它们之间的该关系必然成立。给定 7 和 5 这两个项(按此顺序),则它们之间必然有**在数字上大于**这一关系。以此相同的方式,给定某个真实的对象以及特定命题(按此顺序),那么使真关系(或者使假(falsemaking)关系)就自动地被确定、固定、必然化。(Armstrong 2004a, p.9)

按照阿姆斯特朗这里对内在关系的界定,对于任何 a 和 b 之间的关系"R",R 是内在的,当且仅当,必然地,如果 a 和 b 都存在,则它们之间有关系"R"。这实际上是内在关系的一种理解,即内在关系就是必然性关系。根据内在关系的一种更为传统的理解,对于任何关系"R",它是内在的,当且仅当,当 a 和 b 具有关系"R"时,那么对于任何拥有与 a 和 b 相同内在性质(intrinsic properties)的实体,它们也必然拥有关系"R"。(Rodriguez-Pereyra 2006b, p.189)换言之,内在关系依赖于实体所拥有的内在性质。

为什么使真关系是内在的？直观上看,这来源于使真者的拥趸们对真理的这样一种共识：真理依赖于实在。如果我们认为命题是真值载体,命题是抽象对象,那么这种依赖显然不是因果依赖,因为因果关系通常被认为是这样一种关系,它关联着时空中的

(spatiotemporal)实体,而抽象实体并不是时空中的实体。由于因果关系是外在关系,所以使真关系不是外在关系。从逻辑上讲,这个论证的有效性还依赖一个条件,即只有因果关系是外在关系,或者说所有的外在关系是因果关系。在使真者理论中,哲学家们很少讨论后一个论题,这或许是因为后一个论题"显然如此",但我以为更根本的原因在于:真理对实在的依赖被普遍认为是一种本体论的依赖,一种形而上学的依赖。这种依赖具有形而上学的必然性:如果 <p> 之真理本体论依赖于且仅依赖于实在 α,那么 α 存在,即 <p> 之为真的形而上学基础存在时,<p> 就不可能是假的。换言之,如果 α 是 <p> 的使真者,那么仅需 α 和 <p> 的存在,我们就可以确定它们之间是否具有使真关系。就此而言,使真关系是内在的。

如果使真关系是内在的,那么,这一论题实际上就对真值载体的候选项提出了一个限制条件:它们不是(例如)语句、信念殊型(token),命题才是真值载体。因为语句、信念殊型并不本质地拥有它们所拥有的内容,相同的语句、信念殊型在不同的可能世界中具有不同的内容。例如,"中国的首都在上海以北"在现实世界中说的是北京与上海的方位关系,但在某个可能世界中(例如在明朝初年时期)说的也许是南京与上海的方位关系。这就意味着,语句、信念殊型无法依据自身而与相应实在确立使真关系,这与使真关系是内在关系的命题矛盾。所以,如果使真关系是内在的,那么语句、信念殊型等就不是真值载体,真值载体是作为抽象实体的命题。(Rodriguez-Pereyra 2006b, pp.189-190)

4.2 蕴含原则与不相关使真者难题

上一节,在讨论使真关系的三个论题时,我们已经谈到了蕴含原则的重要性。这一重要性,如前所述,体现在如下三个方面:

(i)使真关系作为跨范畴关系需要蕴含原则作基础;
(ii)使真关系作为多对多关系需要蕴含原则作基础;
(iii)蕴含原则给了使真者一个简洁的本体论。

那么,什么是蕴含原则?前面的讨论已经给出了蕴含原则的具体实例,这里,我们再一般性地给出它:

$T \models p,$

$p \rightarrow q,$

$\therefore T \models q。$

即是说,如果 T 是 p 的使真者,p 又蕴含 q,那么 T 也是 q 的使真者。

但是,尽管蕴含原则有上述重要性,这一原则本身也给使真者带来了相当大的困难。这一困难,最主要的就是它会导致所谓的不相关使真者难题。在第 3.2 节,我已经简略地给出了这一难题。现在,我们更详细地讨论一下这一难题及其解决策略。

不相关使真者的第一个例子是:任何实体是任何必然真理的使真者。这一点被称之为"必然性的整体随附性"(Global Supervenience of Necessity，简写为 GSN）。(Read 2000, p.69, Rodriguez-Pereyra 2006c, p.959)假设 <p> 是任意真命题，它的使真者是 α。由于任何必然真理（例如：<2 + 2 = 4>）都被 <p> 所蕴含，因此根据蕴含原则，有：α 是任何必然真理的使真者。又由于 <p> 是任意真命题，所以最终我们得出：任何实体是任何必然真理的使真者。(Rodriguez-Pereyra 2006c, p.959; pp.962-963)

不相关使真者的第二个例子是：任何实体是任何真理的使真者。罗德里格斯—佩雷拉把这一点称之为"使真者不足道"（truthmaker triviality）。(Rodriguez-Pereyra 2006c, p.963)这实际上是上一个例子的更进一步，但是这一步需要一个前提条件，即析取论题：

(D-T) 如果实体 α 使得 <p ∨ q> 为真，那么或者 α 使得 <p> 为真，或者 α 使得 <q> 为真。

如果(D-T)是可接受的，那么很容易论证任何实体是任何真理的使真者。考虑命题 <p ∨ ¬p>。这是一个必然真理，根据第一个例子，它为任何命题所蕴含，所以任何实体都是它的使真者。令 α 表示使 <p ∨ ¬p> 为真的任意实体。已经知道，<p ∨ ¬p> 为真，当且仅当 <p> 为真或 <¬p> 为真。假定 <p> 为真。由 <p> 为真可得 <¬p> 为假。由于 <¬p> 为假，所以没有任何东西能使其为真，因此根据(D-T)有：α 是 <p> 的使真者。由于 α、<p> 分别是任意的实体和真命题，因此，任何实体是任何真理的使真者。(Restall 1996, pp.333-334；Rodriguez-Pereyra 2006b, pp.186-187)

可以看到，第二个例子实际上依赖于两个前提条件：第一，第一个例子成立，即任何实体是任何必然真理的使真者；第二，析取论题可取。在第3.2节，我们讨论对"使真者"的各种定义时，哲学家们拒斥不相关使真者问题的策略通常是提出一个方案，这个方案可以区分出不同必然真理的不同使真者，即拒斥第一个前提条件。问题在于，如前所述，第一例子来源于这样的推理：

$$\alpha \models p,$$
$$\underline{p \rightarrow (q \vee \neg q),}$$
$$\therefore \alpha \models (q \vee \neg q)。$$

因此，要拒斥第一个前提条件，我们就必须表明这个推理存在问题。在这个推理中，第一行是一个假设，即假设 α 是 p 的使真者。尽管不同的使真者定义会对 p 之使真者的认定提出不同的限制条件，但在任何一种情况下，我们都可以假定 p 有一个使真者。问题不在第一行。问题也不在第二行，这一点最基本的逻辑学也可以确保。因此，问题一定出在从第一、二行到结论（第三行）的推理，即出在蕴含原则上。

当然，对第二个例子的拒斥也可以采取拒斥析取论题的方式：从 α 是 $p \vee q$ 的使真者得不出 α 是 p 的使真者，或者 α 是 q 的使真者。这如何可能？对此，里德（Stephen Read）提出了一个论证，且来看一下。前面，我们已经给出了析取论题，这里对其给予一个更形式的刻画：

(DT)对于所有的 s、p 和 q,$s \models p \vee q$ 当且仅当 $s \models p$ 或 $s \models q$。

显然,(DT)由如下两个论题所构成:

($DT \Leftarrow$)如果 $s \models p$ 或 $s \models q$,那么 $s \models p \vee q$。
($DT \Rightarrow$)如果 $s \models p \vee q$,那么 $s \models p$ 或 $s \models q$。

里德认为($DT \Leftarrow$)是可证的,因而是可接受的,但($DT \Rightarrow$)则有问题。这一问题,正如雷斯托(G. Restall)所表明的,会导致如下结论:每一个使真者使得每一个真理为真。(Restall 1996, p.334)然而,($DT \Rightarrow$)不就是经典逻辑中的析取运算吗,怎么应用到使真者上就出现了问题?

里德认为,显然,经典逻辑的运算符并非全部都能应用到使真者上。例如,¬p 是真的,当且仅当 p 不是真的,这一运算在经典逻辑中是有效的,但是,把否定符号应用到使真者上的如下运算却是错的:

(NT)$s \models \neg p$ 当且仅当 $s \models p$。

理由很简单。假设我们同意,事实"天是蓝的"并没有使 <这张桌子是棕色的> 为真。[①] 那么,根据(NT),我们可以得到,事实"天是蓝的"使得 <这张桌子不是棕色的> 为真。这很荒谬。这说明

---

① 对于使真者一元主义来说,这是荒谬的。

(NT)存在问题。就这张桌子不是棕色的而言,我们需要情况必然如此:没什么东西使得<这张桌子是棕色的>为真。即是说,否定符号在使真者上的有效运算应该是这样的(Read 2000, p.73):

(NT') $\exists s\ s \models \neg p$ 当且仅当 $\forall s\ s \models p$。

类似的分析,里德建议,可以允许我们得到涉及析取符号的正确刻画,即(Read 2000, p.73):

(DT') 对于所有的 p 和 q,$\exists s\ s \models p \vee q$ 当且仅当 $\exists s\ s \models p$ 或 $s \models q$。

即是说,存在一个 s 使 $p \vee q$ 为真(因而 $p \vee q$ 是真的),当且仅当存在一个 s,它使 p 为真,或者使 q 为真。这里的关键是,使 $p \vee q$ 为真的东西不一定是使 p 为真或 q 为真的东西。就此而言,($DT \Rightarrow$)是错的,因为它太强了。

现在的问题是,如何证明这一点,如何证明使 $p \vee q$ 为真的东西不一定是使 p 为真或 q 为真的东西。假设如下两式成立:$s \models m \rightarrow (p \vee q)$ 和 $r \models m$,然后里德给出了这样一个推理(Read 2000, p.74):

(i) $s \models m \rightarrow (p \vee q)$ 假设
(ii) $r \models m$ 假设
(iii) $r + s \models m \wedge (m \rightarrow (p \vee q))$ (i)、(ii),合

第4章 使真关系与蕴含原则

取命题的使真者

(iv) $(m \wedge (m \to (p \vee q))) \to (p \vee q)$　　分离规则的简单运用

(v) $r + s \models p \vee q$　　　　　　　　　　(iii)、(iv)，蕴含原则

(vi) $r + s \models p$ 或 $r + s \models q$　　　　　　(v)，$DT \Rightarrow$

里德认为，(vi) 是不合理的，因为 r 告诉我们的只是 m，所以它对于是否 p 或 q 是不确定的，s 则只告诉我们 $m \to (p \vee q)$（即如果 m 那么 p 或 q），因此对于是否 p 或 q 也是真正地不可知的。举个例子来说明一下。假设 m 表示"存在一场赛马比赛"，$p \vee q$ 表示"或者瓦伦丁获胜或者艾皮塔芙获胜"。那么，当时的一些条件，即 s，就是那些偏爱瓦伦丁或艾皮塔芙而非其他赛马获胜的东西，即 $s \models m \to (p \vee q)$。里德论道：

> 在这样的环境下，假设存在一场赛马比赛：$r \models m$。那么或者瓦伦丁胜或者艾皮塔芙胜。实际上，只有两者之一会胜。但是 $r + s$，即在此环境下该比赛的举行，自身并不决定两者中谁会赢。毫无疑问还存在一些关于该比赛的其他事实，尤其是关于谁赢了的事实，决定了这个问题。但是，断言这些是不同于 $r + s$（即在这样的条件下举行该比赛：或者瓦伦丁胜或者艾皮塔芙胜）的进一步的事实或使真者，这并非是不合理的。(Read 2000, p.74)

也许我们可以更具体一点地描摹这一例子。假设 s 是关于瓦伦丁和艾皮塔芙比所有其他参赛的马都更为强壮、跑得更快的事实,但是 s 确定不了瓦伦丁和艾皮塔芙谁更强壮、跑得更快。然后,在一场具体的比赛中,由于艾皮塔芙赛跑时突然受伤,所以最后瓦伦丁胜了。那么看起来,使瓦伦丁获胜的条件至少应该包括艾皮塔芙的受伤,但后者显然不属于 $r+s$,因此是进一步的事实。

对于里德的上述论证,应该看到,从(i)到(vi)的推理就形式来看,它实际上已经预设了蕴含原则是正确的。但是,如果蕴含原则是正确的,即使我们能够避免不相关使真者问题的第二个例子,也无法避免第一个例子。对此,可以通过简单的修改强化该论证。在(iv)中,里德所需要的是 $m \wedge (m \to (p \vee q))$ 逻辑蕴含 $p \vee q$,但实际上两者逻辑等价,不仅如此,它们谈的还是同一个东西。就 $p \vee q$ 而言,它说的是 p 或者 q 是真的;尽管 $m \wedge (m \to (p \vee q))$ 看起来复杂一些,它说的也是 p 或者 q 是真的。因此,任何使得后者为真的东西也使得前者为真。就是说,我们可以绕开蕴含原则从(iii)得到(v)。所以,问题的关键就只有一个:从(v)到(vi)的推理是否成立。里德认为并不成立,而他所给出的理由其实是一个反例,即一个对(v)而言成立但对(vi)而言不成立的例子。

我们来看一下该反例。在上述具体实例中,艾皮塔芙的受伤看起来是一个进一步的、不属于 $r+s$ 的事实,但是,实际情况是否如此?如我们所知道的,在一场比赛中有各种各样的意外情况,如果这些可能的意外情况不属于 $r+s$,那么,$r+s$ 如何能是 $p \vee q$ 的使真者?一种可以设想的情况是,尽管瓦伦丁和艾皮塔芙比其他赛马更强壮、跑得更快,它们之一应该赢得比赛,但有可能它们在比赛中都受伤了，因此都没有赢。这就意味着，$r+s$ 要是 $p \lor q$ 的使真者，就一定已经将这种意外情况排除了。换言之，$r+s$ 的确定只能是"事后诸葛亮式的"，而不可能是比赛还没开始就已经确定的。如果是这样的话，那么显然有：如果 $r+s$ 是 $p \lor q$ 的使真者，那么它或者使得 p 为真，或者使得 q 为真。即是说，正是因为 $r+s$ 使得 p 为真了，或者 $r+s$ 使得 q 为真了，我们才说 $r+s$ 是 $p \lor q$ 的使真者。就此而言，我并不认为里德的上述实例是一个成功拒斥了（DT）的反例。

不相关使真者的第三个例子是：使真者一元主义，即所有真命题都被同一个实体使其为真。实际上，不相关使真者的第二个例子就表明了使真者一元主义，因为从"任何实体是任何真理的使真者"就能推出同一个实体使任何真理为真。（Restall 1996, p.334）但是，罗德里格斯—佩雷拉认为我们还可以在此更进一步，即论证出所有的实体是同一的。（Rodriguez-Pereyra 2006c, p.964）他的这一论证依赖于两个前提：其一是下述原则：

4.1 对于每一个实体 e，e 是 $<e = e>$ 的唯一使真者（the truthmaker）。

这一论题直观上是可信的，也被哲学家们所赞同。（Armstrong 2004a, p.39；Simons 1992, pp.162-163）其二是这样一个形而上学设定：至少存在一个必然实体。有了这两个设定，罗德里格斯—佩雷拉的论证如下：

> 令 <P> 是任意真理，a 是它的使真者。考虑 <$e = e$>，其中 e 是一个必然实体。由于 <$e = e$> 是必然真理，所以 <P> 蕴含它，并且因此，根据蕴含原则，a 是 <$e = e$> 的使真者。根据(4.1)，可以推出：$a = e$。每一个使真者的情况与此类似。所以，每一个使真者都同一于 e。所以，只存在一个使真者。因此，所有的真理都被同一个使真者使其为真。（Rodriguez-Pereyra 2006c, p.964）

可以看到，在这一论证中，罗德里格斯—佩雷拉以 <$e = e$> 的使真者作网，把所有的实体都网了进来，然后根据该真理只有一个使真者这一原则(4.1)，最终得出，它网中的所有实体实际上是同一个实体。

现在问，这一论证所依赖的两个前提条件可靠吗？就第二个假设而言，如果我们否认它，那即是认为，即使 e 不存在，<$e = e$> 也是真的。但是，如果(4.1)是可靠的（sound），那么这就意味着一个命题是真的，但没有使真者，这违背了使真者最大主义。尽管使真者最大主义依然有争论，但它为本书所接受。[①] 所以，问题的关键是(4.1)，即 e 是 <$e = e$> 的唯一使真者，这是否可靠？初看起来，这可能违背了使真关系是多对多关系这一论题。使真关系是多对多关系，这并不仅仅是说某些复杂的真命题（如 <$p \lor q$>）拥有不止一个使真者，而且还说，甚至简单真命题也可能拥有不止一个使真者。为了刻画这一情况，阿姆斯特朗引入了一个概念：极小使真者

---

① 关于最大主义，我们将在第5.1节予以详细讨论。

(minimal truthmaker)。

我们容易注意到一种情况，即 <p> 的一个使真者可能包含它的另一个使真者。例如，如果 α 是它的一个使真者，那么 {α, β}（即由 α、β 作为元素的部分学之和）也是它的使真者，并且后者包含前者。这一包含，当然是部分学的包含（mereological inclusion）。使真者的拥趸通常同意，这个世界自身是这个世界上的任何真理的使真者。[①] 如果这些真理还包含其他使真者，那么所有这些其他使真者都包含在这个世界自身之中。与此相应，<p> 也还会拥有某一个(些)使真者，它(们)不再包含任何其他的使真者。这样的使真者，阿姆斯特朗称之为极小使真者：

> 如果 T 是 p 的极小使真者，那么，你不能从 T 中减去任何东西使得剩下的部分依然是 p 的使真者。（Armstrong 2004a, pp.19-20）

那么，一个真理只拥有一个极小使真者么？阿姆斯特朗认为答案是否定的，一个真理可以拥有多个极小使真者。考虑下述真命题的使真者：< 存在一个 x, x 是人 >。阿姆斯特朗认为，每一个曾经存在过的、现在已经存在的，和将来将会存在的人都是该命题的使真者，而且这些人每一个都是该命题的极小使真者。（Armstrong 2004a, p.21）

[①] 如我们在第 3.2 节所看到的，谢弗甚至认为，这个世界自身甚至是这个世界上所有真理唯一的使真者。

从这里，我们会很容易看到，e 是 $<e=e>$ 的唯一使真者这一说法会面临困难。直观上看，$<e=e>$ 是一个必然真理，它之为真仅依赖一个条件，即 e 存在。① 如果我们把 e 看成这样一种实体，即从它自身中剔除任何东西都将使得 e 不再是 e，那么 e 就是 $<e=e>$ 的极小使真者，而且是唯一的极小使真者。但是，无论如何，e 都不是 $<e=e>$ 的唯一使真者，因为某个包含 e 的实体依然是 $<e=e>$ 的使真者（尽管不是极小使真者）。例如，作为薄的（thin）个体的苏格拉底是 <苏格拉底存在> 的唯一极小使真者，但是作为厚的（thick）个体的苏格拉底也是 <苏格拉底存在> 的使真者（尽管不是极小使真者）。② 就此而言，原则（4.1）是有问题的。尽管如此，我们依然可以对罗德里格斯—佩雷拉的论证报以同情的态度，因为它可以被改进。首先，修订原则（4.1）使其变为：

4.2 对于每一个实体 e，e 是 $<e=e>$ 的唯一极小使真者。

然后，以如下方式改进罗德里格斯—佩雷拉的论证：

令 <P> 是任意真理，a 是它的极小使真者。考虑 $<e=e>$。由于 $<e=e>$ 是必然真理，所以 <P> 蕴含它，并且因此，根据

---

① 需要注意，$<e=e>$ 与 $<\forall x(x=x)>$ 是不同的必然真理，后者是逻辑真理，而前者是这一逻辑真理在 e 上的运用，这一运用能否成功依赖于 e 是否存在。如果 e 存在，则 $<e=e>$ 是真的，而且对这一点的确认，我们无须考察这个世界上的任何东西，仅需分析 $<e=e>$ 这一命题自身即可。

② 关于薄的个体与厚的个体的区分，以及它们各自的涵义，参见第 6.2.1 节。

蕴含原则，a 是 $<e = e>$ 的使真者。根据(4.2)，可以推出：$a = e$ 或者 a 包含 e。每一个极小使真者的情况与此类似。所以，每一个极小使真者或者同一于 e 或者包含 e。如果同一于 e，则只有一个极小使真者，所有真理都被同一个极小使真者使其为真；如果包含 e，由于 e 是任意实体，则任何一个真理的极小使真者都包含所有其他的实体。考虑任意两个真理，$<P>$ 和 $<Q>$，它们的极小使真者分别是 t、s。由于 t、s 包含所有其他实体，所以它们分别包含对方，因此有：$t = s$，即只有一个极小使真者。结合这两种情况，可以得出：只存在一个极小使真者。因此，所有的真理都被同一个极小使真者使其为真。

最终，我们还是得到使真者一元主义。

至此，我们对于不相关使真者问题给予了一个较为全面的介绍，可以看到，在不相关使真者问题的三个实例中，每一个都是蕴含原则成立时产生的结果。或者说，正是因为有了蕴含原则，我们才不得不面对不相关使真者难题。但是，正如上一节所介绍的，蕴含原则对于使真者是不可或缺的，它是使真者的诸多重要论题得以确立的前提条件。因此，使真者的拥趸们面临的选择其实变得很清晰：利用而非放弃蕴含原则所带来的多方面的（特别是本体论上的）好处，与此同时，修订蕴含原则或者限制蕴含原则的使用以避免不相关使真者难题。

值得注意的是，尽管很多学者注意到蕴含原则会导致不相关使真者问题，但并非所有人都认为这是一个严重的问题。例如，雷斯托就谈到，任何存在的实体是任意必然真理的使真者，这"也许并不是一个问题"(Restall 1996, p.333);此外,谢弗甚至认为使真者一元主义才是使真者的应有之意。但是,如第 3.2.5 节所说的,说这个世界本身是所有在其中为真之命题的使真者,这一说法尽管是真的却也是贫乏的。从这个角度来讲,使真者一元主义使得使真者变得乏味无聊,这一点正如里德所评论的:

> 使真(truthmaking)之有意思的地方存在于,将全域的(global)使真者清晰地阐释成不同的使真部分。所以,每一个事态(例如,事态"天空是蓝的")使得每一个真理(例如,<这张桌子是棕色的>)为真,这是荒谬的。(Read 2000, p.72)

同样,如果我们注意到使真者的本质性特征,即真理依赖于实在,那么我们就会觉得,举例来说,不管 <2+2=4> 的使真者是什么,苏格拉底并不会是该真理的使真者,因为 <2+2=4> 之真理并不依赖于苏格拉底。(Rodriguez-Pereyra 2006c, p.960)就此而言,不相关使真者问题对于使真者是一个真正的问题。

4.3 避免不相关使真者难题的尝试

如何回应蕴含原则所导致的不相关使真者问题?从文献上看,主要存在两种方案:其一是坚持对蕴含原则的经典解释,但对它的运用给予限制,以避免不相关使真者。其二是对蕴含原则作出非经典解释,对此,通常的做法是用相干蕴含(relevantly entailment)、恰当蕴含(appropriate entailment)等来替代经典蕴含。且来看一下

第 4 章 使真关系与蕴含原则

这两种策略。

4.3.1 相干蕴含

通过 4.2 节的讨论可以看到，不相关使真者难题的三个例子都利用了这样两个东西：其一是蕴含原则，其二是必然真理为任何真理所蕴含这一条件。就 GSN 论题（必然性的整体随附性）而言，这一点非常明显；"使真者不足道"则以 GSN 论题的正确性为前提；使真者一元主义则预设了 P 蕴含 <$e = e$>。就此而言，要避免不相关使真者难题，或许可以通过限制蕴含原则的运用——即禁止必然真理出现在蕴含关系的关系项中——这一方式来实现。

根据雷斯托，杰克逊（Frank Jackson）即提出了一个这样的建议，后者认为，蕴含推理的双方必须限制为偶然真理。即是说，蕴含原则应该被修订如下（Restall 1996, p.334）：

4.3 如果 A 和 B 是偶然的，并且 A 蕴含 B，那么有：如果 $s \models A$，则 $s \models B$。

如果接受这一建议，那么我们立马可以得到，GSN 是错的。即是说，（举例而言）我们不能因为 <苏格拉底是智慧的> 蕴含 <2+2=4> 从而得出，前者的使真者是 <2+2=4> 的使真者，因为：蕴含原则中蕴含推理的双方必须是偶然真理，而 <2+2=4> 是必然真理，即这一对蕴含原则的应用是违规的。但是，雷斯托认为这一建议行不通。考虑这样一个推理：假定 <p> 是任意偶然真理，它的使真者是 a。再假定 <N> 是任意必然真理，那么有：<$p \land N$> 是偶然真理。由于 <p> 蕴含 <p ∧ N>，所以根据蕴含原则有：α 是 <p ∧ N> 的使真者。根据合取论题，α 是 <p> 的使真者，并且 α 是 <N> 的使真者。由于 <p>、<N> 是任意的，所以我们依然可以得出：任意实体是任意必然真理的使真者。可以看到，由于 <p>、<p ∧ N> 都是偶然真理，因此上述推理并不违背杰克逊的建议。（Restall 1996, pp.334-335）

雷斯托谈到，通过拒斥析取原则，我们也许能得到一个较好的结果，即："没有它，我们只是拥有一些反直观的结果。有了它，我们则非常糟糕地坍塌进了一元主义。"（Restall 1996, p.335）如前一节所论述的，拒斥析取原则即意味着断定：使 p ∨ q 为真的实体并不同时是使 p 为真或 q 为真的实体。雷斯托谈道："作为一个结果，不同的实体之间存在着必然关系。……但是，对象之间如何可能有这样一种必然关系？"（Restall 1996, p.335）由于接受析取论题，雷斯托尝试给出其他的方案以避免不相关使真者问题，即用相干蕴含来替代经典蕴含。

毕格罗曾这样谈论蕴含与使真关系：

> 对于使真（truthmaking）而言，蕴含可能不是全部东西。并非每一个蕴含的例子都是使真的例子。但是，我断言，每一个使真的例子都是蕴含的例子。也许，我们应该更精致地把使真者刻画为："无论何时某物是真的，必定存在某物，其存在以恰当的方式蕴含前者是真的。"这还有很多不足之处，但它的要点是，除非一个事物的存在蕴含一个真理，否则这个事物就不能是该真理之恰当的或完全的使真者。（Bigelow 1988,

p.126）

即是说，尽管并非所有的蕴含都意味着使真，但所有的使真都是蕴含，因此使真是蕴含的一个真子集，我们需要做的是通过一种方式来给蕴含施加限制，以将使真这一真子集挑出来。对此限制，毕格罗的建议是恰当蕴含，即只有恰当蕴含才是使真。问题是：什么叫"恰当蕴含"？

对此，雷斯托认为，如果我们关注世界的精细（fine）结构，那么我们可以用其表亲（经典蕴含）来为"恰当蕴含"建模。（Restall 1996, pp.338-339）令世界 W 由使真者的集聚，W，组成。在该集聚中，使真者依据包含关系排序，即：如果 $s \subseteq s'$，那么 s 是 s' 的部分。W 还包含一个从使真者到命题的、满足如下条件的映射：

$s \models A \wedge B$，当且仅当 $s \models A$ 且 $s \models B$。
$s \models A \vee B$，当且仅当 $s \models A$ 或 $s \models B$。
对每一个 p，存在一个 $s \in W$，$s \models p$ 或 $s \models \neg p$。
不存在 s，$s \models p$ 且 $s \models \neg p$。
如果 $s \subseteq s'$，且 $s \models A$，则也有：$s' \models A$。

让我们把世界 W 记为：$<W, \subseteq, \models>$。

在这一简单的模型中，我们可以说，如果存在某些 $s(s \in W)$ 使得 $s \models A$，那么 A 在 W 中为真（记为：$W \models A$）。然后，经典蕴含原则就可以定义如下：

(Cl-E) A 经典蕴含 B（写作：$A \rightarrow B$），当且仅当，对于每一个 W，如果 $W \models A$，那么 $W \models B$。

但是，如果我们关注世界的更精细的结构，那么我们可以定义另一个蕴含概念：

(Re-E) A 真正地（really）蕴含 B（写作：$A \Rightarrow B$），当且仅当，在每一个世界 W 中，A 的每一个使真者都是 B 的使真者。

容易看到，这两个不同的蕴含概念对不相关使真者问题会带来不同的影响。

在经典蕴含原则下，由于 $A \rightarrow (B \vee \neg B)$（因为对于每一个世界 W，如果 $W \models A$，则 $W \models (B \vee \neg B)$），所以 A 的使真者是 $B \vee \neg B$ 的使真者，由于 A 是任意一个真值载体，因此任何实体是 $B \vee \neg B$ 的使真者。由 4.2 节的讨论我们知道，这是不相关使真者难题得以产生的关键步骤。但是，在恰当蕴含原则下，A 并不恰当蕴含 $(B \vee \neg B)$，因此上述推理从一开始就被禁止了。为什么说 A 并不恰当蕴含 $(B \vee \neg B)$？假设 A 指的是 <苏格拉底是哲学家>，B 指的是 <雪是白的>。那么，可以设想这样一个可能世界，其中使 A 为真的是事实"苏格拉底是哲学家"，因为事实"苏格拉底是哲学家"并不是 $(B \vee \neg B)$ 的使真者，因此根据 (Re-E)，A 并不恰当蕴含 $(B \vee \neg B)$。

雷斯托总结道：

> 这些模型是关于可能世界语义学的简单的、易理解的概括。我们不是把可能世界看作是原子的，而是深入可能世界内部去寻找它们的使真者的精细结构。这使得我们获得更有辨识度的蕴含解释，这一解释能够支撑我们关于使真（truthmaking）的前理论概念。我把它推荐给所有这样的人，他们寻求理解当前关于相干（relative）逻辑的工作，以及这样的人，他们希望建立一个强健的是真理论。（Restall 1996, p.339）

如果我们从使真者一元主义那里吸取了教训，那么显然，我们不应该泛泛地谈论一个命题在一个世界中是真的，而应深入到这个世界内部看看，是这个世界中的什么东西使得这个命题为真。就此而言，我认为雷斯托对经典蕴含的分析、对深入世界精细结构的建议都是非常给人以启发的。但问题的关键是，如何深入世界的精细结构？

可能世界语义学也许是一种方式，但在我看来，这并不是一个好的方式。一个比较明显的情况是：如果我们用蕴含来解释甚至定义使真者，然后又用使真者来定义蕴含，那么到头来，对于蕴含、使真者这两个概念，我们就一个都没搞清楚。对于毕格罗的蕴含解释、因而对于雷斯托，这个批评是直接的，因为他们都同意使真关系是一种蕴含关系，使真仅是蕴含的一个真子集。换言之，在他们的方案中，使真者是通过蕴含概念来定义的，如果蕴含概念又是通过使真者来定义，那么很明显，他们犯了循环定义的谬误。

当然，一种可能的回应是，我们放弃关于使真者的蕴含解释，而采取其他定义，如投射主义、本质主义，或奠基策略的方案，但我们用蕴含解释来获得一个简洁的本体论、来确立使真关系作为多对多关系。这一做法看起来不错，但在我看来是行不通的。为什么如此，且让我举个例子来说明一下。假设 α 是 p 的使真者，β 是 q 的使真者，现在我们要确立 α 是 $p \vee q$ 的使真者，那么，根据蕴含原则，会有这样一个推理：

$$\alpha \models p,$$
$$\underline{p \Rightarrow (p \vee q),}$$
$$\therefore \alpha \models (p \vee q)。$$

问题是，$p \Rightarrow (p \vee q)$ 这一条件的可靠性在哪里？根据（Re-E），其回答是：在每一个可能世界中，p 的每一个使真者都是 $(p \vee q)$ 的使真者。然而，通过上述推理，我们不是要论证 p 的一个使真者（即 α）是 $(p \vee q)$ 的使真者么？怎么这一结论已经被它的前提条件所预设了？对此批评，回应必然是：逻辑推演就是如此，逻辑推演的结论要么为前提所包含，例如从 {A, B} 推演出 A，要么为几个前提根据相应逻辑规则（例如分离规则）所得到，例如从 {A, A→B} 推演出 B。然而，这一回应并不能令人满意。问题的关键是，如果蕴含原则是通过使真者来定义的，那么蕴含原则在使真者中就毫无用武之地，是多余的，因为：首先，对于任意两个命题，p 和 q，我们不能根据熟悉的经典逻辑来确定它们之间是否具有蕴含关系，我们必须考虑这样一个问题：是否在每一个可能世界中，p 的每一个使真者都是 q 的使真者？其次，当我们想知道 p 的某一个使真者（比如 α）是否是 q 的使真者时，如果我们对前一个问题已经有了答案，为什么还要多此一举去弄上面的推理？如果不需要这样的推理，为什么我们还要引入"蕴含"这样的概念？

此外，如前所述，由于不能通过经典逻辑来理解蕴含概念，我们就需要一个新的逻辑，即相干逻辑系统。但是，就当前而言，我们拥有不同的相干逻辑系统，不同的系统往往会对蕴含推理给予不同的刻画，在一个相干逻辑系统下有效的蕴含推理在另一个相干逻辑系统中可能是无效的。(Rodriguez-Pereyra 2006b, p.187)因此，实际上相干蕴含的拥趸们面临一个选择问题。对此，雷斯托建议用可能世界语言来理解相干逻辑，即基于可能世界语义学来刻画相干逻辑。然而，一方面，这还是一个缺乏共识的事情；另一方面，即使是基于可能世界语义学，人们也可能对于相干蕴含给出不同的刻画，这一点即使雷斯托也承认。

雷斯托谈到，(Re-E)仅是近似于相干逻辑第一层次的蕴含，它还不是第一层次的相干蕴含。通过确立如下一点，我们能更接近第一层次的蕴含：

$(Re\text{-}E)_2\ A \Rightarrow_2 B$，当且仅当 $A \Rightarrow B$ 并且 $\neg B \Rightarrow \neg A$。

这样，在(Re-E)下有效的如下蕴含推理在(Re-E)$_2$下就不再有效：$A \wedge \neg A$ 蕴含 B。(Restall 1996, p.339)问题是，到底哪一个相干蕴含更好地把握了使真者的本质？对此，人们缺乏基本的共识。因此，正如罗德里格斯—佩雷拉的评论所显示的(Rodriguez-Pereyra 2006b, p.187)，依据相干蕴含来解决不相关使真者难题的做法还并没有给我们呈现出令人激动的的图景。

4.3.2 纯粹偶然真理

前面提到,杰克逊的偶然真理方案并不成功。但是,阿姆斯特朗认为,只需作出进一步的限制,这一建议依然可以被坚持。这进一步的限制是:蕴含推理的双方是纯粹偶然真理(purely contingent truth)。什么是"纯粹偶然真理"?对此,阿姆斯特朗说道:

> 一个纯粹偶然真理是这样一个真理,它不包含必然的合取支。为了避开格伦·罗斯(Glenn Ross)(这里,我感谢她与我讨论)向我建议的进一步的例子,它在分析的任何层次上都不包含任何必然真理作为某个合取式(或析取式,或无论什么东西)的元素。一个纯粹偶然真理即是一个完完全全(through and through)偶然的真理。(Armstrong 2004a, p.11)

即是说,所谓"纯粹偶然真理"指的是,如果对该真理不断进行分析,那么,在任何分析的层次,都不会出现必然真理。所以,<苏格拉底是智慧的 ∧ 2 + 2 = 4>不是纯粹偶然真理,因为这一命题可以分析为两个命题(即<苏格拉底是智慧的>、<2 + 2 = 4>)的合取,而其中<2 + 2 = 4>是必然真理。可以看到,增添这一进一步的限制后,雷斯托的上述反驳便被消解了,因为雷斯托所诉诸的<*p* ∧ *N*>不是纯粹偶然真理,不能出现在蕴含推理的一方。

那么,如何评论阿姆斯特朗的纯粹偶然真理策略?首先,由第4.1节可以知道,使真关系通常被认为是多对多关系,并且这一论题的确立往往是通过蕴含原则确立的,因此,限制蕴含原则的应用范围,有可能会摧毁蕴含关系是多对多关系这一论题,并进而损害使真者的拥趸们对简洁本体论的追求。我们以一个具体的例子考察一下这一点。考虑<苏格拉底是智慧的∨2+2=4>的使真者。根据未受限制的蕴含原则,我们说事实"苏格拉底是智慧的"(假设事实是使真者)或{2,4}(即由2、4作为元素构成的部分学集聚)是该真理的使真者,因为存在这样的推理:

(i)事实"苏格拉底是智慧的"是<苏格拉底是智慧的>的使真者,<苏格拉底是智慧的>蕴含<苏格拉底是智慧的∨2+2=4>,所以事实"苏格拉底是智慧的"是<苏格拉底是智慧的∨2+2=4>的使真者。

(ii){2,4}是<2+2=4>的使真者,<2+2=4>蕴含<苏格拉底是智慧的∨2+2=4>,所以{2,4}是<苏格拉底是智慧的∨2+2=4>的使真者。

因此,<苏格拉底是智慧的∨2+2=4>不止一个使真者,事实"苏格拉底是智慧的"和{2,4}都是它的使真者,此外,事实"苏格拉底是智慧的"和{2,4}也不仅是一个真理的使真者。这就是使真关系是多对多关系。

不仅如此,我们还注意到,正是因为使真关系是多对多关系,或者说,正是因为有了蕴含原则,<苏格拉底是智慧的∨2+2=4>这样的复杂命题要为真,才不需要相应地存在一个复杂实体,例如析取事实"苏格拉底是智慧的∨2+2=4",只需要原子事实"苏格拉底是智慧的"或者部分学集聚{2,4}存在即可。这就使我们的本体论简洁起来。

但是,将蕴含关系的双方限制为纯粹偶然真理后,上述推理就不再有效,因为<苏格拉底是智慧的∨2+2=4>不是纯粹偶然真理。这个时候,使真关系如何能是多对多的?关于这一命题,如何在考量其使真者时获得一个简洁的本体论?这两者实际上都成了问题。因此,即使阿姆斯特朗的策略能够避免不相关使真者问题,他所付出的代价也是很大的,而且是一个(从其本体论立场来看)他自己也不会接受的代价。阿姆斯特朗在倒洗脚水时把孩子也倒出去了。

其次,阿姆斯特朗的策略能避免不相关使真者问题么?黄维曾通过一个论证表明,答案是否定的。(黄维 2012, pp.22-24)我们来看一下他的论证。他首先定义了两个关系,即时空占据和时空交错:

> **定义 4.1**（i）一个具体物 a 和一个时空区域 P 交错,当且仅当,有一个时空点既属于 a 又属于 P。
>
> （ii）一个具体物 a 占据一个时空区域 P,当且仅当,没有时空点属于 a 但不属于 P,并且没有时空点属于 P 但不属于 a。

以此方式,我们也可以定义两个时空区域 P 和 Q 之间的时空占据和时空交错关系。然后,他给出了这样一个论证(黄维 2012, p.22):

> (4.4a)<一个具体物 a 占据了一个时空区域 P>。
> （前提）

(4.4b)<没有其他具体物占据 P>。

  （前提）

(4.4c)(4.4a)∧(4.4b)蕴含<一个具体物 b 和 P 之间没有时空交错>。

(4.4d) s 使得(4.4a)∧(4.4b)为真。

  （前提）

(4.4e) s 使的<b 和 P 之间没有时空交错>为真。

  ((4.4c)、(4.4d),和蕴含原则)

(4.4f)<b 和 P 之间没有时空交错>是偶然的。

  （前提）

(4.4g)<b 和 P 之间没有时空交错>蕴含<◇ b 和 P 之间有时空交错>。

  ((4.4f),命题的偶然性)

(4.4h) s 使得<◇ b 和 P 之间有时空交错>为真。

  ((4.4e)、(4.4g),和蕴含原则)

在这一论证中,作为前提的(4.4a)和(4.4b)依赖于同一个共识:在同一个时空点上不会存在两个物理对象,因此如果 a 占据了时空区域 P,则没有它物占据 P。前提(4.4d)是论证的假设,就是说,如果(4.4d)成立,那么通过这一论证,我们可以得到(4.4h)。

为什么说这一论证的结果表明阿姆斯特朗对蕴含原则的限制并没有避免不相关使真者？注意到,上述论证中对"b"的选择是任意的,因此它就意味着,如果我占据了某个特定时空区域 P,[①] 那么

[①] 比如此时此刻我占据了我坐着时身体轮廓所划定的空间；令这个时空区域为 P。

<我占据了时空区域 P>的使真者也是<埃菲尔铁塔和时空区域 P 交错，这是可能的>、<美国总统特朗普与时空区域 P 交错，这是可能的>、……的使真者。但是（举例而言），<埃菲尔铁塔和时空区域 P 交错，这是可能的>的使真者应该是有关埃菲尔铁塔和时空区域 P 的事实，而不是任何关于我的事实，因为<埃菲尔铁塔和时空区域 P 交错，这是可能的>是否为真与我是否占据时空区域 P 是无关的。就此而言，我以及有关我的任何事实都与<埃菲尔铁塔和时空区域 P 交错，这是可能的>之为真无关。

当然，这一论证的其中一步，即(4.4g)，有可能受到质疑，因为对于一个接受、支持 S5 模态系统的人来说，如果一个命题是可能真的，那么这个命题必然是可能真的。即是说，尽管 <b 和 P 之间没有时空交错>是偶然真理，但是 <$\Diamond\ b$ 和 P 之间有时空交错>却是必然真理。也就是说，(4.4g)对蕴含原则的运用不满足阿姆斯特朗对于蕴含原则的限制。但是很遗憾，这个命题是阿姆斯特朗自己的。作为一个现实主义者，阿姆斯特朗尽管也用"可能世界"的术语，但是他认为现实世界才是唯一存在的世界。因此，对于任何一个模态真命题的使真者，他认为，我们都需要在现实世界中为其找到使真者。所以，如果 <a 是红的>的使真者是事态"a 是红的"，那么 <$\Diamond$ a 不是红的>的使真者也是事态"a 是红的"。(Armstrong 2004a, pp.83-86)因此，上述论证是阿姆斯特朗不得不吞下的苦果。

至此，我们详细讨论了蕴含原则所导致的不相关使真者问题，以及哲学家们解决这一问题的努力。如我们看到的，两种策略的努力（限制蕴含关系的双方；对蕴含推理采取非经典解释）都不能令人满意。为什么会如此？我想，主要原因在于，蕴含关系仅涉及关系项的真值，而不涉及真理与其使真者之间的形而上学依赖关系，然而后者是保证不出现不相关使真者的关键。因此，要确保不出现不相关使真者，在界定使真关系时应该牢牢把握住使真者的上述直观，即真理依赖于实在，我们需要把这一直观纳入到对使真者的定义中去。

第 5 章 使真者最大主义与使真者必然主义

前面我们已经讨论了使真者理论的两个核心概念,即使真者和使真关系。这一章我们来讨论一下使真者理论的两个关键论题:使真者最大主义(truthmaker maximalism;简称为"最大主义")和使真者必然主义(truthmaker necessitarianism;简称为"必然主义")。无论是对于使真者自身,还是对于使真者理论内部的一些论题,这两个论题都有巨大的影响,它们都有相当多的支持者,但批评同样存在。相对而言,必然主义被广泛接受,以至于被说成是使真者的教条,而最大主义则争议很大。

然而,在这一章中,我将尝试论证,最大主义是使真者的应有之意,抛弃最大主义也就是抛弃使真者自身。但是,尽管必然主义具有直观的合理性(即实在是真理的形而上学基础),但是当前关于必然主义的刻画,由于其本质是关于使真关系的蕴含解释,因此是错的。不仅如此,必然主义还需要为通常归于最大主义的抱怨负责。

5.1 使真者最大主义

所谓"使真者最大主义",指的是:所有真理(无一例外)都有使真者,所有真理(无一例外)其为真是因为某个(些)独立于心灵之实体的存在。最大主义可以用下述原则予以表示(MacBride 2016, sec.2.1):

(Tmaxi)对于任何一个命题 <p>,如果 <p> 是真的,那么,在这个世界上存在某个(些)东西,后者使得 <p> 为真。

最大主义的拥趸颇多,如阿姆斯特朗、卡梅伦(Ross Cameron)、谢弗。(Armstrong 2004a; Cameron 2008a; Schaffer 2010)

对使真者而言,最大主义非常重要,因为它影响着很多围绕使真者本身的争论。贾戈(Mark Jago)曾谈及其中的三个方面:真理的本质、拒斥诸多本体论的使真者论证其成效性(effectiveness),以及使真者自身的生存能力。(Jago 2012, p.904)就第一个方面而言,使真者认为,<A> 为真即意味着它被使真(be made true),所以使真(truthmaking)是真理的构成成分。如果使真关系本身是一种实质性关系(贾戈坚持这一点),那么这一步就提供给了我们一个方法,即将真理看作是一种实质的性质(或关系,在此例子中),而不是"极小的"或"纯粹逻辑的"性质。这是一个选择,但仅当最大主义成立的前提下,它才是一个选择。就第二个方面而言,使真者的一个重要目的是抓住作弊者,例如现存主义,后者设定了关于过去和未来的真理（如＜南宋的首都是杭州＞、＜明天天气晴朗＞），但否认在本体论中存在相应的实体。使真者对现存主义的拒斥是考虑这样一个问题：关于过去或未来的真理的使真者是什么？① 显然，如果最大主义不被预设，那么抓住作弊者的前提，即关于过去或未来的真理也有使真者，需要论证，因而对现存主义的拒斥很可能就会犯"窃题"的谬误。（Tallant 2009）最后，贾戈认为，使真者本身也需要最大主义。（Jago 2012, p.904）关于这一点，我们在第5.1.3节予以详细讨论。

此外，在关于使真者的内部争论中，如我们在后面将看到的，最大主义同样影响巨大。其一是关于否定真理的使真者，即是说，如果最大主义是真的，那么否定真理的使真者是什么？最大主义者提出了各种各样的建议，如否定事实、总体（一般事实）、缺乏、这个世界自身（this World），等等。但是，这些实体要么看起来可疑，要么是使真者一元主义的论题，因此，导致承诺这些实体的前提看起来应该予以怀疑。问题是，如果否定真理不需要使真者（即最大主义是错的），那么这将对使真者本身产生什么影响？这是当前使真者的拥趸们争论的非常热烈的一个问题。其二，使真者是什么？对象，事实，还是特普？阿姆斯特朗曾提出一个论证，即使真者论证（truthmaker argument），认为事实才是所有偶然真理的使真者。这个论证本身也预设了最大主义。（参见第6.1节。）

尽管最大主义对使真者如此重要，但是令最大主义者尴尬的是，他们到目前为止还未能提出一个支持最大主义的正面论证。对

---

① 关于"抓住作弊者"，参见第3.1节。

第5章 使真者最大主义与使真者必然主义

此，阿姆斯特朗（"使真者最大主义"这一说法即为他所提出）曾谈道：

> 我并无任何直接的论证。我只是希望，具有实在论倾向的哲学家会立刻被如下观念所吸引，即真理（任何真理）其为真依赖于"外在于"它的东西，凭借后者它是真的。（Armstrong 2004a, p.7）

这不过是最大主义的重述，而非引导人们支持最大主义的理由，更不用说是关于最大主义的论证。看起来，我们应该从这样的思路入手考虑最大主义：其一，批评者们对最大主义提出了哪些批评？其二，最大主义者认为，如果否认最大主义会导致什么问题？

对于最大主义，存在两种主要的批评，其一是否认真理之为真需要被使真（Liggins 2008），或者尽管承认真理是被使真的，但否认是被实体使其为真。（Melia 2005; Rychter 2014）这与最大主义一样，都是极端立场；其二，一些哲学家认为某些真理其为真是被使真的，但另外一些真理并不被任何东西使其为真。（Simons 2005; Mellor 2003, 2009）这一立场居于上述两个立场之间。贾戈把这一中间立场称之为"非最大主义"（non-maximalism），本书沿用这样的称呼。在这一章，我仅讨论非最大主义与最大主义的论争。

需要指出的是，这里的讨论会预设必然主义，这是因为无论是最大主义者还是非最大主义者，基本上都接受必然主义，他们的争论也以必然主义作为前提条件，这一点正如贾戈所分析的：

> 没有[必然主义]，最大主义者与非最大主义者之间的对立会消失。非最大主义者并不否认存在一些实体（可能相应地是这一整个世界和我的浴缸），它们与(1)和(2)是否为真是相关的。① 他们所要否认的是，这些实体使得这些真理为真。为什么？大概是因为这些实体可能存在，而这些真理却不是真的。换言之，非最大主义者在拒斥最大主义时预设了必然主义。因为绝大部分最大主义者同样接受必然主义（这就是他们为什么不得不费大力气去发展一个最大主义者解释的原因），因此这里接受[必然主义]是恰当的。(Jago 2012, p.906)

接下来，在预设必然主义的前提下，我们将讨论几个关于最大主义的论争（这些论证不求诸否定真理的使真者问题）以及最大主义与使真者本身的关系。至于人们拒斥最大主义的最主要动机，即否定真理的使真者问题，我们将放到第7.2节再给与详细讨论。

下面的讨论具体结构如下：第5.1.1节讨论M语句对最大主义的挑战；第5.1.2节讨论一个拒斥非最大主义（即支持最大主义）的论证；第5.1.3节讨论最大主义与使真者的关系，即回答为什么最大主义对于使真者不可或缺。

5.1.1 M语句：最大主义的挑战

最大主义说，所有真理（无一例外），其为真是因为存在一个（些）实体使其为真。但是，很多学者认为，所有的必然真理都缺乏

---

① (1)和(2)分别是：<厄恩不存在>；<我的浴缸里没有鸭子>。——笔者

使真者,或只有贫乏的(trivial)使真者,因此,这一论题首先就在必然真理问题上受到挑战。(Restall 1996; Read 2000)为什么必然真理缺乏使真者或仅有贫乏的使真者?直观上的理由是:无论这个世界怎么样,必然真理都是真的。回想一下维特根斯坦的下述话语(维特根斯坦 2005, pp.59-60):

> (4.461)命题显示它们所说的东西,重言式和矛盾式则显示它们什么也没有说。重言式没有真值条件,因为它无条件地为真;而矛盾式则不在任何条件下为真。……
>
> (4.462)重言式和矛盾式不是实在的图像。它们不表述任何可能情况。因为前者允许每一种可能情况,后者则排除任何一种可能情况。在重言式中,与世界符合的条件——表现关系——互相抵消,以至它与实在没有任何表现关系。

按照维特根斯坦的这个描述,由于必然真理(重言式与矛盾式)并不是实在的图像,它们对实在什么也不说,因而它们之真假与实在无关。用使真者的术语来表达,即:实在中没有任何东西使得必然真理为真或为假。

对此,最大主义者有两个策略。策略之一是否认必然真理无条件为真。考虑像 <A=A> 这样的逻辑真理。它是真的,因为任何个体总是与自身同一。但是,如果这个世界不包含 A,那么情况如何?此时,恰当的表述可能是,<A=A> 缺乏真值。我们不能说 <A=A> 为假,但也没有理由认为它是真的。因此,对于像 <A=A> 这样的逻辑真理是否有使真者,一个可取的建议是,像 <A=A> 这样的必然真理也有使真者,即个体,如 <A=A> 的使真者是个体 A。按照这一策略,最大主义者就需要为所有的必然真理找到相应的使真者。可以看到,我们在第 3.2 节讨论使真者的定义时,已经给出了最大主义者的做法。例如,劳认为对使真者的本质主义刻画可以区分不同必然真理的使真者。就逻辑必然真理(如 $<A \rightarrow (B \rightarrow A)>$)而言,它自己是相应真理的使真者;就形而上学必然真理(如数学真理 <5 + 7 = 12>),对象(的部分学集聚)(如 5、7 和 12 组成的部分学集聚)是相应真理的使真者。此外,阿姆斯特朗也提出了这样的建议,即必然真理的使真者是该真理所关于的对象。(Armstrong 2004a, pp.98-99)

另一个策略是对最大主义进行收缩,把它局限在偶然真理上,即是说,所有的偶然真理都有使真者:

(Tmaxi-C)对于任何一个命题 <p>,如果 <p> 是真的,且是偶然真理,那么,在这个世界上存在某个(些)东西,后者使得 <p> 为真。

看起来,对最大主义进行这样的收缩之后,即使是维特根斯坦也会承认,偶然真理由于言说了这个世界,因而这个世界的特定状况使得它们为真,即所有偶然真理都有使真者。

但是,米尔恩(Peter Milne)认为情况并非如此。他提议我们考虑如下 M 语句(Milne 2005, p.222):

(M)这个语句没有使真者。

第5章　使真者最大主义与使真者必然主义　　*183*

米尔恩认为，从所有表象层次来看，M 对使真者都是有意义的，不仅如此，它还断定了，扮演该语句之使真者角色的对象不存在。所以，如果能证明 M 是真的，那么就可以表明，至少存在一个没有使真者的真理，因此最大主义是错的。至于 M 是真的之证明，则非常简单：

> 假设 M 有一个使真者。因此，M 是真的。所以，它所说的情况即是如是情况。因此，M 没有使真者。基于 M 有使真者的假定，(我们得到) M 没有使真者。根据归谬法，M 没有使真者。但是，这恰好是 M 所说的东西。所以，M 是一个没有使真者的真理。(Milne 2005, p.222)

对于这一论证，洛佩斯德萨 (Dan López De Sa) 和扎尔迪尼 (Elia Zardini) 认为，其论证形式可以用来论证任何我们喜欢的东西。(López De Sa and Zardini 2006, pp.154-155) 例如，考虑下述 S 语句：

(S) 这个语句并非既是真的又是短的。

我们可以用类似的方式"证明" S 不是短的：

(5a) 假设 S 既是真的又是短的。　　　(假设)
(5b) S 是真的。　　　　　　　　　　(5a)、($\{a \wedge b\} \rightarrow a$)
(5c) 这个语句并非既是真的又是短的 (5b)、(S)

(5d) 并非 S 既是真的又是短的。　　(5c)、(5a)，归谬法
(5e) S 不是短的。　　　　　　　　(5b)、(5d)

考虑到，我们可以用任何我们喜欢的东西替换"又是短的"（除了又是假的），如又很好吃、又很香、又在苏格拉底的心里，那么这一论证的结果就会很荒谬。

问题是，这一论证的什么形式导致了这样不可接受的结果？米尔恩曾谈到，他的论证仅依赖如下前提："给定使真者后的概念真理（conceptual truth），即：一个陈述句（或它所陈述的命题）是真的，如果它拥有一个使真者，和关于真理的老生常谈，即一个真语句所说的情况即是如是情况。"（Milne 2005, p.223）假定我们这样定义事实性谓述（factive predicate）：一个谓述是事实性的（factive），当且仅当它是这样的概念真理：一个陈述句是真的，如果该谓述适用于它。可以看到，米尔恩的论证运用了事实性谓述这一概念：它把一个事实性谓词（即拥有一个使真者）应用到一个自指的语句上，该语句本身又包含该谓词的恰当出现。但是，洛佩斯德萨和扎尔迪尼认为，很多涉及语义的、模态的和认知的谓词的其他悖论都是由于这样使用事实性谓词。（López De Sa and Zardini 2006, p.156）换言之，M 语句并没有对最大主义构成挑战，因为米尔恩论证的方式有问题，这一方式将允许我们证明任何对基础事物的否定，如不是短的、不是长的、不是甜的等。此外，这一论证方式也是导致悖论的重要源头。

但是，一些论者认为，洛佩斯德萨和扎尔迪尼的"论证并未动摇他们所攻击的推理的实例，因为他们要么没有看到在该推理中起

作用的所有东西,要么他们错误理解了该推理所意图表明的东西。"(Armour-Garb and Woodbridge 2010, p.21; Goxosz 2015, p.106)格沃斯(Jerzy Gołosz)认为,洛佩斯德萨和扎尔迪尼的论证即是错误地使用了"短的"这一词项的模糊性,一旦对"短的"一词给予清晰的定义,那么 S 或者自相矛盾,因而类似于说谎者语句,要么是真的。例如,如果我们定义"短的"为"由不多于 10 个词组成",那么 S 语句,即 "This sentence is not both true and short",就自相矛盾,这一点与洛佩斯德萨和扎尔迪尼所认为的——即:与 M 语句一样,S 语句并不导致明显的不一致——恰好相反。如果我们定义"短的"为"由不多于 5 个词组成",那么由于 S 语句由 8 个单词组成,因此 S 是真的。所以,格沃斯认为,我们并不能从米尔恩的论证方式中得出任何我们想要的东西。(Goxosz 2015, pp.107-108)

对于格沃斯的批评,我认为是对的。S 语句或者类似于说谎者语句,或者是真的。因此,洛佩斯德萨和扎尔迪尼认为它并不导致明显的不一致这一说法站不住。问题是,为什么要把"明显的不一致"作为评价标准?确实,M 语句并没导致明显的不一致,但 M 语句是不是类似于说谎者语句,并不是由它是否导致明显的不一致决定的。因为,众所周知,说谎者悖论有时候并非是从一个语句明显的不一致中导出来的。考虑下述两组说谎者悖论:

下一个语句是假的;前一个语句是真的。
在这张明信片的另一面上的语句是假的;在这张明信片的另一面上的语句是真的。

在这两组说谎者悖论的变种中,任何一个语句自身都不会产生明显的不一致,但一旦与另一个语句一起立马就会产生不一致。这说明,"明显的不一致"并不是评判某个语句是否是说谎者语句的关键。所以,问题的关键是,M 语句是不是说谎者语句,或者类似于说谎者语句?

根据罗德里格斯-佩雷拉,M 语句与说谎者语句之间的相似性(至少对最大主义来说)很容易确立,因为最大主义说的是:

(Tmaxi)对于每一个语句,它是真的,当且仅当它拥有一个使真者。

就是说,按照最大主义,"是真的"与"拥有一个使真者"是等价的。这样,M 就等价于:这个句子不是真的。这是一个典型的说谎者语句。(Rodriguez-Pereyra 2006a, p.261)显然,如果 M 语句可以同化到说谎者悖论中,那么米尔恩对最大主义的挑战就荡然无存,因为此时 M 语句是否还是下述情况的例子就不清楚:没有使真者的真理。此外,任何最大主义者所偏爱的解决说谎者悖论以及相关悖论的方法也就适用于 M 语句。(Rodriguez-Pereyra 2006a, p.260)

从文献中可以看到,米尔恩一开始就意识到把 M 语句同化到说谎者悖论这一做法对其论证的挑战,他试图消解这一挑战:

我已经强调了 M 和哥德尔句之间极其相似。使真者理论者必须找到一些不能如此类比的要点(principled point)。让我简要提示我认为不能成功的做法。使真者理论者可能会尝试凿开哥德尔句与 M（之间的紧密联结），并且尝试将 M 同化到说谎者悖论中。这里的困难是，M 并不导致明显的不一致。存在没有使真者的真理，这一点与无限制的使真者原则不一致，但是，不同于说谎者悖论，M 自身——当它被看作一个普通的语句，因此适用于通常的逻辑律时——并不导致任何的不一致。所以，M 自身几乎没有提供我们作出如下断言的动机：它没能表达一个命题，或它放宽了我们的逻辑以至于归谬法不再有效……（Milne 2005, p.223）

但是，罗德里格斯-佩雷拉则尽管同意米尔恩关于 M 与（Tmaxi）不一致的说法，但是认为 M 自身并不导致任何不一致这一观点是错的。因为，如前所述，如果如最大主义者那样将"是真的"与"拥有一个使真者"看作是等价的，那么 M 语句实质上就等价于：这个语句不是真的。这是一个典型的说谎者语句，并且因此自身会导致不一致。因此，米尔恩要借助 M 语句来拒斥最大主义，他实际上需要一个前提条件：最大主义不成立。但这正是他所要论证的，就此而言，米尔恩的论证实际上窃题了。（Rodriguez-Pereyra 2006a, p.262）

对于上述批评，米尔恩认为他的论证是在对象层次、而非在语义学层次进行的，因为它完全没有使用"真理"这样的语义学概念。但是，批评者们却把注意力完全放在了真理概念上。根据米尔恩，一旦我们注意到他的论证的这一特点，那么 M 语句与哥德尔句而非说谎者语句相似就能够得到辩护。（Milne 2013, p.473）基于这样的考虑，米尔恩尝试形式化地给出这一论证，从而使该论证的上述特征变得显性（Milne 2013, p.475）：

1	（1）	$M \leftrightarrow \neg \exists x \Box (\exists y (y = x) \rightarrow M)$	前提
2	（2）	$\exists x \Box (\exists y (y = x) \rightarrow M)$	假设
3	（3）	$\Box (\exists y (y = a) \rightarrow M)$	假设
4	（4）	$\exists y (y = a)$	显性的存在假设
3	（5）	$\exists y (y = a) \rightarrow M$	3 和 $\Box$ - 消去律
3,4	（6）	M	4,5 和 MP 原则
2	（7）	M	2,3,4,6 和自由的 $\exists$ - 消去律
1,2	（8）	$\neg \exists x \Box (\exists y (y = x) \rightarrow M)$	1,7 和 $\leftrightarrow$ - 消去律
1	（9）	$\neg \exists x \Box (\exists y (y = x) \rightarrow M)$	2,8 和弱归谬法
1	（10）	M	1,9 和 $\leftrightarrow$ - 消去律
1	（11）	$M \wedge \neg \exists x \Box (\exists y (y = x) \rightarrow M)$	9,10 和 $\wedge$ - 引入律

这一证明依赖于两条规则，自由的 $\exists$ - 消去律和弱归谬法，并且假定了 M 与 M 没有使真者这一断言实质等价，以及如下逻辑资源：自由逻辑、MP 规则（Modus Ponens 规则，即肯定前件推理）、$\wedge$ - 引入规则，弱归谬法，以及一些关于后承（consequence）的经典结构规则。

可以看到，在这一证明中没有出现任何语义词项，因此，米尔恩认为，M 语句适合类比哥德尔式考虑，并且因此，最大主义者仅面临两个可能的选项：其一是否认 M 语句表达了一个命题，其二是对这里所运用的逻辑提供反例。(Milne 2013, p.475) 在设想第一个选项时，米尔恩的脑海中是希思科特（Adrian Heathcote）的如下观点："这个语句是假的"和"这个语句没有使真者"这两个语句没有一个表达了命题。(Heathcote 2006, p.160)由于通过上述论证,米尔恩认为 M 语句类似于哥德尔语句而非说谎者语句,因此这一选项的前景是黯淡的。第二个选项显然更不可取。但是,这样的回应方式实际上没有回应罗德里格斯-佩雷拉关于他的论证窃题的批评。问题依然是,尽管上述论证没有显性地出现像"是真的"、"真理"这样的语义学词项,但由于对最大主义者而言,"是真的"与"拥有使真者"是等价的,因此上述论证,由于包含了"拥有使真者"这一词项,实际上隐性地包含了"是真的"这一词项。就此而言,它就是一个说谎者语句。其结果是:其一,米尔恩拒斥最大主义的论证预设了最大主义是错的,因而在论证形式上是窃题的;其二,如果说谎者语句不表达命题,那么 M 语句也不表达命题,尽管它在表面上看起来是有意义的。(Barrio and Rodriguez-Pereyra 2015, p.4)

对于巴里奥(Eduardo Barrio)和罗德里格斯-佩雷拉的上述评论,格沃斯认为,真正以待决之问题为论据的是罗德里格斯-佩雷拉他们,而非米尔恩,理由是:在讨论最大主义是否正确时,不能以最大主义作为前提条件。(Gołosz 2015, p.108)但是在我看来,这个说法尽管表面上非常动人,却在混淆视听,因为我们面临的情况实际上是这样的:最大主义者对最大主义的信赖不是基于某个论证,而是基于其他的东西,如直观、最大主义对使真者的重要性等,正是因为这里的动机如此强大以至于最大主义几乎成为使真者理论的正统教条。在这样的背景下,最大主义者想做的和能做的就是,在预设最大主义是正确的时,挫败一切否定最大主义的论证和做法。这实际上给非最大主义者提出了一个难题,如何能给出一个论证或反例来表明最大主义是错的?很显然,这样的反例或论证不能以最大主义为假作为前提,否则就会犯窃题的谬误。就此而言,米尔恩的论证恰恰犯了这样的错谬;也因此,格沃斯将窃题论证的谬误进行了错误地归属。

5.1.2 非最大主义者的两难

如前所述,拒斥最大主义最主要的动机与否定真理的使真者有关。由于最大主义者在解释否定真理的使真者时,通常不得不承诺一些可疑的(dubious)实体,如缺乏(absence)(Martin 1996; Kukso 2006)、否定事实(negative fact)(Russell 2010, pp.41-47; Jago and Barker 2011)或总体(totality)(Armstrong 1997, chap.13; Armstrong 2004a, chap.6)等,因此,出于对这类实体的拒斥,出于对节俭本体论的追求,非最大主义者(non-maximalist)拒斥最大主义本身,并且尝试表明,在不假定最大主义的情况下,如何用使真者的存在或不存在来解释所有真命题的真理。

考虑如下两个命题:

5.1 <厄恩不存在>,
5.2 <我的浴缸中没有鸭子>。

它们都陈述了某个具体事物的缺乏。所以,看起来,它们为真不是因为相应的具体事物存在,而是因为相应的具体事物不存在。对最大主义而言,使(5.1)、(5.2)为真的是某个(些)实体。在给定必然主义的前提条件下,这意味着:(1)的使真者 x 必须是这样的实体:必然地,仅当厄恩不存在,x 才存在;(2)的使真者 y 必须是这

第 5 章 使真者最大主义与使真者必然主义

样的实体：必然地，仅当我的浴缸中没有鸭子，y 才存在。问题是，怎么会有这样的实体？（Jago 2012, pp.905-906）一个实体的存在怎么会使得另一个实体的存在或不存在成为必然？莫尔纳（Geogre Molnar）曾认为，必然化某些实体之不存在的实体是神秘的，并且因此是彻底反因果的。基于此，不存在所谓的否定性（negative）实体。（Molnar 2000, pp.76-77）

那么，如何解释像（5.1）、（5.2）这样的否定命题的真理（假设它们是真的）？对此，非最大主义者认为，尽管有些真理是被使真的，但是有些真理（比如像（5.1）、（5.2）这样的否定真理）不被任何东西使其为真。对于这样的真理，刘易斯（David Lewis）曾谈道：

> 无须深思熟虑，看起来它们为真不是因为某种类型的事物存在，而是因为反例不存在。它们为真是因为缺乏使假者（falsemaker）。为什么要违抗这一第一印象？（Lewis 1992, pp.218-219）

但是，刘易斯本人并不是非最大主义者，不仅如此，他还提出了一种新的最大主义版本。根据刘易斯，这个柠檬，当它作为果汁拿出来时，本质上是果汁。因此，这个柠檬（作为果汁）自身即是 <这个柠檬是果汁> 的使真者。（Lewis 2003）按照这一想法，否定真理的使真者问题就容易处理。例如，(5.2) 的使真者是（作为未被鸭子陪伴的）我的浴缸，而 (5.1) 的使真者是（未被厄恩陪伴的）这个世界。（Lewis and Rosen 2003）

如果把求诸额外实体（如否定事实）的最大主义称之为"本体

论最大主义"(ontology maximalism),那么刘易斯等人的最大主义版本就可称之为"必然性最大主义"(necessity maximalism)。可以看到,在处理否定真理时,最大主义者要么会在其本体论中承诺像"否定事实"这样的额外的实体,要么会接受一种必然性理论,使得日常实体能够必然化(necessitate)否定真理。(Jago 2012, pp.907-908)显然,非最大主义者要拒斥这两种最大主义。具体来说,非最大主义因为本体论最大主义承诺了可疑的实体而拒斥本体论最大主义,又因为不同意必然性最大主义处理对应者(counterpart)的方式而拒斥必然性最大主义。但是,贾戈通过一个论证尝试表明,尽管最大主义者确实面临挑战,但非最大主义者并没有在本体论上占得先机:它或者要接受必然性最大主义关于使真关系的解释,要么必须接受本体论最大主义所承诺的可疑的实体。因此,无论是哪种方式,非最大主义最后都塌缩到了最大主义中。(Jago 2012, p.911)下面,我们来看看贾戈是如何得出这一结论的。

如前所述,非最大主义者认为存在两类命题,其中一类命题(如果是真的)其为真是因为某个(些)实体的存在,后者使其为真。另一类命题其为真则无需使真者,如(5.1)、(5.2),它们为真(如刘易斯所说的)是因为缺乏使假者。贾戈把前一类命题称之为"肯定命题"(positive proposition),而把后一类命题称之为"否定命题"(negative proposition)。(Jago 2012, pp.908-909)问题是,是否所有的命题都可以做这样简单的二分?一些非最大主义者,如芒福德(Stephen Mumford)、库克索(Boris Kukso),认为答案是肯定的。(Mumford 2007; Kukso 2006)但是,一旦我们考虑像

第5章 使真者最大主义与使真者必然主义

<我的浴缸里有鸭子∨我的冰箱里没有柠檬>

这样的复杂命题是肯定命题还是否定命题时,上述二分就会碰到很大麻烦。(Jago 2012, pp.909-910)因此,贾戈建议,还存在一类命题,即衍生(derivative)命题。所谓"衍生命题",即是指其真或假是从逻辑上更基本的命题之真和假中得出的。这样,上述复杂命题是衍生命题,其真值是从<我的浴缸里有鸭子>这一肯定命题和<我的冰箱里没有柠檬>这一否定命题两者的真值中得出的。

现在,考虑下述否定命题:

(N)<厄恩·马利不存在>。

贾戈认为,对于所有这样的否定真理,我们都可以找到一个事实性算子从而获得一个肯定真理。例如,对于(N),我们可以添加一个认识算子"麦克斯知道"从而得到:

(KN)<麦克斯知道厄恩·马利不存在>。

贾戈认为,这是一个肯定命题,因此,即使非最大主义者也需要为它寻找一个使真者(假设它是真的)。但是,这将迫使非最大主义者要么持有本体论最大主义,要么持有必然性最大主义。(Jago 2012, p.911)这是如何可能的?且让我们看看贾戈的论证。

首先,(KN)是一个肯定命题,因此它不是一个否定命题或衍生命题。关于前者,可用归谬法证明。假设(KN)是一个否定命题,

那么根据定义,它的否定,即

(NKN)<¬(麦克斯知道厄恩·马利不存在)>

是一个肯定命题,因此其为真当且仅当它有一个使真者。但是,这是一个错误的结果,因为根据非最大主义的本体论,(NKN)存在诸多无需使真者而为真的方式。例如,从来没人创作过关于厄恩·马利的诗作,也从来没有人持有过厄恩·马利这一概念;又如,麦克斯不存在。由于非最大主义者不接受缺乏、否定事实或者总体事实,因此上述两个"例如"的情况都不表明一个实体的存在使得(NKN)为真,它们都表明的是,由于缺乏使假者,所以(NKN)为真。所以,(NKN)不是一个肯定命题,因此(KN)不是一个否定命题。(Jago 2012, pp.911-912)

关于(KN)不是一个衍生命题。贾戈认为,如果(KN)是一个衍生命题,即其真值可以还原到逻辑上更基本的命题之真值上,那么就必然存在一组命题,这些命题一起蕴含着(KN)。那么,这些命题是什么?贾戈认为非最大主义者必须提供一个一般性的方法以告诉我们,对于像<x 知道 A>(其中,"A"表示否定命题)这种形式的命题,它衍生于哪些命题。但是,由于(KN)与其所衍生的命题之间的关系是必然的,因此,如果非最大主义者能给出(KN)所衍生的命题,那么这实际上就给出了关于知识的无例外的充分必要条件集。但是,关于葛梯尔问题的数量庞大文献使我们有非常好的理由认为并不存在这样的条件。(Jago 2012, p.912)因此,(KN)不是一个衍生命题。既然(KN)既不是一个否定命题,也不是一个衍生命题,那么它是一个肯定命题。

其次,既然(KN)是一个肯定命题,它之为真需要一个使真者,那么对于其使真者,非最大主义者会提供什么样的选项?假设它的使真者是T。由于非最大主义者也承诺必然主义,因此有:必然地,如果T存在,则(KN)是真的。由于知识是事实性的,因此有:必然地,如果(KN)为真,那么(N)为真;并且必然地,如果(N)是真的,那么厄恩·马利不存在。所以,必然地,如果T存在,那么厄恩·马利不存在:T必然地排除了厄恩·马利的存在。可以看到,非最大主义者,如最大主义者一样,也承诺了这样的实体,它们必然地排除了其他实体的存在。因此,非最大主义者(如最大主义者一样)也必须解释:一个实体如何能够必然地确保另一个实体的不存在?贾戈认为,对于这一问题,留给非最大主义者的选项与最大主义者是一样的:要么(如本体论最大主义那样)扩展其本体论,以使其包含如厄恩·马利的缺乏(Ern's absence)、否定事实"厄恩·马利不存在"或者总体事实;要么(如必然性最大主义者那样)采用一种关于必然性的解释使得普通的实体(如浴缸、柠檬等)能必然地排除其他普通的实体。(Jago 2012, pp.913-914) 显然,无论非最大主义者采取的是本体论最大主义扩展本体论的策略,还是必然性最大主义给予必然性特定解释的策略,非最大主义者都丧失了它拒斥最大主义的最主要理由,它本身也不再能坚持自己的原有立场。

那么,该如何评价这一论证?辛普森(Matthew Simpson)并不同意贾戈对于(KN)是肯定命题而非衍生命题的断言,所以他需要给出一组命题,这一组命题合起来蕴含(KN),同时又不会面临盖提尔反例的挑战。辛普森给出的建议是如下三个命题（Simpson 2014）：

(A) 厄恩·马利不存在。
(B) 麦克斯相信厄恩·马利不存在。
(C) 麦克斯相信厄恩·马利不存在□→厄恩·马利不存在。

这是关于知识定义的经典三元素论：真命题、对该命题的信念以及进一步的条件。盖提尔（E. L. Gettier）已经表明，以辩护作为进一步的条件（即麦克斯的上述信念（B）被辩护了）不能确保知识，因为存在反例。（Gettier 1963）所以，如何确定这进一步的条件是整个方案的关键。现在，(A)是真命题，(B)是关于该命题的信念，所以关键是：为什么(C)可以是进一步的条件？不难看到，(C)作为一个*虚拟条件句*，并不蕴含(A)，辛普森认为这一点对非最大主义非常重要，因为否则的话这将引起怀疑主义。但如此一来，看起来，贾戈的盖提尔挑战就出现了：如果(C)不蕴含(A)，那么因为盖提尔反例，(A)、(B)、(C)一起也不蕴含麦克斯知道厄恩·马利不存在。辛普森认为并非如此，因为(C)隶属于索萨（Ernest Sosa）的安全解释（safety account）方案，(Sosa 1999)即是说，如果麦克斯仅是因为运气好而拥有上述真的信念，那么安全解释方案可以回应说，他的信念并不安全。(Simpson 2014)

可以看到，这实际上已经把(KN)是否是一个衍生命题这样一个逻辑哲学问题引到了关于葛梯尔反例的安全解释方案能否成功

第 5 章　使真者最大主义与使真者必然主义

这样一个知识论问题上了。我并不打算深入到这里面去，其缘由非常简单：根据贾戈前面关于肯定命题、否定命题和衍生命题的分类，衍生命题是指其真值可以还原到逻辑上更基本的一组命题的真值上。关于衍生命题的经典实例，我们可以轻易想到如下几个：

$p \land q$,
$p \lor q$,
$p \rightarrow q$。

这三个命题都是衍生的，因为它们的真值都可以还原到 p 和 q 的真值上，例如，$p \land q$ 为真，当且仅当 p 和 q 都为真。这里的一个关键要素是，一个命题所衍生于的那些命题比该命题自身在逻辑上更基本。然而，以这一点来看（KN）与（A）、（B）、（C）三个命题，我们很难找到这一要素。诚然，（A）比（KN）在逻辑上会更基础，因为真命题是知识的构成部件，但是，很难说，（B）、（C）比（KN）在逻辑上更基础，（B）看起来与（KN）的逻辑形式是一样的，（C）看起来比（KN）在逻辑上更复杂，因为它包含（KN）的逻辑形式。就此而言，说（KN）衍生于（A）、（B）、（C）无论如何都是错的。因此，辛普森的建议并不能宽慰非最大主义者。

当然，辛普森的建议不成功并不意味着他的策略没有希望。实际上，斯基尔斯（Alexander Skiles）给出了类似的建议（Skiles 2014, p.3657）：

（DK）<麦克斯知道厄恩·马利不存在>的真理导源于下

述三个命题的真理：

(JN)<麦克斯有理由相信厄恩·马利不存在>，

(N)<厄恩·马利不存在>，

(NG)<麦克斯没有处于葛梯尔情境中>。

可以看到，(N)是一个(真)命题，(JN)是麦克斯关于该命题的被辩护的信念，(NG)表明不存在反例。因此，斯基尔斯实际上是将知识论的经典三元素论的其中两个，即对该命题的信念以及对该信念的辩护整合进一个中，并额外添加了一个排除反例的条件(NG)。按此做法，我们很容易得到，(JN)、(N)、(NG)合起来蕴含(KN)，即<麦克斯知道厄恩·马利不存在>。这样，就确立了<麦克斯知道厄恩·马利不存在>作为衍生命题的身份。

对如上建议的疑虑当然会存在，其一，如果对葛梯尔问题的解决能如此简单，那么关于这一问题的汗牛充栋的文献就显得可笑了。但是，那么多伟大的思想家苦苦思索这一问题，如果认为他们的努力是可笑的，那么最终可笑的恐怕是我们自己。对此，斯基尔斯认为，(DK)并不是要尝试解决葛梯尔反例，实际上(DK)并不能作为关于知识的有信息量的分析(informative analysis)，它仅仅是提供一条方案关联关于知识的真理与相应使真者的存在或不存在。(Skiles 2014, p.3657)其二，与辛普森的建议类似，斯基尔斯给出的三个命题相比于<麦克斯知道厄恩·马利不存在>在逻辑上更基础吗？相比于辛普森的建议，斯基尔斯的建议的一个优点是，(NG)不同于(C)，它是一个逻辑上的简单命题。但是，问题并没有得到显著改善：(JN)与(KN)的逻辑形式是一样的，而非更基本。

此外,斯基尔斯还提出了另一个方案来回应贾戈的挑战。根据斯基尔斯,非最大主义者可以把(KN)看作是衍生命题,从而提出上述(DK)方案,也可以接受贾戈关于(KN)是肯定命题,从而为它提供如下使真者(Skiles 2014):

> (K$\mathbb{T}$) $\mathbb{T}$ 是下述三个事实的聚集(collection):
> (i) <麦克斯有理由相信厄恩·马利不存在>是真的。
> (ii) <厄恩·马利不存在>是真的。
> (iii) <麦克斯没有处于葛梯尔情境中>是真的。

$\mathbb{T}$ 即是(KN)的使真者。

可以看到,上述三个事实的每一个都是关于抽象命题之真理的事实。例如,<麦克斯没有处于葛梯尔情境中>是真的这一事实关于的是<麦克斯没有处于葛梯尔情境中>之真理。换言之,<麦克斯没有处于葛梯尔情境中>是真的是一个事实,当且仅当,<麦克斯没有处于葛梯尔情境中>是真的。就此而言,(K$\mathbb{T}$)方案与(DK)方案背后的思路是一样的。但是,这一方案的问题明显更大。来看一下这一点。我们要问的是,$\mathbb{T}$ 为什么是(KN)的使真者?建议看起来是,存在这样一个推理(假设"p"表示<麦克斯有理由相信厄恩·马利不存在>、"q"表示<厄恩·马利不存在>、"s"表示<麦克斯没有处于葛梯尔情境中>、"t"表示<麦克斯知道厄恩·马利不存在>):

(i) $\models p$,
(ii) $\models q$,
(iii) $\models s$,
$\underline{\{p, q, s\} \to t,}$
∴ $\{(\text{i}),(\text{ii}),(\text{iii})\} \models t$。

即(K𝕋)是<麦克斯知道厄恩·马利不存在>(KN)的使真者。

问题是，在上述推理中，一、二、三行都是有问题的。例如，我们在任何时候都不能说，<麦克斯没有处于葛梯尔情境中>是真的这一事实是<麦克斯没有处于葛梯尔情境中>的使真者，因为这不过是说：为什么<麦克斯没有处于葛梯尔情境中>是真的。因为<麦克斯没有处于葛梯尔情境中>是真的是一个事实。对于<麦克斯没有处于葛梯尔情境中>为什么是真的？这种说法没有给我们提供任何实质信息。但是，使真者恰恰是要告诉我们关于真理的实质信息。就此而言，(i)、(ii)、(iii)都不成立，因此我们得不出 𝕋 是<麦克斯知道厄恩·马利不存在>的使真者。

至此，我们简要地概览了贾戈提出的针对非最大主义者的两难，尽管非最大主义者提出的应对方案并不令人满意，但是，如前面所分析的，这并不表明他们不能提出一种有希望的方案，它只是提出了一个挑战：非最大主义者需要提供一套方案以解释为什么像(JN)、(N)、(NG)这样的命题会比(KN)在逻辑上更基础。我们不能基于语句的表层语法来干这件事，否则就会导致上面所提到的疑虑。

5.1.3 最大主义与使真者概念

前面两小节梳理了关于最大主义的两个论争,其中第一个是反最大主义的,第二个则是反非最大主义从而支持最大主义的。基于这两个论争,我们可以有这样一个初步的结论,即最大主义并没有被驳倒,非最大主义则面临难题。就此而言,最大主义的前景依然是开放的。但是,如接下来我们将看到的,一旦将最大主义与使真者联合起来考察,我们就会意识到,要么需抛弃使真者自身,要么就接受最大主义。换言之,最大主义对于使真者来说具有本质重要性。

如前所述,一些人有可能如维特根斯坦那样认为必然真理不需要使真者,并且因此否认最大主义,但是拒斥最大主义的主要动机其实是关于否定真理的,这一点,正如卡梅伦所说的:

> 为什么有人会被使真者理论的精神所吸引但却拒绝使真者最大主义?好吧,你也许会否认必然真理需要使真者,坚持仅有偶然真理拥有使真者。但是,公平地讲,我认为拒斥最大主义的最主要动机是关于否定真理的。(Cameron 2008a, p.410)

而这一动机的最主要理由其实是本体论的,即非最大主义者追求一个节俭主义的本体论,他们不能接受像否定事实、缺乏等奇怪的实体。那么,非最大主义者如何解释否定真理的使真者?关于这一点,在第 5.1.2 节,我已经给出了非最大主义者的方案,即用使真者的缺乏来解释特定肯定命题的假,并解释相应否定命题的真。这一方案恰如梅勒(D. H. Mellor)下面所说的：

> 有些……真理不需要使真者，尤其是真的真值函项，其真理导源于组成部分的真值。当然，我们可能说，"P∧Q"和"P∨Q"被"P"和"Q"的真理所"使真"；但是这不过是一个命题被其他命题所蕴含，并非是我们在这里所关心的命题与其他实体之间的"跨范畴"联结。后者是真值函项所不需要的，并且因此，我断言说，真值函项没有[使真者]……特别地，否定命题不需要它们，因为如果"P"被S所使真，那么要使"P"为假并因此"¬P"为真，所需要的全部不过是S不存在。(Mellor 2003, p.213)

可以看到，梅勒这里是将¬与∧、∨等同处理，他从合取命题、析取命题之真理与其基础之间的关系并非是跨范畴的(即并非是使真关系)从而得出否定命题之真理也不需要存在某个实体(使真者)使其为真。(对于缺乏使假者而为真的情形，刘易斯也曾给出了一个论断，这个论断我们将在7.3节给予讨论。)

对于梅勒的这一论点，我认为，将否定真理的情形类比合取真理、析取真理的情形是行不通的。具体理由有两个：其一，在第4.2节我们谈到，里德在论证经典逻辑的运算符并非全部能应用到使真者上时，他给出的例子即是关于否定符号的。但是，合取符号通常被认为可以应用到使真者上。[①] 其二，我们看看梅勒的具体例子。

---

① 罗德里格斯-佩雷拉是个反例，参见 Rodriguez-Pereyra 2006c; Rodriguez-Pereyra 2009。

尽管有了"P"和"Q"的真理后，我们可以自动地得出"$P \land Q$"和"$P \lor Q$"的真理，无须再去客观实在中找一个(些)使它们为真的实体，但这并不意味着它们不是被使真的(be made true)，不意味着"$P \land Q$"和"$P \lor Q$"之为真无需奠基于特定实体的存在，因为如果我们进一步追问"P"和"Q"为什么为真后，也许就会发现它们之为真都奠基于特定实体的存在。假设这些实体分别是 s 和 t，那么即是说，"$P \land Q$"和"$P \lor Q$"之为真，最终还是奠基于 s 和 t 的存在。否定真理的情形与此不同，因为一个否定真理最终(根据非最大主义者的看法)不是奠基于某个(些)的存在，而是奠基于某个(些)实体的不存在。

退一步讲，如果最大主义是错的，即一些真理有使真者，而另一些真理(如否定真理)没有使真者，它们只是由于缺乏使假者而为真，那么，这对于使真者自身会有什么影响？对于缺乏使假者而为真的说法，阿姆斯特朗认为这种说法实际上什么也没说：

> 当然，否定真理没有使假者。没有真理拥有使假者，不管它是否定的还是肯定的！所以，说否定真理没有使假者，在此语境下，实际上不过是说否定真理缺乏使真者。但是，为什么一个接受使真者的人要在否定真理的使真者上犹豫不前呢？当本体论的东西变得有些艰难时，我们是不是就放弃？
> (Armstrong 2004a, p.55)

有一点是显然的，仅仅说否定真理缺乏使假者而为真是不够的，因为(如阿姆斯特朗所说的)所有的真理都缺乏使假者，如果我们对否定真理可以这样说,有什么理由阻止我们对肯定真理也采取类似的态度?!

看起来,如果否定真理可以无需使真者而为真,那么似乎没什么理由阻止我们进一步认为,肯定真理也无需使真者而为真。因此,正如卡梅伦在下面所说的,或者最大主义是对的,或者我们整个抛弃使真者:

> 但是,如果这是对的,那么下述想法,即对于否定真理我们没有使真者,看起来就非常严重;因为如果这是真的,那么看起来它将促使我们不仅仅是抛弃使真者最大主义,同时也抛弃使真者理论。在给定肯定真理后,如果我们没有免费地(for free)获得否定真理,那么,有什么可能的动机使我们接受某些真理需要使真者但否定真理不需要?这将意味着,否定真理并非凭借(in virtue of)任何东西为真:但是,如果我们允许这一点,那么为什么我们不允许肯定真理并非凭借任何东西而为真?在给定其他真理的基础(grounding)后,说某些真理是免费得到的,因此不需要进一步的基础,这是一回事,说某些真理恰好没有基础,这又是一回事。接受真理不需要本体论的基础,这或者有问题,或者没有:如果有,那么每一个真理都要求一个基础;如果没有,那么没有真理要求一个基础。(Cameron 2008a, pp.411-412)(类似的论述还可参见:(Cameron 2008b, pp.107-108))

关于最大主义与使真者自身的这种关系,多德也提出了类似的论证。(Dodd 2007, pp.394-396)因此,最大主义是使真者的应有之意,如果抛弃最大主义,那么使真者自身就变得无足轻重了。就此而言,任何一个使真者的拥趸都应该支持最大主义,否则的话,他就不可能是一个真正的使真者理论者。

5.2 使真者必然主义

使真者必然主义说的是,任何一个使真者都必然使得它使其为真的命题为真,即:如果T是<p>的使真者,那么如下情况不可能:T存在,但<p>不是真的。在文献中,哲学家们通常用可能世界术语来刻画这一点,即:如果T是<p>的使真者,那么不存在这样一个可能世界,在其中,T存在而<p>不是真的。

必然主义是使真者理论的核心论题。尽管它面临批评,如帕森斯(Josh Parsons)、海尔(John Heil)、梅勒、谢弗和布里格斯(Rachael Briggs),却依然是使真者理论中少有的被广泛接受的学说之一。(Parsons 1999;Heil 2000;Mellor 2003;Schaffer 2010;Briggs 2012)它是使真者理论的正统学说,其支持者包括阿姆斯特朗、福克斯、莫尔纳、史密斯和卡梅伦等使真者的代表性人物。(Merricks 2007, p.5;Asay 2016, p.493)之所以如此,可能是源于人们关于使真者的如下洞见:一个命题之为真是由于某个特定实在使其如此,实在是真理的本体论基础,或者说真理形而上学/本体论奠基于(metaphysical/ontological grounding on)实在。形而上学奠基意味着,当某个使真者存在时,奠基于该使真者的命题是真的,即特定实在是相应命题之为真的充分条件。(Armstrong 1997, p.116;

Merricks 2007, p.9; Cameron 2008b, p.109)如我们将在下一小节看到的,这是人们持有、论证必然主义的直观基础和起点。

但是,令人尴尬的是,其一,必然主义的支持者们至今未能提供一个有说服力的论证,不仅如此,已有的论证似乎反而表明,不可能存在一个对于必然主义的、不窃题的论证;其二,必然主义会使得对使真者的假定招致可观的本体论损失(Rodriguez-Pereyra 2006b, pp.191-193),特别是——通过与最大主义的协同作用——迫使人们承诺否定存在(negative existentials),如否定事实(negative fact)(Russell 2010, pp.41-46)、缺乏(absence)(Martin 1996)或总体(totality)(Armstrong 2004a, pp.72-75)。

尽管目前哲学家们,出于对否定存在的拒斥,主要把矛头指向最大主义,试图通过拒斥最大主义从而拒斥否定存在,但是,正如我们在上一小节所引的卡梅伦的论述所表明的,最大主义实际上是使真者的应有之义,一个人不能在接受使真者的同时却拒斥最大主义。情况若如此,那么看起来应该对否定存在负责的是必然主义。

在这一节中,我尝试拒斥必然主义。具体而言,我尝试论证如下几点:其一,人们支持必然主义的直觉起点是使真者是相应命题之为真的充分条件,但充分条件与必然主义有根本性的差别,这意味着哲学家们目前对必然主义的本质还缺乏正确的理解;其二,当前对必然主义的理解或刻画实际上只援引了从言(de dicto)模态,它本质上是一种关于使真者的蕴含解释,这不仅违背了使真关系是跨范畴关系这一普遍共识,也导致了一些违背人们关于使真者之根本洞见的结论;其三,对否定存在的论证以必然主义为其前提条件,但对必然主义的承诺最终将违背实在是真理的基础这一使真者的本质教条。

5.2.1 必然主义是真的?

从文献来看,目前关于必然主义的论证大致有两类:第一类是试图证明必然主义是真的,如阿姆斯特朗、梅里克斯的论证(Armstrong 1997, 2004a;Merricks 2007),第二类是尝试论证必然主义相对于非必然主义(non-necessitarianism)而言具有一些本体论上的优势,如阿赛(Jamin Asay)的工作。(Asay 2016)先来看一下第一类论证。

阿姆斯特朗曾在《事态世界》(*A World of States of Affairs*)、《真理与使真者》(*Truth and Truthmakers*)中都给出了关于必然主义的论证。在《真理与使真者》一书中,阿姆斯特朗论道:

> [A1]这里有一个通过归谬法的论证。假设某个真理 p 的使真者 T 没有必然使得 p 为真。那么,至少存在一种可能性:T 存在,但命题 p 依然不是真的。这强烈地建议着,p 要是真的,应该有一些进一步的条件必须被满足。这个条件必须或者是某个进一步实体,U,的存在,或者是一个进一步的真理,q。在第一种情况下,T+U 看起来将是真的,并且是 p 的必然使真者。(……)在第二种情况下,q 或者有一个使真者,V,或者没有。考虑 q 有一个使真者,那么 T+U 的情形就重现了。如果 q 缺乏使真者,……(Armstrong 2004a, pp.6-7)

由于阿姆斯特朗坚持最大主义,因此 q 缺乏使真者的情况不存在。

就此而言，上述论证实际上是一个关于必然主义的完整论证。

毫无疑问，[A1]的关键步骤是这样一句话："这强烈地建议着，p要是真的，应该有一些进一步的条件必须被满足。"为什么有"T存在但命题p不为真"的可能性就意味着这句话所说的内容？对此，我们先来看一个例子，这个例子是对阿姆斯特朗在《事态世界》中对必然主义的一段论述的实例化。根据一个悠久的历史传统，对象（objects）是使真者，例如，这个苹果是<这个苹果是红的>的使真者。对此，阿姆斯特朗会认为尽管这个苹果实际上是红的，但它有可能不是红的，因此，仅在此世界中成立的情境下（in circumstances that obtain in this world），这个苹果才是红的。换言之，这个苹果要作为<这个苹果是红的>的使真者，这些情境必须加进来，从而有：<这个苹果是红的>的使真者并非这个苹果本身，而是如下两者一起：这个苹果和这些情境。(Armstrong 1997, pp.115-116)

对此实例，我认为阿姆斯特朗是对的，即仅在一些可能世界（现实世界是其中之一）而非所有可能世界中，这个苹果是<这个苹果是红的>的使真者。因此，就实在是真理的充分条件而言，我们需要把（例如）在此世界中成立的情境加入进来使它和这个苹果一起作为<这个苹果是红的>的使真者。即是说，在该实例中，由于存在"这个苹果存在但<这个苹果是红的>为假"的可能性，因此需要加入"在此世界中成立的情境"这一限制条件。回到[A1]，容易看到，[A1]实际上是对上述实例的一般化，即把"在此世界中成立的情境"这一限制条件一般化为"需要有进一步的条件被满足"。关于这一点，阿姆斯特朗在1997年的论述也是佐证。(Armstrong

1997, pp.115-116)

但是,[A1]却被很多学者批评,认为它犯了循环论证的谬误。如引文所述,阿姆斯特朗把[A1]看作是一个归谬论证,即如果T是p的使真者但又不必然使得p为真,那么最终会得到如下情形:T是p的非必然使真者(non-necessitating truthmaker),T+U(或T+V)是p的必然使真者。为何这种情况会产生谬误?毕竟即使阿姆斯特朗也坚持一个命题可能有不止一个使真者。所以,如卡梅伦所分析的,上述归谬论证要成立,需要预设这样一个前提条件:如果p有一个必然使真者,那么它就没有非必然使真者。有了这一预设,根据T+U(或T+V)是p的必然使真者,可以得到T不是p的使真者,与前提矛盾。(Cameron 2008b, pp.110-111)问题是,这一预设的理由是什么?

在卡梅伦和梅里克斯看来,上述预设本身就是一个必然主义的预设。(Cameron 2008b, pp.110-111; Merricks 2007, p.9)即是说,只有那些已经接受必然主义的人才会觉得这一预设具有吸引力;对于不接受必然主义的人而言,T使p为真但不必然使p为真,这又怎么样呢,使真关系本就如此,即非必然主义者在面对T不必然使得p为真这类情况时,他不会觉得有进一步的东西需要满足。认为有进一步的东西需要满足,这种动机仅在预设了必然主义的前提下才会触发。然而,这种预设正是必然主义所要证明的,它不能成为证明必然主义时的前提条件。

至此,我们碰到了一个困惑,即:阿姆斯特朗的实例说明看起来是对的,为什么对它的一般化却犯了循环论证的谬误?对此,我的回答是:实例说明所依赖的是"实在是真理的充分条件"这一使真者理论的根本观念,但一般化却对此给予了不恰当地拓展,它始自这一观念最终却以"实在是真理的必然充分条件"收尾。让我来解释一下这一说法及其意蕴。

众所周知,自塔斯基发表"形式化语言中的真概念"一文后,哲学家们的一个共识是:像"'p'是真的"这样的说法应该被看作是缩略形式,其完整表述是:"p"在 X 中是真的。由于塔斯基对真值载体的选择是语句,因此 X 对他而言指的是进行谈论的语言,即元语言;如果真值载体是命题——在使真者理论中,这是哲学家们更为普遍的选择——那么 X 指的就是某个特定的结构、模型。通常情况下,X 指的是现实世界(每一个可能世界都是一个结构、模型,现实世界是可能世界之一)。例如,如果一篇哲学文献中说:<这个苹果是红的>是真的,它的完整表述通常是:<这个苹果是红的>在现实世界中是真的。

回到前面关于苹果的例子。毫无疑问,这个苹果仅在某些限制条件下(如在现实世界中)才会是<这个苹果是红的>的使真者,但是既然"<这个苹果是红的>是真的"不过是"<这个苹果是红的>在现实世界中是真的"的缩略性表达,那么,把"在此世界中成立的情境"这一限制条件加入进来就是尽管多余依然正确的做法。一般化却不是这样的,它要求的是,一个现实世界中的实体要使某个命题在现实世界中为真必须满足某些可能世界的限制,即在所有该实体存在于其中的可能世界中,该命题也是真的。即是说,就这个苹果是<这个苹果是红的>在现实世界的使真者而言,实例讲的是,这个苹果是<这个苹果是红的>在现实世界中为真的充分条件,而必然主义要求的是,这个苹果是<这个苹果是红的>在所有前者存

第5章 使真者最大主义与使真者必然主义

在于其中的可能世界中为真的充分条件。问题是,为什么一个现实世界中的实体要使得某个命题在现实世界中为真,必须满足某些可能世界的限制?在我看来,这是对必然主义的论证所真正应该回答的问题,也是证明必然主义的关键所在。但是,阿姆斯特朗的[A1]并没有尝试回答这一问题。

前面提到,梅里克斯认为[A1]犯了循环论证的谬误,尽管如此,他却坚持[A1]提示了一个更有说服力的论证,具体如下(Merricks 2007, p.9):

5.3 仅当必然性是使真关系的构成部分时,$T+U$ 才会在断言使 p 为真中做得比 T 更好。

5.4 在其他条件均同时,$T+U$ 在断言使 p 为真中做得比 T 更好,这一点是显然的。

5.5 所以,必然性是使真关系的构成部分,即必然主义是真的。

来分析一下此论证。在我看来,这一论证的关键是 5.4;而对于它,梅里克斯几乎没进行说明,其中的原因,可能来源于我们的直观。直观上看,如果 $T+U$ 必然使得 p 为真,而 T 仅仅实际使得 p 为真,那么就使 p 为真而言,$T+U$ 要实力更强,(这应该是梅里克斯说 $T+U$ 做得更好的意思,)这就好像一个人必然算出一个数学题,而另一个人仅仅是实际算出但有可能算不出,那么就对这道数学题的知识而言前者掌握的更好些。但这仅仅是直观上看,而直观很可能给我们以误导。

回想一下前面涉及结构、模型的那些论述。如果这些论述是正确的，那么一个简单的例子就能表明，实际情况并非如梅里克斯所认为的那样。考虑＜柏拉图是亚里士多德的老师＞的如下两个使真者：事实"柏拉图是亚里士多德的老师"和事实"《理想国》的作者是亚里士多德的老师"，前者是必然使真者，后者不是。现在的问题是，就使＜柏拉图是亚里士多德的老师＞为真而言，前者做得比后者更好吗？答案是否定的，因为在现实世界中，前者与后者实际上是同一个实体，所以，就使＜柏拉图是亚里士多德的老师＞为真而言，两个做得一样好。但是，确实在某种意义上，前者做得要比后者好，那就是在所有前者存在的可能世界中，＜柏拉图是亚里士多德的老师＞都是真的，但对后者而言却非如此。但是，这种意义是在坚持必然主义下才有的东西，因此，梅里克斯的论证要能够成立，也必须预设必然主义。就此而言，梅里克斯并没有避开阿姆斯特朗循环论证的困境。

5.2.2　必然主义的本体论优势？

阿赛认为，相比于非必然主义（non-necessitarianism），必然主义拥有一个非常大的本体论好处。(Asay 2016)假设 T 是 <p> 的使真者，那么有：<p> 是真的，<T 使得 <p> 为真> 也是真的。问题是，<T 使得 p 为真> 的使真者是什么？阿赛支持必然主义的论证集中在这一使真关系本身的使真者上。

对于必然主义来说，由于 T 必然使得 <p> 为真，因此 <T 使得 <p> 为真> 是一个必然真理，即当 T、<p> 存在时，T 与 <p> 之间的使真关系就自动成立。(Armstrong 2004a, p.9)所以，{T, <p>}

第5章 使真者最大主义与使真者必然主义

即是 <T 使得 <p> 为真> 的使真者。如果（如很多使真者理论家所坚持的）<p> 是抽象实体，即 <p> 必然存在，那么可以进一步得出，T 是 <T 使得 <p> 为真> 的使真者。可以看到，为了解释使真关系本身的真理，必然主义并不需要承诺进一步的实体。那么，非必然主义的情况如何？显然，对于非必然主义来说，（至少在某些时候，）<T 使得 <p> 为真> 是一个偶然真理，即：仅仅是 T 和 <p> 的存在并不能确保 <T 使得 <p> 为真> 是真的，所以非必然主义者需要为使真关系本身的真理提供新的使真者。在逐一考察过非必然主义所可能提供的选项后，阿赛认为非必然主义并没有什么好的选择。就此而言，必然主义享有一个非常重要的理论优势。（Asay 2016, pp.494-495）这是阿赛论证的基本思路；下面来看一下他所设想的非必然主义的选项。

第一种可能的选项是：否认有什么东西使得如下真理为真：<T 使得 <p> 为真>，即是说使真关系本身的真理缺乏使真者。但是，这违背了最大主义。在坚持最大主义是使真者的应有之义后，我同意阿赛的判断，即这一选项并不是一个好选项。

再来看第二种可能的选项。拒斥第一种可能的选项（即坚持最大主义）意味着：<T 使得 <p> 为真> 有其使真者，假设是 U；为了讨论的简便，令"<q>"表示 <T 使得 <p> 为真>。这样，我们拥有一个新的真命题：<U 使得 <q> 为真>。显然，这里存在两种情况：U 必然使得 <q> 为真，U 使得 <q> 为真但非必然使真。这两种情况对非必然主义而言都是可选项。

先看第一种情况。阿赛论道，U 必然使得 <q> 为真，即 U 的存在保证了 T 使得 <p> 为真，因此，U 的存在保证了 T 的存在和

<p> 的真理。因为 U 不同于 T——否则 T 必然使得 <p> 为真,与前提相悖,因此这一选项就给不同实体之间强加了一个必然联结:U 不可能存在,除非 T 存在。此外,给定 U 必然使 <p> 为真后,非必然主义者为什么不直接用 U 代替 T 作为 <p> 的使真者从而倒向必然主义,这一点就不清楚了。非必然主义寻求仅用 T 而非 U 来解释 <p> 的真理,但是给定上面的分析后,阿赛最终得出这样的结论:"一旦我们寻求关于这些'一阶'真理之使真者的'二阶'真理的使真者,非必然主义者所吹嘘的关于'一阶'真理的使真者所预期获得的本体论上的实惠就消失了。"(Asay 2016, 496)

对于阿赛这里的分析,首先应该指出,"U 使得 <T 使得 <p> 为真> 为真"并不意味着 U 的存在保证了 T 的存在和 <p> 的真理,因为"T 使得 <p> 为真"说的是,如果 T 存在,那么 <p> 是真的,因此 U 的存在仅仅保证了这样一种使真关系存在,而非该关系一方(T)的存在以及另一方(<p>)的真理。其次,退一步讲,假设阿赛的这一说法是对的,那么,两个不同的实体之间存在必然的联结。这有什么问题?显然,(举例而言)如下两个事实(集)之间就存在着必然联结(如 U 和 T 之间的一样):事实(集)"柏拉图是苏格拉底的学生和亚里士多德的老师"与事实"柏拉图是苏格拉底的学生"。值得我们怀疑的应该是这样的理论,它使得任意两个不同的实体之间存在着必然联结,但是,U 和 T 显然并非是任意两个实体,它们之间存在着密切关联。再次,关于非必然主义者为什么不直接用 U 替代 T 作为 <p> 的使真者,这一点我们前面在讨论阿姆斯特朗和梅里克斯的论证时已经解释过了,简言之就是:如果必然性并非是使真关系的构成性部分,那么偶然的使真者就是我们所需要的

东西。如果上面的这两点分析是对的，那么一个重要的结论就是：对非必然主义的坚持也许并不是因为它在本体论上有一些实惠，而仅仅是因为必然主义并未恰当理解使真关系的本质。

再来看第二种情况，U 使得 <q> 为真但非必然使真，即 <U 使得 <q> 为真> 是一个偶然真理。这一"三阶"真理的使真者是什么？令"<r>"是这一真理的名字，根据最大主义，存在一个使真者使其为真，假设该使真者是 V。如果 V 必然使得 <r> 为真，那就是前面讨论的第一种情况，所以这里仅看 V 使得 <r> 为真但并非必然使真的情形，即 <V 使得 <r> 为真> 是一个偶然真理。令"<s>"是该真理的名称，那么它又需要一个使真者，令其为 W。……于是，我们最终会有这样一个无限的序列：

T，<p>，
U，<q>（<q>：<T 使得 <p> 为真>），
V，<r>（<r>：<U 使得 <q> 为真>），
W，<s>（<s>：<V 使得 <r> 为真>），
……

阿赛认为这一无限序列是一个无穷倒退（infinite regress）。为什么这一无穷倒退会是很严重的情况？首先，接受 U、V、W 以及其他实体本身是一个直接的本体论损失，一个非必然主义者必须承担的损失；其次，仅仅是考虑使真关系本身的使真者，非必然主义者就需要承诺一个无穷大的本体论，这是一个令人震惊的形而上学后果，它违背了使真者的一个重要动机：寻求理论上最经济的本体论

以给所有真理奠基。最后，由于"高阶"真理蕴含"低阶"真理，如 <U 使得 <T 使得 <p> 为真 > 为真 > 蕴含 <T 使得 <p> 为真 >，后者又蕴含 <p>，所以如果 <p> 拥有 T 作为非必然使真者，那么它因此也就拥有 U、V、W 等无穷多的非必然使真者，即是说：拥有一个使真者即是拥有无穷多使真者。（Asay 2016, pp.496-497）

但是，其一，如我们在第一种情况中分析的，这一"最后"的判断是错的，因为（举例来说）U 的存在并不承诺 T 的存在，因而也不承诺 <p> 的真理，它仅断言了，如果 T 存在，则 <p> 是真的。其二，假设"首先"、"其次"的判断是正确的，那么相比于必然主义一个实体搞定，非必然主义需要无穷多实体，这确实是一个本体论的重大损失。但是，正如本小节一开始所说的，必然主义本身也会使得对使真者的假定会带来可观的本体论损失。这一得一失之后，必然主义到底是一种本体论的简洁还是损失，实际上很难去计算。

更进一步："首先"、"其次"的判断正确吗？考虑这样一个提议，即如必然主义的观点一样，认为 U、V、W，以及之后的所有实体都与 T 是同一个实体，也即如果 T 是 <p> 的使真者，那么它也是 <T 使得 <p> 为真 > 以及无限序列之后所有真理的使真者。容易看到，如果 T 是 <p> 的使真者，那么 T 也是 <T 使得 <p> 为真 > 的使真者。当然，就模态性而言，T 使得 <T 使得 <p> 为真 > 与 T 使得 <p> 为真是一样的。此时，尽管上述无限倒退依然存在，但并不导致什么本体论的损失。但是，阿赛认为，尽管这一提议对必然主义而言很完美，但它对非必然主义却不起作用：

> 当 T 是 <p> 的（必然）使真者时，应该是某些关于 T 和

第5章 使真者最大主义与使真者必然主义

<p> 之本质的东西将它们联结在一起。没有任何外在于这一使真关系的东西对于解释为什么该使真关系成立是必要的。……但是,当说到非必然主义的偶然的使真事实时,这一看法就不可用了。根据非必然主义,T 使得 <p> 为真,但 T 自身并不为这一关系负责;这是非必然主义观点的基本预设。有时候 T 使得 <p> 为真,有时候不。T 自身没有任何东西能决定是这两种情况的哪一种……因此,非必然主义的基本承诺是,某些外在于 T 的东西对 T 使得 <p> 为真负责:U、V 以及剩下的不能等同于 T。(Asay 2016, pp.497-498)

对此论证,有一点应该被承认,即在非必然主义观点下,T 自身并不能保证它是 <p> 的使真者;问题是,这一点对于必然主义来说同样如此。在必然主义观点下,是使真关系的双方而非一方(如 T)确保该使真关系成立。那么,对于非必然主义来说,T 和 <p> 一起能否确保 T 是 <p> 的使真者?从上述引文来看,阿赛认为不能,但他提出的说法很有意思:T 有时使 <p> 为真,有时候不。如果一个人做一道选择题,并且是有时候选对有时候选错,那么显然,他并非是因为知道答案才选对的,而是由于外在的东西(比如说运气)才选对的。这样,阿赛就能顺理成章地得出他的结论。但是,我认为阿赛在这里犯了一个错误,即是说,T 是 <p> 的使真者但非必然使真,这并非是指 T 有时使 <p> 为真有时候不,而是指,在某些结构(如现实世界)中,T 使的 <p> 为真,在某些结构中则不。因此,举例来说,如果事实"这个苹果是红的"是 <这个苹果是红的> 在现实世界中为真的使真者,那么任何时候它都是,而非有时是有时不

是。既然如此,那么一定是因为某些关于 T 和 <p> 之本质的东西使得它们如此。

一个问题是,如果是某些关于 T 和 <p> 之本质的东西使得前者是后者的使真者,那么 T 却不是 <p> 的必然使真者,这如何可能?我认为,这个问题的答案存在于讨论它们的结构、模型中,即是说,存在于结构、模型对 T 之本质的限制中。举例来说,事实"《理想国》的作者是亚里士多德的老师"之所以是 < 柏拉图是亚里士多德的老师 > 的使真者,是因为现实世界限制了"《理想国》的作者"指称柏拉图,并且"柏拉图,亚里士多德"例示了关系"是……的老师"。这种指称关系、例示关系构成了该事实的本质。然而,仅在某些结构、模型(如现实世界)而非所有的结构、模型中有这种限制,因此,该事实是该命题的使真者,但非必然使真者。

综上所述,阿赛所尝试论证的必然主义的本体论优势也并不存在。

5.2.3 拒斥必然主义

前两节我展示了为什么支持必然主义的论证并不令人信服,在这一节,我尝试证明当前关于必然主义的理解和刻画是错误的,因为这一理解、刻画基于的是对使真关系的蕴含解释。根据必然主义,如果 T 是 p 的使真者,那么如下情况不可能:T 存在,但 p 不是真的。学者们通常用可能世界的术语来刻画这一论点,即:如果 T 是 p 的使真者,那么不存在这样的可能世界,在其中,T 存在而 p 不是真的。让我们暂且假定这是正确的,然后看看它会将我们带往何处。为了论述的便利,我们这里仅考虑偶然真理。

第 5 章 使真者最大主义与使真者必然主义

为了搞清楚这个问题,我首先规定一下将被使用的语言符号,具体如下:

1. $x, y, \cdots$ 是表示原子语句的表达式变量;
2. $p_x, p_y, \cdots$ 分别是表达式 x,y,$\cdots$ 的涵义;
3. $f_x, f_y, \cdots$ 分别表示由表达式 x,y,$\cdots$ 描述的事实;
4. $w, v, \cdots$ 是可能世界变量;
5. $W_{px}, W_{py}, \cdots$ 分别表示 $p_x, p_y, \cdots$ 在其中为真的可能世界组成的集合。

接着我们作两个观察。其一,根据 W_{px} 的涵义,即 p_x 在其中为真的所有可能世界组成的集合,我们可以给予其一个形式化的表达:

5.6 $\forall x \forall w (w \in W_{px} \leftrightarrow \models_w p_x)$。

其中,"$\models_w p_x$"表示 p_x 在 w 中为真。其二,对于任何原子事实 f_x,下述论题其真理性是自明的:对于任何可能世界 w,f_x 在 w 中存在,当且仅当 p_x 在 w 中是真的。例如,在事实"雪是白的"在其中存在的任何可能世界中,<雪是白的>是真的,反过来也如此。我们把这一观察形式化表示如下:

5.7 $\forall x \forall w (Ef_x w \leftrightarrow \models_w p_x)$。

其中,"$Ef_x w$"表示 f_x 存在于 w 中。

然后，必然主义的可能世界刻画可以在形式上表示如下：①

5.8 $\forall \alpha \forall x (T\alpha p_x \leftrightarrow \forall w(E\alpha w \to w \in W_{px}))$。

其中，"α"是使真者变项，"$T\alpha p_x$"表示 α 使得 p_x 为真。需要说明的一点是：(5.8)说的是，对于任何一个实体 α 和任何一个命题 p_x，α 是 p_x 的使真者，当且仅当在任何 α 在其中存在的可能世界中，p_x 都是真的。至于下述情况则不被(5.8)所关注：存在某个可能世界，其中 α 不存在而 p_x 是真的。如我们所知道的，必然主义所要求的是，在所有 α 存在的可能世界中，p_x 是真的，至于 α 不存在时 p_x 的真值情况到底如何则不予要求。

现在来考虑一个问题：根据(5.8)，一个给定的实体，如事实 f_i，需满足什么条件才会是一个特定命题，如 p_j，的使真者？对此问题，我先抛出答案：

$$Tf_i p_j \leftrightarrow W_{pi} \subseteq W_{pj}。$$

即：f_i 是 p_j 的使真者，当且仅当 W_{pi} 是 W_{pj} 的子集。下面我来证明这一点，对此的证明由两部分组成，一是从左至右，即证明 $Tf_i p_j \to$

---

① 在必然主义的典型表述中，(5.8)中 Tαpx 后仅含"→"这一方向的箭头号，反方向，即"←"，并不包含。这里把"←"这一方向也加入进来，主要有两个理由：1. 必然主义是一种纯外延主义进路，在纯外延主义进路下考虑偶然真理时，似乎没有好的理由反对"←"这一方向；2. "必然主义"是阿姆斯特朗的说法，这一说法背后是阿姆斯特朗用"必然化（necessitate）"概念对使真者的定义，而定义采取的是双向箭头。当然，这里的处理也许还需更充分的阐释与辩护。

$W_{pi} \subseteq W_{pj}$；一是从右至左，即证明 $W_{pi} \subseteq W_{pj} \rightarrow Tf_i p_j$。

对于从左至右，我给出如下证明：

(5.2i)	$Tf_i p_j \leftrightarrow \forall w(Ef_i w \rightarrow w \in W_{pj})$	5.8 的具体实例
(5.2ii)	$Tf_i p_j$	假设
(5.2iii)	$\forall w(Ef_i w \rightarrow w \in W_{pj})$	(5.2i)、(5.2ii)；$\leftrightarrow$ 的涵义
(5.2iv)	$\forall w(Ef_i w \leftrightarrow \models_w p_i)$	(5.7)的具体实例
(5.2v)	$\forall w(\models_w p_i \rightarrow w \in W_{pj})$	(5.2iii)、(5.2iv)；$\leftrightarrow$ 的涵义
(5.2vi)	$\forall w(w \in W_{pi} \leftrightarrow \models_w p_i)$	(5.6)的具体实例
(5.2vii)	$\forall w(w \in W_{pi} \rightarrow w \in W_{pj})$	(5.2v)、(5.2vi)；$\leftrightarrow$ 的涵义
(5.2viii)	$W_{pi} \subseteq W_{pj}$	(5.2vi)；$\subseteq$ 的涵义

证毕。

再看从右到左。我给出如下推演：

(5.3i)	$W_{pi} \subseteq W_{pj}$	假设
(5.3ii)	$\forall w(w \in W_{pi} \rightarrow w \in W_{pj})$	(5.3i)；$\subseteq$ 的涵义
(5.3iii)	$\forall w(Ef_i w \leftrightarrow \models_w p_i)$	(5.7)的具体实例
(5.3iv)	$\forall w(w \in W_{pi} \leftrightarrow \models_w p_i)$	(5.6)的具体实例
(5.3v)	$\forall w(Ef_i w \leftrightarrow w \in W_{pi})$	(5.3iii)、(5.3iv)；$\leftrightarrow$ 的涵义

(5.3vi)　$\forall w(Ef_iw \to w \in W_{pj})$	(5.3ii)、(5.3v)； ↔ 的涵义
(5.3vii)　$Tf_ip_i \leftrightarrow \forall w(Ef_iw \to w \in W_{pi})$	(5.8)的具体实例
(5.3viii)　Tf_ip_j	(5.3vi)、(5.3vii)； ↔ 的涵义

证毕。

问题是：f_i 是 p_j 的使真者，当且仅当 W_{pi} 是 W_{pj} 的子集，这意味着什么？很容易证明，W_{pi} 是 W_{pj} 的子集当且仅当 p_i 蕴含 p_j。首先，如果 W_{pi} 是 W_{pj} 的子集，则当 p_i 为真时，p_j 也为真，于是有 p_i 蕴含 p_j；其次，如果 p_i 蕴含 p_j，即当 p_i 为真时，p_j 也为真，也即所有 p_i 为真的可能世界都是 p_j 为真的可能世界，于是有：W_{pi} 是 W_{pj} 的子集。即是说，f_i 是 p_j 的使真者，当且仅当 p_i 蕴含 p_j。所以，我们最终看到，必然主义与毕格罗关于使真者的蕴含解释在本质上是一样的。

关于蕴含解释及其问题，第3、4章已展开较多讨论，这里不再赘述。我仅想就必然主义的蕴含解释谈几句。梅里克斯曾论证到，蕴含解释的问题是它仅诉诸了从言（de dicto）模态，由于使真关系是一种跨范畴关系，因此，如果必然主义是对的，那么必然主义也肯定是一种从物（de re）模态。（Merricks 2007, pp.11-14）忽视了这一点，就可能产生非常荒谬的结果。如前所述，必然主义会认为，f_i 是 p_j 的使真者，当且仅当 p_i 蕴含 p_j，即是说，一个实体是否是某个命题的使真者，这取决于刻画该实体的语言表达式其涵义是否蕴含该命题。问题是，如果一个实体有两个甚至以上的语言表达式，那么可能的情况是，在一个语言表达式下，该实体是给定命题的使真者，在另一个表达式下，它不是。例如，在关于事实的正统解释——事实是一个由部分组合而成的结构性实体——下，事实"《理想国》的作者是亚里士多德的老师"与事实"柏拉图是亚里士多德的老师"指称现实世界的同一个东西，即同一实体有两个语言表达式。现在问，这个实体是<柏拉图是亚里士多德的老师>的使真者吗？毫无疑问，当该实体以"柏拉图是亚里士多德的老师"刻画时，它是的；当该实体以"《理想国》的作者是亚里士多德的老师"刻画时，它不是，因为<《理想国》的作者是亚里士多德的老师>并不蕴含<柏拉图是亚里士多德的老师>。这当然是荒谬的。

第6章 使真者论证：
事实作为使真者

在第3章，我们梳理了学者们对"使真者是什么"这一问题的回答，其重点是探讨"使真者"的涵义。从字面意思来看，所谓"使真者"，即是指使命题为真的实体。那么，对于任意给定的一个真命题，使其为真的实体是什么？例如，<这朵玫瑰是红的>（假设它是真的）的使真者是什么？这是本章所尝试探讨的问题。

从文献来看，学者们关于这一问题有一些共识。首先，当考虑像<x存在>（其中，x指某个具体的对象）这样的命题时，对于其使真者的建议通常是x。例如，通常认为，苏格拉底本人即是<苏格拉底存在>的使真者。其次，对于必然真理的使真者，其建议通常也是对象或对象的聚集，如<5+7=12>的使真者被认为是5、7和12三个数字构成的集聚（aggregation）{5,7,12}。在给出具体使真者的建议时，使真者理论者通常会预设必然主义，例如，为什么苏格拉底是<苏格拉底存在>的使真者，因为有：必然地，如果苏格拉底存在，那么，<苏格拉底存在>为真。换言之，必然主义是评价关于使真者的各个具体建议的标准，只有满足必然主义的建议才是有可能被接受的建议。

因为必然主义的要求，当考虑偶然真命题（例如，<这朵玫瑰是红色的>）的使真者时，使真者理论者中出现了非常大的分歧。一些学者，特别著名的是阿姆斯特朗，提议事实是偶然真理的使真者。(Armstrong 1997, pp.115-117)（例如，这朵玫瑰是红色的这一事实是<这朵玫瑰是红色的>的使真者。）另一些学者，如劳，则认为，不可转移的特普（non-transferable tropes）是偶然真理的使真者，即<这朵玫瑰是红色的>的使真者是这朵玫瑰的红色。(Lowe 2006, 205-207)

在本章中，我将集中讨论偶然真理的使真者，其意图是要表明，事实作为这类真理的使真者是更好的选择。

6.1 使真者论证

为什么事实是偶然真理的使真者？对此，很多学者认为存在一个强有力的论证——使真者论证（truthmaker argument）——来表明这一点。毫无疑问，使真者论证获得其名称是由于阿姆斯特朗在1997年出版的《事态世界》（*A World of States of Affairs*）一书，但这一论证的雏形我们已经可以在罗素的著作中看到。在1918的"逻辑原子主义哲学"一文中，罗素已经明确将事实看作是使真者：

> 我希望引起你们注意的第一个自明之理（……）是：世界包含事实，事实是无论我们对其持有什么看法都是其所是的东西；……当我说事实时——我并不打算下一个精确定义，而是给出一个说明，以便于你了解我谈论的是什么——我指的是那

类使命题为真或为假的东西。……我想要你们认识到,当我谈论事实时,我不是指具体存在的事物,如苏格拉底,雨或者太阳。苏格拉底本人并不能使任何陈述真或者假。……当我们说某物具有某属性,或者某物与他物具有某关系时,我们就表达了一个事实。但是具有属性或关系的该物并不是我称之为事实的东西。(Russell 2010, p.6)

在这里,罗素认为个体不能使任何陈述为真或为假,因此事实不是个体。当然,罗素并没有解释为什么个体不能是使者,也没有论证为什么事实才是使真者。尽管如此,当下面给出阿姆斯特朗关于使真者论证的完整版本时,我们就会看到,罗素的上述引文确实提示了使真者论证的关键性想法。

在《事态世界》一书中,阿姆斯特朗认为使真者论证是这本书中最基础的论证,他对这一论证的运用要超出事实概念本身。他将这一论证陈述如下:

假定情况如此:个体 a 例示(instantiate)了共相 F。a 是 F。不是必须存在某些关于这个世界的东西使得情况如此,即作为该真理的本体论基础(ontological ground)?(当然,这里的使得情况如此不是因果地使得情况如此。)使真者或者基础不能是 a,至少当 a 被看作是薄的(thin)个体,即与其性质分离的个体时如此。a 和 F 一起是否可以?这使得情况好一些,但是,一个貌似是拒绝这一建议的决性论证是:即使 a 和 F 共同存在,a 不是 F 依然是可能的。F 可能在其他地方被例示。……我们在问,这个世界上的什么东西将确保(ensure)、承载(underline) <a 是 F> 的真理、使 <a 是 F> 为真,或作为 <a 是 F> 的本体论基础。明显的候选者看起来是事态"a 是 F"(a's being F)。在该事态(事实,环境)中,a 和 F 关联在一起。(Armstrong 1997, pp.115-116)

按此论证,使 <a 是 F> 为真的既不是 a,也不是 a 和 F 的集聚,即 <a 是 F> 要为真,在这个世界上必须存在着 a 和 F 之外的东西。这个东西,其明显的候选者是事态"a 是 F"(a's being F)。

上述论证可被分解为如下四步:

(Ⅰ) 所有偶然真理都有使真者。考虑偶然真理 <a 是 F>。

(Ⅱ) a 自身不是 <a 是 F> 的使真者。

(Ⅲ) a 和 F 一起不是 <a 是 F> 的使真者,因为即使 a 和 F 都存在,a 可能并不例示 F,F 在其他地方被例示。

(Ⅳ) <a 是 F> 要为真,在客观世界中必须存在着除 a 和 F 以外进一步的东西,这进一步的东西很明显是 a 通过例示 F 而与 F 关联起来成为一个整体,即事实"a 是 F"。

可以看到,前述关于罗素的引文中实际上已经有了(Ⅰ)、(Ⅱ)和(Ⅳ)的一些想法,尽管它们并非是以一种清晰的方式呈现。接下来看一下使真者论证的四步。

关于(Ⅰ)。(Ⅰ)谈到所有偶然真理都有使真者;事实上,阿姆斯特朗认为所有真理都有使真者。可以看到,它预设了"最大主义"。

我们已经在第 5.1 节表明,最大主义是使真者的应有之意。因此,我们认为(I)是使真者的拥趸们必须接受的。

关于(II)。注意上述引文中阿姆斯特朗的下述话语:"至少当 a 被看作是薄的个体,即与其性质分离的个体时如此。"在此引文稍后一些地方,阿姆斯特朗还谈道:"到目前为止,当我们谈论个体时,一个心照不宣的假定通常(尽管并非一直)是:我们谈论的是从其性质中抽离出来的个体。"(Armstrong 1997, p.123)如果 a 被理解为薄的个体,被理解为一个从其所有性质中抽离出来的个体,那么很显然,a 不会是 <a 是 F> 的使真者,因为一个脱离任何性质的个体不可能是该个体拥有某个性质的本体论基础。例如,一个没有任何属性的玫瑰不可能使 <这朵玫瑰是红的> 为真。但问题是,当人们(例如第 1 章中所谈论的亚里士多德、塔斯基)谈论个体使得某个命题为真时,在他们心目中所想到的个体不会是脱离所有性质的薄的个体,而是伴随着(take along with)各种属性(性质、状态、方位、关系等)的个体,即厚的(thick)个体。在这种情况下,直觉上看,一朵红色的玫瑰怎么可能不是 <这朵玫瑰是红的> 的使真者?因此,一个自然的问题是:当把 a 理解为厚的个体时,(II)的可靠性在哪?正是在这里,必然主义发挥作用了:尽管这朵玫瑰实际上是红的,但它并非必然是红的,因此存在这样的可能世界,这朵玫瑰存在,但它不是红的。即是说,作为厚的个体的 a 不是 <a 是 F> 的使真者,因为否则的话会违背必然主义。[①]

[①] 在上一章,我已经尝试了拒斥必然主义。但是,为了看看文献中对这一问题的讨论会走到哪里,我们将不得不暂时搁置我们的结论。

第6章 使真者论证：事实作为使真者

关于(III)。给定了必然主义后，(III)的可靠性也容易确证。例如，虽然苏格拉底与智慧两者在现实世界中都存在，并且关联在一起，即苏格拉底是聪明的，但因为它们不是必然地关联在一起，因此就存在这样一个可能世界，在其中，苏格拉底与智慧都存在，但苏格拉底并没有例示智慧，后者为(例如)普罗泰戈拉所例示，所以 <苏格拉底是聪明的> 在此可能世界中是假的。这即意味着，苏格拉底与智慧的部分学的总和(mereological sum)也不是 <苏格拉底是聪明的> 的使真者。

关于(IV)。从逻辑上看，作为结论的(IV)无法从作为前提的(I)、(II)、(III)中推出来，因此(IV)看起来更多的是一个建议，而不是不得不接受的结果。当然，这一建议有直观上的理由支持：命题 <a 是 F> 并非是 a 和 F 的集聚，也非以 a 和 F 为元素的集合，在 <a 是 F> 中，a 和 F 实际上被联结起来从而构成了一个统一体(unity)。如果如使真者所断言的，一个命题为真是因为特定的实在，那么，<a 是 F> 要为真，仅仅是实在中存在 a 和 F 就明显不够，<a 是 F> 所断言的 a 与 F 之间的联结在实在中也必须得以保证。事实"a 是 F"提供了这样的保证。

但是，正如特普论所显示的，这一建议不是唯一可能的建议选项，不可转移的特普(non-transferable tropes)也能满足所要求的必然主义。对于特普，首先应该清楚：特普是作为殊相的性质；它们是性质，但不是共相，它们是殊相，但不是个体。苏格拉底的智慧、这朵玫瑰的红，这是特普的两个例子。对于特普论者而言，很多人有智慧，但是没有任何其他人的智慧与苏格拉底的智慧同一，它们之间只有相似性；同样，很多东西是红色的，但是没有任何其他东西的红色与这朵玫瑰的红色同一,它们之间也仅有相似性。苏格拉底的智慧仅为苏格拉底所有,这朵玫瑰的红色仅为这朵玫瑰所有,就此而言,它们都是不可转移的,任何其他人都不会拥有苏格拉底的智慧,任何其他东西都不会拥有这朵玫瑰的红色。一旦苏格拉底的智慧存在,那么显然有苏格拉底和智慧都存在,不仅如此,苏格拉底还例示了智慧。在此情况下,必然有:<苏格拉底是智慧的>为真。可以简单地论证这一点:假设<苏格拉底是智慧的>不是真的,那么或者是苏格拉底不存在,或者智慧不存在,或者两者都存在但苏格拉底并不例示智慧,任何一种情况都意味着苏格拉底的智慧不存在,与前提矛盾。所以,以不可转移的特普作为使真者同样可以满足必然主义的要求。基于此,为什么是事实而非特普是偶然真理的使真者?

可以看到,使真者论证的有效性并不那么一目了然,首先它依赖于两个前提条件:其一,最大主义和必然主义。其二,薄的个体与厚的个体的区分。其次,对于偶然真理的使真者,它留下了两个需进一步探讨的论题:其一,为什么是事实而非对象(厚的个体)是使真者?其二,为什么是事实而非不可转移的特普是使真者。我在第5章中已经讨论了最大主义和必然主义,根据这一章的讨论,最大主义是使真者的应有之意,而必然主义则值得商榷。使真者所要求的是,使真者是相应真理的充分条件,但必然主义却要求前者是后者的必然充分条件。这是一种过度要求。因此,在接下来的讨论中我们将仅基于充分条件来考虑,而不再预设必然主义。这一章我们主要讨论第二个前提条件。由于这一前提条件与所需进一步探讨的第一个论题紧密相关,因此两者一起将是下一节(即第6.2节)

的主题。至于事实还是特普，使真者本身无法对此作出评价或选择，人们进行抉择的动机往往是本体论的考虑。我打算在第 6.3 节讨论特普论的本体论问题，并试图对人们就这两者的选择提供一些参考。

6.2 对象抑或事实？

先谈一些表面上看起来是题外话的东西。

在第 1.2 节，我们谈到，符合论可以区分为对象符合论与事实符合论。根据事实符合论，有：

6.1 <这个苹果是红的> 是真的，当且仅当存在事实"这个苹果是红的"。

事实通常被认为是一种结构性实体，它由个体和属性作为组成部分构成，如这个苹果是红的这一事实即是由个体"这个苹果"和性质是红的作为组成部分构成。

根据对象符合论，有：

6.2 "这个苹果是红的"是真的，当且仅当这个苹果确实如这一语句所陈述的那样是红的。

其中，这个苹果是一个对象，包含着各种各样的性质，其中一条即是红的。

通常认为,这两种符合论是不一致的。这一点特别明显地体现在两者之拥趸的相互批评中:事实符合论者认为对象不足以解释真理;相反,对象符合论者则认为,在事实符合论要求事实实体的地方,实际上只需要对象就够了,事实实体是多余的。显然,评价这种相互批评的关键是人们对下述问题的回答:(6.1)、(6.2)式中"当且仅当"一词右边的"这个苹果"是否指称同一个东西?如果回答是肯定的,那么对象符合论与事实符合论的对立立马就确立起来;而如果回答是否定的,那么,这也将在很大程度上消解两者的对立冲突。

本书认为,答案是否定的,而且正因如此,对象符合论与事实符合论并不必然冲突。按照本书的分析(6.1)、(6.2)式中"当且仅当"一词右边的"这个苹果"并非指称同一个东西,前者指的是薄的个体,后者指的是厚的个体。这里,我们再次涉及第6.1节所涉及的薄的个体与厚的个体之区分。

6.2.1 薄的个体与厚的个体之区分

如前所述,当阿姆斯特朗说个体 a 不能是 <a 是 F> 的使真者时,他所想到的个体指的是薄的个体。他说:

> 当我们在这一点上谈论个体时,一个不言而喻的假设通常(虽然不是一直)是,我们谈论的是从其性质中抽象出来的个体。"抽象"一词在这里的全部意思是指,通过一个"部分考虑"(洛克)的心理行为,我们仅在它是一个个体的限度内考虑个体,我们仅考虑他的个体性(particularity)。(Armstrong 1997,

p.124）

根据这段引文，所谓"薄的个体"指的是抽离其所有性质的个体。

除了薄的个体，在日常语言中人们也常常谈到个体。例如，我指着桌上的一个苹果说："这个苹果看起来很好吃。"当我在这句话中提到"这个苹果"时，我指的并非是一个在薄的个体意义上的苹果。显然，一个作为薄的个体的苹果不会很好吃，因为它是抽离其所有性质的实体。所以，当然人们说"这个苹果如何"、"那个人怎样"时，他们所指称的个体就不是抽离其性质的个体，而是伴随着各种性质的个体。阿姆斯特朗将这种伴随着，且仅伴随着所有非关系性质的个体称为"厚的个体"（thick particular）。（Armstrong 1997, pp.123-124）厚的个体实际上即是日常语言中用"对象"所表示的东西；所以，为了术语上的简便，如非说明，后面我将用"个体"表示薄的个体，而厚的个体则用"对象"表示。

虽然阿姆斯特朗可能是第一个提出"薄的个体"与"厚的个体"之区分的哲学家，但这一区分并不应该让我们感到惊奇。尽管阿姆斯特朗囿于其自然主义立场，认为"从其性质中抽象出来"的"抽象"是一个部分考虑的心理行为，但是跳出自然主义立场，则会发现还可以存在其他的解读，如逻辑分析、语意分析、范畴划分等。当这样去做时，我们就会注意到，这一区分之精神上和方法论上的先例早已有之，如亚里士多德的范畴划分、罗素关于逻辑原子的分析。这里，我们以亚里士多德的范畴划分为例来看一下。

众所周知，亚里士多德在《范畴篇》中依据"存在于"（present-in）和"谓述"（said-of）两个概念将所有存在的东西分成四类：

(a1) 既不谓述它物也不存在于它物中；

(a2) 不谓述它物但存在于它物中；

(a3) 谓述它物但不存在于它物中；

(a2) 既谓述它物又存在于它物中。

其中，(a1) 界定的是第一实体，如那个人；(a3) 界定的是种、属，是第二实体，如人、动物；(a2) 界定的是作为殊相的属性，如这朵玫瑰的红色，苏格拉底的智慧；(a4) 界定的是作为共相的属性，如红色。在给出上述第一个划分系统后，亚里士多德依此进一步作了十范畴划分：实体、数量、性质、关系、地点、时间、姿态、状况、活动和遭受。(Aristotle 1963, pp.4-5)

与这里的讨论密切相关的是亚里士多德对"实体"的界定。根据他的举例，一个个别的人或一匹个别的马是第一实体，是最有资格称为"实体"的东西。根据薄的个体与厚的个体的区分，这样的实体是厚的个体。但问题是：如果实体包含了数量、性质等属性，那么范畴划分的意义在哪里？如果注意亚里士多德关于上述两个划分的进一步论述，我们也许会说，上述例子是并不恰当的例子。亚里士多德曾谈到，实体的部分其自身依然是实体。(Aristotle 1971, 1028^b9-10)假设第一实体指的是厚的个体，那么其他九个范畴就是第一实体的组成部分，属性与实体之间具有部分——整体(part-whole)关系。那么，依亚里士多德的上述说法，隶属于九大属性范畴的东西也都是实体了。这就消解了范畴划分的意义。

基于此，本书认为，对范畴划分的恰当重构是：对厚的个体展开分析，理出其中的十大范畴，把十大范畴中的九个属性范畴去除

第6章 使真者论证：事实作为使真者

后剩下的应该就是实体，它是使该个体成为该个体的东西，即该个体的个体性。因此，它是薄的个体，而非如亚里士多德的例子所显示的那样。当然，这是否是亚里士多德的本意，还可以继续争论。我无意深入这一问题，因为我的目标只是追寻"薄的个体"与"厚的个体"之区分在精神上和方法论上的源流。

实际上，在阿姆斯特朗之前，即使哲学家们还没有明确地提出这一区分，也一再提示了这一区分。那么，这一区分的合理性在哪里？考虑到在历史悠久的传统中，哲学家们几乎无人怀疑厚的个体（对象）的存在，因此这一区分的辩护者需要回答如下问题：在形而上学的意义上是否存在薄的个体？关于这一问题的回答，我们可以考虑另一个问题，即如果放弃这一区分，会导致什么后果？假设我们能表明，放弃这一区分的后果非常难以置信，那么人们就应该相信这一区分，从而认为在形而上学的意义上存在薄的个体。

现在我们来考察一下放弃这一区分的后果。

如前所述，阿姆斯特朗也许是第一个提出这一区分的人，但是，大致在2001年的时候，阿姆斯特朗因为开始信奉关于例示关系的部分同一说，因而实际上放弃了这一区分。众所周知，个体与共相之间的关系是一个非常古老的话题。在哲学史上，哲学家们已经提出了诸多的概念来表征两者间的关系，如参与（participation）、捆（tie）、系（copula）、例证（exemplification）、例示（instantiation），等。起先，阿姆斯特朗认为事实（他称之为"事态"）即是所要求的个体对共相的例示："特别是，不需要事态以外的任何东西以使得该事态的组成部分结合在一起。个体对共相的例示恰好就是该事态自身。"（Armstrong 1997, p.119）但是，由于这一建议并不能避免布拉德雷倒退。(Hochberg 1999, p.45)所以后来,受到巴克斯特(Donald Baxter)的影响后,阿姆斯特朗开始持有关于例示关系的部分同一说,并且因此认为例示关系是一种必然关系。(Armstrong 2004b; Armstrong 2006)

什么是部分同一?阿姆斯特朗的两个例子也许能提供最直观的理解:澳大利亚与新南威尔士州,两栋台阶毗邻、共有一面墙的房子。前者是整体与部分,后者是重叠(overlap)。(Armstrong 1980, p.37;Armstrong 1997, p.18)在整体与部分这一情形中,作为澳大利亚之部分的新南威尔士州与其自身严格同一;在重叠的例子中,两栋房子共同的墙严格同一。但是在上述两个例子中,无论是澳大利亚和新南威尔士州,还是两栋毗邻的房子,它们都是不同的,因而它们的同一仅仅是部分同一。可以看到,部分同一的情况有两种:其一是一者是另一者的组成部分,其二是一者的部分与另一者的部分严格同一,但两者拥有其他不同的部分。

回到个体与共相,它们如何部分同一?换言之,它们如何能是上述两种可能中的一种?假设个体指的是薄的个体。由于它们抽离了所有的性质,因此它不可能包含共相作为组成部分,也不可能包含共相的部分作为组成部分,因为否则的话抽象活动会继续把这些东西从个体中抽离出去;不仅如此,薄的个体也不可能是共相的组成部分,也不存在它的组成部分是共相之组成部分的情况;否则的话就会混淆实体与属性的区分,因此,作为与共相部分同一的个体不可能是薄的个体。由此可以看到,阿姆斯特朗这时所说的"个体"指的是厚的个体而非薄的个体。实际上,阿姆斯特朗这时已经放弃了"薄的个体"与"厚的个体"之区分(Svennerlind 2005),尽管他有意模糊这一事实(Mantegani 2013)。

在上述部分同一关系中,由于关系的一方是厚的个体,即包含所有非关系属性的个体,因此,如果部分同一说能够成立,例示的必然性论题也就呼之欲出。以苏格拉底为例,由于苏格拉底包含了他所有的性质(例如,是哲学家、是扁鼻子),所以苏格拉底与是哲学家、是扁鼻子等属性部分同一,而且这种部分同一逻辑地蕴含在"苏格拉底"这一概念中,因而是必然的。就此而言,有:

6.3 阿姆斯特朗的部分同一说逻辑蕴含着他的例示必然性论题。

即是说,例示必然性论题是放弃薄的个体与厚的个体之区分的逻辑后承,因此,下面对例示必然性论题的拒斥就等价于对薄的个体与厚的个体之区分的辩护。

为什么例示必然性论题不可接受?答案是:如果个体对共相的例示是必然的,那所有的事实就都是必然事实,现实世界中就不存在偶然性。例如,如果苏格拉底必然例示是扁鼻子,那么苏格拉底是扁鼻子就是一个必然事实。由于世界是一切事实的总和,(维特根斯坦 2005, p.25)因此这个世界就没有偶然性。但是,难道如下情况不可能,尽管苏格拉底事实上是扁鼻子,他可能是鹰钩鼻?对此,借助刘易斯的临近对应者(close counterpart)概念,阿姆斯特朗说,一个除了是青的以外其他处处与这个苹果一样的东西并不是这个苹果,而只是这个苹果的邻近对应者。因此,如果这个苹果、红色存在,那么前者必然例示后者。但是,阿姆斯特朗认为这并不意味着像这个苹果是红的这样的事实是必然的，更不意味着这个世界没有偶然性，因为尽管这个苹果对红色的例示是必然的，但是这个苹果、红色都是偶然性的存在，因此事实"这个苹果是红的"依然是偶然的存在。(Armstrong 2004a, p.47; Armstrong 2006, p.240)但是，仿照阿姆斯特朗"邻近对应者"的思路，我们会发现，阿姆斯特朗关于偶然性的论证是自相矛盾的：假设这个苹果不存在（因为它是偶然存在），那么一个不包含这个苹果的世界还是现实世界吗？显然不是，它只是现实世界的邻近对应者。这即是说，如果现实世界存在，那么现实世界中所有的对象、性质都必然存在，即现实世界中没有偶然性。

对于某些哲学家而言，这个世界没有偶然性，这不是一件值得大惊小怪的事情，但是大部分哲学家持相反的态度，特别是对于本书所讨论的使真者理论而言。使真者理论要求真理有一个本体论的基础，这个基础就是客观世界而非别的什么东西。因此，区分偶然真理与必然真理，偶然真理由于对现实世界作出应答而为真，这一点是其核心立场之一。但是，否认"薄的个体"与"厚的个体"之区分，就会相应地否认这个世界的偶然性，并因此否认这一核心立场。

如果例示必然性论题不成立，那么逻辑蕴含这一论题的前提就应该被拒斥，就此而言，必须坚持薄的个体与厚的个体的区分。（关于阿姆斯特朗的部分同一说和例示必然性论题，我们将在第 8.3 节给予更详细的讨论。）

6.2.2 对象抑或事实？

如上所述，放弃薄的个体与厚的个体之区分的逻辑后承是灾难性的,因此我们应该相信这一区分。现在,假定这一区分是可接受的,那么它对特定命题的使真者是什么这一问题会产生什么影响?

尽管(6.1)、(6.2)谈的是符合论,但只需稍微调整一下,它也适用于这里所讨论的使真者。即是说,根据事实论者,有:

6.4 <这朵玫瑰是红的>是真的,当且仅当存在使其为真的实体,即事实"这朵玫瑰是红的"。

根据对象论者,有:

6.5 <这朵玫瑰是红的>是真的,当且仅当存在使其为真的实体,即对象"这朵玫瑰"。

问题依然是:(6.4)、(6.5)式中"当且仅当"一词右边的"这朵玫瑰"是否指称同一个东西?

在给定前面关于薄的个体与厚的个体之区分后,本书认为答案是否定的。由前面的讨论知道,(6.5)中"当且仅当"一词右边的"这朵玫瑰"必须指称厚的个体,问题是,(6.4)呢?假设也是厚的个体,此时无疑有两种情况:情况一,作为厚的个体的这朵玫瑰不包含是红的这一性质,此时就不存在这朵玫瑰是红的这样的事实;情况二,这朵玫瑰包含是红的这一性质,此时事实"这朵玫瑰是红的"就能从"这朵玫瑰"这一概念中推出来。这一方面使得事实对于解释真理不再必要,有对象就够了,因而事实概念根本就没有被提出来的价值。另一方面,如果构成事实之组成部分的个体是厚的个体,那么所有的事实都是必然事实。这一点加上如下论题：事实是构成世界的基本成分，就可以推出：世界上不存在偶然性。我们在前面已经拒绝了这一立场。因此，(6.4)式"当且仅当"一词右边的"这朵玫瑰"指称的必须是薄的个体。

如果是这样，那么对象论者与事实论者之间的表面上的矛盾对立实际上就被消解了，因此它们可能不冲突。不仅如此，本书认为，它们实际上也不冲突，它们是一致的：根据对象符合论，<这个苹果是红的>是真的，是因为存在一个包含红色性质的个体，即这个苹果。显然，这个苹果包含红色性质当且仅当这个苹果例示了红色。对于事实符合论者而言，这个苹果例示了红色，即意味着存在事实"这个苹果是红的"。因此，在本书看来，今天哲学家们关于这两种论点对立冲突的印象是由于学者们没有去仔细地甄别上述区分，他们在表述与应用上的轻率与含混导致了这一印象。

问题是：既然对象论与事实论不仅不冲突，而且还是一致的，那么哲学家们为什么在有了对象后还要引入事实？在前面的章节中，我们一再谈到，使真者的要点在于，实在是真理的本体论基础。这至少意味着，使真者至少是相应真理之为真的充分条件。但是，阿姆斯特朗看起来认为，对象自身（仅仅考虑厚的个体）并非是相应真理之为真的充分条件。当我们谈论这朵玫瑰是<这朵玫瑰是红的>的使真者时，我们给出的实际上是一个省略性说法。阿姆斯特朗评论道：

> 仅在这个世界上成立的环境下，一个偶然充分的使真者才会是真的。由此一来，这些环境，不管它们是什么，必须加进

第 6 章 使真者论证：事实作为使真者

来以给出一个完整的使真者。(Armstrong 1997, p.116)

即是说，这朵玫瑰能够作为 <这朵玫瑰是红的> 的使真者是有条件的，即（举例而言）在现实世界中。

就此而言，在对象论下，<这个苹果是红的> 的完整使真者是：

6.6 ｛这朵玫瑰，在现实世界中｝。

或者，我们需要这样来表述这朵玫瑰与 <这朵玫瑰是红的> 之间的使真关系：

6.7 这朵玫瑰 $|=_@$ <这朵玫瑰是红的>。

其中，"@"表示现实世界。(6.7)说的是：在现实世界中，这朵玫瑰是 <这朵玫瑰是红的> 的使真者。可以看到，(6.6)和(6.7)谈的是一回事。

看起来，如果一个真理的使真者可以如(6.6)那样给出，那么，尽管厚的个体自身依然不足以作为使真者，但事实的必要性也不存在。然而问题是，如何理解｛这朵玫瑰，在现实世界中｝这一部分学集聚？显然，"在现实世界中"这一限制条件非常宽泛，它不仅限制了这朵玫瑰是红色的，而且还限制了其他大量东西，如苏格拉底是哲学家，等等。但是，就 <这朵玫瑰是红的> 之为真而言，苏格拉底及其性质是无关的，因此，如果考虑 <这朵玫瑰是红的> 之"恰到好处"的使真者，那么"在现实世界中"这一限制条件就可以更精确、细密地表述如下:这朵玫瑰实际上例示了红色。但是,这是一个事实。由于这一事实本身即是<这朵玫瑰是红的>的使真者,因此(6.6)中作为厚的个体的苹果就成为多余的了。当然,这并没有说对象符合论是错的,只是说它不够精确和细密。这可以说是事实符合论的优点之一。

此外,事实的引入也与这样一种哲学的趋势相关联,这种关联在另一个维度解释了事实符合论的优点。如前所述,根据对象符合论,为了判断一个命题(如<这朵玫瑰是红的>)是否为真,我们只需要研究该对象自身(即这朵玫瑰)。如果这朵玫瑰拥有红色属性,则<这朵玫瑰是红的>为真,否则为假。那么,关系命题(如A爱B)的情形如何?在对象符合论中,关系被看作是一种属性,即A爱B意味着A拥有"爱B"这样一种关系属性。所以,为了判断"A爱B"是否为真,对象符合论需要去研究对象A是否具有"爱B"这样一种性质。这样一种理解关系的方式所面临的尴尬是显而易见的,它甚至无法解释下述两个语句陈述的是同一个东西:甲是乙的父亲,乙是甲的儿子。众所周知,作为一个历史事实,这一处理关系的思路已被逻辑学家和哲学家所抛弃,人们现在通常认为,对"A爱B"的正确分析方式是:A和B拥有爱这一关系。关系开始获得独立的地位,被理解为关联对象的粘合剂,而不再被理解为一种特殊的性质;相反,性质倒被看作是一种特殊的关系,即一元关系。一旦这样理解关系,一个自然的问题是:关系如何能关联它们的关系项?或者说,关系的基础是什么?当这样理解关系时,事实就呼之欲出了。(Olson 1987, ch. 2; Armstrong 1997, pp.3-5)

当然,上面的讨论仅表明事实符合论相比于对象符合论要更好,它没有表明对象论是错误的。但是,如果下面一节的讨论是正确的,那么对象作为使真者就可能不仅仅是不够精确、细密,它根本就是错的,因为它以"对象"概念的合理性为前提,但很可能对象在本体论中根本没有位置。

6.2.3 对象概念在本体论中没有位置

在漫长的西方哲学史上,(日常)对象一直是本体论中的基本存在,例如,对西方哲学产生深远影响的亚里士多德形而上学就把所有存在的东西分为实体与属性两类,而最有资格称为实体(第一实体)的即是个体,如一个个别的人、一匹个别的马。(Aristotle 1963, 2^a11)这样的个体即是日常对象,即常识意义上的对象。存在日常对象,这一观点在西方哲学史上被奉为圭臬,因此,即使是极端唯心主义者贝克莱,他也并不否认存在日常对象,而只是认为日常对象是观念的集聚而非物质对象。(Thomasson 2010, p.599)

直观上看,对于日常对象是否存在这一问题,答案是肯定的,之所以如此,是因为我们有那么多的"硬"证据支持这一点。比如,我身前的桌子存在,因为:我可以看到它,我可以摸到它,如果我把电脑放桌子上则电脑不会掉下去……但是,近些年来的形而上学研究却表明,上述证据可能并非是判定性的。日常对象的拒斥者(后面简称为"取消主义者"(eliminativist))已经构想出不少论证试图表明日常对象不存在,如过度决定论证(overdetermination argument)、物质构成(material constitution)问题、基于模糊性的连锁论证(sorites-style arguments),以及特殊组合性问题(special composition question),等等。对这些论证,一些日常对象的辩护者(后面简称为"保守主义者"(conservatist))认为,它们基于一种研究形而上学的科学主义进路,然而这种进路本身值得商榷。下面我们先来看一下学者们的争论,然后我将尝试给出一个不基于科学主义立场的、拒斥日常对象的论证。

先看过度决定论证。前面提到,那些支持日常对象存在的"硬"证据被认为是非判定性的,为什么会如此?难道我看到、摸到这张桌子还不能表明它存在?对此,取消主义者并不否认我们看到、摸到了某物,他们只是否认所看到、摸到的是日常对象,因为还有另一个候选者可供我们看、摸,甚至坐上去。这一候选者即是更基本的物理实体(基本粒子、场等)。

就桌子这一具体对象而言,我们有两张桌子:其一是常识意义上的桌子,它拥有外延、颜色、相对而言能持存;其二是"科学的桌子",它"大部分是虚空,在虚空中稀疏地散落着数量庞大、高速运转的电子。"(Eddington 1958, p. xii)两张"桌子"尽管有诸多差别(例如,第一张而非第二张有外延、颜色等),但是它们能做一些相同的工作:

> 尽管其构造怪异,[科学的桌子]是一个完全高效率的桌子。它如[常识的桌子]一样令人满意地支撑我写字的纸……如果我倚靠在桌子上,我不会穿过去……(Eddington 1958, p. xii)

换言之,常识的桌子与科学的桌子拥有相同的因果解释力:可以支撑我的纸;如果倚靠它,我并不会穿过去;等等。如果是这样,那么设定两个桌子对于我没有穿过它这一现象(以及其他现象)在因果上就是过度决定的。根据奥康姆剃刀,我们或者假定日常对象,或者假定科学对象,而无须同时假定两者。由于物理学拥有更好的认识论资质(Heil 2005, p.497),因此,我们应该从本体论中删除日常对象。或者更强一些,根据埃利亚原则(Eleatic Principle),只有拥有因果效力(或产生因果不同)的实体才存在。因此,科学的桌子与常识的桌子之一不存在。我们很难去否认物理实体的存在,因为如果否认物理对象的存在,那么日常对象也会因此而不存在。因此,日常对象不存在。(Merricks 2001, p.81; Merricks 2015, pp.137-140)

对于过度决定论证,一个自然的回应是:为什么要认为常识桌子与科学桌子在因果解释上是竞争者?为什么不能说它们是同一个东西,只不过一个从宏观的角度看,一个从微观的角度看?但是,这一回应面临着明显的困难:一不能同一于多。一张常识桌子是一,而科学桌子是数量庞大的基本粒子,是多。对此,一个建议是,常识桌子等同于构成科学桌子的那些(恰当排列的)基本粒子的集聚。然而,这种做法并没有消除困难,因为常识的桌子与基本粒子的集聚具有完全不同的模态性质、持存条件和历史性质(Wiggins 1997, p.4; Fine 2003; Heil 2005, p.496):

(模态性质):一张桌子就其本质是一张桌子,但相应粒子的集聚并非在本质上是一张桌子。

(持存条件):一张桌子,当构成它的基本粒子有几个发生改变(消失,或被替换)时该桌子能够幸存下来,相应粒子的集聚不行;反过来,构成一张桌子的基本粒子当重新排列时,粒子的集聚能够幸存下来,该桌子则未必。

(历史性质):一张桌子可能上个星期才开始存在,但是构成它们的基本粒子之集聚也许早已存在。

所以,根据莱布尼茨律,常识的桌子与科学的桌子是不同的东西。(Heil 2003, pp.180-183; Fine 2003, p.200)实际上,这一分析本身也构成了一个对日常对象的拒斥。假设 S 表示一个陶土雕塑,C 表示做成该雕塑的陶土。那么,存在如下拒斥日常对象的论证:S(如果存在)拥有与 C 不同的性质,所以 $S \neq C$;若如此,则在同一时空位置上存在两个不同的对象;但是,在同一时空位置上不能存在两个不同的对象;因此,S 不存在。(Merricks 2001, pp.38-47; van Inwagen 1990, pp.125-127; Olson 2007, pp.219-222)这一论证也被科曼(D. Z. Korman)称为"物质构成问题"(Korman 2015, pp.9-10)。

再来看一下连锁论证。众所周知,日常对象(以桌子为例)有下述两个典型特征:

6.8 一张桌子是由数量庞大但有限的粒子构成。

6.9 从一张桌子中移除一个粒子不会使得该桌子变得不是桌子。

但是,通过重复(6.9)一定(相当庞大的)次数后,我们发现自己处于这样一种情境中,即被迫得出这样的结论:某一单个粒子(甚至没有任何一个粒子)是一张桌子,这与(6.8)矛盾。(Thomasson 2010, p.594)所以,日常对象是一个自相矛盾的概念。因此,应该

第6章 使真者论证：事实作为使真者

拒斥日常对象的存在。(Horgan and Potrč 2008, pp.20-28)

对这一论证的可能回应是拒斥(6.9)，即断定它或者是假的，或者缺乏真值。但(6.9)的合理性来自于常识概念本身的模糊性，例如，就常识的桌子概念而言，在可以被看作是一张桌子与不可以被看作是一张桌子之间我们找不到一条界线分明的线。退一步看，假设(6.9)被拒斥，即我们只接受边界清晰的对象。那么实际上对于一张桌子，我们有数量庞大的、不同粒子的集聚（它们仅在一个或很少数的粒子上有所不同），问题是：在这些不同的粒子集聚中，哪一个应被看作是这张桌子？或者它们全是这张桌子？对第一个问题的任何回答看起来都会过于随意而毫无希望；对第二个问题的肯定回答则会导致所谓的"多数问题"：一旦我们承认某个办公室有一张桌子，则我们不得不得出结论认为该办公室存在数量非常庞大的桌子。(Korman 2015, p.11) 即是说，这里有一个二难：要么否认该办公室存在桌子，要么认为存在非常多的桌子。这两个选项没有一个是常识论者所愿意接受的。基于此，一些哲学家认为，如果我们接受日常对象，我们就得认为它们是模糊的对象 (Thomasson 2010, pp.294-295)，也即接受条件(6.9)。但是，大部分哲学家否认在世界中存在模糊的对象，他们认为这个世界本身是完全精确的，只有我们的概念或语言可能模糊。(Lewis 1986, p.212)

最后来看一下特殊组合性问题。所谓"特殊组合性问题"，如因瓦根所表达的，指的是这样一个问题，即在满足什么条件时众多对象组合成了某个进一步的对象？(van Inwagen 1990, pp.30-31) 例如，给定四条腿和一块板，按何种方式组合它们一起构成了一个日常对象（如桌子），按何种方式组合它们不过依然是一堆木材？这就意味着,保守主义者需要提供一套统一的组合性原则,该原则将告诉我们,满足何种条件后,众多的对象可以组合成一个进一步的对象。关于组合原则,从文献来看,现有的三种建议都不会得到保守主义者的支持:虚无主义(nihilism)认为组合根本不曾出现(Dorr 2005, pp.234-286);无限制的组合原则认为对于任意两个对象,存在一个新的由该两个对象组合而成的对象(Lewis 1986, p.212);中间立场如因瓦根(Peter van Inwagen)的有机主义认为一些对象组合成了一个新的对象当且仅当这些对象的活动构建了生命。(van Inwagen 1990, p.90)在这三种立场中,虚无主义与有机主义会拒斥日常对象的存在,而无限制的组合原则尽管会承诺存在日常对象,但保守主义者通常也不会接受它(Korman 2015, pp.1-3),因为一个常识本体论不会认为(举例来说)我的鼻子和远在万里之外的埃菲尔铁塔组合成了一个新的对象。(Thomasson 2010, p.595)

对于上述诸论证,托马森(A. L. Thomasson)建议我们首先思考一个问题,即:为什么关于日常对象是否存在的争论最近几十年才出现,而在以前的哲学史中却几乎没有?(Thomasson 2010, p.591)她认为,尽管拒斥日常对象的论证并不依赖于任何具体的科学知识,"很多论证却依赖于某种特定的研究形而上学的科学主义进路,即这样一种观点:形而上学是自然科学的一个片段,并且是作为自然科学的总体理论事业的一部分。"(Thomasson 2010, p.596)这种进路自上世纪50年代后,特别是在蒯因的影响下,开始成为形而上学研究的主流。在这一进路下,形而上学被看作是参与了解释理论的构建,而且这一构建所基于的原则是那些支配着自然科学的相同的原则。

第6章 使真者论证：事实作为使真者 **249**

例如，基于因果冗余性问题的论证依赖于节俭主义（奥康姆剃刀）或埃利亚原则，然而，埃利亚原则在决定我们是否如接受质子和电子一样接受中子时，可能是合理的——设定理论粒子以解释实验数据，但它是否适用于日常对象，这一点并不清楚。（Thomasson 2007, pp.20-24；Thomasson 2008, pp.70-74）而节俭主义则基于我们关于形而上学的这样一种观念，即形而上学（如自然科学一样）寻求一种总体理论，它能最好地展示像节俭性、简单性、解释力等理论优点。基于特殊组合问题的论证同样作了类似的预设，即我们在寻求一种关于组合原则的最简单的"解释"。甚至基于物质构成问题的论证也基于这样的假设，即形而上学（如科学一样）处在发展一种解释理论的事业中，因为其所要求的是，什么东西可以解释科学对象（或构成日常对象的质料）与日常对象在模态性质、持存条件和历史性质上的差别。（Thomasson 2010, pp.296-297）

托马森认为，对于后蒯因主义的形而上学家而言，上述研究进路是显然的，甚至不可避免，但如果置身于形而上学的整个历史，则并非如此。例如，穆勒、胡塞尔（Edmund Husserl）、艾耶尔、卡尔纳普、摩尔、赖尔和维特根斯坦等对于形而上学可以和应该做什么就有不同看法。在前蒯因时期，关于形而上学的主流看法是，哲学关心的是意义问题，而非事实问题。尽管意义是什么，哲学家们争论很大，但与这里有关的是，任何在这一模式下理解哲学的人都不会质疑日常对象的存在，其部分原因是：如果哲学的角色主要是分析意义问题，那么关切存在的事实问题就不很恰当。（Thomasson 2010, p.297）基于这样的思考，保守主义者开始质疑前述各个论证所基于的一些前提，如前面所述的托马森对埃利亚原则、节俭主义的质疑,又如桑福德(D. H. Sanford)、劳等人对统一的组合原则之要求的质疑。(Sanford 1993; Lowe 2005)

按照这一回应思路,显然有:如果研究形而上学的科学主义进路本身有待商榷,那么,那些依赖于这一进路的标准,如埃利亚原则、节俭性、统一的组合原则等,对于日常对象是否存在这一问题就不具有适用性。然而,可以看到,这其实并没有辩护日常对象存在,而是说,关于这一问题的争论需要后退到元形而上学中,即需要就研究形而上学的科学主义进路与常识进路之间的分歧予以探讨。此外,还有两个问题:第一,是否前述拒斥日常对象存在的所有论证都基于研究形而上学的科学主义进路?对这一问题给予肯定回答无疑会过于极端,因为(举例而言)认为日常对象概念本身不一致,并不以任何明显的方式依赖于研究形而上学的科学主义进路。但是,托马森认为对这些问题的回答同样会倒退到元形而上学的考虑中。(Thomasson 2010, p.298)例如,关于日常概念中存在不一致的提法,就存在一些可质疑它的理由:这些概念能在我们的语言中幸存下来意味着它们至少功能良好,并且像宽容原则这样的解释限制给了我们抵制如下解释的理由,该解释将广泛的不一致性归于我们的思想。(Thomasson 2010, p.297)但是,这两个理由都太弱。就第一个理由而言,对日常对象之存在的质疑本身就是对我们基于常识概念而做的本体论承诺的质疑,因此诉求常识概念的功能而作出的回应在论证上是窃题的;就第二个理由而言,即使宽容原则是对的,它也不能支持日常对象的存在,因为宽容原则最多不过是不允许将我们思想中的所有(或大部分)常识概念都看作是自相矛盾的,但对于任何一个具体的常识概念,宽容原则无能为力。

第二，何物存在这一问题自亚里士多德以来一直是形而上学的核心关注点之一。为了回答这一问题，不同时代的哲学家们提供了不同的标准，例如，亚里士多德本人基于"存在于"和"谓述"两个标准将存在的所有东西分为四类：第一实体、第二实体、作为殊相的属性和作为共相的属性。但是，何物存在这一问题本身并非是哲学的专利，科学也试图回答这一问题（基于完全不同的视角）。科学家的研究成果对哲学思考而言不仅仅是具有借鉴作用，有时候（即便我们拒斥科学主义）也会成为评价哲学研究的依据。因此，当人们能从科学家的某一研究成果导出某个具体的哲学思考是错误的时，哲学家要辩护自己，就只有两个选择：其一，断定上述科学研究成果是错误的或（由于太前沿了）可能是错误的，因而不足以作为评判哲学家工作的依据，其二，断定科学家与哲学家考虑的是不同的问题。可以看到，保守主义者试图基于第二个选择（哲学关心意义，科学关心事实）得出第一个选择的结论（日常对象并非不存在）。这显然是错误的。

当然，科学主义进路不应该成为研究形而上学的唯一进路，因而一些基于这一进路的拒斥日常对象的论证值得怀疑，但这种怀疑无疑需要基于某些具体的理由和论证。

接下来，我们尝试不基于研究形而上学的科学主义进路，来看看日常对象是否存在的问题。当这样考虑时，我们会注意到，尽管在漫长的西方哲学史上，哲学家们很少怀疑日常对象存在，但日常对象（沿袭亚里士多德的传统，哲学家们通常用一个更学术性的概念表达它，即个体）是什么，则分歧很大。因此，我们的论证会借鉴现有的关于个体的研究。

根据常识性理解，日常对象有外延、颜色、气味等，这些都是非关系属性。例如，我眼前的桌子是暗红色的、是木头的、占地2平方米等。任何一个具体的日常对象所包含的非关系属性在数量上是有限的。这样，如果不考虑由于布拉德雷倒退而引起的所谓"复杂统一体问题"，一个日常对象就可以表示如下：

6.10 $O=(S)+P_1+P_2+P_3+\cdots\cdots+P_n$

其中，"S"表示基质。对于很多的形而上学家来说，并不存在所谓的基质，一个对象就是一束性质。对于性质，一些人认为它们是殊相（即特普），另一些则认为它们是共相。无论持何种性质观，与此相应的对象理论都可以被称之为是关于对象的束理论。与束理论的支持者相反，一些哲学家认为存在基质，即一个日常对象就是一个基质"托着"一堆性质。由于对于基质是否存在，哲学家们存在争议，所以（6.10）中用括号把S括起来；这种做法在这里之所以可行，如后面将看到的，是因为基质是否存在对于本书的方案而言无关紧要。

众所周知，一个在本体论中占有位置的概念（比如，"日常对象存在"这样的说法暗示日常对象在本体论中占有位置，即存在日常对象）应该能告诉我们其存在性条件和同一性条件：

（存在性条件）：一样东西必须满足什么条件才能存在？

（同一性条件）：两个东西在满足什么条件的情况下是同一的？

例如，如果"具有外延"是桌子的存在性条件，那么仅当某物拥有外延时它才有可能是一张桌子。至于同一性条件，一个经典的例子是集合：集合 {m,n} 与集合 {p,q} 在满足什么条件时是同一个集合？显然，当且仅当 m=p, n=q 或者 m=q, n=p 时，{m,n} 与 {p,q} 才是同一集合；就此而言，我们说，组成元素相同构成了集合的同一性条件。

那么，"日常对象"这一概念的存在性条件和同一性条件分别是什么？为了使讨论简便，这里仅考虑无生命对象。先看存在性条件。如(6.10)所明确显示的，仅当 $P_i(1 \leq i \leq n)$ 存在时，O 才存在（如果基质存在，那么 S 也是 O 存在的必要条件）。这即是说，一个日常对象，如果上一刻拥有性质 P，这一刻却失去了该性质，那么它就不存在了。比如，这张桌子上个月是暗红色的，今天却有些发白、发灰（失去了性质是暗红色的），那么（至少）上个月的那个桌子已经不存在了。这与日常对象这一概念相矛盾，因为日常对象这一概念允许一张桌子上个月是暗红色的现在则有些发白发灰。这是对象的持存性。再来看日常对象的同一性条件。假设有一个对象 O*，它与 O 的区别仅在它不拥有性质 P_n，但却拥有性质 P_n*，即：$O^*=P_1+P_2+P_3+\cdots\cdots+P_n^*$。这样，O 与 O* 是不是一个对象？由于它们的构成成分不同，答案显然是否定的。这又与日常对象这一概念相冲突，因为上个月是暗红色的这张桌子和现在有些发白的这张桌子，通常被认为是同一张而非不同的两张桌子。

总结这一段的教训，我们会说，日常对象允许它的组成部分的微小变化，如上一刻是暗红色的，这一刻则发白、发灰。现在，假设存在一个日常对象 M，它只拥有四个性质：Q_1、Q_2、Q_3 和 Q_4，即：

$M=(S)+Q_1+Q_2+Q_3+Q_4$。再假定存在如下四个日常对象:

$$M*=(S)+Q_1+Q_2+Q_3+Q_4*,$$
$$M**=(S)+Q_1+Q_2+Q_3*+Q_4*,$$
$$M***=(S)+Q_1+Q_2*+Q_3*+Q_4*,$$
$$M****=(S)+Q_1*+Q_2*+Q_3*+Q_4*。$$

因此有:M=M*,M*=M**,M**=M***,M***=M****,所以有:M=M****。问题是,M与M****拥有完全不同的性质,它们不可能是同一个东西。这里的情形与特修斯之船非常类似,(刘振 2015;苏德超 2017)不过特修斯之船讨论的是船与其物质构成部分的关系,而此处讨论则坚持在日常对象这一概念的常识性理解下进行。这样的限定可以使我们避开如下劫难:我们的讨论基于研究形而上学的科学主义立场。

对上述困难唯一可能的回应方式是:否认日常对象的存在性条件和同一性条件要通过(6.10)来刻画,即是说,并非一个日常对象的全部性质都构成了该对象的存在性条件和同一性条件,只有它的本质性质才是其存在性条件和同一性条件的构成性部分。(Simons 1994)例如,对于这张桌子而言,颜色、质地就不是其存在性条件或同一性条件的组成部分,但具有外延是它这两个条件的构成部分,因为具有外延是它的本质属性。可以看到,这一回应方式也是常识关于日常对象这一概念之理解的应有之意。

但是,这种回应方式面临着一些困难。先看同一性条件。考虑两个日常对象,一张暗红色的、木质的桌子和一张白色的、塑料的桌子，它们是不同的日常对象。一个问题是，基于什么条件它们是不同的日常对象？显然，他们拥有一些共同的本质属性，比如具有外延。但是，这些共同的本质属性显然不是区分它们的标准，所以如果只有本质性质才是日常对象之同一性条件的构成成分，那么它们之间的差别一定存在于其他它们分别拥有的本质属性中。但是，从来没有人尝试，更不用说成功地，以这种方式解释他们的不同，人们要么是用如下方式解释他们的不同：比如，两张桌子颜色不同、材料各异、大小有别，等等，这些全部都是偶然性质，要么简单地说（假如基质存在）暗红色的桌子与白色的桌子是不同的实体。之所以如此，在我看来其原因很可能是，本质属性、同一性条件这些概念是从不同角度谈同一个东西。比如，根据牛津哲学词典，所谓本质指的就是某物"如果缺乏它就不成其为该物，一个事物不能在失去其本质的同时依然存在"。(Blackburn 1996, p.125)这句话的前半句谈的是同一性条件，后半句谈的则是存在性条件。即是说，用本质属性来刻画日常对象的同一性条件，这里有一个循环定义的谬误。就此而言，我们并不能以本质性质这样的东西来刻画日常对象的同一性条件。

再进一步看存在性条件。如果只有本质性质才是日常对象之存在条件的构成成分，那么如何分析类似于"这张桌子是红的"这样的语句？看起来，所有这样的说法——简单而言——都是错的。假设这张桌子的所有本质性质可以列举如下：

$$e_1, e_2, \cdots, e_m,$$

令 $E=(S)+e_1+e_2+\cdots+e_m$。再假设这张桌子的所有偶然性质可以列举如下：

$a_1, a_2, \cdots, a_n,$

令 a_1 指是红色的这一性质。由于只有本质性质才是日常对象的构成性成分，所以这张桌子就等于 E，这时，说"这种桌子是红色的"即是说"E 是红色的"。问题是，由于 $a_1 \neq S$ 并且 $a_1 \neq e_j (1 \leq j \leq m)$，即是红色的既不是基质也不是构成这张桌子的任何一个必然性质，因此 E 不可能是红色的。矛盾产生了。这说明导致这一矛盾的前提，即只有本质性质才是日常对象之存在条件的构成成分，是错的。

6.3 特普论？

6.1 节提到，使真者论证的（IV）并非是（I）、（II）、（III）的逻辑推论，而是这样一个建议：（I）、（II）、（III）实际上为使真者提出了一些限制条件，（IV）是满足这些条件的一个建议。但是，特普论者会认为，事实并非是唯一可行的建议，不可转移的特普作为偶然真理的使真者也能满足（I）、（II）、（III）所提示的限制条件。因此，接下来，我们来看看事实论的另一个竞争者，即特普论。

特普论拥有不少支持者，如穆利根、西蒙斯、史密斯，卡梅伦和劳等。在使真者的开山之所，即穆利根、西蒙斯和史密斯的"使真者"一文中，三位哲学家提出瞬间（moments）作为使真者。(Mulligan et al. 1984) 这里的瞬间即是学界后来通常用"特普"一词所指称的东西。

那么，什么是特普？穆利根等对此给出了一个粗略的刻画："一个瞬间是一个就存在性而言依赖性的（existentially dependent）或非自我充足的（non-self-sufficient）对象，即这样一个对象，它以其本质是不能独立存在的，而要求自身之外的某些其他对象存在。"（Mulligan et al. 1984, p.290）按照这一刻画，如下语句都描述了一个特普：

> 一次打滑（a skidding）；
> 一次突然的刹车（a abrupt braking）；
> 某个行人的漫不经心（the carelessness of a pedestrian）；
> 他面部的阴沉（the greyness of his face）；
> 内部的清洁（the cleanliness of its interior）。

在上述特普中，每一个都不能独立存在，其存在总以他物的存在作为前提。例如，一次打滑总是某个东西（人、车或其他东西）的打滑，因此如果该物不存在，该物的打滑也不可能存在；一次突然的刹车总是以某个车的存在为前提，没有这个车，此次突然的刹车也不可能存在。其他例子与此类似。这是特普的第一个典型特征，即它不是独立自存的，其存在依赖于他物的存在。另一方面，特普总是指某个特定瞬间某个对象的特定状态，如某个行人的漫不经心指的是在特定瞬间这个人对周围的事物不在意的一种状态，他面部的阴沉指的是特定瞬间他面目的特定状态。实际上，如果我们熟悉亚里士多德的《范畴篇》，那么容易看到，穆利根等人的瞬间实际上就是亚里士多德范畴论中作为殊相（particular）的属性（attributes）。这一点，后面将再次谈到。

前面提到，就作为使真者而言，特普被看作是事实的竞争者。关于这一问题，先回顾一下穆利根等人的论述也许对我们的讨论有益。穆利根等人从这样一个现象开始：在20世纪初期，诸多哲学家对真理的本体论感兴趣，无论他们是否认同符合论，他们都认为人们需要假定某些实体的存在以作为真值载体。不仅如此，一些哲学家（如罗素、维特根斯坦、胡塞尔）认为，除了真值载体，人们还需要假定这样一些实体，正是凭借它们的存在，前述真值载体才是真的。对于这些实体，哲学家们已经提出了很多建议，如：fact、Sachverhalt、state of affairs。穆利根等人继续论道：

> 为了不对这些词是否恰当预先作出判断，我们一开始将使用一个更中立的术语，把任何作为这一角色之候选者的实体称为"使真者"（truthmakers）。（Mulligan et al. 1984, pp.287-288）

看起来，穆利根等人想将哪些实体是使真者这一问题先悬搁起来，但最终会再进入到这一论题中去。但是，他们实际上没有这样做，而仅是说："在这篇文章的主要部分，我们将考虑这样一个断言：某一类实体，即我们称之为瞬间的实体，能充当这一角色。"（Mulligan et al. 1984, p.279）即是说，他们只是提出了一个建议，即特普是使真者。然而，事实作为使真者也可以是一个建议，因此，问题的关键是，是否所有的使真者都是特普？穆利根等人认为，有三类语句会对这一提议造成挑战(Mulligan et al. 1984, pp.300-302)：

第一类是处于实体范畴的谓述句，如"约翰是个人"、"蒂布尔斯是只猫"这样的告诉我们一个事物是什么的谓述句。通常认为，对象是这类谓述句的使真者，即约翰和蒂布尔斯分别是上述两个语句的使真者。如果是这样，那么这两个对象也还分别是"约翰是个动物"、"蒂布尔斯是个动物"的使真者。但是，穆利根等人认为，若如此，那么对于下述事实就不存在一个非循环的求诸使真者的解释方式：约翰和蒂布尔斯都是动物，但一个是人，另一个是猫。反之，如果以特普作为使真者，这个问题就能得到很好的解决。(Mulligan et al. 1984, p.300)可以看到，穆利根等人在这里实际上支持特普作为使真者。

第二类是单数存在句(singular existentials)，如"约翰存在"。这一类语句的使真者是什么？通常的建议是对象，如约翰，是它们的使真者。(Merricks 2007, p.4; pp.6-7)但是，穆利根等人说，一个信奉特普的人在任何时候都面临给那些表达自身存在的语句提供一个解释，而此时相应的特普自身会是最明显的候选使真者。(Mulligan et al. 1984, p.301)

第三类是同一句，例如"启明星＝长庚星"。对这一类语句的使真者，一个建议是(以上述语句为例)，其使真者是金星。这样，上述语句就等价于"金星存在"。这是前面谈到的第二类语句。但是，对于某些逻辑学家和形而上学家而言，即使不存在一个"a"所指称的对象，"a=a"这种形式的语句依然是真的。这时，这些逻辑学家和形而上学家可能承诺非存在对象(non-existent objects)以作为"a=a"这种形式之语句的使真者，如迈农认为，使一个对象的存在与它的不存在区别开来的是一个"模态瞬间"(modal moment)。(Meinong 1915, p.266；转引自 Mulligan et al. 1984, p.301, 脚注25)这一观点的支持者将需要承诺特普(存在的瞬间)以作为"a 存在"这种形式之语句的使真者(假设"a 存在"是真的)。另一种可能的建议是将"a=a"这种形式的语句看成是逻辑真理,它们没有使真者。(Mulligan et al. 1984, pp.301-302)

可以看到,穆利根等并没有得出结论认为,所有的使真者都是特普。但是从他们的论述中确实可以得出,其一,特普作为这三类可能存疑的语句之使真者依然是一个可以去探究的建议,因此所有的使真者都是特普是一个可能成功的建议;其二,对所有使真者都是特普这一建议构成挑战的三类语句,通常认为其使真者是对象或缺乏使真者,事实根本没有位置。就此而言,本书的选择,即事实是偶然真理的使真者,确实与特普论是竞争的。为什么是特普而非事实是使真者?穆利根等人评论道:

> 事物如瞬间一样可以是使真者,无论(这一观点)是否正确,这一可能性突出了当前的理论相比于竞争的真理符合论(它求诸非对象的(non-objectual)实体——事实、事态或诸如此类的东西——这一特殊的范畴作为使真者)的一个优点。如果我们出于其他理由确信事物和瞬间存在,并且如果——如我们接下来将论证的——我们可以了解它们(比如说,知觉地了解)这一说法没有问题,那么所得到的使真者理论相比于竞争理论(它的使真者不那么坚固地绑进我们的本体论和认识论中)就会更经济并且更有力。(Mulligan et al. 1984, p.302)

第6章 使真者论证：事实作为使真者

可以看到，穆利根等支持特普而非事实作为使真者的理由最终是本体论和认识论的，而非事实作为使真者不能满足某些限制条件（例如，使真者论证所提出的限制条件）。实际上，就作为使真者而言，关于事实还是特普之间的争论最终会退到对于各自本体论（也许还有认识论）考量中。也即是说，事实论者对于特普论的拒斥也常常仅仅是基于本体论的考量。

容易看到，特普作为使真者并不会比事实做得更差。在使真者论证中，特定对象之所以不是相应偶然真命题的使真者，是因为前者不是后者为真的充分条件，例如这个苹果不是＜这个苹果是红的＞的使真者，是因为除非某些特定的条件（如在现实世界中）被满足，我们不能从这个苹果的存在得出＜这个苹果是红的＞为真。因为这种情况，学者们才提议事实作为使真者。但是，如果存在特普，那么上述建议就不再必要，因为特定特普肯定是相应真命题之为真的充分条件。考虑＜这个苹果是红的＞这一命题。如果存在这个苹果的红色这一特普，那么有可能＜这个苹果是红的＞不是真的吗？假设＜这个苹果是红的＞不是真的，这意味着或者这个苹果不存在，或者红色不存在，或者两者都存在但这个苹果不例示红色，任何一种情况都意味着这个苹果的红色这一特普不存在。与前提条件矛盾。因此，与事实实体一样，特普作为相应使真者同样满足使真者论证对于使真者的候选者所提出的限制条件。就此而言，事实论与特普论的争论是超越使真者概念自身的，学者们对它们二者的选择只能基于其他的考虑，特别是本体论层面的考虑。

现在我们来看看特普的本体论。

历史地看，尽管持有类似于特普之实体的哲学家早已有之，如前面提到的亚里士多德，在他所划分的范畴中，作为殊相的属性就被阿克瑞乐（Ackrill）解释为特普。（Aristotle 1963, p.4）但是，在哲学史上第一次提出"特普"这一概念的是 D. 威廉姆斯（D. C. Williams）。在"论存在的元素 I"一文中，D. 威廉姆斯提出了关于特普的一范畴（one-category）理论、关于具体个体（concrete particulars）的束理论和关于共相的相似类理论（resemblance class theory）。根据 D. 威廉姆斯，特普存在，特普是具体的属性；具体个体是一束特普；不存在共相，通常认为是共相的东西不过是一些非常相似但不同的特普。（Williams 1953）这些观点现在都已经成为特普论之标准观点的元素。

前面提到，穆利根等人认为，作为使真者的瞬间是一种依赖性实体。例如，这个苹果的红色这一特普的存在依赖于这个苹果的存在。这种意义上的特普通常被刻画如下：

the Θ-ness of x 。

其中"x"指称某个个体。无须更深入地考察，我们即可以看到，关于特普的标准观点与特普作为使真者的角色之间存在冲突。按照标准观点，个体是一束特普，换言之，个体的个体化条件依赖于特普的个体化条件。然而，如果特普是一种依赖性的实体，其存在依赖于个体，那么特普的个体化条件就需要依赖个体的个体化条件。因此，如果一个人既坚持特普的一范畴论（因而坚持个体的束理论），又坚持特普是一种依赖性实体，那么他在给出这两个实体的个体化条件时，就不能不犯循环谬误地给出其中任何一者的个体化条件。(Lowe 1998, p.206; Schaffer 2001, p.249; Ehring 2011, p.77)

就此而言,一个支持使真者概念的特普论者将不得不抛弃特普的一范畴论,从而认为这个世界除了特普,还存在其他的实体(至少存在个体)。实际上,很多使真者的支持者就是这样做的。例如,劳曾这样认为:

> 我们将注意到,到目前为止,我没有求诸事实作为命题的使真者;我也不想这样做。我认为,只需求诸于共相、个体化的实体和模式(mode)这些本体论范畴中的实体就足以完成其目标。(Lowe 2009, p.210)

其中,"模式"即是我们这里所说的特普。

但是,由此一来,特普论者(如穆利根等)所声称的本体论的简洁性就不复存在。事实论者(如阿姆斯特朗)认为这个世界所存在的东西除了个体、作为共相的性质还有事实。现在,劳这样的特普论者认为所存在的东西是个体、共相和特普。哪里还有本体论的简洁性?!

除了本体论上的简洁性,特普论的拥趸们通常认为,特普论还有一大优势,即可以避免古典实在论和古典唯名论各自面临的困难。古典实在论认为存在个体和共相,共相是这样一种东西,它们能在同一时间存在于不同的个体中。一个实体能在同一时间存在于不同的对象中,这被认为是神秘的、反直观的和"不科学的"。(Schaffer 2001, p.249; Molnar 2003, pp.22-25; Armstrong 2005b, p.310)通过拒斥共相而认为属性是殊相,是特普,就可以避免实在论者面临的上述困难,因为此时并不存在同一个性质在同一时间存在于不同的对象中,所存在的只是非常相似但不同的性质。同时,由于接受抽象实体(特普)的存在,由于认为特普间具有相似关系,特普论就避免了唯名论者由于无力解释下述现象而受到的批评:不同的具体个体如何可以是不同个体的同时又非常相似?例如,为什么这个红苹果与那个红苹果是不同的苹果,但都是红色的苹果?关于这一批评的一个著名例子,可以参见 Armstrong 1978。

在对古典实在论的拒斥中,特普论的一个自然倾向是拒斥抽象的实体(共相被认为是抽象的实体),这意味着它将拒斥本书所拥护的薄的个体,因为后者是抽象实体。这样,如果个体存在,那么个体只能是一束性质。这个论点会至少导致两方面的问题:其一,正如前面所指出的,这样的做法会为个体与特普的个体化条件带来严重的困难。其二,回顾我们在上一小节(第 6.2.3 节)的讨论还可以知道,个体的束理论也难以解释个体的持存。由于束理论认为个体是一束共存的性质,因此当这束性质发生变化后,个体就不再是原来的个体。举例来说,假设某张长条椅被制作出来时是暗红色的,因此特普这张长条椅的暗红色是这张长条椅的一个性质。如果个体是一束性质,那么特普这张长条椅的暗红色就是它的存在性条件的构成部分。这样,如果这张长条椅后来被置于路边以方便劳累的旅人,并且经过长时间的风吹雨打后变得有些发灰发白后,根据个体的束理论,发白发灰的长条椅便不再是以前的那张椅子。但是显然,暗红色的椅子在风吹雨打后尽管颜色有些变化,它依然是同一张椅子。就此而言,个体的束理论无法解释个体的持存。(Loux 1978, p.116)

为了解决这一困难，西蒙斯曾提出了所谓的关于个体的核式理论。(Simons 1994)根据这一理论，构成个体的特普中有些是个体的本质属性，这些本质属性构成了个体的"内核"，有些则是非本质的。但是，如果我们在第6.2.3节的分析是正确的，那么就并不存在什么本质属性。此外，即使个体是一束性质，那么也并非是任何一束性质都可以构成一个个体，例如白色和黑色两个特普的束就不会是一个个体。这说明，一束性质能成为一个个体是需要条件的，一束性质相互之间必定存在某种关系它们才一起构成了一个个体。在文献中，这种关系通常被认为是共存关系，即仅当相关性质是共存的，它们才可能构成一个个体。问题是，特普之间如何可能会有共存关系呢？显然，并非所有的特普间会存在共存关系。例如，上述长条椅的暗红色与其他性质就不具有共存关系，否则的话，当长条椅不再是暗红色时，长条椅作为个体就不再是原先的椅子。因此，如果共存关系存在的话，也仅会存在于西蒙斯所说的本质属性中；而我们已经否定了所谓本质属性。此外，即使对于本质属性之间的共存关系，莫林(Anna-Sofia Maurin)认为这也是毫无根据的。(Maurin 2002, p.154)换言之，特普论者需要为共存关系提供额外的理由。

更深入地讨论特普论也许是有意思的，但我不打算继续下去了，因为我的目的并不是要证明在本体论层面特普论是错误的，(恐怕这一点也很难证明，因为任何一个基础理论作为一个系统在面临挑战时总是有修改某些论题以避免困难的可能性。)而是要表明：就使真者这一角色而言，特普论者所声称的特普优于事实的论点恐怕难以成立。关键是，作为使真者的特普必须是一种依赖性的实体，然而这样的特普实际上在侵蚀特普论自身。

第 7 章 否定真理的使真者问题

在第 5 章中，本书曾谈到，否定真理的使真者问题是学者们对于最大主义产生分歧的最主要动机。情况似乎是这样：如果接受最大主义，那我们似乎就被迫承诺像缺乏、否定事实这样的否定性存在；出于对这些实体之存在的怀疑，一些哲学家就倾向于拒斥最大主义。本书拒斥这样的态度。在我看来，即使坚持最大主义，也不意味着必须承诺否定存在，因为这一承诺必须以最大主义和必然主义一起作为前提，但必然主义是错的。若如此，那么否定真理的使真者是什么？这一章我们将集中讨论这一问题。

7.1 复杂真理的使真者

所谓"复杂真理"，这里指的是这样一类命题，它是真的，并且是以另两个命题作为组成部分通过逻辑联结词（∧、∨、→ 或 ¬）所构成，或者以另一个命题作为组成部分通过量词符号（∃ 或 ∀）所构成，如 $p \land q$、$p \to q$、$\forall x p$ 即是这样的复杂真理。

如果如上一章所说的，事实是偶然真理的使真者，那么，回想一下第 1 章关于罗素、维特根斯坦与摩尔、塞尔等人对于事实种类的分歧，一个自然的问题就是：复杂真理的使真者是什么？换言之，

第7章 否定真理的使真者问题

是否如摩尔等人所认为的那样,对应于每一个复杂真理,相应地存在一个复杂事实? 在4.1节我们谈到,使真关系是多对多的,因此,对应于每一个复杂真理,我们并不需要承诺相应的复杂事实。那么,合取真理、析取真理、蕴含真理、存在真理等真理的使真者是什么?[①] 这些问题有的我们已在前面涉及过了,这里不过是一次集中处理。我们将在第7.2节处理否定真理的使真者问题,第7.3节处理一般真理的使真者问题,这一节则处理其他复杂真理的使真者问题。

借助蕴含原则(参见第4章),使真者的拥趸们通常认为,我们不需要承诺合取事实、析取事实、蕴含事实和存在事实以使相应的合取真理、析取真理、蕴含真理和存在真理为真。例如,假设 T_1、T_2 分别是 p、q 的使真者,其中,p、q 都是简单真理,即不包含其他命题作为组成部分的真命题。现在考虑下述复杂真理的使真者:

$s = p \wedge q,$
$m = p \vee q,$
$n = p \rightarrow q_\circ$

一个问题是,对于上述三个复杂命题之为真,是否需要相应的复杂事实,如是否需要合取事实"$T_1 \wedge T_2$"以使得 s 为真,是否需要析取事实 $T_1 \vee T_2$ 以使得 m 为真,是否需要蕴含事实 $T_1 \rightarrow T_2$ 以使得 n

---

① 所谓"合取真理",指的是真的合取命题;其他"复杂真理"的说法与此类似,如"存在真理"指的是真的存在命题,如<苏格拉底存在>。

为真？对这些问题，答案统一是：不需要。

先看合取命题，由于 $\{p, q\}$ 蕴含 $p \wedge q$，T_1 是 p 的使真者，T_2 是 q 的使真者，所以根据蕴含原则，有：$\{T_1, T_2\}$ 是 $p \wedge q$ 的使真者。即是说，$p \wedge q$ 要为真，只需要存在 T_1、T_2 这两个事实，而无须额外再承诺合取事实 $T_1 \wedge T_2$ 的存在。再看析取命题。由于 p 蕴含 $p \vee q$，而 T_1 是 p 的使真者，所以根据蕴含原则，T_1 是 $p \vee q$ 的使真者；同理，T_2 是 $p \vee q$ 的使真者。即是说，$p \vee q$ 要为真，只需要存在 T_1、T_2 这两个事实中的任何一个，而无需再额外承诺析取事实 $T_1 \vee T_2$ 的存在。再看一下蕴含命题。由基本的逻辑学知识我们知道，$p \rightarrow q$ 为真，当且仅当 q 为真，或者 p 为假且 q 为假。在第一种情况下，容易看到，根据蕴含原则，q 的使真者（即 T_2）即是 $p \rightarrow q$ 的使真者。第二种情况会复杂些，因为它与这里的假设（即 q 拥有使真者 T_2）矛盾，因此必须独立于上述语境给予分析。

假设下述情况可接受，那么我们便有了一种无须承诺蕴含事实的分析：假设存在一个肯定命题 j，有：$j \leftrightarrow \neg p$。由于 p 为假，所以有：j 为真。j 有一个使真者，令其为 T_j。因为 $j \rightarrow \neg p$，$\neg p \rightarrow (\neg q \rightarrow \neg p)$，$(\neg q \rightarrow \neg p) \rightarrow (p \rightarrow q)$，因此有：$j \rightarrow (p \rightarrow q)$。因此，我们有如下蕴含原则的具体实例：

$$T_j \models j,$$
$$\underline{j \rightarrow (p \rightarrow q),}$$
$$\therefore T_j \models (p \rightarrow q)。$$

即是说，$p \rightarrow q$ 要为真，我们无须承诺蕴含事实的存在，只要存在

第7章 否定真理的使真者问题

事实 T_j 即可。但是显然,这一分析要能够被接受,依赖于上述假设(即对于每一个假的、肯定的原子命题 p,存在一个肯定命题与其不相容)能够被接受。然而,这一假设是否可接受,到目前为止毫不清楚。如果 p 是 <这是一个苹果>,但实际上它是一个梨,那么 j 是 <这是一个梨子> 就满足上述假设;如果 p 是 <1+1=3>,那么 j 是 <1+1=2> 也满足上述假设;问题是,这种给出例子的方式如何具有普遍性?回答这一问题,显然就进入了关于否定真理之使真者的讨论中,所以,我将在第7.2节中再讨论这一问题。

当然,既然已经清楚经典蕴含原则在使真者中的运用需要受到限制,那么我们也可以这样建议:禁止由于 p 假 q 假从而得到 $p \rightarrow q$ 为真这样的情况在使真者中的运用。这样,对于 $p \rightarrow q$ 这一蕴含真理的使真者,我们就可以仅提供 T_2 这一建议。但是,既然经典蕴含原则在使真者中的应用要受到限制,那么前面谈论合取真理、析取真理的使真者时,是不是同样应该考虑这一问题?在第9章,我们将对使真者给出一个定义,这个定义将不再允许经典蕴含原则的无限制使用。这里,让我们暂且假定我们对蕴含原则的使用满足第9章的定义,从而不会导致不相关使真者难题。

最后看一下存在真理的使真者问题。考虑这样一个真命题:<存在活得比苏格拉底长的人>。它的使真者是什么?是否存在存在事实"存在活得比苏格拉底长的人"?尽管拒斥了合取事实、析取事实和蕴含事实,罗素却曾认为存在存在事实:"当然,承认我所谓的存在事实,如'存在人'、'存在羊'这样的事实,并没有如此困难。"[①]

---

① 此处的"如此"指的是承认存在一般事实。

(Russell 2010, p.71) 对此, 塞恩斯伯里 (R. M. Sainsbury) 和阿姆斯特朗等人认为, 任何一个活得比苏格拉底更长的人 (例如罗素自身) 都足以使得该命题为真, 因此, 罗素将存在事实归入真正的实体是一种错误。(Sainsbury 1979, p.224; Armstrong 2004a, p.54) 我认同这种说法背后的观念, 但是由于 <存在活得比苏格拉底长的人> 是一个偶然真理, 因此根据使真者论证, 它的使真者是一个事实, 就此而言, 我认为赛尔斯伯里等人的表述有待修正。恰当的说法应该是这样的: 事实"罗素活得比苏格拉底长"是 <罗素活得比苏格拉底长> 的使真者, <罗素活得比苏格拉底长> 蕴含 <∃x(x 活得比苏格拉底长)>, 根据蕴含原则有, 事实"罗素活得比苏格拉底长"是 <∃x(x 活得比苏格拉底长)> 的使真者。因此可以看到, 就存在真理之为真而言, 我们也并不需要承诺存在事实, 原子事实就够了。

至此, 我们讨论了除否定真理和一般真理之外的其他复杂真理, 可以看到, 就这些真理的使真者而言, 我们无须承诺相应的复杂事实。即是说, 并不存在合取事实、析取事实、蕴含事实或存在事实。

7.2 否定真理的使真者

为什么一个相信使真者的人会怀疑最大主义, 即怀疑这样一个论题: 每一个命题的真理都奠基于实在, 或者说是由于客观实在而为真或为假? 如 5.1.1 节所指出的, 一个理由是必然真理无需使真者, 因为无论这个世界怎么样, 必然真理都是真的。但是, 如卡梅伦所说的, 非最大主义者拒斥最大主义的最主要动机或最重要的关

第7章 否定真理的使真者问题

切实际上是否定真理的使真者问题。(Cameron 2008a, p.410) 否定真理是否有使真者？如果有，它们的使真者是什么？

毫无疑问，最大主义者对第一个问题持肯定回答，即认为否定真理也有使真者。对第二个问题，由于最大主义者通常同时坚持必然主义，因而他们给出的建议通常是如下种类中的一个或几个：否定事实（negative facts）、缺乏（absence）或总体（一般事实）(totality, general facts)。（上述三种建议分别参见：Russell 2010, pp.41-45、Martin 1996 和 Armstrong 2004a, pp.72-75。）然而问题是，这个世界存在否定性实体吗？难道存在的所有东西不都是肯定的？(Molnar 2000, p.72) 这些实体的怪异性使得一些哲学家宁愿拒斥最大主义——即拒斥否定真理需要使真者这一论题——以保持本体论上的简洁与合理。然而，还有另一种选择，即为否定真理提供肯定的使真者。前一种选择，即拒斥最大主义的选择，我们已在 5.1 节讨论过，这一节我们看看后一种选择。具体来讲，我将从这样一个点出发来讨论问题：为什么罗素等人认为否定存在不可避免？为什么他们不接受下述策略：为否定真理提供肯定使真者？我将以哲学家们关于否定事实的争论为关注点，以评价一下罗素等人的理由是否足够充分。

1914 年 3 月，罗素应邀在哈佛大学为诺威尔讲座作系列讲演。在演讲中，他提出一个观点，认为存在否定事实（negative facts）。这个观点，按罗素的说法，当时几乎引起了一场骚乱。然而，罗素的立场并没有为这场骚乱所影响，他在后来发表的《逻辑原子主义哲学》中继续坚持认为存在否定事实，并且对当时拒斥否定事实的主要论证，即迪莫斯（Raphael Demos）的不相容解决，给予了批驳。

什么是否定事实？罗素曾明确表示，并不存在一种形式上有效的方法来区分肯定事实与否定事实，要判断一个句子陈述的是肯定事实还是否定事实，需要研究该句子的涵义。(Russell 2010, p.46)例如，我们不能简单地通过是否包含否定词"不"来断定一个句子陈述的是否定事实还是肯定事实。考虑苏格拉底死了这一事实，虽然它不包含否定词"不"，但它是部分否定事实。罗素分析这一句子时认为，"苏格拉底死了"这一句子意味着："苏格拉底曾经活着并且苏格拉底不再活着"(Russell 2010, p.46)，该复合句的第二句陈述的是否定事实。尽管如此，如果否定事实存在的话，我们还是有一个直观的、即使是不精确的理解。众所周知，苏格拉底有很多的性质，如扁鼻子、是哲学家，他与其他人之间有各种各样的关系，如与柏拉图的师徒关系。无疑，他也不具有很多性质以及和其他人不具有一些关系，例如他不是木匠、他不是柏拉图的学生。给定一个语句，如果它是肯定苏格拉底拥有他所具有的性质，如"苏格拉底是哲学家"，那么可以认为它陈述了一个肯定事实；如果它否定苏格拉底拥有他不具有的性质，如"苏格拉底不是木匠"，那么如果它也陈述了一个事实，则该事实即是否定事实。

正如罗素所意识到的，"人类的心灵被灌输了这样一种几乎不可遏制的渴望，即寻找某种方式以避免承认否定事实如肯定事实一样是最终的事实。"(罗素 2005, p.348)但是，罗素以及其后的许多学者认为，存在非常强硬的理由表明否定事实存在。这一理由就是：除非承诺否定事实，否则否定真理无法得到解释。

考虑<苏格拉底不是木匠>这一否定真理。根据第6章所讨论的使真者论证，该否定真理在客观世界中有一个使真者，且该使真者是事实。假设并不存在否定事实，那么使<苏格拉底不是木匠>为真的显然会是一个关于苏格拉底之职业的肯定事实。如果真实世界中的苏格拉底只有一个职业，即搞哲学，那么，使<苏格拉底不是木匠>为真的事实便无疑是"苏格拉底是哲学家"这一肯定事实。

问题是，事实"苏格拉底是哲学家"能作为<苏格拉底不是木匠>的使真者么？我们能够不依赖于否定事实来解释否定真理吗？根据阿姆斯特朗的梳理，从使真者的角度来看，主要有两种拒斥否定事实的论证，分别为不相容解决方案与不相同解决方案。（Armstrong 2004a, pp.53-68）

7.2.1 不相容解决方案

想象这样一个场景：在我眼前有一张桌子，桌子上有一个东西。我手指着这个东西说："这不是一个苹果。"假设我所说的是真的，那么在世界上就存在一个事实使其为真。按照否定事实的观念，使其为真的是这样一个否定事实："这不是一个苹果。"但反对者认为情形并非如此。当我手指这个东西时，如果它不是一个苹果，那么它一定是某个其他的东西。假设它是一个梨。那么，所存在的事实是："这是一个梨"，正是这一个事实而非否定事实"这不是一个苹果"使命题<这不是一个苹果>为真。

显然，如果这个对象是一个梨子，那它就不是一个苹果，就如同一个对象是方的后它就不是圆的。在同一个时空位置上，既是苹果又是梨，这是物理学不相容的。对这一观察的一般化即得到不相容解决方案。迪莫斯提出如下处理方案（Demos 1917, pp.190-191）：

7.1 "非 p"意指"存在一个命题 q,它是真的且与 p 不相容"。

其中,"q"所陈述的是一个肯定事实。借助于使真者,可以这样解释迪莫斯的这一方案:对每一个否定真理 $\neg p$,存在一个肯定真理 q,q 与 p 不相容。q 是真的,因此无疑存在一个使其为真的肯定事实,令其为 α。通过蕴含原则,这个事实也使 p 为真。(Armstrong 2004a, p.60)这一推理如下:

$$\alpha \models q,$$
$$\underline{q \rightarrow \neg p,}$$
$$\therefore \alpha \models \neg p。$$

就<这不是一个苹果>这个例子而言,迪莫斯会分析说,使肯定真理<这是一个梨>为真的事实同时也就是使否定真理<这不是一个苹果>为真的事实,因此就<这不是一个苹果>之为真来说,并不需要所谓的否定事实。

但是,不相容解决方案面临着一个显而易见的难题,这一难题即是:不同于"$p \rightarrow p$"、"$p \rightarrow (q \rightarrow p)$"等重言式,"$q \rightarrow \neg p$"并不是一个基于逻辑规律而有效的推理,这一蕴含推理的有效性有一个前提条件,即 p 与 q 不相容,也即<p 与 q 不相容>是真的。根据最大主义,<p 与 q 不相容>之为真也要求一个使真者。即是说,为了消解否定事实"$\neg p$",不相容解决方案承诺了否定事实"p 与 q 不相容"。否定事实并没有被消解。这也正是罗素在拒斥迪莫斯的

第 7 章 否定真理的使真者问题

方案时所说的(虽然表述得不是非常清楚),不相容真理本身就是否定真理:

> 我发现很难相信这种关于假的理论。你将注意到,首先存在如下反驳:它使不相容性变成基础的,变成客观事实。这一点并不比允许否定事实更简单。为了将"非"还原为不相容性,你必须有"p 与 q 不相容",因为这必须是相应的事实。非常清楚,对"非"的无论什么样的可能解释,都存在某种解释将给你一个事实。(Russell 2010, p.44)

然而,情况并非如罗素所认为的那样简单。首先要弄清楚,如果 q 与 p 不相容,那么它们之间的不相容是必然的还是偶然的。如果是偶然的,那么 <p 与 q 不相容> 之为真确实需要一个使真者,就此而言,罗素的反驳将得到强大的支持。如果是必然的,情况则相反,因为此时或者 <p 与 q 不相容> 缺乏使真者,或者使 <p 与 q 不相容> 为真的是 p 和 q 本身。因此,问题的关键是 q 与 p 的不相容是必然的还是偶然的。关于这一问题,学界距离共识性的理解还相距甚远。(Armstrong 2004a, p.61)

我暂时也不打算涉入这一论题,因为即使抛开这一点,我们发现不相容解决依然难以成立。考虑上述关于否定事实的例子。如果我手指一个东西,说"这是一个梨"。假设我说的是真的,那么是否还有可能,我所指的东西是一个苹果?如果没有这种可能,那么"这是一个梨"与"这是一个苹果"两者就是必然地不相容。直观上,我们会认为没有这种可能。想象一个可能世界,我所指的东西恰是一个苹果了。这是完全有可能的。但是，我们会注意到，此时我所指的东西就一定不再是一个梨。也就是说，在这个可能世界中，"这是一个梨"与"这是一个苹果"依然是不相容的。可以想象到，除非我们对"梨"或者"苹果"本身的界定发生了改变，否则这个可能世界可以是任何的可能世界。无疑，这里讨论的这个例子是支持不相容解决方案的，问题是，它是否可以一般化？

莫尔纳拒斥不相容解决方案，他认为存在纯粹的偶然否定（purely accidental negatives）。考虑一个物理学例子。假设在一堆镭原子中有一个镭原子并不处于衰变状态。这完全是一个统计学的事情，并不会因为其他镭原子的某种状态而受到影响。莫尔纳说，我们不可能找到一个该镭原子的肯定性质（状态），它与该镭原子处于衰变状态不相容。（Molnar 2000, p.75）假设这是一个正确的物理学事实，那么莫尔纳无疑是成功的，但正如阿姆斯特朗指出的，莫尔纳是通过进入非常高层次的科学理论来寻找他的反例，但是高层次的科学理论很可能在不久的将来会被推翻，即是说，莫尔纳的论证太依赖于一个可能出错的理论。（Armstrong 2004a, p.62）

但是，莫尔纳的策略无疑给了我们一个非常好的启发，也许我们可以想象出一些平凡的例子。阿姆斯特朗给我们提供了下述例子。（Armstrong 2004a, pp.62-63）当我们说"这不是一个苹果"，不相容解决方案会提议说，这意味着一个与命题＜这是一个苹果＞不相容的命题，如＜这是一个梨＞；如果说"这不是红的"，这意味着一个与＜这是红的＞不相容的命题，如＜这是黑的＞。但是，如果我们说"这是无色的"、"这是没有气味的"，不相容解决方案的支持者会如何处理它们呢？根据不相容解决方案，我们要分别找到与

<这是有颜色的>、<这是有气味的>不相容的肯定真命题。显然，不可能找到这样的东西。分别与这两个命题不相容的命题似乎只有一个选择，即<这是无色的>、<这是没有气味的>，但它们都是否定命题而非肯定命题。很容易看到，在颜色范畴内部，在同一个时空位置上，黑色、红色、白色等范畴是不相容的；但范畴扩大到颜色范畴本身上，我们就很难发现在同一时空位置上，颜色范畴属于其中之一的属性范畴其内部的某个范畴与颜色范畴相矛盾。

当以不相容解决方案去处理否定真理时，似乎并不能穷尽否定真理的意义。我们已经看到，并不那么容易找到<这是有颜色的>、<这是有气味的>这样一些命题的不相容的真的肯定命题。因此，我们可以相当肯定地说，不相容解决方案不能成功。

7.2.2 不相同解决方案

虽然不相容解决方案有诸多的困难，但这并不意味着否定事实这个概念得到了辩护。人们可能觉得，要拒绝否定事实"¬p"，就要寻找一个与p不相容的肯定事实q，这个要求过于严格，所要求的也许仅仅是q不同于p。这是不相同解决方案的基本想法。

还是从"这不是一个苹果"这个例子开始。不相同解决方案认为，假设我们所指的是一个梨，那么就可以得到事实"这是一个梨"，这个事实与事实"这是一个苹果"不同。那么，不相同解决方案如何解释<这不是一个苹果>的真理？也许可以采取否证法。假设<这不是一个苹果>是假的，即是说它的否定，<这是一个苹果>，是真的。因为事实是使真者，那么存在一个事实使这个肯定命题为真，这个事实无疑是：这是一个苹果。但我们已经知道，我们所指的是一个梨,也即是说存在的事实是:这是一个梨。因此,如果<这不是一个苹果>是假的,那么事实"这是一个苹果"就同一于事实"这是一个梨"。但是显然,这两个事实是不同的,假设不成立。因此,<这不是一个苹果>是真的。

相对于不相容解决方案,不相同解决方案的优越性显而易见。首先,当我们说 A 不同于 B 的时候,使 <A 不同于 B> 的东西很显然不过是 A 和 B 本身,即是说,一旦 A 和 B 存在,那么 A 和 B 是否相同也就确定了。也即是说,为了使 <A 不同于 B> 为真,我们并不需要像不相容解决方案一样,要求否定事实"A 不同于 B"存在。其次,不相同解决方案似乎也不再面临某些命题不存在不相同命题的情形。

但是,人们怀疑,不相同解决方案不过是在不相容解决方案的基础上玩弄语词,因为它实际上已经偷偷地运用了不相容标准。例如,虽然事实"这是一个梨"不同于事实"这是一个苹果",但是事实"这是白的"也不同于事实"这是一个苹果",然而事实"这是白的"却不能解释 <这不是一个苹果> 的真理。之所以事实"这是一个梨"能解释 <这不是一个苹果> 的真理,乃在于事实"这是一个梨"与事实"这是一个苹果"是不相容的。

然而,当这样理解不相同解决方案时,我们实际上已经误解了它。

假设我们手指一个对象。这个对象无疑有很多的性质,也与很多其他对象有各种各样的关系,它还处于各种各样的状态中;无疑,它肯定也不具有很多性质,也与很多其他对象不具有某种关系,而且不处于很多状态中。现在,我们对这个对象所具有的所有性质,

第7章 否定真理的使真者问题

它与所有其他物的所有关系,以及它所处于的所有状态作一一的描述,这些描述(无疑,它的数量将会非常庞大)的每一个都陈述了关于该对象的一个肯定事实。不相同解决方案认为,所有这些肯定事实一起就是关于该对象的所有事实,此外,不再有其他的关于该对象的任何事实,当然也就不包括任何否定事实。按照这一理解,回过头来看"这不是一个苹果"的例子。按照不相同解决方案,使<这不是一个苹果>为真的,并不是事实"这是一个梨",而是关于所指对象所有肯定事实的集聚,而"这不是一个苹果"与这一集聚中的任何肯定事实都不同。

为了更清楚地展示这一点,我们来看一个例子:<莱布尼茨没有来过中国>。从罗素的观点来看,使这个命题为真的是一个否定事实,即"莱布尼茨没有来过中国"。而根据不相容解决方案,首先要将这个命题改写成:<莱布尼茨来过中国>,然后找<莱布尼茨来过中国>的不相容肯定真命题。如果莱布尼茨来过中国,那么一定是在某个特定的时间来的,假定是时间 t,于是命题<莱布尼茨来过中国>可以改写为:<在 t 时,莱布尼茨在中国>。但实际情况是,在时间 t,莱布尼茨是在德国,于是我们获得了<在 t 时,莱布尼茨在中国>的不相容命题:<在 t 时,莱布尼茨在德国>。不相同解决方案给予我们的则是另外一幅图景。无疑,莱布尼茨的一生都处于某个国度,因此,看起来我们可以以时间为轴对莱布尼茨一生中所处国度的信息给出一个完整刻画,如"在 t_1 时刻,莱布尼茨在德国","在 t_2 时刻,莱布尼茨在法国","在 t_3 时刻,莱布尼茨在英国",等等。假设用"p_{ti}"表示在 t_i 时刻莱布尼茨所处国度的信息,那么我们可以用如下集聚表示关于莱布尼茨一生所处位置的所有原子事实：

$$\{p_{t1}, p_{t2}, \cdots, p_{ti}, \cdots, p_{tj}, \cdots, p_{tn}\}。$$

无疑，这个集聚的元素数量会很大，而且随着对时间的细化（从某个月到某天），数量会增大，但直观上我们会认为，一个有穷数量的位置信息就足以让我们区分莱布尼茨在不同国度的所有信息。这有个好处，即当我们说某个元素不属于这个集合的时候并不会面临如下问题：虽然这个元素不同于前面有穷个元素，但很可能就是下一个元素。假设用"M"表示上述集聚，那么根据不相同解决方案，M 的元素所陈述的事实就是关于莱布尼茨所有所处国度的全部事实，此外不再包含任何关于莱布尼茨所处国度的事实，如莱布尼茨没有来过中国这样的否定事实。

那么，如何解释＜莱布尼茨没有来过中国＞这一命题的真理？还是反证法。假设＜莱布尼茨没有来过中国＞是假的，这即意味着＜莱布尼茨来过中国＞是真的，即意味着存在一个事实，它是 M 的元素，并且使得＜莱布尼茨来过中国＞为真。但是，因为对于任何 $i(1 \leqslant i \leqslant n)$，都有：$p_{ti} \neq$ 莱布尼茨来过中国，因此不存在事实"莱布尼茨来过中国"使得＜莱布尼茨来过中国＞为真，即＜莱布尼茨来过中国＞为假。假设错误，所以，＜莱布尼茨没有来过中国＞是真的。

前面提到，必然主义是使真者中的正统论题，体现之一即是：学者们在讨论否定存在时通常会预设必然主义是真的。现在，对于不相同解决方案，否定存在的支持者们认为，与不相容解决方案一样，它同样面临着必然主义难题。按照不相同解决方案，使命题<莱布尼茨没有来过中国>为真的是莱布尼茨在每一个时间所处国度之事实的集聚，即 M。问题是，情况必然如此：当 M 存在时，<莱布尼茨没有来过中国>即是真的？

阿姆斯特朗认为答案是否定的，通过考虑<泰阿泰德没有飞翔>的使真者，他说：

> 实际上，我认为穷尽泰阿泰德之肯定性质的事态的合取是<泰阿泰德没有飞翔>之使真者的必要部分。但我认为它仅仅是一个真子部分。麻烦在于，该大合取（the big conjunction），如我们所称呼它的，以其自身无法必然使<泰阿泰德没有飞翔>为真。可能该大合取存在，但泰阿泰德飞翔了。（……）如果我们谈论泰阿泰德的肯定性质的类（class），则这一点可能被掩盖。如果我们谈论 Fs 的类，我们意指所有的 Fs。但是，如果我们仅是"在外延上"理解该类，如它在清单上被写下来，那么虽然它实际上是所有的 Fs，它可能不必然是所有的 Fs。以同样的方式，大合取并没有必然地穷尽泰阿泰德的肯定性质。（Armstrong 2004a, pp.56-57）

根据该引文，穷尽泰阿泰德所有肯定性质的事态之集聚（假设以"N"表示）并没有必然地穷尽泰阿泰德所有肯定性质的事态，因此，N 不能必然地使得<泰阿泰德没有飞翔>为真，故前者不是后者的使真者。

问题是，如果已经获得了 N，<泰阿泰德没有飞翔>如何能够是假的？在这里，必然主义的可能世界解释发挥了关键性的作用。很显然，存在这样一个可能世界，在其中，N存在，但是泰阿泰德飞翔了。基于这样的想法，阿姆斯特朗认为，<泰阿泰德没有飞翔>要为真，除了N，还需要有这样一个进一步的事实，即N是关于泰阿泰德之肯定性质的所有事实。这是一个一般事实（一般事实也是否定事实，一种特殊类型的否定事实）。即是说，我们应该这样给出<泰阿泰德没有飞翔>的使真刻画：

7.2 {N, N是关于泰阿泰德之肯定性质的所有事实}|=<泰阿泰德没有飞翔>。

由于需要一般事实来使得一般真理为真，阿姆斯特朗进而认为，如果一般事实存在，就没必要再进一步承诺其他的否定事实存在。(Armstrong 2004a, p.54)

7.3 一般真理的使真者

由上一节的讨论可知，如果一般事实的存在，那么，我们就不再需要其他的否定事实。问题是，必须承诺一般事实的存在才能解释否定真理？考虑到一般事实也是一种特殊的否定事实，因而求助于一般事实来解释否定真理对于那些拒斥否定事实的人来说也是不能接受的。

一些哲学家，如刘易斯、毕格罗，认为我们可以在无需承诺任何否定存在的情况下解释否定真理，他们策略既不同于不相容解决方案，也不同于不相同解决方案，他们质疑最大主义，即每一个真理之为真都需要一个使真者；他们试图弱化这一原则，认为并非所有的真理其为真都是因为存在某个使真者，一些真理之为真是因为缺乏使假者。(Lewis 2001；Bigelow 1988)

且以刘易斯为例简要看一下这种观点。刘易斯持有一种独特的可能世界观念，即认为所有的可能世界在本体论上都是对等的，现实世界不过是其中的一个可能世界。某个可能世界是现实的还是仅仅是可能的，这一点是相对的。对于我们而言，我们所生活的世界是现实的，其他的都是可能世界；但对另一个可能世界的人来说，他们的世界就是现实的，我们的世界不过是一个可能世界。(何朝安 2012, pp.75-78)这种可能世界的观念给关于事实的讨论带来了重要的影响。当我们说"苏格拉底不是木匠"时，按照刘易斯，这不过是说，在现实世界中苏格拉底不是木匠，但完全有可能在某个可能世界中苏格拉底是木匠。我们要特别注意，按照刘易斯，"苏格拉底是木匠"并不是现实的苏格拉底所具有的可能性，它本身是现实的（在苏格拉底是木匠的可能世界里）。

有了这一点，刘易斯提出了这样的论题：每一个肯定的偶然命题都在某些可能世界中为真，它们在这些世界中为真是因为有其使真者；它们在另外一些可能世界中为假，它们在其中为假不是因为别的，而且因为它们缺乏这些使真者。例如，考虑命题 < 苏格拉底是木匠 >。在苏格拉底是木匠的可能世界里，这个命题是真的，而且其为真是因为存在事实"苏格拉底是木匠"；但在现实世界里，这个命题是假的，其为假不是因为别的，而是由于现实世界中缺乏事实"苏格拉底是木匠"。但是，如果缺乏"苏格拉底是木匠"这一事实是<苏格拉底是木匠>为假的原因，那么同样的东西也是<苏格拉底不是木匠>为真的原因。如果"苏格拉底是木匠"是<苏格拉底是木匠>的使真者，那么"苏格拉底是木匠"便是<苏格拉底不是木匠>的使假者。(Lewis 2001)

如果一个人坚持刘易斯的可能世界观念，那么这一处理方式的确颇具吸引力，但一个拒斥可能世界观念，(Armstrong 2004a, pp.69-70)或者持有不同可能世界观念的哲学家，(何朝安 2012, pp.80-86)刘易斯的做法就难以接受了。此外，正如阿姆斯特朗所指出的，缺乏使假者的说法实际上是非常贫乏的。(Armstrong 2004a, p.69)毋庸置疑，所有的真理都缺乏使假者，<苏格拉底不是木匠>这样的否定真理缺乏使假者，<苏格拉底是哲学家>这样的肯定真理同样缺乏使假者。如果某个真理没有缺乏使假者，那么该使假者的存在就将使得该真理为假，这与它是真理自相矛盾。因此，仅仅说某个命题因为缺乏使假者而为真，似乎并没有解释该命题为什么为真。如果注意到必然真理的情形，那么缺乏使假者的处理方案就更难以成立。考虑一下，刘易斯们如何解释<1+1≠3>的真理？由于1+1≠3是必然真理，因此不存在任何可能世界，在其中1+1=3是其组成部分，既然如此，我们就不能说，在现实世界中，因为缺乏事实"1+1=3"这一使假者，所以<1+1≠3>为真。

所以，借助于"使假者"概念并不能为我们关于否定事实和一般事实的讨论带来建设性的成果。(关于使假者的讨论，还请参见5.1.3节。)这样，我们还是回到上一节最末处的所得出的结论。

假设我们有了关于苏格拉底所有肯定的原子事实，那么加上这样一个一般事实："这些是关于苏格拉底的所有原子事实"，那么我们就可以解释关于苏格拉底的所有语句的真理：原子语句，合取语句，析取语句，蕴含语句，特别是否定语句的真理。由于罗素认为否定事实和一般事实都存在，因此这个结论无疑是反罗素的，但有意思的是，罗素本人似乎也有这样的想法：

> 给定所有真的原子命题，再加上这样一个事实：它们是全部（真原子命题），则所有其他的真命题理论上都可以通过逻辑方法进行还原。这就是说，在证明中所要求的粗犷的（crude）事实的装置全部可以凝缩成这样一个真命题以及如下事实：每一个真的原子命题是如下中的一个：（这里跟着是一个清单）。……实际上，一般性（generality）不能通过完全枚举的方法获得，因为这个方法所要求的知识多于我们所拥有的。（Whitehead and Russell 1968, p. vx）

就此而言，坚持认为存在否定事实是罗素的一个很奇怪的想法，也是他的一个不一致的想法。

但是至此为止，我们只是论证了，如果一般事实存在，那么就不再需要承诺否定事实的存在。问题是，一般事实是否存在？众所周知，罗素非常确定一般事实的存在，他倒是对否定事实的存在有些迟疑。（Russell 2010, p.42）与罗素一样，阿姆斯特朗也认为我们必须承诺一般事实的存在以使得一般真理（general truth）有其使真者。（Armstrong 2004a, pp.68-72）他赞同罗素的这样一段话：

> 我并不认为一个人可以怀疑一般事实的存在。我认为，如

> 下一点非常清楚：当你列举了世界上的所有原子事实后，"这些事实是关于这个世界的所有存在的原子事实"是关于这个世界的一个进一步的事实，这个事实正像任何一个原子事实那样是关于这个世界的客观事实。我认为，你必须承认一般事实不同于具体事实，是具体事实之外的事实，这一点是明显的。同样的说法适用于<所有的人都会死>。当你考察完存在的所有具体的人，并且发现他们每一个都会死后，"所有的人都会死"肯定是一个新的事实。它如何是一个新的事实，根据我刚才所谈论的，因为它不能从世界上存在的人会死中推出来。(Russell 2010, p.71)

在这段话的最后一句中，罗素已经提示了关于一般事实之必要性的主要论证。

考虑命题<所有的人都会死>。假设我们考察了古往今来以及将来的每一个人（假设我们能做到这一点），并且确认了，他们都会死。那么，我们是否足以确认命题<所有的人都会死>为真？罗素认为，由于对每一个具体的人会死这样的原子事实的完全枚举推不出"所有的人都会死"这个一般事实，因此一般事实存在；根据必然主义的可能世界解释，因为存在一个可能世界，在该世界中，在现实世界所考察的每一个人也都会死，但是它存在另一个人，他是不死的，因此<所有的人都会死>为假。可以看到，必然主义是承诺一般事实的前提条件，没有必然主义，罗素、阿姆斯特朗的上述论证都不成立。

本书已经在5.2.3节拒斥了必然主义，在我看来，使真者的本体论依赖、形而上学依赖所要求的乃是实在是特定真理之为真的充分条件,但必然主义却要求它是必然充分条件。因此,必然主义应予以抛弃。当我们抛弃必然主义(特别是它的可能世界解释)后,那么我们如何在技术上刻画使真关系,以及这样的刻画将为一般事实的讨论带来什么样的影响?关于这个问题的回答,我的启发来自于使真者论证中关于对象为什么不是使真者的思考。

前面谈到,一个作为对象的苹果不是<这个苹果是红的>的使真者,除非我们添加上一个限制条件,即在现实世界中。所添加的这个条件,其本质不过是使得作为对象的苹果与属性是红的实际地关联起来。这种关联即是事实。现在回到一般命题的真假,比如<所有的人都会死>这一命题。诚然,如罗素、阿姆斯特朗所断定的,即使古往今来的每一个人都会死,也不必然就有<所有的人都会死>为真,除非添加一个限制条件:在现实世界中。问题的关键在于,如何理解"在现实世界中"这一限制条件的本质。如果追随罗素和阿姆斯特朗,答案一定是:在现实世界中这一限制条件的精确涵义是指这些人是存在的所有人。这是一个一般事实。

问题是,如果不存在一般事实,那么"在现实世界中"这一限制条件的本质就不再是如罗素和阿姆斯特朗所认为的那样,这时,它的精确的涵义就会是:对古往今来每一个人都会死的原子事实进行的枚举是一个完备的(complete)枚举。这个枚举它自身无法告诉我们它是完备的,但它并不因此而是不完备的。对此,艾耶尔曾对罗素的一般事实概念有过一个批评,他谈到,一个清单并不因为没有被说成是完备的而就不是完备的,所以,"如果你能够把每一个原子事实例举出来,你就已经给出了一个关于该世界的完备性描述。"（Ayer 1971, p.91）但是，也正如塞恩斯伯里所指出的，艾耶尔的第一个判断毫无疑问是正确的，但它无法支撑他的结论：

> 如果世界包含有一般事实，那么一个不列举它们的清单就不是完备的。罗素的抱怨不是说这个清单不能说自己是完备的，而是它就是不完备。（Sainsbury 1979, p.221）

所以，问题的关键是，世界是否包含一般事实？如果世界不包含一般事实，那么一个对原子事实的穷尽性列举就是完备的，即使我们无法说出这一列举是完备的；如果世界包含一般事实，当然就是另外的情况。

就此而言，我们看起来面临着一个开放问题。但是，如果考虑一下我们为什么要承诺一般事实的存在，那么情况可能另样。毫无疑问，我们对某类事实实体之存在的承诺，是因为我们不得不这样做，即是说，如果我们不承诺这类实体的存在，那么某一类真理就会缺乏使真者。例如，罗素之所以认为否定事实存在，是因为不承诺它们，否定真理会缺乏使真者；阿姆斯特朗之所以认为不必要承诺否定事实，是因为如果承诺了一般事实，那么就可以为否定真理找到使真者。所以，如果即使一般事实不存在，一个对原子事实的完全枚举就是相应一般真理的使真者，因而也足以作为否定真理的使真者，那么，承诺一般事实的最主要动机、一般事实存在的最主要理由就不存在了。就此而言，我们可以得出结论认为，一般事实不存在。

然而，对于一般事实我们还有进一步的批评。第一个批评是：

第7章 否定真理的使真者问题

如果按照罗素的说法，穷尽性地列举出所有的原子事实并不是对世界的完备性描述，而必须加上"这些是所有的原子事实"，也即是说世界包含一般事实，那么，我们似乎还会面临一个关于一般事实的无穷倒退。想象一下，如果遵循罗素的做法，此时对世界的完备性描述会是怎么样呢？看起来应该是这样的：先例举所有的原子事实，然后断言"这些是所有的原子事实"。可是既然世界包含一般事实，我们在穷举地描述世界时不是又必须加上一个二阶的一般事实：这些是所有的一般事实？这样世界就包含二阶的一般事实。于是，在描述时我们又必须加上所有二阶的一般事实，如此就无穷倒退下去。因此，从对世界的描述这一视角来论证一般事实的存在于事无补。

阿姆斯特朗承认这一倒退，但并不认为这一倒退是恶性的，他谈道：

> 第一个事态总体是一个偶然事态。但是在此以后接下来的事态总体可以从第一个总体事实中推出来。这就是为什么我们能看到这个倒退"一定"是无穷的。这样，我们就能够说，进一步的事态是随附的，并且不包含任何关于存在的进一步增加。如果你喜欢的话，它们是不同的真理。但所有这些真理拥有相同的使真者。这个世界并不因为它们而变大。（Armstrong 1997, pp.198-199）

即是说，只有第一个事态总体是偶然的，其后所有的总体事态都随附于第一个总体事态，因此并不在本体论上增加什么。但是，这个论证有待商榷。想象这样一个事实实体的描述：

$$f_{x1}, \quad f_{x2}, \quad \cdots, \quad f_{xj}, \quad F_x,$$
$$f_{y1}, \quad f_{y2}, \quad \cdots, \quad f_{yk}, \quad F_y,$$
$$\vdots \quad\quad \vdots \quad\quad \vdots \quad\quad \vdots \quad\quad \vdots$$
$$f_{z1}, \quad f_{z2}, \quad \cdots, \quad f_{zn}, \quad F_z 。$$

其中，"f"表示关于某个对象的原子事态，如"f_{x1}"表示关于x的某个原子事态，F表示一个总体事态，它的涵义是，它之前的那些原子事态是关于相应对象的所有原子事态，如F_x表示f_{x1}、f_{x2}、$\cdots$、f_{xj}是关于x的所有原子事态。按照阿姆斯特朗，如果有了F_x、F_y、$\cdots$、F_z，那么我们就穷尽了这个世界的本体论，因为此后任何进一步的一般事态都随附于这些一阶的总体事态。问题是：F_x、F_y、$\cdots$、F_z是所有的一阶总体事态，这样一个二阶总体事态（令其为$F_{x+y+\cdots+z}$）并不随附于这些一阶总体事态，因为对这些一阶总体事态的枚举（哪怕是完全的枚举）也并未穷尽"所有"这一全称量词的涵义。因此，它是一个新的总体事态。避免这一问题的方案在我看来可以是：断定$F_{x+y+\cdots+z}$与F_x、F_y、$\cdots$、F_z一样也是偶然总体事态，此外不再有其他的偶然总体事态，即其他总体事态都随附于这些事态。这个判断是合理的，因为一阶总体事态F表明了关于特定对象有多少原子事实，而二阶总体事态$F_{x+y+\cdots+z}$则表明了有多少对象。

第二个批评是：众所公认，如果事实是一个实体，并且是由不同组成部分组合而成的复杂实体，那么这些不同部分所组合而成的复杂实体是一个统一体（unity）。例如，事实"这个苹果是红的"作为实体被认为是一个统一体,由个体"这个苹果"和性质是红的作为组成部分构成。① 如果一般事实存在,它在何种意义上是统一体?

罗素虽然非常确信地认为存在一般事实,他也坦白地承认并不清楚对于一般事实的正确分析(一般事实的逻辑形式)是什么。(Russell 2010, pp.71-72)阿姆斯特朗试图解决这一难题,他在《可能性的组合理论》(*A Combinational Theory of Possibility*)、《事态世界》以及《真理与使真者》三书中都讨论了这一问题。(Armstrong 1989a, sec. 7.2; Armstrong 1997, sec. 13.2; Armstrong 2004a, sec. 6.2)这里,我们以他最近的文献,即《真理与使真者》为范本,来看看他的方案。

假设某个特定的湖中有八只黑天鹅,阿姆斯特朗的分析从考虑下述命题的真理开始:<这个湖中的天鹅都是黑的>。显然,在阿姆斯特朗的理论下,这一命题的使真者是这样一个一般事实:这个湖中所有的天鹅都是黑的。他认为这一事实具有如下形式:特定的部分学对象(mereological object)与特定的性质之间存在一个关系(他称之为"Tot"关系)。对于这一事实形式,我们可以分析一下"Tot"关系以及它的两个关系项。

先看关系项。所谓部分学对象,阿姆斯特朗指的是由所论的存在物构成的整体,在上述例子中指的即是由八只天鹅构成的整体。但是,这一整体并不是我们在8.2节所说的统一体,在这一整体中,

---

① 当然,对于事实是统一体,布拉德雷曾提出了一个影响广泛的论证以拒斥统一体,这一论证现在通常被称作"布拉得雷倒退"。对于布拉得雷倒退,我们将在8.2节予以详细讨论。

各个存在物之间没有关联。① 阿姆斯特朗用了一个术语表示它:(部分学的)集聚。所谓特定的性质,它并不异于我们对性质的通常理解,所以在上述例子中它指的是"是黑色的"。

再看"Tot"关系。阿姆斯特朗说,"Tot"代表全部(all)关系或者总括(total)关系。他认为我们不能再去追问总括关系的涵义,因为它是一个初始概念:

> 当然,这些并不被认为是"全部",或者概念"全部性(allness)"的某种定义,或其意义的递归解释。全部性,总括,我认为它们是初始概念,无法通过分析而被消解。我们所能做的,就是描绘它与其他基础性存在范畴之间的联系。(Armstrong 2004a, p.74)

既然是初始概念,那么就如所有其他的初始概念一样,我们无法再进一步予以分析。这样,一般事实的逻辑形式可以表示如下:

> Tot(特定的集聚;相应的性质)。

以上述例子而言,<这个湖中的天鹅都是黑的>的使真者就是具有如下形式的一般事实:

> Tot([天鹅1,天鹅2,……天鹅8],是黑色的)。

---

① 这不是说所论的存在物之间事实上没有任何关联,而是指没有我们所关心的关联。例如,当我们说"甲和乙都穿着红色的衣服"时,甲和乙在我们所关心的角度上看是没有关联的,但是他们可能是父子、兄弟、夫妻,等等。

第 7 章 否定真理的使真者问题

假设我们用符号"[ ]"表示集聚。

该怎样评价阿姆斯特朗的上述方案？我认为它难以让人信服。

第一，对于关系，人们有如下通常理解：在事实"A 爱 B"中，关系"爱"的方向（借用罗素的提法）是从 A 到 B；在事实"甲比乙高"中，关系"比……高"的方向是从甲到乙。方向不能乱，一乱要不就不再是事实，要么就是另一个事实。因此，一个关系事实的逻辑形式可以表示如下：

R(a, b)。

其中，R 表示关系，a、b 是关系项，其中 a 是关系的主体，b 是关系的客体。R(a, b)意思是说 a 和 b 具有 R 关系。但是，阿姆斯特朗一反这一通常理解，他说："该性质可以被说成是总括了或者全部了该特定的集聚。"（Armstrong 2004a, p.73）这样，在一般事实中，实际上是某一性质与特定的集聚有 Tot 关系，这刚好与人们对关系的通常理解相反。

如果存在所谓的总括关系，那么这一关系的应有之义是对存在的东西给予一个限度。（Armstrong 2004a, p.73）这样，如果基于同情的态度去理解，也许情况只能如阿姆斯特朗所认为的，因为这个湖中的天鹅不可能总括性质"是黑色的"。性质"是黑色的"不只是适用于这个湖中的天鹅，它还适用于众多其他东西，如黑板、黑色的衣服，等等。就是局限于这个湖中，如果这个湖中还存在其他的东西，比如黑色的鸭子，那么这个湖中的天鹅也不能总括性质"是黑色的"。如此一来，一般事实的逻辑形式就应该是这样的：

Tot(相应的性质,特定的集聚)。

但是,对一般事实之逻辑形式的如上刻画会面临一个显而易见的困难。当人们说所有的 x 是 P 时,他们所谈论的对象是 x 而非 P,正是因为这个原因,当我们追问为什么相应的性质与特定的集聚有 Tot 关系时,答案会变得很困难。如果关系的主体是相应的性质,那么问它对所存在之物的限度(Tot 关系),答案只能是具有该性质之对象的集聚。这样,如前所述,性质"是黑色的"与这个湖中之天鹅的集聚就不具有 Tot 关系,因为还存在其他黑色的事物。

如果如人们通常所做的那样,把"所有的"处理成量词,这个困难会消失。例如,在事实"这个湖中所有的天鹅是黑的"中,如果"所有的"表示全称量词,它们就对这个湖中的天鹅作了限制,且在此限制之下的天鹅是黑的。因此,在我看来,虽然阿姆斯特朗认为"所有的"表示是一种关系,但他对此关系的处理实际上是借用人们对量词的理解。这不能不说是一种错误,因为量词不同于关系,这一点具有根本重要性。

第二,具有"Tot(特定的集聚,相应的性质)"这种形式的一般事实如何能够成为统一体?按照我在第 8 章对统一体问题的解决,事实之所以是统一体,是因为它的组成部分(个体、属性)是不饱和的。将这一结论运用于一般事实上,那么一般事实是统一体,当且仅当性质、个体的集聚和 Tot 关系是不饱和的。但是,尽管我会接受性质是不饱和的,但是,我却很难理解为什么个体的集聚、Tot 关系是不饱和的。就个体的集聚而言,看起来我们无法将关于个体的不饱和性这一论题顺延到个体的集聚上;对于 Tot 关系,除了阿姆斯特朗在此处的特设性用法，我们看不到它的其他运用，因而也难以找到有效的资源来解释它的不饱和性。

7.4 拒斥否定性存在的再一次尝试

按照本书的看法，必然主义不成立。如果这一看法是对的，那么关于否定真理的使真者问题，可能就不会引起那么多的争议了，因为必然主义是支持否定性存在的一个重要支柱，而否定性存在是最富争议的。如果必然主义是错的，那么否定真理的使真者是什么，这个问题的回答将是直接且简单的。但是，在我们给出这一回答之前，有必要再来看看另一种方案，它支持必然主义，但同时又认为不需要承诺否定性存在就足以解释否定真理之为真。可以看到，这一方案与本书的立场相冲突。我们需要先评价这一方案，然后再回到否定真理的使真者问题上。

切恩(Colin Cheyne)和皮克顿(Charles Pigden)在论文"源于肯定事实的否定真理"中认为我们能够在不承诺否定存在的情况下解释否定真理。(Cheyne and Pigden 2006)考虑如下否定真理：

(NH)这个房间里没有河马。[①]

根据最大主义，这个否定真理有一个使真者，那么它的使真者是什

---

① 这个房间指的是切恩和皮克顿于2005年7月4日在悉尼大学宣读他们这篇论文时的那个房间，即S223房间。

么？显然，(NH)为真意味着这个房间里的任何地方都被某物而不是河马(或其部分)占据着。假设我们将该房间所有空间被某物占据着的事实枚举出来，这样一个完全的枚举是否可以作为(NH)的使真者？就此，切恩和皮克顿接受阿姆斯特朗、莫尔纳和芒福德的论证——即基于必然主义的论证，认为它不能。然后，他们提出这样一个建议，即如下事实可以作为(NH)的使真者：S223房间如它在2005年7月4日所是的那样。显然，其一，如果这个事实存在，那么(NH)不可能为假，因为如果(NH)为假，则S223房间不会如它所是的那样，因此它满足必然主义；其二，这个事实是一个肯定事实。以类似的策略，切恩和皮克顿为下述否定真理给出了相应的使真者(它们都是讨论否定真理之使真者时的典型例子)：

(NU) 独角兽不存在；
(NT) 泰阿泰德没有在飞翔；
(MM) 所有的人都是有死的。

它们的使真者分别是如下三个事实：

(T-NU) 宇宙实际所是的方式；
(T-NT) 泰阿泰德如他实际所是的那样；
(T-MM) 宇宙实际的构造(configuration)。

根据切恩和皮克顿，这三个事实都是肯定性存在，也分别是上述三个真理的必然使真者。(Cheyne and Pigden 2006)

第7章 否定真理的使真者问题

切恩和皮克顿认为,那些认为否定性存在不可避免的论证有一个基础性的谬误,即这样一个看法:如果一个事实与一个命题(的真理)之间存在必然使真关系,那么描述这一事实的命题与该事实必然使其为真的命题之间有一种蕴含关系。(Cheyne and Pigden 2006, pp.255-259)他们所建议的事实,根据他们的看法,并不蕴含相应的真命题,而只是必然使得后者为真。但是,如果本书第5.2.3节的论证是正确的,那么事实 f 必然使得 p 为真就等价于描述 f 的表达式其涵义蕴含 p。然而,举例来说,<宇宙实际所是的方式>并不蕴含<独角兽不存在>。问题出在哪里?

在本书看来,问题就出在,宇宙实际所是的方式这一事实的本体论上。这一事实的表达式其表层句法结构告诉我们它是一个简单事实、肯定事实,然而它显然不同于这个苹果是红的这样的简单、肯定事实。由于宇宙本身由诸多成分构成,因此它不仅限定了自身,还限定了所有的组成成分,从这个意义上讲,它是一个非常大的、复杂的事实。如何理解这一复杂的事实?

一般来说,关于宇宙是如何的这样的事实是由作为宇宙之组成部分的基本事实构成的。因此,假设可以给出关于其组成部分之基本事实的枚举,关于宇宙是如何的这一事实就等于这一枚举。这种看法不适用于切恩和皮克顿,因为:其一,它使得宇宙实际所是的方式这一事实不能必然使得<独角兽不存在>为真。其二,它消解了宇宙实际所是的方式这一事实作为实体的本体论地位,而切恩和皮克顿明确认为,像宇宙实际所是的方式是与(举例来说)苹果是红的并列的事实。除了有后者,还有前者。(Cheyne and Pigden 2006, p.21)假设如切恩和皮克顿所认为的,宇宙实际所是的方式是一个新的实体,那么,作为<独角兽不存在>的使真者,为了满足必然主义,它必须排除独角兽的存在。因此,就其本性而言,它非常类似于阿姆斯特朗所说的一般事实(总体):F,G,H,……是泰阿泰德所拥有的全部肯定性质。这个一般事实(总体)排除了其他对象的存在。由于一般事实被认为是一种否定性的存在,那么基于同样的理由,宇宙实际所是的方式也应该被认为是一种否定存在。不仅如此,正如泰阿泰德拥有每一个肯定性质的完全枚举加上F,G,H,……是泰阿泰德所拥有的全部肯定性质两者一起蕴含<泰阿泰德没有飞翔>一样,宇宙实际所是的方式以及它所限定的每一个对象的基本事实一起也蕴含<独角兽不存在>。

不仅如此,切恩和皮克顿的方案还面临更严重的问题。在使真者的讨论中,使真者一元主义通常被认为是一个需要避免的问题,因为它是贫乏的。切恩和皮克顿的方案会导致这一问题,但更严重,它还会导致现实世界中的任意两个实体之间具有必然的联结。考虑如下事实:查理·皮克顿的左手拇指如它实际所是。显然,查理·皮克顿的左手拇指与美国白宫的那张总统桌是有关系的:它们相距特定的距离。因此,如上事实就必须包含那张桌子,因为这一总的事实包含该拇指与该桌子之距离这一关系。如果该桌子不存在,那么皮克顿的左手拇指就不会与它有该关系,皮克顿的左手拇指就不会是它实际所是的那样,因而该事实不存在。就此而言,查理·皮克顿的左手拇指如它实际所是这一事实是<美国白宫的那张总统桌存在>的使真者。(Parsons 2006)由于那张桌子是随意选择的,因此很容易论证,查理·皮克顿的左手拇指如它实际所是这一事实是任何偶然真理的使真者。这是使真者一元主义。但是,其一,直观上看,查理·皮克顿的左右拇指的状况与美国白宫那张总统桌是否存在无关,因而切恩和皮克顿的方案面临不相关使真者难题;其二,查理·皮克顿的左手拇指如它实际所是这一事实也给皮克顿的左手拇指和那张桌子(以及该拇指被谈论的时刻所存在的任何其他东西)之间强加了一个必然的联系。这两个结果的任何一个都不可接受。

就此而言,切恩和皮克顿的方案其前景是黯淡的。然而,切恩和皮克顿(以及诸多其他必然主义者)的努力给我们一个非常深刻的印象,即:在做出那么多努力以后,为什么独独不抛弃必然主义呢?为什么必然主义受到那么普遍的支持?显然,这个问题如果不能得到很好的回答,恐怕人们也就不会那么有信心抛弃必然主义。

使真者这一概念中通常被认为蕴含这样一层意思:如果 T 使得 p 为真,那么 T 是 p 之为真的本体论基础。如果 T 为 p 之真提供了本体论基础,那么,T 存在而 p 不为真就意味着 T 并不是 p 之真的本体论基础(至少不是完备的基础),而这意味着我们需要寻找新的基础或补充已有的基础。这是必然主义的基本直观。本书认可这一直观,但否认这一直观等同于必然主义。来解释一下这一点。当前对"必然性"的刻画采取的是外延主义的方式,如诉诸可能世界这一术语。然而,在讨论真理时引入可能世界即意味着引入真命题在其中为真的结构。这样,当我们说"<苏格拉底是柏拉图的老师>为真"时,完整的表述应该是"<苏格拉底是柏拉图的老师>在现实世界中为真"。为了解释为什么该命题在现实世界中为真,实在是真理的本体论基础这一说法意味着,我们需要去研究现实世界的配置。我们最终会发现,事实"苏格拉底是柏拉图的老师"能提供这一解释。但是，如果事实是现实世界的构成成分、是结构性实体，那么苏格拉底是《理想国》之作者的老师这一事实同样也能提供这一解释，因为它与苏格拉底是柏拉图的老师在现实世界中指的是同一个事实。在我看来，这是我们关于实在是真理的本体论基础这一论断所要求和所能要求的全部。

但是，必然主义超越了这一要求。按照必然主义，T 要使得 p 在现实世界中为真，不仅要求在现实世界中，如果 T 存在那么 p 是真的，而且要求在任何可能世界中，如果 T 存在那么 p 是真的。按此要求，苏格拉底是《理想国》之作者的老师这一事实并不是＜苏格拉底是柏拉图的老师＞的使真者，因为存在这样的可能世界，在其中，前者存在但后者不为真。问题是，为什么这样一个可能世界的存在会使得苏格拉底是《理想国》之作者的老师这一事实不足以解释＜苏格拉底是柏拉图的老师＞在现实世界中何以为真？在本书看来，它实际上是足够的，因为现实世界限制了《理想国》的作者是柏拉图。因此，无论存在什么样的可能世界，就现实世界而言，＜苏格拉底是柏拉图的老师＞在其中是真的，而它之所以是真的，是因为现实世界中存在一个特定的实体，（以事实为例）这个事实由苏格拉底、柏拉图和师生关系构成。我们可能有不同的描述这一事实的方式，但这些方式本身并非是该事实的构成成分。因为实在不依赖于语言，真理依赖实在，这是使真者的基本直观。所以，一个实体是否是相应命题在现实世界中为真的本体论基础，可能世界的情况是无关的。必然主义提出了不合理的要求。

有了这一澄清，现在回过来看否定真理的使真者问题。前面提到，这个问题的答案是直接且简单的。举例来说，考虑＜这个房间里没有河马>这一真理的使真者。假设我们能够枚举出这个房间中每一个空间位置被某物（而非河马或其部分）占据的事实，那么这一完全枚举即是<这个房间里没有河马>在现实世界中为真的使真者，因为如果这一完全的枚举存在，那么<这个房间里没有河马>会是真的，前者可以充分地解释后者之为真，但它不是后者的必然使真者。

第 8 章　事实本体论

按照本书的建议，事实是所有偶然真理的使真者。对此建议，一个至关重要的问题是：事实是什么？这一章，我们尝试回答这一问题。

8.1　历史注记

在当代哲学研究中，事实在诸多领域（如语义学、本体论、形而上学、知识论、心灵哲学）都扮演着重要角色。(Mulligan and Correia 2020)陈嘉明阐释了事实为什么对于知识论不可或缺，(陈嘉明 2020)根据阿姆斯特朗，事实甚至是形而上学的核心概念。(Armstrong 1997)既然事实如此重要，为什么在2500年的西方哲学史中，事实几乎隐身？奥尔森（K. R. Olson）描述了这个故事的一部分。在这个故事中，亚里士多德的实体—属性形而上学是关键。

在《范畴篇》中，亚里士多德曾基于"存在于"和"谓述"两个概念将存在的所有东西划分为十个范畴。在亚里士多德看来，任何事物，或者谓述他物，或者不谓述他物；同样地，任何事物，或者存在于他物之中，或者不存在于他物之中。那么，什么叫"谓述"，什么叫"存在于"？对此，我们得不到来自亚里士多德的权威解说。

对于前者,亚里士多德没有给出定义,对于后者,亚里士多德给出了这样一个定义:

> By "in a subject", I mean what is in something, not as a part, and cannot exist separately from what it is in.［所谓"存在于一个主体中",我的意思是:存在于某物中的东西,不是作为部分,而是如果离开了它所存在于其中的东西,并不能存在。①］(Aristotle 1963, 1ᵃ24)

显然,作为定义,亚里士多德的这个说法是失败的,它犯了循环定义的谬误。当然,抛开这个形式化的限制,我们对比亚里士多德给出的例子,可以有理由断定:能谓述他物的是共相(universals),不能谓述他物的是殊相(particulars);能存在于他物中的是偶性的东西(accidental),不能存在于他物的是非偶性的东西(non-accidental)。(Studtmann 2018)将这四类东西进行排列组合,我们可以得到下面四种情况:(1)既不谓述一个主体也不存在于一个主体里面;(2)谓述一个主体但不存在于一个主体里面;(3)既谓述一个主体也存在于一个主体里面;(4)不谓述一个主体但存在于一个主体里面。它们分别对应于亚里士多德的第一实体、第二实体,作为共相的属性和作为殊相的属性。前两者构成了亚里士多德的实体范畴,后两者构成了属性范畴。对于属性范畴,亚里士多德认为存在九大类:数量、性质、关系、何地、何时、所处、所有、动作、承受。

---

① 译文参考了方书春先生的翻译,参见:亚里士多德2005, p.10。

（亚里士多德 2005, p.11）

基于这样的实体、属性范畴划分，以及属性必须存在于实体中这一断言，亚里士多德构建了一套分析句子的逻辑方法，即主谓逻辑。基于这样的分析方法，任何一个句子都可以分析为主语和谓语两个部分。例如，"苏格拉底是哲学家"这个句子就被分析为苏格拉底具有是哲学家这一属性。由于关系是属性范畴之一，且存在于实体里，所以所有的关系语句也同样被分析为主谓式。例如，"苏格拉底是柏拉图的老师"这一句子就被分析为：苏格拉底具有是柏拉图的老师这一属性。

所以，在亚里士多德的实体——属性形而上学中，关系虽然是十范畴之一，但其真正的意蕴则类似于我们今天所说的关系性质。例如，对"苏格拉底是柏拉图的老师"这一句子的主谓式分析非常类似于我们今天对"是一位母亲"这样一种性质的分析：某个人是一位母亲总是意味着她是某个人的母亲。根据奥尔森的梳理，亚里士多德以后，中世纪的哲学家们也不断地试图将对象间的关系同化成相关对象的关系性质，这种情况直到穆勒（J. S. Mill）时才发生实质性的改变。如中世纪以来一样，穆勒追问关系项的涵义是什么。他认为，

> 如果我们考虑任何两个相关的名字，比如父亲和儿子，虽然这两个名字所指称的对象不同，但它们在某种意义上意味着相同的东西。实际上它们不能被说成是意味着相同的属性；成为一个父亲不同于成为一个儿子。但是当我们说某人是父亲，另一位是儿子时，我们所意图断言的是一个事实集合，这些事

实在两种情况下是完全一样的。说 A 是 B 的父亲，以及说 B 是 A 的儿子，是用不同的语词断言同一个事实。(Olson 1987, p.39)

阿姆斯特朗赞同这一观点，即历史上长时期的将关系吸收进关系性质的努力阻碍了事实的出现，但是他认为，奥尔森以及另一位学者温伯格（Julius Weinberg）并没有说出故事的全部，因为即使在实体——属性形而上学下，一元事实，即由个体和性质作为组成部分的事实，依然有可能出现。例如，给定苏格拉底这一个体和是哲学家这一性质，依然会存在这样的事实：苏格拉底是哲学家。但是，这一事实之可能性，依赖于苏格拉底与是哲学家实际地关联起来，即要求一种关系。然而，当关系被理解为一种关系性质时，它无法承担这里所要求的它的角色。于是，阿姆斯特朗总结道：

关于关系的困惑实际上使得传统走到了一个转折点上。这里有一个选择。它可以继续承认实体/属性的区分，以及借助关系而编织在一起的实体多元化。这一双重学说将导致事态本体论。或者它转而拒斥甚至是实体/属性的区分。历史选了后者。错误的选择。由于对于关系的糊涂，在多元事态中通过关系而关联起来的实体多元化没有得到支持。所以，实体/属性的分析无法转化为对一元事态的承认。未转化的以及自求多福的实体/属性分析受到攻击。只有一个实体概念得以保存：有能力独立存在的东西的概念。没有形而上学可以拒斥这种涵义下的实体。但是，如此承认的实体就是苹果以及诸如此类的东西。任何在苹果内部进一步区分实体和属性的建议都被作为形而上学的垃圾而受到嘲笑。(Armstrong 1997, p.4)

众所周知,拒斥共相是经院哲学中唯名论的传统,这一传统即使在今天依然有不少拥趸。根据这一传统,殊相才是实在的,共相并不实在。由于性质(共相)在此传统下并不存在,因此谈论实体与性质关联起来构成事实,这显然误入歧途。

简言之,亚里士多德的实体——属性形而上学,以及后来的思想家们对于这种世界模型的怀疑主义,使得事实作为实体在西方哲学中难产了。(Armstrong 1997, p 12)这样,我们就能部分地理解事实作为实体为什么会出现得如此晚近。当弗雷格突破亚里士多德对句子的主谓分析而提出函项—主目分析,并创立了现代逻辑后,关系才能被全新地理解为一种独立的项。这样的理解,是事实实体得以出现的逻辑和形而上学基础。

8.2 布拉德雷倒退与统一体难题

统一体问题(the unity problem)是形而上学中的基本问题,它涉及结构性实体,即由部分组成的复杂性实体(如句子、命题、事实等),是否以及如何可能的问题。对于"统一体"这一概念,我们可以通过一个例子来解释其涵义。例如,通常认为事实"这块糖是甜的"它不同于这块糖、是甜的这两个对象的集聚,或者以这两者为元素的集合乃至有序对。之所以如此,是因为在这块糖是甜的这一事实中,个体"这块糖"与性质是甜的实际地关联起来,但相应的集聚、集合或有序对并没有如此。在这个意义上，事实"这块糖是甜的"被称为是一个统一体。句子、命题同样如此，它们也是统一体。

问题是，事实、句子和命题等统一体的组成部分如何能够关联起来。通常认为，（以事实为例）事实中的关系部分是统一体的源泉，它关联着事实的其他组成部分。例如，在 aRb 中，是 R 关联着 a、b 从而构成了统一体 aRb。对此，布拉德雷通过一系列论证（布拉德雷倒退是其中最著名的一个）试图证明，通过关系来关联部分的想法是荒谬的。他进而得出结论认为，实在（reality）是一个整体。实在由部分构成，以及部分是实在的，这些不过是表象（appearance）。

本书以事实作为使真者，但是既然布拉德雷的工作对于统一体（因而事实）的可能性提出了挑战，因而回应这一挑战就显得必不可少。从对布拉德雷倒退的回应来看，在 20 世纪之交，分析哲学的创始者们，如弗雷格、罗素、维特根斯坦，都投入了相当大的精力来应对这一挑战。尽管他们的工作富有启发，但很难说获得了理想的效果。因此，有必要继续推进他们的工作。此外，对布拉德雷倒退的回应除了上述消极意义外，它还有一个积极的结果，即：如本书以事实实体为例所将要论证的，对布拉德雷倒退的成功回应将对事实实体之本性的理解带来关键性的启发。

8.2.1 布拉德雷倒退

在整个 20 世纪，由于罗素和摩尔的影响，通常认为布拉德雷否认外在关系说，而坚持内在关系说。这副图景现已改观，学者们注意到，如果布拉德雷对外在关系说的批判能够成立，那么内在关系说也难以成立。（Candlish 2007; 黄敏 2012）实际上，布拉德雷的真正目的是要否认关系以及关系项的实在性，进而论证他的唯心主义和一元论立场。

既然布拉德雷的目的是攻击关系的实在性，那么，首先就要弄清楚布拉德雷心目中的实在指的是什么。在一篇论文中，布拉德雷这样谈论实在：

> 当我们提到一个被断定为简单的、赤裸裸的外在关系时，……我们指的是什么？我推测，我们在这里进行了抽象，将项（terms）和关系，全部并且每一个，看作是某种依据自身而独立地是实在的东西。（Bradley 1935, p.642）

按此理解，某物是实在的，当且仅当它的存在不依赖于任何他物。容易看到，在亚里士多德的实体——属性形而上学下，个体是实在的，而性质、关系，它们作为属性之一种，就不是实在的，因为它们必须存在于个体之中，如果个体不存在，它们也不会存在。

在给定关于实在的界定后，布拉德雷如何拒斥（厚的）个体与关系的实在性？且从布拉德雷的例子（即一块糖）开始。一块糖显然是一个（厚的）个体，一块糖看起来还有一系列的性质，如甜的、白的（假设它是块白糖）、硬的等。布拉德雷问，一块拥有它的各种性质的糖是个什么东西？布拉德雷否认这块糖除了它的所有性质外还有作为这些性质之承载者的东西，即基质（sabstratum）。但是，他同时认为一块糖不能仅仅是它的全部性质，这些性质必须以某种方式关联起来，即是说，一块糖必须是一个统一体。性质的统一体这种说法预设了关系的存在，因此，布拉德雷转向"关系"概念。

关系是什么？假设关系如亚里士多德所说的是一种属性。那么说在这块糖中,甜的与硬的关联在一起即是说甜的有一种与硬的关联在一起的属性。布拉德雷认为这种说法要么是错的,要么是贫乏的:

> 如果你谓述不同的东西,那么你就归于主体它原本不是的东西;如果你谓述并非不同的东西,那么你什么也没说。(Bradley 1893, p.17)

联想一下亚里士多德在《范畴篇》中关于"谓述"的表述,可以看到:假设构成这块糖的所有性质包含甜的,那么用甜的谓述这块糖就什么也没说,是贫乏的;如果这块糖不包含甜的,那么用甜的谓述这块糖就是错的。[①] 以今天的眼光来看,硬的显然并非先天地就与甜的关联起来,即硬的与甜的之间的关系不是内在关系。所以,尽管硬的和甜的确实可能关联在一起,但这种关系是需要解释的,这种解释所要求的关系不能是关系项的属性(因为不是内在关系),即要求独立于关系项的关系。

如果我们拒斥布拉德雷上述论证的前提,即(厚的)个体是一束性质,而认为(厚的)个体除了这一束性质外还有作为这些性质之承载者的基质,情况又会如何？诚如黄敏所言,尽管布拉德雷拒斥基质的理由并不充分,但这对布拉德雷的目的而言并不重要,因

[①] 当代的很多讨论都将"谓述"理解成一个语言学概念(Perovic 2014),这并不正确,在这里,谓述应该理解成一个形而上学概念,而非语言学概念。

为基质理论实际上引入了使关系项关联起来的独立的关系。(黄敏 2012)所以，我们还是回到上一段末尾的问题。根据布拉德雷对关系实在性的界定，独立的关系实际上就是作为实在的关系。这正是布拉德雷倒退所攻击的地方。

关于布拉德雷倒退，在《逻辑原则》与《表象与实在》这两本书中，布拉德雷提供了这一论证的不同版本。根据佩洛维奇（Katarina Perovic）的梳理，实际上有三种不同版本的布拉德雷倒退。(Perovic 2014)在这些版本中，最著名的、几乎被所有研究这一论证的学者所引用的，出现在《表象与实在》的第二章第五段：

> 让我们放弃将关系看作是关系项的属性，并且让我们假定它多多少少是独立的。"存在一个关系C，A和B处于其中；而且看起来它和它们一起出现。"但我们在此再一次没有取得进步。已经承认，关系C不同于A和B，并且不再谓述它们。但是，这似乎对关系C作了某种断定，然后又对A和B进行了断定。而且这种断定不是将其中一个归于另一个。如果是这样，那么看起来它是另一个关系，D。在D中，C在一边，A与B在另一边。但是，这样的权宜之计立即导致了一个无穷的过程。新的关系D不谓述C，或者A与B；因此，我们必须依靠一个新的关系，E，它在D和前面我们所获得的不管什么东西之间。但是，这必须导致另一个关系F；等等，以至无穷。(Bradley 1893, pp.17-18)

这一倒退的基本想法是这样的：关系项和独立的关系如何能关联在

一起成为一个统一体？对布拉德雷而言，即是：组成（厚的）个体的性质如何通过独立的关系关联起来以成为一个（厚的）个体？例如甜的与硬的如何能够关联起来？假设甜的与硬的是通过关系 R 关联起来的，如前所述，R 是实在的，它独立于甜的、硬的，即是说 R 按其本性不能关联甜的和硬的，因此 R 要关联甜的和硬的，我们需要进一步的关系。进一步的关系同样是实在的，因而又需要进一步的关系，如此以至无穷。

可以看到，实际上，布拉德雷对个体、关系之实在性的攻击在方法论上运用了一个二难推理：

> 或者关系在本质上关联它们的项（……）或者它们没有。第一项宣称，如果它们关联了，那么它们就不独立于它们的项而存在，因而显然是非实在的。第二项宣称，另一方面，如果我们试图否认这一结论，并且坚持关系是实在的，那么它们自身就是额外的项，需要进一步的关系以关联它们和它们的项（它们原本被假定关联在一起），如此以至无穷。（Candlish 2007, pp.167-168）

换言之，布拉德雷认为，或者关系关联它的项，这样的关系不是实在的；或者关系是实在的，那么它按其本质不能关联它的项。

通过上述论证，布拉德雷试图论证，部分通过关系关联起来从而构成复杂的结构性实体的想法是难以理解的，因而根本不存在统一体，所存在的就是没有部分的整体。但是，由于布拉德雷是基于唯心主义立场来论证的，而且过于强调不同性质之间的同一，因而有循环论证之嫌。(Maurin 2012, p.796)所以,后来的学者对其论证进行了改造,以使它更一般性地适用于一切统一体等。布拉德雷倒退的一般形式可以表述如下:

> 如果命题是实体,它构成了某种类型的复合体,并且它的组成部分是(比如说)R_n、a_1、$\cdots$、a_n,那么必须存在一种关系将 a_1、$\cdots$、a_n 和 R_n 关联在一起以使得该命题具有特定的形式,比如,R_na_1, $\cdots$, a_n。如果该关系是 I_{n+1},那么该命题的组成部分实际上是:I_{n+1}、R_n、a_1、$\cdots$、a_n,并且该命题必须拥有这样的形式:$I_{n+1}R_na_1$, $\cdots$, a_n(其中,"I_{n+1}"表示($n+1$)元的例示关系或系(copula)关系。(Orilia 1991, p.104)

从这里,可以很容易得到一个无穷倒退,即:

$$R_na_1, \cdots, a_n; I_{n+1}R_na_1, \cdots, a_n; I_{n+2}I_{n+1}R_na_1, \cdots, a_n; \cdots$$

如何回应这一倒退?在1903年的《数学原则》一书中,罗素给出了两个回应布拉德雷倒退的策略,其一是认为这一倒退并非是恶性倒退;其二是认为统一体的源泉在于命题中的关系。第一个策略也为很多其他哲学家,如麦克塔格特、阿姆斯特朗,所支持。(McTaggart 1921; Armstrong 1997)且先看这一策略。

罗素认为,仅当一个无穷倒退是原初命题的分析时,该倒退才是恶性的。但是,还存在另一种无穷倒退,即该倒退是原初命题的推论,这种倒退是无害的。(Russell 1903, p.51)例如,如果关系是具体的，那么"A 不同于 B"中的不同于关系不同于"B 不同于 C"中的不同于关系，但是新的不同于关系又不同于前两种不同于关系，由此以至无穷。然而，随后的每一个不同于关系都可以从最初的不同于关系推出来，它们并非是对前者的分析。这样的倒退就是非恶性的。

在罗素看来，关于统一体的布拉德雷倒退就是一种非恶性倒退。还是考虑"A 不同于 B"，罗素说：

> 我们看到，如下努力是徒劳的：通过将 A、B 间的不同于关系包含进"A 不同于 B"的意义上以避免分析的失败。事实上，这一分析导致了一个不可接受的无穷过程；因为我们将不得不将上述关系与 A、B 和不同关系间的关系包含进来，如此以至无穷。而且，在这一持续增长的复杂性中，我们被假定只是在分析原初命题的意义。这一论证确立了一个非常重要的论点，即：当两个项之间存在一个关系时，该关系与项之间的关系，该关系、项以及新的关系之间的关系，等等，虽然全部为断定原初关系的命题所蕴含，但它们不是该命题之意义的组成部分。（Russell 1903, p.51）

按此表述，罗素认为，在统一体"aRb"中，R 与 a、b 的关系（令其为"R^1"）、R^1 与 R、a 和 b 的关系，……，它们并不构成"aRb"的涵义，而是为后者所蕴含。阿姆斯特朗表达了一个类似的观点，他认为在关于事实"aRb"的无穷倒退中，最初的事实是偶然的，但是其后的每一个都可以为"aRb"所逻辑蕴含。（Armstrong 1997, pp.118-

119)。

问题是,上述回应策略能否成功?即是说,布拉德雷倒退是否是恶性倒退?对此,答案可能并非如罗素、阿姆斯特朗等人所以为的那么乐观。如果无穷倒退并非原初命题的分析,那么原初命题是统一体,当且仅当它的组成部分实际的关联起来。问题是,如果如布拉德雷倒退所断定的,作为实体的关系要能关联关系项,必须有新的关系,那么原初关系本身就不能关联它的关系项。这种情形正如坎德利什的一个例子所展示的:

> 假设我给定了一个任务,通过用一堆宽松的金属环做一条链子。当我去连接其中的任何两个环时,我都这样回应:我需要第三个环来干这件事。这样,我所能做的最多是在那一堆环之外增加更多的环。很清楚,无论我增加了多少环,我都不会得到一条链子,除非我做一些与仅仅是收集更多的环"完全不同种类"(用罗素自己的话语)的事情。这些事情,我完全可以在连接第一对环时做得与随后任何一次增加环时一样好。(Candlish 2007, p.170)

基于此,我认为布拉德雷倒退并非是一种无害的倒退,它是恶性的。

8.2.2 弗雷格:概念"不饱和性"策略

罗素在《数学原则》中还提出了第二种回应布拉德雷倒退的策略,即认为统一体的源泉是命题中的关系。罗素认为,命题由项(terms)作为组成部分构成,项可以分为事物(thing)和概念

(concept)。事物是由专名所指称的项,概念是由其他词(特别是形容词和动词)所指称的项。一个命题之所以是统一体,是因为相应的句子中的动词总是断定了一个关系。关系,当未被分析时,它总是一种关联着的关系(relation actual relating)。(Russell 1903, chap.4)

这样一种策略与弗雷格的"不饱和性"(unsaturatedness)策略在本质上是一样的。[①] 考虑到罗素难以解释为什么关系(当未被分析时)是一种关联着的关系,[②] 而弗雷格对"不饱和性"则有着清晰、深入的阐述,这里以弗雷格的不饱和性策略为例来进行考察。

弗雷格并不接受事实作为一个独特的实体存在,他认为事实不过是真的命题。但是由于命题,即弗雷格式思想(Fregean thoughts),也是一种复杂的结构性实体,因此命题同样面临着统一体问题。弗雷格清楚这一点,他甚至还向维特根斯坦提出了这一问题,(Frege 1989, p.20)而他解决此问题的基本思路是引入"不饱和性"概念:

> 因为不能一个思想的所有部分都是完整的,至少有一个部分必须是不饱和的或者是谓述性的(predicative);否则的话,它们就不能关联在一起。(Frege 1997, p.193)

[①] 当然,两人之间的区别也是显著的。例如,弗雷格认为我们只能通过概念词而不能通过专名来指称概念,专名总是指称对象。对此,罗素的看法完全相反,他认为所有的项都必须能作为逻辑主词(logical subject)。但是,正如贾斯金所分析的(Gaskin 2008, pp.148-153),这些区别对于这里所关心的主题而言,是次要的、表面的。

[②] 参见 1.2.2 节。

按此表述，一个命题之所以是一个统一体，是因为(至少)它的组成部分之一，是不饱和的、不完整的。这就如同是说，命题中不饱和的部分有一个空缺，一个统一体是由于将一个对象置入该空缺中才获得的。

那么，命题中的哪个部分是不饱和的？该部分为什么是不饱和的？要回答这些问题，我们需要求助于弗雷格关于对象(个体)与概念的著名区分，后者又依赖于他关于主目(argument)与函数(function)的区分。简单来说，弗雷格认为，将"$2 \cdot x^3+x$"看作是x的一个函数的通常理解混淆了形式与内容、符号与符号所表达的东西，而一旦作出这一区分，就会看到在上述表达式中"x"仅仅不确定地指一个数。弗雷格说："从这里可以发现，正是这些表达式的共同因素包含了函数的真正本质性特征；即存在于"$2 \cdot x^3+x$"中除字母"x"以外的东西。我们多少可以将这点写为：$2 \cdot (\ )^3+(\ )$。(Frege 1997, p.133)"其中，括号表示一个空位，需要补充：

> 主目不同属于函数，而是与函数一起建立一个完整的整体，……；因为仅函数本身应该说是不完整的，需要补充的或不饱和的。因而函数与数根本不同。……函数解析式被分析成的两个部分，即主目符号和函数表达式，是不同类的，因为主目确实是一个数，一个自身独立的整体，而函数不是这样的东西。(Frege 1997, p.133)

可以看到，弗雷格关于函数与主目的区分具有三个重要的特征或性质：其一，函数是不完整的或者说不饱和的；其二，主目是自身独立的整体，因而它与函数是根本不同类的东西；其三，函数与主目一起建立了一个完整的整体。

函数与主目的区分是在数学中进行的，弗雷格将这一区分给予了扩展。其一是将主目的范围从数扩展到包括对象；其二，对于构造函数的计算方法，他引入了"=、<、>"这样的运算符。这两个扩展使得我们最终可以谈论自然语言的语句，例如，"这块糖是甜的"就可以被分析为两个部分：主目"这块糖"和函数"( )是甜的"。后者，正是弗雷格的概念：

> 我们因此看到，逻辑中称为概念的东西与我们称为函数的东西是如何紧密相联。实际上，我们马上可以说，一个概念是一个函数，它的值总是一个真值。（Frege 1997, p.139）

例如，当将对象"这块糖"置入概念"是甜的"中，就得到"真"这个真值，当将对象"这块黄连"置入概念"是甜的"中，就得到"假"这个真值。既然对象是主目，而概念是函数，那么前述主目与函数之区分的特征当然完全适用于对象与概念，因而布拉德雷倒退得到了回应。

该如何评价弗雷格的概念"不饱和性"策略？显然，这一策略的基石是对象与概念的区分。对于这一区分，弗雷格把其看作他从事语言哲学研究的三大原则之一。从直观上看，对象总是适用于一个东西，而概念适用于很多东西，因而这一区分也是可信的。此外，弗雷格还有一些与这一区分密切相关的论题，在他看来，任何一个（原子）语句都可以分成两个部分：专名和概念词。其中，专名指称对象，概念词指称概念。正如概念不能是对象，概念词也不能是专名、不能作句子的主语。将这一点与对象、概念之区分结合起来，我们立即可以得到著名的马概念悖论(the paradox of the concept *horse*)：

> "马"这一概念不是一个概念(the concept *horse* is not a concept)。

按照弗雷格的分析，"马"这一概念指称一个对象，但是它实际上应该指称一个概念，即"马"这个概念。弗雷格非常清楚这一难题，并且在诸多地方谈论它。

从本书的方案来看，这一悖论的产生也许是因为弗雷格断定只有概念是不饱和的，并且认为能做主语的只能是指称对象的专名。可以想见，如果不饱和的概念也可以作主语，那么上述悖论就不会产生。当然，由此一来，弗雷格解决统一体问题的基石，即通过区分概念与对象、并将不饱和性仅仅赋予概念，也相应被消解。

8.2.3 语境原则及其拓展运用

尽管弗雷格、罗素认为统一体的源泉在于概念这种观点似乎并不成功，但我认为他们指明了解决问题的方向。如果一个原子事实中的所有组成部分都是完整一块，那么很难理解它们如何能依据自身而关联在一起，所以事实统一体要可能，它的某一个或全部组成部分必须是不完整、不饱和的。兰姆赛曾这样描述这一想法的核心：

> 在每一个原子事实中，必须存在一个组成部分，它在本性
> 上是不完备的或关联性的（connective），并且将其他的组成部
> 分关联在一起。（Ramsey 1925）

本书的建议是：无论是对象还是概念都是不饱和的，这将成为解决统一体问题的关键。①

为什么对象与概念都是不饱和的？这一论断，首先可以从弗雷格的语境原则（context pricinple）中推出来。关于语境原则，弗雷格曾说道：

> **8.1** 必须在命题的语境中询问语词的意义，而不是孤立的询问语词的意义。（Frege 1997, p.90）

由于语词不仅仅包括概念词，同样也包括专名，因此(8.1)的一个自然的推论是：专名的意义也必须在命题的语境中询问。这一推论还可以找到弗雷格本人文本的支持：

> 一个作为整体的命题有涵义，它的部分因此也获得了它们的内容。……关于数字，我所宣称的独立性不能被理解为：若干语词当它们没有在命题语境中依然意味着某些东西，我的意

---

① 贾斯金同样持有这一论点，但他并不认为这是对统一体问题的解决。相反，他认为布拉德雷倒退不仅仅不是一个恶性倒退，它反而为命题统一体提供了一个解释。(Schnieder 2010)前面已经说明为什么布拉德雷倒退是一个恶性倒退，因而这里不再考察贾斯金的立场。

图仅仅是阻止将这些语词用作谓语或属性,后者明显改变了它们的意义。(Frege 1997, pp.108-109)

在这段引文中,弗雷格认为数字的意义也必须在命题的语境中询问;而数字,例如"5",本身就是专名,指称一个抽象的数学对象,即5。

其次,将对象看作与概念一样都是不饱和的,这还可以从弗雷格关于语言学分层(lingusitic hierarchy)的想法中获得支持。(Gaskin 2008, p.190)

如果专名的意义是完整的,那么很难理解专名的意义为什么要被置于命题的语境中询问。例如,如果"苏格拉底"这一专名的涵义就是其指称,那么,由于不同的语境并不会改变这一专名的指称,因此引进语境的作用在哪就很难看清。就此而言,专名的意义也是不完整的,或者说不饱和的。从上一小节(8.2.2节)的分析可以看到,弗雷格认为,(举例而言)命题 <aRb> 之所以是统一体,是因为 R 是不饱和的,而 R 之所以是不饱和的是因为概念词"R"的指称(即概念)是不饱和的。这实际上是说,涵义层面的不饱和性来源于指称层面的不饱和性。[①] 类似的,我在这里会说,专名的意义之所以是不饱和的,是因为专名的指称(即个体)是不饱和的。

假设个体和概念都是不饱和的,那么它们如何关联在一起以成为一个整体?对此,维特根斯坦给了我们回答:

---

① 对此,贾斯金持有不同的看法,他认为在弗雷格处,涵义是不饱和性的首要承担者(primary bearers)。(Gaskin 2008, p.129)

第 8 章 事实本体论

> 在事态中,对象就像链条的环节那样勾连。(Wittgenstein 1922, 2.03)

在给译者奥格登(C. K. Ogden)的信中,他这样解释这一条:"这是说没有任何第三者连接这些环节,它们自己连接在一起。"(Wittgenstein 1973, p.23)由于维特根斯坦否认关系作为项的存在,[①] 他本人的策略我并不接受,因为它难以解释像"这块糖是甜的"这样的一元事实。但是,运用维特根斯坦的这一想法,我们可以说,(举例来说)aRb 之所以是统一体,是因为 a、R、b 像链条的环节那样关联在一起。

但是,对于这样的回应策略,一个显然的问题是:如何理解和解释个体是不饱和的?如果我们不能从本体论上回答这一问题,前述解决方案就无疑是无源之水、无根之木。显然,我们无法,像弗雷格通过函数来解释概念的不饱和性一样,用函数来解释个体的不饱和性。因此,我们实际上需要从零开始。

我已经在第 6 章论证了,作为事实之组成部分的只能是薄的个体,而非厚的个体(对象),因为否则的话,所有的事实都将是必然事实。所以,下面我们就考察一下为什么薄的个体是不饱和的。如 6.2 节所述,所谓薄的个体,即是指"从其性质中抽象出来的个体",是对厚的个体抽离其性质后所获得的东西。不管这种抽象是部分

[①] 在逻辑哲学论中,维特根斯坦这样论道:
我们必不可说:"复合记号'aRb'说的是 a 和 b 处于关系 R 中",而必须说:"'a'和'b'处于某种关系中这一事实说的是,aRb 这一事实。"(Wittgenstein 1922, 3.1432)

考虑的心理行为,还是逻辑分析、语义分析,有一点是确定的,这种抽象不可能是一种(广义的)物理行为:给定一个对象(厚的个体),我们可以有一种物理手段将其所有的属性抽离出来,从而仅剩下所谓的薄的个体。这即是说,任何一个(薄的)个体,它必然"伴随着"特定属性。例如,就苏格拉底的位置属性而言,他也许在广场上,也许在剧院里,也许在家里,……尽管其中没有任何一个位置是苏格拉底必定处于其中的位置,但苏格拉底必定处于其中的某个位置上,这一点却是必然的。对于其他的属性范畴,情况同样如此。因此,苏格拉底(作为薄的个体)必然"伴随着"特定属性。阿姆斯特朗把这一点称为"没有赤裸裸的个体"。维特根斯坦则曾在《逻辑哲学论》中这样描述了这一点(Wittgenstein 1922):

> 2.0123 如果我知道一个对象,我也就知道它在事态中出现的一切可能性。(每一个这样的可能性必然就在对象的本性中。)
> 2.0124 如果一切对象被给定了,那么与此同时一切可能的事态也就被给定了。
> 2.013 每个事物都可以说是在一个可能事态的空间中。

既然没有赤裸裸的个体,既然薄的个体必然"伴随着"特定属性,因此当谈论薄的个体时,这种谈论只能是一种"片面考虑",一种孤立的考察,这样考察的个体是不完整的,因而是不饱和的。

回到布拉德雷倒退。按照阿姆斯特朗的理解,脱离所有属性的个体是不可能的,就如同没有任何个体例示的共相是不可能的一样。但是,这样回应布拉德雷倒退的方式似乎最终落入了布拉德雷的瓮中:按照布拉德雷对实在的定义,这样的个体、共相都不是实在的。因此,在这一小节的最后,我想谈谈我对实在的理解。

在西方哲学中,人们至少有两个谈论实体的词:substance 和 entity。对于前者,亚里士多德的定义是:(考虑最有资格作为实体的第一实体)既不存在于他物中,也不谓述他物。即是说,第一实体能够依据自身而独立存在。布拉德雷正是在这样的意义上谈论实在。然而,人们也在一种相对较弱的意义上谈论实体,即凡是真正的东西(real things),真实存在的东西,都是实体,这正是第二个词(entity)的意思。(Armstrong 1997, p.30)当亚里士多德将存在的所有东西(being)划分为实体与属性范畴时,诸属性尽管不能独立存在,但它们却是真实存在的,也即是较弱意义上的实体。从这个意义上讲,布拉德雷本身对实在的理解过于偏狭。

8.3 阿姆斯特朗的例示必然性论题

众所周知,个体与共相之间的关系是一个非常古老的话题。在哲学史上,哲学家们已经提出了诸多的概念来表征两者间的关系,如参与(participation)、捆(tie)、系(copula)、例证(exemplification)和例示(instantiation)等等。在当代哲学的讨论中,"例示"是一个最常被用到的术语,也是阿姆斯特朗所采用的概念。通常认为,个体通过例示共相从而与共相关联起来,即是说,例示关系是将个体、共相关联起来的"胶合剂"。但是,这样的做法面临着著名的布拉德雷倒退。为了避免布拉德雷倒退,看起来,一方面,我们需要一种东西来关联个体与共相，另一方面，这种关联本身又不能是关系，即我们需要所谓的"非关系性的联结"（non-relational tie），或者"基础的联结"（fundamental tie）。（Baxter 2001, p.449; Armstrong 1997, p.118）

在很长一段时间，阿姆斯特朗认为事实（他称之为"事态"）即是所要求的非关系性的联结："特别是，不需要事态以外的任何东西以使得该事态的组成部分结合在一起。个体对共相的例示恰好就是该事态自身。"（Armstrong 1997, p.119）这就是说，事实"a 是 F"即是 a 对 F 的例示。然而，既然事实实际上是一种例示，那么它就是一种关系，就依然面临布拉德雷倒退。（Hochberg 1999, p.45）就此而言，例示是如何可能的这一问题并没有得到成功地回答。

实际上，"非关系性的联结"这种说法本身就是矛盾的，它要求某种既关联个体与共相（即是一种关系）又不是关系的东西。所以，它不可能成功回应布拉德雷倒退，因而难以解释个体与共相的关联。这种微妙的紧张之处，阿姆斯特朗显然深有体会。是以，与巴克斯特的讨论使他迅速改变了对这一问题的看法。借助于自己的"方面"（aspects）形而上学，巴克斯特认为，个体与共相之间的例示是一种部分同一关系。（Baxter 2001）阿姆斯特朗接受这一观点，并（与巴克斯特的立场相反）进而认为个体对共相的例示是一种必然关系。

从学理上说，例示的部分同一说与例示必然性论题原本是两个不同的学说，但是，如我们将看到的，阿姆斯特朗独创性地将它们关联起来，认为一旦接受部分同一说，立即就能发现必然性论题。（Armstrong 2005b, p.317; Armstrong 2006, p.243）对于这两个学说，以及阿姆斯特朗构建其关联的策略，我将在这一小节中论证，一方面，阿姆斯特朗关于例示的部分同一说本身难以构建；另一方面，例示必然性论题在实践上和理论上会产生"灾难性"的后果，必须予以拒斥。此外，由于阿姆斯特朗的例示必然性论题蕴含在其部分同一说中，因此我们最终还将附带性地收获一个拒斥束理论（即：个体是一束性质，无论性质被理解为特普，还是共相）的强有力的论证，而这本身即证明了基质存在。

8.3.1 部分同一说

如前所述，与巴克斯特的交流使得阿姆斯特朗改变了关于例示的理解。从 2004 年开始，阿姆斯特朗在一系列公开出版物中将个体对共相的例示阐释为个体与共相的部分同一。

那么，什么是"部分同一"？实际上，早在 1978 年阿姆斯特朗就引入了这一概念，并将它作为严格同一（strict identity）和宽松同一（loose identity）之外的第三种同一关系。对于理解部分同一的涵义，给出两个例子可能是最直观的方法：澳大利亚与新南威尔士州，两栋台阶毗邻、共有一面墙的房子。前者是整体—部分，后者是重叠（overlap）。（Armstrong 1980, p.37；Armstrong 1997, p.18）在整体—部分这一例子中，作为澳大利亚之部分的新南威尔士州与其自身严格同一；在重叠的例子中，两栋房子共同的墙严格同一。但在上述两个例子中，无论是澳大利亚和新南威尔士州，还是两栋毗邻的房子，它们都是不同的，因而它们的同一仅仅是部分同一。基于这两个例子，很容易给出关于"部分同一"技术刻画，比如下述定义：

8.2 a 和 b 部分同一，当且仅当如下两个条件之一被满足：

(i) $a⊑b \lor b⊑a$；
(ii) $\exists x(x⊑a \land x⊑b)$。

其中，"⊑"表示"是……的部分"，如"$a⊑b$"表示 a 是 b 的部分。

可以看到，根据(8.2)，个体与共相之间的部分同一要有可能，必须有：或者个体是共相的部分，或者共相是个体的部分；或者个体与共相拥有一个共同的组成部分。对于第一种可能性，由于哲学史上还没有一种理论持有这种想法，因而可以不予考虑；第三种可能性也不可能是阿姆斯特朗构想个体与共相之部分同一的选项，因为他坚持个体与共相的范畴划分，即：既拒斥个体的束理论，又坚持共相作为方式(as way)而非实体(substance)的存在。所以显然，阿姆斯特朗的方案将在第二种可能性上着手。

说共相是个体的组成部分，这如何可能？对此问题，出于表述的方便，区分非关系属性和关系是非常便利的。先看非关系属性。众所周知，在关于个体的本体论中，主要有两种主要的个体理论，其一是束理论，其二是基质论。按照束理论，个体不过是一束性质，因此，性质是个体的组成部分；如果性质是共相，那么共相将是个体的组成部分。所以，根据(8.2)，束理论会支持部分同一说。(Armstrong 2006, pp.239-240)但是，如果坚持基质存在，那么如阿姆斯特朗所看到的，由于个体不会被性质所穷尽，部分同一说就不像束理论那么一目了然了。(Armstrong 2006, p.241；Svennerlind 2005, pp.201-202)

第8章 事实本体论

对此问题,阿姆斯特朗的策略是:即使基质存在,当我们谈论个体对共相的例示时,所说的个体也不是基质,而是包含其所有非关系属性的个体,即厚的个体。例如,他说:

> ……假设[事态"a 是 F"]不存在。个体 a,即伴随着其所有非关系性质的个体,我过去称之为"厚的个体"的东西,便不存在。(Armstrong 2004a, p.47)
>
> 首先考虑这样一种情况,一个个体以某种方式包含它的性质:后者在某种意义上是该个体的部分。……(Armstrong 2006, p.242)

假设个体指的是包含其所有非关系属性的个体,那么由于非关系属性是个体的部分,因此根据(8.2)显然有,个体与非关系属性间具有部分同一关系。

但是,尽管有上述文本的硬证据,阿姆斯特朗有时却也在基质的意义上谈论个体。[①] 所以看起来,在"个体"的涵义上,我们并没有硬证据说,阿姆斯特朗谈部分同一说时所论个体是厚的个体。但是,由于薄的个体是抽离其所有性质的个体,即性质不可能是薄的个体的组成部分,因此它与共相间不可能存在部分同一关系。因此,我们可以看到,阿姆斯特朗早期在构想能避免布拉德雷倒退的例示关系时,他认为事态(以薄的个体、性质作为组成部分)即是所

---

① 例如,他这样说过:我认为个体,过去称之为"薄的个体"的东西,可以被看作为统一体原则(principle of unity),一个穿过且集聚其多个性质的一,与此同时,共相也可以被看作是统一体原则……(Armstrong 2005b, p.317)

要求的东西；现在，当阿姆斯特朗以厚的个体作为例示关系之一方时，他已经不需要事态来关联个体与共相，因而他实际上已经放弃了薄的个体，放弃了薄的个体与厚的个体之间的区分（Svennerlind 2005, p.202），不过很可能是因为这样的放弃会对其理论框架中其他论题（例如，事态的必要性问题）产生重大影响，是以阿姆斯特朗有意模糊这一事实。（Mantegani 2013, p.702）基于这样的判断，部分同一说与其说是阿姆斯特朗关于例示关系之理解的变化，不如说是他关于个体之理解的变化。

但是，众所周知，关于共相的一个典型特征是，它们可以在同一时间、不同地点为不同的个体所拥有，部分同一说如何解释这一点？阿姆斯特朗的策略是发展出两个新的概念："一穿过多"（one running through many）和"交叉"（intersection）。（Armstrong 2004a, p.49；Armstrong 2004b, p.140；Armstrong 2006, pp.242-243）它们实际上都是譬喻性的提法，借用的是我们关于道路的直观。我们知道，两条道路交叉后，它们有一段共同的部分，因为这一共同部分，我们可以说它们是部分同一的。在阿姆斯特朗看来，一个个体通常拥有不止一个性质，因此就像一条道路穿过多条道路一样，一个个体也"穿过"多个共相，这即是"一穿过多"。同样，一个共相也被不止一个个体所拥有，因此一个共相也"穿过"多个个体。因此最终，个体与共相之间是"交叉"的。

这两个譬喻性的提法该如何给予精确的阐释？直观的解释是这样的，设想这样一个可能世界，它由简单的个体和简单的共相构成，其中共相指的是非关系性质。那么，这个世界可以由下表来表征：

表8.1

	a	b	c	d	e	→
F	√		√			
G	√	√		√		
H			√	√	√	
J	√	√		√		
K		√	√		√	
↓						

其中，小写字母表示个体，大写字母表示共相，它们分别是所在的列和行本身。"√"表示相应个体与共相间交叉。另外，上表表中的√是随机给定的。(Armstrong 2004b, p.142)根据表8.1，a 例示 F 实际上就是 a 与 F 交叉，一种部分同一关系。

看起来，这样的说法确实足以说明个体与共相的交叉，但问题是，如果个体、共相等同于相应的列和行，共相如何可能是个体的组成部分，例如，F 如何可能是 a 的部分，就变得难以理解了。如表8.1所显示的，看起来，真实的情况是，个体与共相的部分同一是因为它们拥有一个共同的组成部分，但这与阿姆斯特朗所坚持的个体与共相的范畴划分是矛盾的。

再看关系。已经知道，在处理形如"Fa"这样的例示关系时，阿姆斯特朗的策略是认为 F 是 a 的一个组成部分；那么，形如"$R_n a_1 \cdots a_n$"这样的例示关系该如何处理，前述策略能推广到此吗？对于关系事实的例示问题，阿姆斯特朗先后给出了两个方案。

在稍早提出的方案中，阿姆斯特朗分了两步走，首先考虑对称关系，然后考虑反对称关系和非对称关系。对称关系的一个典型例子是：a 和 b 相距两英里远。阿姆斯特朗认为，这一例示关系可以构想为 a 和 b 的有序对 <a,b> 与共相"是两英里远"的部分同一。(Armstrong 2004b, pp.149-150) 对于反对称关系，阿姆斯特朗的解释则停留在泰克斯特提供的一个意象上：反对称关系就如同一条有两个方向的高速公路，其关系项就如同只与其中一个方向交叉的公路。(Armstrong 2004b, pp.151-152)

但是，如果我们前面对"Fa"这种形式的例示关系的分析是正确的，那么上述方案成立的一个必要条件将是：共相是相应关系项的有序组的性质，例如性质"是两英里远"是 <a,b> 的组成部分。但是，已有的研究只表明集合（有序组本身是集合）具有一些数学性质，从来没有表明它们可能具有物理性质。因此，在我看来，阿姆斯特朗的上述方案只能算是大胆的猜测，缺乏基本的学理支持。

在稍晚一些时候，阿姆斯特朗提出了一个他自认为是比前述方案有所改进的方案。(Armstrong 2006, p.246) 新的方案实际上是将他关于"Fa"形式的例示关系处理推广到"Rab"以及其他的关系事实，即论证共相是相应关系项的组成部分。他说：

> 现在考虑任何多元的外在关系，例如是两英里远（being two miles apart）。在这一关系在其中成立的任何具体情境中，都将存在两个个体，a 和 b，它们是两英里远。但是，现在考虑个体 a+b，即该两个个体的部分学总和。该个体将拥有一个结构性质（structural property），一个一元性质：拥有至少两个相距两英里的部分。然后，建议就是：正是这个一元的结构性质，

> 它与拥有该一元结构性质的个体是部分同一的。在给定项的部分学总和总是可以被看作是一个个体后,(……)看起来这一解决策略总是可以扩展到包括所有的外在关系。(Armstrong 2006, p.246)

即是说,任何的外在关系(无论它是多少元的)都可以还原为一种一元性质,后者是特定个体的组成部分。例如,对于 Rab 这样的二元关系事实,它可以被还原为 a + b 对特定一元性质的拥有;一般地,对于 $Rt_1t_2\cdots t_n$ 这样的 n 元关系事实,它可以还原为 $t_1+t_2+\cdots t_n$ 对特定一元性质的拥有。而且,特定的一元性质都是相应的个体(部分学总和)的组成部分。

显然,对于这样的方案,如下两个论题至关重要:其一,个体的部分学总和是否是一个个体;其二,一个多元关系是否可以还原为相应的一元性质?显然,第一个论题需要求诸刘易斯的无限制组合原则,即任何两个个体都可以组合成一个新的个体,据此原则有:如果 a、b 是实体,那么 a 和 b 的部分学总和也是实体。(Lewis 1993, p.7)关于第二个论题,阿姆斯特朗提出了"结构性质"这样的概念,一个结构性质尽管是复杂的,但就其本质而言是一元的。

深入讨论上诉原则和概念也许非常有意思,但这不是我想要做的。其理由主要有如下三个:第一,上述方案就算行得通,也只能处理对称关系,而无法处理非对称关系和反对成关系。第二,"结构性质"这一概念很容易让我们回想起亚里士多德的实体——属性形而上学及其发展史。第三,把多元共相(关系)还原为一元共相(性质)的做法,使得阿姆斯特朗能统一地用部分同一说去解释个体对共相的例示，但这个论题在实践上和理论上将产生灾难性的后果，因而必须予以拒斥。

第三个理由我将在 8.3.2 节给出，这里先给出第一个和第二个。第一个理由。假设 R 是反对称关系，那么 Rab 与 Rba 至多只有一个成立，假设 Rab 成立。如果 Rab 可以解释为 a + b 对某个结构性质的拥有，那么显然 b + a 也拥有该结构性质（因为 a + b 与 b + a 是同一个东西），因此有 Rba。这与 Rab 与 Rba 至多只有一个成立的前提矛盾。

第二个理由。众所周知，亚里士多德将所有的存在分成实体和属性两大类，并且断定所有的属性必定存在于实体中，或者说它们是实体的属性。与这种形而上学对应，一个句子总是被分析成主谓式的。关系作为九大属性范畴之一，所有的关系陈述最终需分析为主谓式的。例如，"苏格拉底是柏拉图的老师"这一关系陈述最终要被分析为：苏格拉底拥有是柏拉图的老师这一属性。这样，一种二元关系最终被分析为一种关系性质（一元性质）。现代逻辑一大成就正是：抛弃对于句子的主谓式分析，而开创了函项主目分析。在这一过程中，一个重要的形而上学收获是：关系的本性得到重新理解，它不再像亚里士多德所处理的那样是实体的特定属性；相反，性质倒是凭借关系而被重新理解，即性质被理解为一种一元关系。即是说，关系更根本，一元性质是一种特定的关系。如果这样一个传统被尊重，那么显然，对性质的处理很难推广到关系上。就此而言，我认为阿姆斯特朗的策略是令人震惊的，一个难以置信的历史倒退。

8.3.2 例示必然性论题及其困难

前面提到，正是巴克斯特首先提出了关于例示的部分同一说，但他认为用部分同一所解释的例示依然是偶然的，与此相反，阿姆斯特朗认为例示是必然的，他说："……在我看来，一旦拥有同一，即使仅仅是部分同一，那么也能发现必然性。"（Armstrong 2005b, p.317；类似的表述还可以在下述文献中看到：Armstrong 2004a, pp.47-48；Armstrong 2004b, p.144。）即是说，如果 a 与 F 之间存在部分同一关系，那么 a 对 F 的例示是必然的，也即是说，F 对 a 的谓述是必然的，这即是例示必然性论题或谓述必然性论题。

此外，可以看到，这种必然性实际上是源于对个体的特定理解，即把个体理解为包含属性的厚的个体。以苏格拉底为例，如果苏格拉底包含了他所有的性质（例如，是哲学家、是扁鼻子），那么苏格拉底与是哲学家、是扁鼻子等属性部分同一，而且这种部分同一逻辑地蕴含在"苏格拉底"这一概念中，因而是必然的。这样，我们可以获得如下结论：

> **8.3** 阿姆斯特朗的部分同一说逻辑蕴含着个体例示共相的必然性论题。

问题是，如果个体对共相的例示是必然的，那所有的事实不就都是必然事实？现实世界中还存在偶然性吗？例如，如果苏格拉底必然例示是扁鼻子，那么苏格拉底是扁鼻子不就是一个必然事实？难道如下情况不可能，尽管苏格拉底事实上是扁鼻子，他可能是鹰钩鼻？

对这些问题，阿姆斯特朗提供了系统的回答，这个回答本身借助了刘易斯的"临近对应者"（close counterpart）概念。根据刘易斯，没有任何对象可以存在于两个世界（比如现实世界和某个可能世界）中，因此并不存在跨世界同一性的问题，但是下述情况是可能的：存在某个可能世界，它与现实世界仅有微小的差别，比如，在该可能世界中存在一个个体，他除了是鹰钩鼻外，其他的一切属性都与现实世界的苏格拉底一样。刘易斯认为，这样的个体即是苏格拉底的临近对应者。（Lewis 1986, pp.108-115）有了"临近对应者"概念，阿姆斯特朗就认为，（假设 a 是 F）如果一个个体存在，它与 a 唯一的区别是缺乏 F，那么它就不是 a，而只是 a 的临近对应者；同样，如果一个共相存在，它与 F 的区别仅仅是不为 a 所例示，那么它也不是 F，而只是 F 的临近对应者。（Armstrong 2004a, p.47；Armstrong 2004b, pp.144-145；Armstrong 2005b, p.318；Armstrong 2005a, p.274；Armstrong 2006, p.240）换言之，阿姆斯特朗认为，如果 a、F 存在，那么 a 必定拥有性质 F，因此 a 对 F 的例示、F 对 a 的谓述是必然的。但是，阿姆斯特朗认为，这并不因此导致所有的事实都是必然事实，因为尽管 a 对 F 的例示是必然的，但 a、F 都是偶然的存在，因此 a 是 F 依然是一个偶然存在的事实，偶然性在现实世界中依然存在。（Armstrong 2004a, p.47, 49；Armstrong 2006, p.243）

表面上看，如果接受临近对应者概念，那么阿姆斯特朗的上述论证是非常强有力的，但实际情况恰恰相反，因为上述论证已经埋藏了一个摧毁它自身的幽灵。不妨来看一下这一点。假设现实世界中存在着偶然性，即某个个体或共相可能不存在；假设个体 a 不存在，那么，仿照阿姆斯特朗运用"临近对应者"进行论证的思路，我们可以说：个体 a 不存在的世界并不是现实世界，它只是现实世界的临近对应者（临近世界）。这就是说，在现实世界中，所有实际存在的个体、共相都必然存在，因而所有的事实都是必然事实。凡是现实的，都是必然的。偶然性在现实世界中没有位置。

我们可以对这一结论提供一个更严格的证明。考虑一个极其简单的世界，它只包含 a、b、c、d 四个个体，以及 F、G、H 三个共相，它们之间的例示关系如下表：

表 8.2

	a	b	c	d
F	√	√		√
G		√	√	√
H	√		√	

现在，假设这个世界上存在偶然性，按照阿姆斯特朗的思路，有：a、b、c、d、F、G、H 可能不存在。假定 a 不存在，根据临近对应者理论，有：缺乏 a 来例示的 F 不是 F，它只是 F 的临近对应者，缺乏 a 来例示的 H 不是 H，它只是 H 的临近对应者。由于 F、H 不存在（存在的仅是它们的临近对应者），因此，b、c、d 也都不存在；最后，G 也不存在。也就是说，如果 a 不存在，那么这个简单世界上的所有个体、共相都不存在，所存在的只是这些个体或共相的临近对应者甚至更差。就此而言，这个世界当然也不存在。这意味着，这个世界中不可能有偶然性存在，所有的存在都是必然性存在。

对于牛顿的拥趸来说,这也许并不是一个什么糟糕的结果,但如果注意到牛顿的必然主义与这种必然主义之间的区别,以及后者的后果,那么我认为一个牛顿主义者也不会接受这种必然主义。牛顿主义认为,因为是必然的,所以是(或将成为)现实的;而阿姆斯特朗的上述必然主义则认为,因为是现实的,所以是必然的。后一种必然主义将在实践上和理论上产生灾难性的结果。实践上的不说,仅以理论层面的而言,我们就能看到,举例而言,因为所有恶行将不再承担责任(既然是必然的,恶行的行动者又有什么办法呢?),伦理学将被消解。又如,后一种必然主义将完全消解可能世界语义学的形而上学基础,因而可能世界语义学毫无价值。所以,例示的必然说必须予以断然拒绝。

至此,我们可以对前述讨论做一个总结。可以看到,阿姆斯特朗的部分同一说之成立的必要条件是:作为部分同一关系之一方的个体是厚的个体,即包含其所有非关系属性作为组成部分的个体。然而,即便如此,部分同一说也难以处理关系事实,对这一难题的处理要么无计可施,要么如阿姆斯特朗一样完全无视现代逻辑学的发展和所取得的丰硕成果,逆历史潮流而动。此外,例示必然性论题将取消偶然性在现实世界的位置,而这在实践上和理论上是一个灾难,因此必须予以拒斥。由于例示必然性论题是从阿姆斯特朗的部分同一说中逻辑推出来的,而后者又蕴含在"厚的个体"这一概念中,因而对例示必然性论题的拒斥实际上即是对阿姆斯特朗之部分同一说的拒斥,最终,这一拒斥将产生积极和消极两方面的后果:

从积极方面来说,如果我们拒绝薄的个体,只承认厚的个体,那么上述一系列被拒斥的结论将难以避免。这即表明，存在薄的个体。同时，它还表明了，如果事实存在，则作为事实之组成部分的个体是薄的个体而非厚的个体，因为如果是厚的个体，那么像"a 是 F"这样的事实就蕴含在"a"这一概念中，从而使得 a 对 F 的例示是必然的。关于这一点的论证同样简单：如果 F 并不包含在 a 中，那么"a 是 F"就不是一个事实。例如，如果是鹰钩鼻不包含在苏格拉底中，即苏格拉底不具有是鹰钩鼻的属性，那么"苏格拉底是鹰钩鼻"就不是一个事实。

从消极的方面说，如果存在薄的个体，那么关于个体的束理论就不成立，因为个体并非仅仅是一束性质。尽管束理论对个体的界定不同于厚的个体，但它与厚的个体一样，认为个体包含其所有的性质作为组成部分。但是这样一来，这将导致个体对性质的谓述是必然的；一个已经被拒斥的结论。

8.4 事实：抽象的结构性实体

通过第 8.2、8.3 两节的讨论，我们可以确定几个基本的结论：第一，为了应对布拉德雷倒退，构成事实的组成部分（即个体、属性）都是不饱和的，它们像维特根斯坦的链条那样勾连在一起；第二，个体的不饱和性乃是由于作为事实之组成部分的个体指的是薄的个体，一个薄的个体总是伴随着各种各样的性质、与其他个体处于各种各样的关系中，因此抽象地考虑薄的个体，这只是一个部分考虑行为。第三，存在薄的个体，这一点通过分析阿姆斯特朗放弃薄的个体与厚的个体的区分的理论后果可以确立。

有了这三个基本结论后,本书所建议的事实本体论实际上已经呼之欲出了。但是,且让我们再来一番哲学考古学,以便更清晰地理解本书所建议的事实概念。如本章一开始所说的,事实在当代哲学的诸多领域中都扮演着重要角色。然而,尽管事实很重要,事实是什么,哲学家们却缺乏共识。大致说来,有两种主要的事实观,其一是认为事实是命题的真理(命题的真理不等于真的命题),持此观点的哲学家有摩尔、斯洛特、塞尔等;其二是认为事实是以个体、属性作为组成部分的结构性实体。第一种观点,由于它的两个推论——其一,有多少真命题就有多少事实;其二,事实独立于个体——显然不足取而应者甚廖;① 第二种观点,或许由于它跟直观的契合,是一种最为广泛流行的观点,是当前关于事实概念的正统解释。对于那些探讨事实概念的哲学家,以及那些尽管不讨论却时常用到这一概念的哲学家,他们所说的事实通常指的就是这样一种结构性实体。此外,对于这种事实,无论是其辩护者还是批评者,几乎都无一例外地将其理解为世间的项(worldly items),即理解为物理世界的存在物,时空系统中的存在物。

但是,关于事实的这种流行解释同样也面临着显明的、严重的困难。通过对这种流行解释进行详细、深入的分析和讨论,我们将发现,这种意义上的事实实体不可能存在;不仅如此,如果事实存在的话,那么对流行解释之困难的分析还将提示我们,事实是一种抽象的结构性实体,一种柏拉图主义意义上的抽象存在物。

---

① 关于这种事实概念,参见第 1.2.3 节。

8.4.1 流行解释

流行解释认为,事实是结构性实体,即是说,事实由个体、属性(性质、关系等)作为组成部分构成。例如,苏格拉底是柏拉图的老师这一事实即是由苏格拉底、柏拉图和关系"是……老师"作为组成部分构成,其中,苏格拉底、柏拉图指的是生活在古希腊的那两位哲学家。

关于事实的这种流行解释,我们至少可以追溯到罗素。在事实成为哲学中的重要概念这一历史过程中,罗素是非常关键的一环。实际上,罗素、摩尔是历史上最先将事实与符合论关联起来的人,正是这一关联使得事实成了真理论中的核心概念(Künne 2003, p.112);其后,维特根斯坦、麦克道威尔,特别是阿姆斯特朗,又在形而上学的领域中进一步挖掘了事实的重要意义。在"逻辑原子主义哲学"一文中,罗素曾这样谈到事实的本性:

> 世界上的事物具有各种属性,并且相互之间具有各种关系。事物具有这些属性和关系,这就是事实,并且事物以及他们的性质或关系在某种意义上显然是拥有这些性质或关系的事实的组成部分。(Russell 2010, pp.18-19)

在这段引文中,罗素确立了两个论点:第一,事实就是一个个体对某种属性的拥有,或者多个个体对某种关系的拥有(尽管什么叫"拥有"并不清楚);第二,对象、属性是事实的组成部分。我把这样的事实理解称为组合性事实概念。

阿姆斯特朗同样持有这样一种事实观。承接罗素，阿姆斯特朗对事实做了更系统、更深入的讨论。从1960年的《贝克莱的视觉理论》(*Berkeley's Theory of Vision*)开始，阿姆斯特朗(Armstrong 1960)通过几十年的努力，发展了一套少见的形而上学系统，在这套系统中，事实是核心概念之一。毫无疑问，阿姆斯特朗是当代对事实给予最系统、最详细讨论的哲学家。他关于事实的立场，简言之，可以用《事态世界》一书中最开始的那段话来表达：

> 事态的一般结构将被论证成这样：一个事态存在当且仅当一个个体具有一个性质，或者两个或更多个体之间拥有一种关系。每一个事态，以及每一个事态的每一个构成成分（……），都是偶然的存在。(Armstrong 1997, p.1)

这里的事态就是罗素所说的事实。(Armstrong 2009, p.39)

下面，我们（主要以阿姆斯特朗为例）从三个方面来看看组合性事实概念：第一，作为事实之组成部分的个体；第二，属性（性质、关系）；第三，个体与属性"组合"为事实的方式。

关于个体，在通过使真者论证来证明事实实体之必要性时，阿姆斯特朗区分了薄的个体与厚的个体，并且认为作为事实之组成部分的个体是薄的个体。与阿姆斯特朗的上述观点相悖的是，就罗素以及绝大部分组合性事实概念的支持者而言，作为事实之组成部分的个体是厚的个体。阿姆斯特朗本人后来也放弃了薄的个体与厚的个体的区分，认为所有的个体都是厚的个体。

关于属性，通常既存在着它们是共相还是殊相的争论，也存在着它们是范畴性的实体还是倾向的分歧。罗素、阿姆斯特朗等都认为共相存在。然而,无可否认的是,无论性质、关系是殊相还是共相,对于事实的存在性而言,并无大的影响。从自然主义立场来看,性质、关系是殊相无疑更讨喜一些。但是,既然罗素、阿姆斯特朗坚持认为性质、关系是共相,那么(例如,阿姆斯特朗)如何在这一问题上坚持自然主义立场?

罗素曾经认为性质、关系与个体一样都是实体,但是,由于布拉德雷倒退,这种将性质、关系物性化的做法似乎给事实作为统一体的可能性带来了挑战。罗素试图回应这一挑战,但并不成功。(李主斌 2015)面对如此情况,萨金特(David Seargent)建议,共相应该被设想为是事物存在的方式(ways),而非事物或实体。(Seargent 1985, ch. 4)阿姆斯特朗同意共相是事物存在的方式,但对于"共相不是实体"这个观点他并不赞同。在他看来,任何存在的东西都是实体(entity),只不过共相不应该被看作是能够独立存在的东西,即不能被看作是亚里士多德意义上的实体(substance)。(Armstrong 1997, p.30)由于把共相看作是个体存在的方式,或者个体间相关联的方式,因此一个共相能够存在的必要条件就是:存在一个个体例示它。这样,阿姆斯特朗就高举了亚里士多德的共相观,其口号是:不存在未被例示的共相。

同样,由于共相被理解为方式,因此,共相按其本性就意味着个体的存在,这就为阿姆斯特朗关于共相是事态类型、是不饱和的,提供了形而上学的支撑。同时,这样的说法也提示了个体、共相组合起来的方式。阿姆斯特朗说:

如果个体 a 具有性质共相 F，那么事态就是"a 是 F"（a's being F）。为了方便，我们可以继续常常用字母"F"来指称该共相，但是最好[将其]想象为"＿＿＿是 F"。类似地，我们有"＿＿＿R＿＿＿"；它是事态中所涉及的特定个体在思想中被提取后事态所剩下的全部东西。所以，它是一个事态类型，是包含该共相的所有事态共同的组成部分。（Armstrong 1997, pp.28-29）

这样，像 Fa 这样的事实实际上就是将 a 置入"＿＿＿是 F"中的空位而获得。可以看到，这实际上就是弗雷格解决统一体问题的方案。

8.4.2 流行解释所面临的困难及其消解策略

按照组合性事实概念，事实包含个体作为组成部分，其中，个体指的是厚的个体，即伴随着其所有非关系性质的个体。显然，在这样理解的事实中，个体与事实之间具有一种部分——整体关系，个体是事实的（真子）部分。由部分学的讨论我们清楚，部分—整体关系具有如下三个典型特征（Varzi 2015, sec. 2, 3）：

传递性：如果 x 是 y 的部分，y 是 z 的部分，那么 x 是 z 的部分。

自反性：每一个东西都是自己的部分。

反对称性：如果 x 是 y 的部分，y 是 x 的部分，则 x 等同于 y。

正是部分——整体关系的上述传递性为阿姆斯特朗等人的事实概念带来了严重的困难。

关于第一个困难,我们可以从弗雷格对维特根斯坦的一个评论开始:

> 我想考虑一个例子,它解释了维苏威火山是某个事态的部分。然后,看起来维苏威火山的部分也必定是该事实的部分;这一事实因此将也包含硬化的火山熔岩。在我看来,这并不正确。(Frege 1989, p.20)

假设维苏威火山是一座火山是一个事实,并且维苏威火山是该事实的一个组成部分。如果作为上述事实之组成部分的维苏威火山是一个厚的个体,包含它所有的石头、熔岩等作为组成部分,那么根据部分——整体关系的传递性,这些部分将也是上述事实的组成部分。由于石头、熔岩具有重量、广延,因此,以之作为部分的上述事实也将具有重量、广延。但是,事实"维苏威火山是一座火山"显然不是一种具有重量、广延的东西。(Textor 2016, sec. 4.1)

第二个困难是:如果个体是物理世界中的存在物,那么个体就是时间约束的(time-bounded),即是说,这样的个体仅在一定的时间中存在。就苏格拉底而言,他在公元前469年之前不存在,在公元前399年以后也不存在。这样的话,如果事实包含个体作为组成部分,那么事实也将是时间约束的:仅当个体存在时,以之为组成部分的事实才可能存在。这就会导致非常严重的后果。例如,在公元前400年,苏格拉底是一位古希腊的哲学家是一个事实,但在今天它不是，因为在今天苏格拉底已不存在。这当然是错误的，毫无疑问，我们都会承认，即使在今天，苏格拉底是一位古希腊的哲学家依然是一个事实。一个更尖锐的例子是这样的：苏格拉底活在远早于维特根斯坦的时代里。可以看到，由于在任何时间里苏格拉底和维特根斯坦都不会同时存在，因此以这二者为组成部分的事实在任何时间都不存在。这当然也是错的。(Künne 2003, p.122；Textor 2016, sec. 4.1)

流行解释所面临的第三个困难正是著名的统一体难题，这一难题我们已经在 8.2 节给予清晰地展示，这里不再赘述。

如何消解上述困难？泰克斯特(Mark Textor)给出了这样的建议：事实并不包含个体、性质作为组成部分，它仅仅是本体论依赖于个体和性质。由之所构建的事实是：事实"是通过用性质谓述个体而产生自性质和个体。事态'a 是 F'就是 F 对 a 的谓述"(Textor 2016, sec. 4.4)。这里的"谓述"不是一个语言学概念，而是形而上学概念。可以看到，如果个体、性质不是事实的组成部分，而仅仅是事实所本体论依赖的，那么前述三个困难的前两个都将消解。问题是，统一体问题的困难如何解决？

在这一点上，泰克斯特并不认同概念不饱和性策略，在他看来，概念的不饱和性很难从本体论层面得到说明，而弗雷格式的函数解释会给事实概念带来严重困难。(Textor 2016, sec. 4.4)他看起来是想通过个体、共相依其本性能够使得后者谓述前者来解释事实统一体。这一思路与阿姆斯特朗解决统一体问题的下述思路(它与前文所介绍的共相不饱和性策略不同)是一样的。前面说过，阿姆斯特朗认为事实即是个体对共相的例示。对于这种理解的事实，阿姆斯

第8章 事实本体论

特朗说：

> ……不存在除事态本身之外的例示关系。……两个事态之间的不同，如我们所建议的，最好被说成是它们是两个不同的事态。这些组成部分之间的"关系"(relation)或"联结"(tie)，……不是这两个事态之外的任何东西。谈论例示常常很方便，但事态是第一位的。如果这就是关系及性质同等要求的"基础的联结"(fundamental tie)，那它就是好了，但它与日常被说成是关系的任何东西都相当地不同。(Armstrong 1997, p.118)

即是说，在像 aRb 这样的事实中，将 a、R、b 关联起来的不是别的东西，而是事实本身。事实是一种例示关系（阿姆斯特朗）或谓述关系（泰克斯特）。考虑事实"aRb"。通常认为，在这一事实中是 R 关联着 a、b 从而得到统一体；阿姆斯特朗、泰克斯特的上述观点表明他们并不这么认为。例如，阿姆斯特朗认为，使 a、R、b 关联起来的是例示关系，但例示关系不是别的，它是事实。

但是，承认 a、R、b 要关联起来，需要进一步的例示关系，这实际上已经在布拉德雷倒退上走出了第一步，但是阿姆斯特朗等人否认进一步的必要性。问题是，这种回应策略能成功吗？对此，霍贝格(Herbert Hochberg)评论道：

> 阿姆斯特朗将事实 aRb 分析为：(i) a 和 b 例示 R。如果接受如下两个基本假设，这将迫使他对该事实提供进一步的解释：第一(BA)，对于任何关系 Ω 和（任何类型的）项、……，

> 存在一个以该关系和项作为组成部分的事实,当且仅当这些项例示了 Ω;第二,例示在 Ω 的范围之内。那么,因为(i)要被分析为:(ii) a、b 和 R 例示了例示关系,这(通过应用(BA))迫使我们去分析(ii),如此以至无穷。(Hochberg 1999, p.475)

可以看到,认为是事实关联着它的组成部分,但是又否认需要进一步的关系,这不过是一个蛮横的命令,但是这个命令缺乏形而上学的权威,因而无穷倒退并没有被消除。

那么,如何能避免流行解释所面临的困难,即部分——整体关系的传递性、个体的时间依赖性给"事实"实体带来的困难,以及事实统一体问题?首先,可以看到,如果区分薄的个体与厚的个体,那么前两个困难的产生与其说是由于个体作为事实的组成部分所造成,而毋宁说是因为作为事实之组成部分的个体被理解为厚的个体。假设作为事实之组成部分的个体是薄的个体,即抽离其所有性质的个体,由于薄的个体并不包含外延、重量等属性,因而第一个困难被消解了。此外,由于薄的个体也不包含时间属性,第二个困难同样不复存在。其次,尽管解决统一体问题的罗素——弗雷格故事并不成功,但它们确实提示了一个非常有希望的方向,即无论是共相还是个体都是不饱和的。这样的解决方案一方面可以得到弗雷格语境原则的支持,另一方面,它也将得到"作为事实之组成部分的个体是薄的个体"这一论题的支持。接下来,我将对这里的简略说法给予详细解释。

8.4.3 事实：抽象的结构性实体

关于为什么作为事实之组成部分的个体是薄的个体而非厚的个体，我们从阿姆斯特朗放弃薄的个体与厚的个体之区分的后果就可以看出来。如果个体指的是厚的个体，即伴随着其所有性质的个体，那么一个个体是否拥有特定性质看起来就是必然的。例如，假设苏格拉底拥有是扁鼻子这一属性，那么给定苏格拉底这一概念，我们就能推出他拥有是扁鼻子的属性。我们已在 8.3 节拒斥了这一结论。由于这个结论是从阿姆斯特朗拒斥薄的个体与厚的个体之区分中推出来的，因此这反过来为薄的个体与厚的个体之区分、存在薄的个体给予了强有力的辩护。同时，这个结论也表明了，作为事实之组成部分的个体不是厚的个体，而是薄的个体，因为否则的话，所有的事实都是必然事实。

假设作为事实之组成部分的个体是薄的个体，而非厚的个体，那么这对于回应布拉德雷倒退有什么样的启示？我的想法是，它从形而上学上解释了为什么个体也是不饱和的。

显然，当我们谈论薄的个体时，这种谈论不是在广义物理层面而言的。前面谈到，薄的个体是厚的个体抽离其所有性质后剩下的，即它的个体性。对于这种抽离，囿于其自然主义立场，阿姆斯特朗认为它是一种部分考虑的心理行为。(Armstrong 1997, p.124) 然而，如果不局限于自然主义立场，我们也可以将其理解为逻辑分析、语义分析或范畴划分，等等。无论如何，这样的抽象都不可能是某种广义的物理手段，这意味着薄的个体不是某种广义物理层面的存在，因为如果那样的话，至少原则上存在着某种物理手段，通过该手段，我们可以从厚的个体中剥离其所有性质从而得到薄的个体。因为根本不存在这样的手段，所以说，薄的个体是一种形而上学意义的存在。既然是形而上学意义的存在，那么一个个体的存在就必然伴随着某些性质，与其他的个体处于某种关系中，即是说"不存在赤裸裸的个体"。这样，就如同共相（如是 F）总是意味着特定个体一样，个体同样总是意味着特定共相。个体与共相一样都是不饱和的。

很显然，作为非广义物理存在的个体不能是时空领域的存在，它应该被理解为一种使一个个体成为该个体的东西，例如作为薄的个体的苏格拉底指的是使苏格拉底成为苏格拉底的东西。它必须理解为柏拉图意义上的实体（这一点似乎还可以从下述论题中得到佐证：薄的个体抽离了时间属性）。

如果薄的个体是抽象实体，那么共相即使是个体所是的方式，或个体间相关联的方式，它显然也不能理解为时空领域的存在物。何况正如休梅克（Sydney Shoemaker）所指出的，共相还可以理解为个体能是的方式，或个体间能相关联的方式。（Armstrong 1997, p.38）这种理解的共相无疑是抽象实体、必然存在物，因为即使没有个体例示它们，它们依然可以存在。无论如何，当作为事实之组成部分的个体被界定为薄的个体后，即使在共相问题上，也会得到与自然主义的立场相悖的结论。

现在，我们可以堂而皇之地说，事实是由（薄的）个体、共相作为组成部分的结构性实体，但是在这里，无论是个体还是共相都是（某种意义上的）柏拉图式抽象实体。因而，以它们作为组成部分的事实也是一种抽象实体。格罗斯曼（Reinhardt Grossmann）曾在《世界的存在》(*The Existence of the World*)一书中，认为事实存在，性质和关系也存在，并且它们是共相。(Grossmann 1992)所有这些全部是抽象实体。时空世界，即物理世界，他称之为"宇宙"(universe)。宇宙不是世界的全部，宇宙加上抽象实体才构成世界(world)。为什么性质、关系、事实不居于宇宙中？对此，格罗斯曼给出了理由是：色泽(colour shade)（举例而言）不会有大小、形状(p.6)；事物会变化，但性质不会变化，所以性质是无时态的(p.7)；如果关系"在……之间"被三个铅笔点所例示，那么这些点有具体的位置，但是该关系不在任何地方和任何时候(p.10)；如果一个苹果在时间 t 是红的，那么苹果在时间 t 是红的这一事实居于哪？2 加 2 等于 4 这一事实并不涉及时间，它没有所处(where)与何时(when)，在时空世界中找不到这一事实(p.30)。

与上述立场相反，阿姆斯特朗认为事实是时空领域的存在物，而时空领域是所存在的全部。他说：

> 我们将事态总体等同于时空世界加上任何其他可能存在的东西。（虽然我们的自然主义说，时空领域是存在的全部。）(Armstrong 1997, p.135)

问题是，这样一种立场如何回应，例如，格罗斯曼关于共相、事实所做的那样一些无可反驳的观察？阿姆斯特朗对此的想法是，事实世界与时空领域实际上是对同一个世界的两种不同的描述方式，就好像"水"与"H_2O"描述的是同一个东西一样，而且，这两套描述方式在语言学上和概念上是正交的(orthogonal)，适用于其中一套描述方式的概念并不适用于另一套描述方式。即是说，像所处、何时这样的适用于时空领域描述方式的概念并不适用于事实。

诚然，这样的想法至少在原则上是可能的，但是除非建立起一套桥接这两种描述方式的规则，否则这样的说法就仅仅是猜想而非严肃的学说。在这一点，阿姆斯特朗像自然主义者通常所做的那样，将这个难题抛给了科学家：

> 当然，尝试着从细节上搞出时空系统与我们的事态世界之间的同一，这是值得做的。我不尝试这样做，是因为时空系统在很大程度上是一个科学问题，一个无论如何都超出我能力的问题。（Armstrong 1997, p.138）

由于不能提供这样一套桥接原则，看起来，阿姆斯特朗关于两种描述方式的说法看起来不过是一个特设性的假说。

基于同情的态度，我们假设阿姆斯特朗的上述说法是对的，那么它在形而上学上会产生什么样的后果？很显然，这两套概念系统都应该是对同一个世界的完整描述，但是这样一来，我们有时空领域就够了，为什么还需要事实概念？阿姆斯特朗曾通过使真者论证试图证明，就一个命题之为真而言，仅仅是（时空领域的）对象、属性是不够的，还需要事实。因此，可以看到，认为事实世界是一套与时空领域正交的概念系统，它本身与事实之必要性的说法是冲突的。

此外，即使我们不能通过"所处"、"何时"这样时空领域的概念来表征事实，但既然事实是世界的构成部分，而时空领域又是世界的完备描述方式,那么原则上就一定存在着某种物理手段可以侦测它的存在,但实际上这是不可能的。例如,如果"杯子在桌子上"这一事实是时空领域的存在物,那么就一定存在某种物理手段可以对其予以检测,比如(设想一个可控的实验)发射一个光子来探测。然而,任何的物理手段都只会探测到杯子、桌子的存在,而不可能探测到该事实的存在。

因此我认为,事实不是时空领域的存在物,而是如格罗斯曼所断定的那样,抽象世界的存在物。

第9章　使真者与真理符合论

从第3章到第7章,我们对使真者及其核心论题作了一番较详细、深入的探讨。现在,是时候回到我们最初的论题,即符合论的辩护上。如本书第3章一开始所指出的,使真者与真理符合论共享相同的真理直觉,即实在是真理的基础。根据使真者,一个命题是真的,是由于在客观实在中存在一个(些)实体,该命题凭借它(们)而为真。简言之,实在是真命题之为真的本体论基础。根据符合论,一个命题是真的,则是由于在客观实在中存在一个它所符合的实体。实在同样是真理之为真理的原因。因此,将使真者理论作为符合论之一种,这是一个自然和有吸引力的做法。

实际上,关于使真者与符合论之间这种密切的关系,很多哲学家已经注意到,下述引文是其中的几个例子:

> 任何被真理符合论所吸引的人应该都会被使真者所吸引。符合论要求符合物(correspondent),而一个真理的符合物即是一个使真者。(Armstrong 1997, p.14)
>
> 我们今天已经抛弃了真理符合论,尽管如此,符合论表达了真理概念的一个重要特征,即一个陈述是真的,仅当这个世界上存在某物,它凭借其而为真。(Dummett 1959, p.14)

第9章 使真者与真理符合论

> 使真者原则是真理符合论的净化版本。(Oliver 1996, p.69)

人们很容易从这种亲密关系中得出一个结论,即使真者理论是真理符合论的一个版本。但是,这一做法操之过急了,因为像上面这样的言论至少允许如下两种针锋相对的解读:其一,使真者是一种版本的符合论,或是符合论的改进版本;其二,使真者把握住了符合论中合理的东西,而符合论本身野心太大,应该予以抛弃。

从文献来看,尽管像阿姆斯特朗等重要哲学家同情符合论,倾向于将使真者看作是对符合论的澄清与辩护(Armstrong 1997, 2004a),但也有不少使真者的拥趸把使真者与符合论看作是竞争性理论,而非同一个种类的理论,如穆利根、西蒙斯和史密斯、劳和阿赛。(Mulligan et al. 1984; Lowe 2009; Asay 2020)为了拒斥这一等同,后者主要提出了两类论证:其一,符合关系是对称的,但使真关系是反对称的,因此使真关系不是一种符合关系。其二,符合论是一种真理理论,旨在提供对于真理之本质的分析,但是使真者原则(为了避免循环定义的谬误)不能提供对真理之本质的分析。

因此,基于什么理由,我们认为使真者理论可以看作符合论的辩护?这一章,我尝试回答这一问题,它分为两个部分:第9.1节主要讨论一个问题,即:使真者原则能否作为符合论的一个版本?我们将分析、回应否定性回答的两个论证。第9.2节主要尝试,通过吸取第3、4章的探讨所给出的启示和教训,给出一个关于使真者的定义,这一定义将能避免不相关使真者难题,然后我将基于这一定义来对符合论作一个简单的刻画和辩护。

9.1 使真与符合

为了弄清楚使真者原则是否是一种版本的符合论,我们先看看反对这一归属的两个论证。先看第一个论证,即符合关系是对称的,但使真关系是反对称的,因此使真关系不是一种符合关系。

9.1.1 使真关系不是一种符合关系?

召回第 1.1 节中符合论的基本教条:

(CT)一个真值载体是真的,当且仅当它符合特定实在。

我们在第 1.1 节说过,这是符合论的一般化表述,尽管缺乏细节,依然是一种符合论的刻画。因此,如果使真者原则是一种版本的符合论,那么关联真值载体与特定实在的使真关系应该是某种符合关系。问题是,使真关系可以是某种特殊的符合关系吗?

从文献来看,对于把使真关系归于符合关系的做法,当前存在两个主要的挑战:其一,符合关系被认为是一对一的,而使真关系不是;其二,符合关系是对称的,而使真关系则被认为是非对称的。对于第一个挑战,阿姆斯特朗曾谈到:

但是,关于真理与使真者之间的符合关系,我们准备说什么?首先要说的也是基本的东西是否定性的。它不是一对一(one-one)关系。情况并非如此:对于每一个不同的真理,相应地存在一个独特的符合物或使真者。情况并非如此：对于每一不同的符合物或使真者，相应地存在一个独特的真理。（Armstrong 1997, p.128）

在他看来，符合论（至少在最近的哲学中）的一大毒害是将符合关系看成是一对一的，因为它坚持这样一个命题：

9.1 <p> 是真的，当且仅当它符合事实"p"（或事态"p"）。

阿姆斯特朗认为，这是一个形而上学上极其奢侈的论题。（Armstrong 2004a, p.16）符合论担负这样的指责有其自身的原因（David 2009），但是，关于符合论的哲学考古学会告诉我们，尽管摩尔、塞尔确实认为符合关系是一对一的，[①]但很难看出其他符合论者会赞同这一点。从第1.2.2节可以看到，也许逻辑原子主义真理观在某种意义上会支持一对一符合论，因为他们在处理原子命题的真理时确实认为符合是一种同构关系。[②]但是，当涉及复杂命题的真理时，逻辑原子主义者并不认为符合关系是一对一的。就使真关系而言，使真关系被普遍认为是多对多的。这一点不仅适用于复杂命题也

---

① 关于这一点，参见第1.2.3节。
② 回顾一下罗素的如下论述："当一个信念是真的时，就存在另一个复杂统一体，在这个统一体中，其中一个信念客体（object）作为关系将另外的客体联系起来。因此，如果奥赛罗真确地（truly）相信苔丝狄蒙娜爱卡西奥，那么就存在一个复杂的统一体，"苔丝狄蒙娜对卡西奥的爱（Desdemona's love for Cassio）"，后者完全由该信念的各个客体组成，且按着它们在信念中的顺序，并且，作为信念之一客体的关系此时作为连接该信念其他客体的胶合剂。"（Russell 1912, p.128）

适用于原子命题。①这与逻辑原子主义关于原子命题层次的符合关系之看法相冲突。

如何回应这一挑战？在我看来，我们至少有如下两个选项：其一，思考一下罗素、维特根斯坦会如何回应使真者理论者的说法，即事实"这个苹果是有颜色的"和事实"这个苹果是红的"都是<这个苹果是有颜色的>的极小使真者。答案显然是：这不是逻辑原子主义意义上的原子命题。换言之，与其说分歧出现在符合关系上，不如说出现在大家对于原子命题的形而上学设定上。如果考虑命题<这个苹果是有颜色的>的使真者，那么逻辑原子主义者会同意，上述两个事实都是其使真者，但他们或许会反对，它们之中的任何一个是极小使真者。如果采用使真者理论者关于原子命题的设定，即原子命题指的是，由不包含逻辑连接词和量词符号的表达式所表达的命题。（Mulligan et al. 1984）就这个意义上原子命题而言，我们显然得不出逻辑原子主义者认为这一层次的符合关系是一对一的。

其二，即使上述选项行不通，我们依然可以问一个问题：还有其他符合论者会坚持符合关系是一对一的吗？这个问题的肯定回答看起来前途暗淡。例如，在奥斯汀的符合论版本中，符合关系是纯粹约定的。又如，在塔斯基的语义性真概念中，对象序列与命题函项的满足关系看起来也不可能是一对一的。就此而言，我们可以安全地说，符合关系是一对一关系，这并不是符合论的本质教条，它只是某些符合论者的偏好。

---

① 关于使真关系是多对多关系，请参见第4.1节。

再看第二个挑战，即符合关系是对称的，而使真关系是反对称的，因而它们不可能是同一个关系。就符合关系而言，如果对于命题 p 和事实 f，p 由于符合 f 而为真，那么对于真命题 p，存在一个事实，即 f，符合它。但是，就使真关系来说，如果 f 使得 p 为真，我们通常不能因此说，p 使得 f 为真。[①] 看起来，这确实是使真者不同于符合论的判定性证据。但是，有一个现象需要注意，即没有任何一个符合论者在给出其版本的符合论时会给出（CT）这样的公式，后者实际上是不同符合论版本共同承诺的东西。但是，这一东西由于仅保留不同符合论所共同的东西，因此丢失了各个符合论版本所独有的东西。

从这一现象出发，我们很容易发现，尽管符合论的刻画使用了对称的符合关系，但是符合论者们心目中的实在与真理的关系却是非对称的。回想一下亚里士多德的如下论述：

> 如果存在一个人，那么我们因此所说的陈述"存在一个人"即是真的，反过来也如此（……）。并且，尽管该陈述不可能是该真实事物存在的原因，该真实存在的事物看起来在某种程度上是该陈述为真的原因；正是因为该真实存在的事物存在或不存在，该陈述才被称为真的或假的。（Aristotle 1963, pp.39-40）

[①] 除了这样的特殊情况：考虑 <至少存在一个命题>。假设用 q 表示该命题。如果一个命题本质上是一个命题，那么 q 自身就是该命题的使真者，即 q 使得 q 为真。在这一使真关系中，将关系项的双方调换一下，并不影响使真关系的成立，就此而言，这一对使真关系是对称的。（Mulligan et al. 1984；Beebe and Dodd 2005, p.14）

根据亚里士多德的这一段论述,我们可以说陈述"存在一个人"符合事实"存在一个人",也可以说事实"存在一个人"符合陈述"存在一个人"。但是,在符合论中,起解释作用的仅有一个方向,即从实在到真理的方向。

因此,正如毕比(Helen Beebee)和多德所说的,我们不能因为使真关系迥异于符合关系,从而否认使真者与符合论的密切关联:

> 因为我们可以说的是这样:符合论者在他们对(对称的)符合关系的喜爱中所表现出来的核心观念实际上是非对称的使真关系;并且,如果这一概念能够通过完全不同于真理自身的概念给予刻画,那么,这实际上可以是符合论者通常会很高兴的某个真理论的基础。(Beebe and Dodd 2005, p.14)

当然,问题是存在的:如果符合论者心目中的符合关系是非对称的,那么我们就需要在其技术刻画中把这种非对称性表现出来;而现在通行的极简刻画,即

(CT) p 是真的,当且仅当存在一个事实 f,p 符合 f。

没有做到这一点。因此,符合论者似乎并不能把使真者理论的如下种类断言:

9.2 <p> 是真的,是由于存在一个实体 f,f 使的 <p> 为真。

改写为一个符合论的断言：

9.3 <p>是真的，是由于存在一个实体 f，<p>符合 f。

但是，如果我们能够将非对性加入到对符合论的技术刻画中，那么，也许就能够克服这一困难。

前面谈到，尽管符合论的一般性刻画采用了对称性的符合关系，但是符合论者的心目中所偏爱的却是一个非对称的关系。因此，如果我们对于简洁性的要求稍微放低一些，这个问题就可解决。关于这一点，大卫曾给出了如下建议：假设用"P"表示命题，"F"表示事实，"C"表示符合，"T"表示谓词"是真的"，那么符合论的一般性刻画可以更技术性地表示如下：

(CT*) 对于任意 x，Tx 当且仅当 $\exists y(Px \wedge Fy \wedge xCy)$。

按此刻画，一个命题（例如 x）之为真的充分必要条件不是 $\exists y(xCy)$，而是一个更复杂的东西，即 $\exists y(Px \wedge Fy \wedge xCy)$。那么，$(Px \wedge Fy \wedge xCy)$ 这一复杂表达式代表着什么？大卫认为，如果语言学的表征可靠的，那么这一表达式代表一个关系，一个复杂的关系。(David 2009, p.147)这听起来似乎有点怪异，但我们也很难找到理由否认它是一个关系。

若如此，那么可以注意到，尽管符合关系，即 xCy 是对称的，但这一复杂的关系，即 $Px \wedge Fy \wedge xCy$，却是非对称的。这一点很容易证明。假设它是对称的，那么从它可以推出：$Py \wedge Fx \wedge yCx$。

在这个表达式中，y是一个命题，且x是一个事实，即是说，事实与命题是同一的。但是，事实不同于命题，这一点对于符合论具有根本重要性。就此而言，上述复杂关系就是非对称的。

当然，这只是对这一挑战的消极回应，它仅表明了，一种得到更恰当刻画的符合论，其刻画所表征的实在与真理间的关系也是非对称的，它没有进一步表明，使真关系在何种意义上是一种上面所论述的复杂关系。是否存在一个桥接原则，将使真关系与上述复杂关系对应起来？如果能建立这样的桥接原则，那么就会存在一个积极回应。然而，大卫认为这一项事业的前景对使真者理论者来说是黯淡的。（David 2009）这可能会被那些反对将使真者原则纳入符合论的学者用作支持他们立场的理由，但本书认为这并不是一个可靠的理由。不妨试想一下奥斯汀的双重约定说和塔斯基的语义性真理论，这两个理论中表征实在与真理之间关系的刻画没有一个可以通过桥接原则与符合关系以及（CT*）中的复杂关系对应起来。对此，戴维森在谈论塔斯基的语义性真理论时曾谈道："由塔斯基所提出的语义性真概念，由于满足概念所起的作用，应被称为符合论；……必须允许的是，满足关系并不完全是直觉所期望的符合关系。"（Davidson 2001a, p.48）

9.1.2 使真者原则不是一种真理理论？

通常认为，符合论是一种真理理论。所谓符合论是一种真理理论，是指符合论试图给出关于真理本质的分析，或者说它试图分析"是真的"的涵义。可以看到，（CT）对真理的刻画采取了等价式：它提供了一个命题为真的充分必要条件。实际上，符合论者想要回答的是这样一个问题：真理是什么？(CT)被理解为提供了这一问题的答案，即真理是与某个事实的符合，也即是真的这一性质实际上是一个关系性质，即符合某个事实。因此，(CT)告诉了我们，说一个命题是真的，这是什么意思。就此而言，符合论是一种真理理论，它提供了关于真理的定义。(David 2009, pp.143-144)

与此相反，使真者原则，即

(TM)(对于每一个命题 p,)如果 p 是真的,则存在某个(些)实体使其为真。

采用的是一个单向条件句，它仅提供了一个命题之为真的必要条件，因此不能告诉我们真理是什么。此其一。其二，(TM)中是否能够纳入"对于每一个命题 p"，这个存在争议。如果不能纳入，那么意味着，并不是每一个真命题都可以通过(TM)给予分析，这进一步损减了将(TM)作为真理之(部分)分析的可能性。结论就是：将使真者原则看作是符合论之一种是相当不合理的。

下面，我们来具体地看看这两个反驳论证。

先看第二个反驳论证。根据阿赛，如果使真者理论意图提供一个真理理论，那么使真者最大主义——即：每一个真理都有使真者，体现在(TM)中，就是"对于每一个命题 p"是不能省的——就不仅仅是真的，而且是使真者理论的一个必然性部分。(Asay 2020, p.275)这一点较好理解：如果真理存在于(consist in)拥有一个使真者，那么每一个真理就必须拥有一个使真者。但是，阿赛说道，最大主义并非是使真者理论的必要条件，因此使真者原则自身并未

提供真理理论。(Asay 2020, p.275)

在第 5 和第 7 章，我们谈到，拒斥最大主义的动机是否定真理的使真者问题。出于对否定性存在的排斥，不少使真者的拥趸们试图拒斥导致这种承诺的前提，他们选择拒斥最大主义。阿赛尝试为这种选择提供合理性。他谈道："使真者理论的基本思想是：真理依赖于实在。真理凭借世界所是的方式而为真。否定性存在的真理，至少在某种意义上，确实依赖于世界所是的方式——它们依赖于世界上不存在任何相关事物。"(Asay 2020, p.276)可以看到，这并不是一种拒斥否定性存在的新的思路，它也为切恩和皮克顿等人所持有。[①] 对于这样的思路，一个问题是：如何理解"方式"？阿赛没有提供说明。

将"方式"实体化显然不是一个恰当的做法，因为这样会使得阿赛承诺一种新的否定性存在。那么，非实体化的理解意味着什么？考虑 <这个球在时间 t 是红色的> 的使真者。根据刘易斯，这一命题的真理不是随附于事物是否存在，而是随附于事物存在的方式。(Lewis 1992, p.16)因为存在这样的可能世界，该世界包含的事物与现实世界相同，但在该可能世界中，所论的球在实践 t 不是红色的。这两个世界的差别不在于存在什么东西，而在于存在的东西相互关联的方式。在现实世界中，该球在时间 t 例示了红色，而在想象的可能世界中，它在时间 t 没有例示红色。据此，多德曾论道："<这个球在时间 t 是红的> 的真理看起来并不是有某一实体（即一个事态或特普）的存在所决定的；它看起来是真的，是因为某

---

① 关于这一解释否定真理的方案以及对其的分析，参见第 7.4 节。

一实体（即该球）在时间 t 拥有所论的性质。"（Dodd 2002, p.74）多德的结论是，在关于这个世界的本体论中，所存在的是事物而非事态（事实），真理依赖于事物所是的方式而非像事态那样的实体。回到阿赛的思路，对 <这个房间里没有河马> 之真理，我们有两个选项：其一，它依赖于这个房间所是的方式；其二，它依赖于这个世界所是的方式。第一个选项不满足必然主义（阿赛支持必然主义）；第二个选项（它应该是阿赛论述的字面意思）却使得使真者不足道了，因为所有的真理都依赖于世界所是的方式。

就此而言，我认为，阿赛并未能论证最大主义是错的。如果是这样，那么，我们在第 5.1.3 节通过引用卡梅伦的论述解释过，最大主义是使真者的应有之意。因此，我认为阿赛的这一反驳并不成立。

接下来看第一个反驳，即符合论是一种真理理论，而使真者原则不是，因为符合论的刻画采取的是一个双向条件句，而使真者原则的刻画是单向的。对此反驳，一个容易观察到的现象是，(CT) 和 (TM) 采用的是单向还是双向条件句方面的差别仅是表面的，因为 (TM) 的逆表述可以从 (TM) 中平乏地推出来：如果 f 使得 p 为真，那么 p 是真的。把这一点与 (TM) 合起来，我们就可以得到一个等价式：

(TM-B) 对于每一个命题 p，p 是真的，当且仅当存在某个（些）实体使其为真。

然而，没有一个使真者的拥趸采用了 (TM-B)，这是因为 (TM-B)

采用了"当且仅当"式,意图对真理给出定义,但这一定义却使用了"使真"这一概念,这使得它面临循环定义之谬误的风险。

出于对循环定义之谬误的考量,反符合论者向任何想将使真者理论划入符合论的尝试进行攻击,而拥护使真者的符合论者则避免在其符合论刻画中纳入"使真"概念。例如,罗素、塞尔曾明确支持者使真者概念,并把符合物看作是使真者:

> 我希望引起你们注意的第一个自明之理(……)是,世界包含着事实。……当我谈到事实(……)时,我是指使命题为真或为假的东西。(Russell 2010, p.6)
>
> 当某个陈述为真时,当然存在一个使其为真的事态。(Austin 2001, p.29)

但他们对符合论的刻画并没有出现"使真"这一概念,之所以如此,对循环定义之谬误的担忧恐怕是其主要原因。

问题是,为什么在(TM-B)的定义项中出现了"使真"就意味着循环定义?毕竟"x 使的 y 是真的"这样的表达式并不能拆解成"x 使得 y,且 y 是真的",后者将导致一个显式的循环。或许,"使真"的功能类似于"是某某的父亲",并且用"使真"或者"被某物使其为真"来对真理的定义可以参照下述方式理解,即用"是某某的父亲"来定义父性(fatherhood)。这种定义方式也许有些信息量欠奉,但也并非是完全没有信息量。(David 2009, p.144)就此而言,仅当下述情况成立时,(TM-B)才会陷入循环定义:使真本身需要真理来给予定义。梅里克斯正是在这样的意义上反对将使真者原则纳

第9章 使真者与真理符合论

入符合论。

在使真者理论中,使真者指的是使命题为真的实体。可以看到,在这一界定中,使真关系是关键。关于使真关系,由于使真者的核心直观是,实在是真理的本体论基础,因此几成共识的是,实体与它们使其为真的命题间有这样的使真关系:实体必然使得相应命题为真。这即是使真者必然主义。阿姆斯特朗这样表述这一论题:"首先,使真者实际上必然化(necessitate)它们的真理……?我对这些问题的回答是,首先,该关系是必然化,绝对的必然化……"(Armstrong 2004a, p.4)什么叫"使真者必然化它们的真理"?根据梅里克斯,一个实体必然化一个命题指的就是,该实体的存在以其本质有,该命题是真的。(Merricks 2007, p.15)于是,一个真正的循环定义产生了:在(TM-B)中,"是真的"通过使真关系(truthmaking)(以及其他东西)给与分析,然而使真关系是通过必然化(以及其他东西)给予分析的,必然化又是通过"是真的"(以及其他东西)给予分析的。(Merricks 2007, p.15)由于这一显式循环,使真者的拥趸提出的是(TM)而非(TM-B)。

由于符合论尝试对"是真的"给出定义,而使真者原则没有这样做,因此使真者理论不是符合论。梅里克斯认为,这是我们要驳斥将这两个理论等同起来所需要做的全部。(Merricks 2007, p.14)

然而,情况确实如梅里克斯所认为的那样?恐怕未必。根据梅里克斯,如果使真者原则(TM)被改造成一个定义,那么会有如下循环:"是真的"通过使真关系给予分析,后者又通过必然化给予分析,必然化又通过"是真的"给予分析。这是一个显式循环。显然,要回应这一挑战,只需表明这三个子句的某一个不成立即可。在我看来，第二、第三个子句都有可进一步探讨的余地。这里选择了第二个予以攻击，尝试论证必然化对于使真关系既是不充分的也是不必要的。如果这一论点能够成立，那么基于循环论证的挑战就被挫败了。

首先，必然化并不是使真关系的充分条件。在关于使真者的各种定义中，一个核心的目标是要排除不相关使真者。这一问题被关于使真关系的蕴含解释特别明显地彰显出来。以必然化来解释使真关系能解决问题吗？容易看到，就必然真理的使真者问题而言，必然化方案并不会比蕴含解释做得更好。(MacBride 2016, sec. 1.2) 当然，必然化方案可以使我们避免这样的不相关使真者：事实"雪是白的"是 <草是绿的> 的使真者，因为前者并不必然化后者的真理。这个例子可能让人以为，必然化方案可以避免偶然真理的不相关使真者问题，但是我们不应该如此乐观。考虑这样一种情形：假设上帝希望约翰亲吻玛丽，上帝的意愿因此必然化 <约翰亲吻玛丽> 的真理。根据必然化方案，上帝的意愿是这一命题的使真者。但是，这看起来是错的。再考虑一种情形：假设你作了如下判断：约翰优雅地亲吻玛丽。与这个判断中的副词"优雅地"所对应的实在是一个二阶特普（令其为 g），其存在依赖于如下一阶特普，即约翰的亲吻。① 因此，如果 g 存在，则必然存在一阶特普"约翰的亲吻"，因此必然有：判断"约翰亲吻玛丽"为真。根据必然化方案，g 因

---

① 这里，我们不必纠结于"优雅地"是否有对应的实在。根据穆利根等人，"优雅地"确实描述了一个特定瞬间 (moment)，后者是一种实体 (entity)。(Mulligan et al. 1984, p.290) 在文献中，穆利根等人用"瞬间"指代的东西即所谓的特普。

第9章 使真者与真理符合论

此是判断"约翰亲吻玛丽"的使真者。但是，<约翰亲吻玛丽>是否为真取决于约翰、玛丽以及他们之间的亲吻关系，或者取决于是否存在事实"约翰亲吻玛丽"，至于他是粗暴地亲吻还是优雅的亲吻与这一命题是否为真是无关的。就此而言，仅仅以必然化来解释使真关系还不足以给出一个恰当的使真者概念。由此可见，必然化并不是使真者之为使真者的充分条件。（Smith1999,p.278）[①]

其次，必然化不是使真关系的必要条件。关于这一点，我在第5.2节已经给出了详细的论证和说明，这里不再赘述。

通过上述分析，可以看到，拒斥将使真者原则纳入符合论的两类论证都不是判定性的。当然，我们并不能基于这一结果认为，使真者原则就是一种版本的符合论。目前的讨论只是为这一做法提供了可能性，而要实现这一归类，还需要进一步的工作。这进一步的工作将依赖于对如下问题的回答：

其一，什么是使真者？

其二，什么是符合论？

前面已经谈到，符合论至少被看作是一种真理理论，而如果使真者要通过必然化来给予分析，那么使真者原则在任何意义上都不会是一种真理理论。就此而言，仅当我们能够对使真者提供一个恰当的定义，即回答出了第一个问题，我们才能进一步探讨，这样定义的使真者能否是一种符合论。这一问题又将进一步依赖于我们对第二个问题的回答。这些是我们下一节的工作。

[①] 关于必然化方案与不相关使真者难题，更详细的讨论，请参见第3.2.2节。

9.2 使真者与真理符合论

先回顾一下 3、4 章的内容对我们接下来的讨论是非常有帮助的。

9.2.1 回顾：关于第 3、4 章的余论

在第 3 章，我们从蕴含解释开始，讨论了学者们定义使真者的不同方案；第 4 章讨论了蕴含原则对于使真者的重要性，以及它所导致的不相关使真者难题。

根据蕴含解释，一个实体 a 是特定命题 p 的使真者，当且仅当如果 a 存在，则 <a 存在> 蕴含 p。这一解释的困难在于，它使得任何实体是任何必然真理的使真者；如果接受析取论题，它还将使得任何实体是任何真理的使真者；甚至，它可以推出使真者一元主义。这些都是不相关使真者难题的具体实例。人们在分析蕴含解释为什么会导致不相关使真者难题时，意识到：使真关系是跨范畴的、一个命题的使真者是该命题之为真的形而上学／本体论基础，真理与实在之间存在着形而上学依赖关系。蕴含原则没有关照使真者的上述直观，它把使真关系最终等价于两个真命题之间的蕴含关系，形而上学的依赖性因此在其中丧失了。

要避免不相关使真者难题，关键无疑是把握上述关于使真者的直观。对此，人们提出了这样一些建议：

必然化方案：a 是 p 的使真者，当且仅当如果 a 存在，则 a

第9章 使真者与真理符合论

必然化 p 之真。

投射主义：a 是 p 的使真者，当且仅当如果 a 存在，则 a 必然是 p 之全部投射的一部分。

本质主义：a 是 p 的使真者，当且仅当如果 a 存在，则 p 为真，这是 p 之本质的一部分。

奠基策略：a 是 p 的使真者，当且仅当 a 在世界 w 中是基础的，且 p 在 w 中为真奠基于 a。

但是，这些建议的具体刻画各有各的困难。对于必然化方案而言，它不能避免任何实体是任何必然真理的使真者；不仅如此，如果一个东西与另一个东西之间存在必然的因果关系，那么前者将是表述后者之命题的使真者，例如上帝的意愿按此方案会是 <约翰亲吻玛丽> 的使真者。这看起来是错的。投射主义同样不能避免这后一个困难。本质主义在本书看来是最有可能成功的，但是关于本质之理解的存在性维度给这一方案带来了困难。奠基策略的困难在于对于"基础实体"的界定，这一界定最终导致了使真者一元主义。一个尽管正确但贫乏的建议。（关于上述各方案及各自的困难，敬请参见 3.2 节。）

为什么这些方案会面临各自的困难？这一问题我们稍后再谈。

在第 4 章，本书讨论了蕴含原则所导致的不相关使真者难题，如何避免这一难题，有两个可能的建议：一是用相干蕴含替代经典蕴含，一是对蕴含关系的双方给予相应限制。第二种方案走到底，最终会把蕴含关系的双方限制为纯粹偶然真理，但是，由此一来的困难不仅在于使真关系是多对多关系这一论题无法确立，而且在于它依然不能避免不相关使真者难题，即含有模态算子的真命题会被分配一些不相关的使真者，如事实"雪是白的"会是<◇草是绿的>的使真者。当然，就此而言，也许我们可以给出进一步的限制，如蕴含关系的双方不包含模态算子。但是，由此会导致新的问题：它使得可能性真理的使真者缺乏解释。直觉上，虽然我们认为事实"雪是白的"与<◇草是绿的>之为真不相关，但它确实至少部分地解释了为什么<◇雪不是白的>之为真。拒斥蕴含推理的双方可以包含模态算子后，这个直观也跟着缺乏解释。

就第一种方案而言，在使真者的情形中，我们并不能简单地谈论两个命题之间的真值关系，而应该关注它们之间是否有内容上的关联。例如，尽管<雪是白的>逻辑蕴含<A=A>，但两个命题之间没有内容上的关联；相反，<雪是白的>不仅逻辑蕴含<有东西是白的>而且两者在内容上是有关联的。为什么<雪是白的>与<有东西是白的>有内容上的关联，看起来原因之一是："雪"作为一个事物本体论上蕴含着存在一些事物（there is something）。

基于解决不相关使真者难题的第一种方案，回到我们刚才遗留的问题，那么看起来，投射主义、本质主义、奠基策略其实质都是在抛弃蕴含解释的情况下尝试把握相干蕴含的关于真命题与其使真者之间的相干性。它们都想借助一个概念来撒一张网，这个网能把与一个命题相干的那些本体论的鱼捕住；然而，这些策略看起来要么抓了太多的鱼（不相关使真者难题依然存在），要么抓了太少的鱼以至于不能解释相应命题的真理。为什么会如此？我认为答案在于，三种方案对自己核心概念的定义都部分地是通过存在概念来进行的：

投射：x 是 p 的投射，当且仅当 p 是真的，并且如果 p 是真的，则必然有 x 存在。

本质：x 是 p 的本质，当且仅当 p 的存在性条件和同一性条件依赖于 x。

奠基：p 奠基于 x，当且仅当 x 在本体论上优先于 p，p 之存在以及 p 之为 p 分别以 x 之存在和 x 之为 x 为前提。

依赖存在概念的定义给三种方案带来的困难，我们可以一一来看一下。

在史密斯看来，因为上帝的意愿并不是<约翰亲吻玛丽>的投射，因此投射主义可以将上帝的意愿作为不相关使真者排除。但是，由于投射是通过存在定义的，因此一个问题是：如果一个实体（令其为 a，例如上帝）是必然存在的，那么对于任何真理 p（例如<约翰亲吻玛丽>），根据投射的定义，a 都会是 p 的投射，因而是 p 的使真者。再考虑一个例子。如果<苏格拉底是智慧的>为真，那么从投射概念的角度来看，不仅必然有苏格拉底、智慧存在，苏格拉底的类、使苏格拉底得以存在的那个生物学事件（即一个精子与卵子的结合）等也必然存在。然而，这些存在的事物中，很多与<苏格拉底是智慧的>之为真是不相干的。所以，投射概念的初衷应该是抓住相关的存在，但仅仅是存在和必然性两个概念无法把相关的存在挑出来。

劳对本质的定义是从同一性条件入手的，但最终以同一性条件和存在性条件的双重奏结束，即（举例来说）：如果 x 是 p 的本质，那么不仅 p 之为 p 而且 p 之存在都依赖于 x。所以，假设特普这个苹果的圆形是＜这个苹果是圆的＞的使真者,那么,根据劳对本质的定义,如果这个苹果的圆形存在而＜这个苹果是圆的＞不为真,不仅意味着＜这个苹果是圆的＞不是我们所讨论的那个命题,而且意味着＜这个苹果是圆的＞不存在。然而显然,尽管我们会承认,＜这个苹果是圆的＞之为＜这个苹果是圆的＞(作为一个真理)依赖于特普这个苹果的圆形所属的类(即至少存在一个这样的特普),但即使这个类不存在,即没有任何这样的特普,＜这个苹果是圆的＞,作为一个抽象实体,依然存在。

奠基策略面临着本质主义方案所面临的相似的困难,因为这一策略对"基础实体"的定义正是基于存在性条件和同一性条件来刻画的。

意识到存在概念对于使真者所带来的困难,也许我们便能通过避免存在概念而绕开这些困难。在3.2.4节,我的建议是,通过求诸一个概念,它仅等同于本质概念的同一性条件,但不包含存在性条件,来理解使真者。这一概念是什么?还是回到劳对于本质概念的引入,劳谈到,使真关系涉及各种本质性依赖。(Lowe 2009, p.209)对于本质,他又谈道:

> 对于任何实体的"本质",我的意思仅仅是,凭借它,该实体是其所是。……更具体地讲,任何(如我们说的)"关于"其他实体的命题其同一性依赖于这些实体。所以,某一特定的个体实体,a,例示了特定共相,F,这个命题的同一性依赖于a和F两者:因为该命题本质上是关于这些其他实体的,并且如果不关于它们,则它将不会是这个命题。从这里可以得到,

仅当 a 和 F 都存在，命题 <a 是 F> 存在，这是该命题之本质的一部分。至少，从这里可以得到，如我所坚信的，一个实体不可能存在，如果其同一性依赖于不存在的其他实体。(Lowe 2009, pp.212-213)

在我看来，劳的上述引文中，错误是从"从这里可以得到……"开始的。例如，尽管我们承认，< 圣诞老人是一个一年只工作一天的白胡子老头 > 这一命题的本质部分地依赖于圣诞老人（后者部分的构成了前者的同一性条件），但是即使后者不存在，前者也是存在的。因此，如果删除这一句后面的表述，那么，我们即得到我们所需要的东西。但是，考虑到存在性条件是关于本质之正统解释的一个维度，或许重新给出一个名称会更恰当些。对此，我的建议是：本体论根源（ontological genesis）。

9.2.2 引入一个概念：本体论根源

第 8.4 节谈到，存在两种主要的事实概念：命题性事实和组合性事实。如何区分这两种不同的事实概念？对此，法恩曾谈道：

> 事实可以是命题性的或作为世间之物（worldly thing），导源性的或自治的。这一区分可以有多种解释方式，但是最有效的方式可能是通过事实的同一性是如何被解释，通过人们可能称之为的它们的本体论根源。(Fine 1982, p.51)

换言之，区分两种事实概念的最有效的标准是考察它们的同一性条件。

根据命题性事实概念,事实在某种意义上导源于或后于(posterior to)命题,因此,命题将以某种本质的方式进入它所符合的事实之同一性的解释中。例如,假设将具体化(concretization)算子 C 应用于性质 P 和拥有 P 的个体 x 就会产生一个新的对象 $C(P, x)$,即 x 的 P—性(the P-ness of x),那么,事实就是将该算子应用于性质是真的和真命题上而得到的。根据组合性事实概念,事实是结构性实体或复合体(complexes),是从其组成部分通过特定的方式构建的,是世间之物。对于这样一种事实概念,命题将不会进入到对事实的分析中去,因而不会是事实的同一性条件的构成成分。(Fine 1982, pp.51-52)既然两个事实概念对事实同一性条件的刻画迥然不同,因此它们显然是不同的事实概念。

在上述引文中,法恩谈及事实的同一性时引入的一个概念:本体论根源。法恩可能是引入这一概念的第一人,但是他更详细论述这个概念的雄心勃勃的著作《描述下的对象》(*Objects under a Description*)至今没有下文,所以我们这里仅看看他于"一阶模态理论 III——事实"(1982)一文中关于这一概念的简单论述。法恩谈道:

> 对于理解本体论根源,通过典范描述(canonical descriptions)来思考是有帮助的。如果某些特定对象被用于解释另一个对象的同一性,我们说这些特定对象生成了(generate)另一个对象。然后,一个对象的典范描述就展示了它的本体论根源,即生成它的那些对象,以及生成的方式。

> 在此进路下，一个个体集的典范描述将预设这一形式："$\{x_1, x_2, ...\}$"，其中，外边的括号表示集合构造算子（set-builder）。……（Fine 1982, p.52）

可以看到，谈论一个对象的本体论根源实际上也就是在谈论该对象的同一性条件。例如，对于命题性事实概念而言，事实 f 和 s 是同一个事实还是两个事实？要回答这一问题，我们将不得不追溯到它们各自的本体论根源中去。假设命题性事实的刻画采取的是 $C(P, x)$ 这一形式，那么有：

9.4 $f=s$，当且仅当 $f=C(T, p_1)$，$s=C(T, p_2)$，并且满足如下两个条件：
1. $p_1=p_2$，
2. p_1、p_2 都是真的。

其中"T"表示性质是真的。即是说，事实 f 和 s 是同一个事实，当且仅当它们所导源的命题是同一个命题，并且该命题是真的。可以看到，如果两个对象的本体论根源不同，那么它们就不可能是同一个对象，而必定是两个对象。

在描述本体论根源时，法恩还谈及了另一个概念，即"典范描述"。对于"典范的"（canonical）一词，《牛津哲学词典》这样解释道：

> 在逻辑中，一个典范推导（canonical derivation）是指满足某个确定条件集的东西；因此，证明如下一点可能很重要：如

果存在一个从 A 到 B 的推导，那么存在一种特定类型的推导，其推导过程将证明某些证明论的结果。更广泛地，该术语可以指称这样的一个推导，它反映了被证明之物的结构，这与不反应该结构的间接推导截然相反。一个语句的典范描述将是这样一个东西，它揭示了该语句的基本结构，或者表明了该语句如何通过基本结构的转换而被构建（built）。（Blackburn 1996, p.54）

即是说，举例而言，一个事实的典范描述将清楚地展示该事实的结构：它由哪些东西生成，这些东西又如何生成了该事实。例如，对于命题性事实概念而言，事实这个苹果是红的的典范描述是 $C(T, <$这个苹果是红的$>)$，这一典范描述揭示了该事实的本体论根源：性质是真的和 <这个苹果是红的>，以及这些本体论根源生成该事实的方式，即具体化运算 C。

现在，我们可以谈论一下本体论根源与同一性条件。无疑，本体论根源不等于同一性条件。举例来说，一个事实的本体论根源仅涉及了该事实是从哪些东西生成的，但它的同一性条件将不仅依赖于它由哪些东西生成，同样也依赖于这些东西生成它的方式。例如，$C(T, p_1)$ 这一事实的同一性条件刻画将由三部分构成：具体化运算 C、性质是真的和 $<p_1>$。[1] 但是，如这里所说的，本体论根源

---

[1] 当然，如果命题性事实的生成方式只有一种，即具体化算子 C，那么命题性事实的同一性条件将仅依赖于生成该事实的命题。性质是真的对事实的同一性没有影响，因为两个事实同一，仅当生产它们的命题同一，这时这两个命题全是真的。

是同一性条件的构成部分。这一章接下来的部分,我将在这样的意义上使用"本体论根源"这一概念。

如果 1 是单元集 {1} 的本体论根源,那么人们有时候也说 {1} 本体论依赖于 1。在第 8.4 节,我们曾谈到,泰克斯特曾用本体论依赖这一概念来刻画事实,以避免组合性事实概念所面临的困难。以事实为主题,泰克斯特认为,本体论依赖可以满足我们三个渴望:

第一,一个对象可以本体论依赖于其他对象,而无须包含这些其他对象作为组成部分。这一点,通过如下两个例子应该较好理解:

> 物体的重心本体论依赖于物体本身。
> 苏格拉底的智慧本体论依赖于苏格拉底本人。

显然,苏格拉底的智慧之为苏格拉底的智慧,这依赖于苏格拉底本人,同样显然的是,苏格拉底本人并不是苏格拉底的智慧的组成部分。物体的重心情况也是如此。众所周知,物理学上的重心指的是物质系统上被认为质量集中于此的一个点,重心的位置矢量是质点组中各个质点的位置矢量根据其对应质量加权平均之后的平均矢量。对于密度均匀、形状对称分布的物体,其重心位于其几何中心处。如果一个物体其几何形状发生变化,或者其质量分布发生变化,那么其重心也将相应地发生变化。就此而言,我们说物体的重心本体论依赖于该物体本身。但是,同样显然的是,物体的重心并不包含物体本身作为组成部分。

第二,事态是通过对象和关系(事态凭借它们而存在)来个体化的,即是说:

9.5 如果 S_1 和 S_2 是事态,$S_1=S_2$,当且仅当 S_1 和 S_2 是凭借以相同的性质谓述相同的个体而存在。

这是同一性条件。

第三,如果事态长庚星是一颗行星本体论依赖于长庚星,那么仅当长庚星在某个时间存在,该事态才能存在。这一观点有两层意蕴:其一,如果一个对象从未存在,那么本体论依赖于它的事实也不会存在,因此,像"飞马不存在"、"林黛玉是《红楼梦》的人物"都不是事实。其二,如果一个对象存在过,那么即使在某一时刻他(它)已经不存在了,本体论依赖于他(它)的事实依然可以存在。因此,像"苏格拉底活在远早于维特根斯坦的时代"、"罗素活得比苏格拉底长"在今天就都是事实,尽管苏格拉底、维特根斯坦、罗素今天都已不在了。我们清楚,第二层意蕴恰是罗素、阿姆斯特朗的事实概念所面临的严重困难,他们将对象作为事实的组成部分,而不是认为事实本体论依赖于对象。

问题是,第二层意蕴的理由是什么?或者说,如果事实本体论依赖于对象,那么对象不存在而事实却能存在的理由是什么?泰克斯特没有解释这一点,而是给了我们一个例子:

> 我本体论依赖于一个特定的事件,即一个具体的卵子被一个具体精子的受精,尽管这个事件早已过去。(Textor 2016,

sec. 4.3）

秉持宽容态度，我们可以说，"我"之为"我"，以及"我"之能存在都依赖于这一久远的受精事件，但这一事件并非是"我"的组成部分。然而，这里的依赖看起来并非是本体论依赖，而是因果依赖。也许泰克斯特会说，如果不是这一具体的卵子（而是别的具体卵子）与这一具体精子（或别的具体精子）的受精，那么"我"将不会是"我"，而是另一个个体，并且因此作为"我"的"我"不存在。但是，尽管如此，我们依然可以说，使"我"之为"我"的并非是这一具体卵子与具体精子的受精事件，而是它们分别携带的 DNA 信息，这一事件只是因果先于"我"而已。

对于"本体论依赖"，法恩曾这样谈道：

> 看起来，存在一种独特的本体论意义，在此意义上，一物可被说成是依赖于它物。这个事物是什么，这将依赖于它物，依赖于它是什么。
>
> 正是在这一意义上，人们倾向于说，一个集合依赖于它的元素，或者一个个体化的（particularized）特征，比如一个微笑，依赖于它在其中被发现的个体。因为，这个集合是什么将依赖于其元素；这个特征是什么将依赖于例示它的个体。
>
> 假定存在一个清楚明白的本体论依赖概念，那么，对于形而上学的研究，它看起来就会非常重要。形而上学有两个主要关心的领域：一个是关于事物的本质，即它们是什么（*what they are*）；一个是事物的存在，即它们是否存在（*whether* they

are)。关于依赖的考量与两者都相关。因为对于任何项(item)的本质这一问题,关键的是确定它依赖什么;如果某物被认为存在,那么它所依赖于的任何事物都必须存在。实际上,人们经常坚持,只有那些不依赖任何他物的东西才可以被恰当地称之为真正存在(exist at all)。(Fine 1995, p.269)

按照法恩的描述,本体论依赖涉及两个维度:同一性条件(事物的本质、事物是什么)和存在性条件(事物是否存在)。就存在性条件而言,法恩强调,"如果某物被认为存在,那么它所依赖的任何事物都必须存在"。因此,可以看到,泰克斯特对本体论依赖的解释与法恩的解释是有重大差别的,这种差别主要体现在:泰克斯特认为一个事态在特定时间 t_1 存在,这并不要求它所本体论依赖的对象在时间 t_1 也存在,而只要求该对象在某个时间曾经存在过。但是,这看起来是一个很牵强的说法,也是一个与主流解释相悖的说法。

我在第8.4节已经通过另一种方案来消解结构性事实概念所面临的困难。按照本书的看法,事实是结构性实体,以个体、属性作为组成部分,但个体并不是厚的个体(对象),而是薄的个体。由于薄的个体并不具有广延、重量,也并非是时间依赖性的,因此通常所认为的组合性事实概念所面临的困难被本书的方案釜底抽薪了。就此而言,我们并没有必要去挑战人们对于本体论依赖的主流看法。我们还是继续前行,看看本体论根源、本体论依赖这些概念对于使真者的定义,以及使真者理论与符合论的关系会带给我们什么样的风景。

9.2.3 使真者与真理符合论

前面提到,对于组合性事实概念,命题不会进入到作为结构性实体之事实的同一性刻画中。但是,这并不意味着事实的结构与命题的结构之间不能存在一种对应关系,至少对于结构性命题概念(例如,弗雷格的命题概念)是如此。法恩谈道:

> 因为用于构造事实的运算将对应于构造命题的运算,所以,正如每一个主—谓(subject-predicate)事实将是对个体 x 和性质 P 运用内在(inherence)运算 I 的结果 $I(x, P)$,每一个主谓命题将是运用相似运算 i 到 x 和 P 上的结果 $i(x, P)$。(Fine 1982, p.52)

即是说,即使是组合性事实概念,事实与相应的命题间也有一种结构上的对应关系,这种对应关系被它们各自的典范描述所显示出来。

当然,就像我们在第 8 章所梳理的,对一个语句的主谓分析方式是亚里士多德的遗产,它会阻碍事实概念的出场。既然如此,上面对语句的主谓分析恐怕就不适用于我们的目的,即建议事实是使真者。因此,我们有必要对上述表述进行修改,而这样的修改其实很简单。如前所述,一个事实的典范描述将清楚地揭示该事实是从哪些东西生成的,以及生成的方式。所以,对于这个苹果是红的这样的只包含一个个体的事实而言,由于这一事实表示的是个体这个苹果例示了性质是红的,即是说这一事实是由个体这个苹果和性质是红的通过前者例示后者而生成的。因此，我们可以这样给出该事实的典范描述：

$$I(这个苹果, 是红的)。$$

其中，E 表示例示运算。对于像北京在上海以北这样包含两个个体的事实，由于它表示的是有序对"<北京,上海>"例示了关系在……以北，因此，我们可以这样给出该事实的典范描述：

$$I(<北京, 上海>, 在……以北)。$$

现在，考虑包含 n 个个体的事实。由于这样的事实表示的是 n 个个体之间拥有一个 n 元关系，因此我们可以这样给出其典范描述：

$$I(<x_1, x_2, \cdots, x_n>, P_n)。$$

其中，"x_i"（$1 \leq i \leq n$）表示一个个体，"P_n" 表示一个 n 元关系。可以看到，对事实的这样一种典范描述并没有预设语句的主—谓分析。

前面提到，对于组合性的事实来说，事实的结构与（弗雷格式）命题的结构之间也有一种对应关系。关于这一点，一个易观察的现象是：事实是通过真的陈述句来刻画的，而真的陈述句总是表达一个命题。例如，我们用"苏格拉底是智慧的"这样一个真语句同时作为刻画（指称）事实和表达命题的语言学装置：事实"苏格拉底是智慧的"、命题"苏格拉底是智慧的"。一些哲学家（如斯特劳森、当代真理同一论者，如多德）将这一语言学现象看作事实不过是真命题、因而并不存在自成一格的事实实体的判定性依据，但这一等同已经被证否。（参见第2.2.1节。）如果事实是真正的实体，并且一个事实与相应的命题使用了同一个真语句语言装置，那么认为事实的结构与命题的结构之间有一种对应关系就是一个直接的结果了。因此，如果事实的典范描述是"$I(<x_1,x_2,\cdots x_n>,P_n)$"，那么命题的典范描述就会预设这样的形式："$i(<x_1,x_2,\cdots x_n>,P_n)$"，其中"i"是"I"的对应运算。对于例示运算"I"的对应运算"i"，我们这里没有给出也不打算给出说明，原因也有二：其一，"i"是什么，这取决于我们如何理解命题，取决于命题的本质，但这不是这里所要从事的工作；其二，对本文而言，我们对于命题只有一个限定，即命题是结构性实体，并且因此相应于事实的例示运算"I"，命题有一个对应的运算"i"，这是我们所需要的全部。换言之，"i"是什么并不对我们的工作产生实质影响。

有了本体论根源和典范描述这两个概念，现在可以来定义使真者了。需预先说明的是，通过本体论根源、典范描述这一对概念来定义使真者，这种策略可能让人担心，这样定义的使真者是否会依赖我们对于使真者（在本书中，即事实）的语言表达。这多虑了。从上面关于典范描述的说明可以看到，一个对象的典范描述是什么，这并不取决于我们的语言表达，而是取决于该对象的本体论。下面来定义使真者。

对使真者的定义，就如对真理的定义一样，需要是递归的：先给出关于简单命题的使真者定义，然后将其扩展到复杂命题。关于这一定义策略，有两个观察需要预先给出：其一，简单命题的使真者定义是基础性的，完整的定义以简单命题的定义为基础，尽管"基础"在这里的具体涵义是什么可能还有待说明；其二，关于简单命题的使真者定义如何扩展到复杂命题的情况中，这不是一个一目了然的问题。真值表不能直接派上用场，这一点已经为学者们关于析取论题、否定真理的使真者问题等的广泛分歧展现地淋漓尽致。因此，探讨复杂命题的使真者，这本身就可以是一个独立的项目。在本书中，我们将聚焦于简单命题的使真者定义；然而，尽管目标是受限的，如果简单命题的使真者问题是基础性的，那么对其的探讨也将成为关于使真者的完整定义的关键。

下面，让我们聚焦于简单命题，探讨其使真者的定义。所要考虑的问题是：α 是否是 p 的使真者？对此，我们分步骤地做出几个观察和分析。

第一个观察是，如果 α 的典范描述是"I($<x_1, x_2, \cdots, x_n>$, P_n)"，p 的典范描述是"i($<x_1, x_2, \cdots, x_n>$, P_n)"，那么可以立马得到 α 与 p 间的使真关系。例如，对于事实"这个苹果是青色的"与<这个苹果是青色的>，我们可以立马得到前者是后者的使真者，并且它们的典范描述分别如下：I(这个苹果,是青色的)，i(这个苹果,是青色的)。简言之，对于特定事实与特定命题，如果两者的典范描述具有对应关系，那么前者是后者的使真者。这是最简单的情况，没有多少疑义。

麻烦在于，使真关系是多对多关系，一个命题有可能不只一个使真者，且它们的典范描述间未必有上面所论的对应关系。例如，对于<这个苹果是有颜色>，事实"这个苹果是有颜色的"是它的使真者，同时事实"这个苹果是青色的"也是它的使真者。不仅如此，一个命题的使真者甚至可能包含该命题的另一个使真者。(Armstrong 2004a, p.17)例如，对于每一个真理，这个世界本身（即存在的总体）都是其使真者。同时，对很多命题之为真而言，这个世界的特定部分就足以使其为真，以＜北京是中华人民共和国的首都＞为例，这个世界本身是其使真者，同时这个世界的特定部分，如事实"北京是中华人民共和国的首都"，也是其使真者，并且后一个使真者包含在前一个使真者中。此外，蕴含原则是使真关系是多对多关系的必要前提，后者（根据阿姆斯特朗）则是使真者相对于传统真理符合论的一个重要优势，因此如下情况是可能的：通过一次或多次运用蕴含原则后，所论的实体 α 与命题 p 间存在使真关系，并且 α 不是该命题的不相关使真者。在这些情况中，α 的典范描述与 p 的典范描述间很可能缺乏对应关系，使真者的定义如何能涵盖这些情况？

就此，我们需要做进一步的观察和分析。就＜这个苹果是有颜色＞这种情形而言，我们会说，属性"是青色的"与属性"是有颜色的"间存在一种范畴论的种属关系。更进一步，如果某物属于范畴 M，那么它也属于范畴 M 所属于的范畴 N，并且这种"属于"关系具有传递性。例如，如果苏格拉底是人，人属于动物，那么苏格拉底是动物，动物属于生物，那么苏格拉底是生物，如此等等。因此，就命题"苏格拉底是生物"的真理而言，我们会说，下述事实都是其使真者：苏格拉底是人，苏格拉底是动物，苏格拉底是生物。在这种情形中，α 与 p 的典范描述间同样存在某种意义的对应关系：假设 p 的典范描述是"i(x,P)"，则典范描述为"I(x,P)"的事实（根据第一个观察)是其使真者,如果 α 的典范描述是 "I(x,Q)",并且 Q 与 P 间存在上面所论的属于关系,那么 α 也是 p 的使真者。

对于一个命题的使真者包含该命题的另一个使真者的情形,最经典的例子是这个世界本身的例子。对此例子的观察,我们会说,就 <这个苹果是青色的> 之为真而言,这个世界本身作为使真者是"杀鸡用牛刀"了。这个世界本身不仅限制了这个苹果是青色的,因而使得 <这个苹果是青色的> 为真,而且限制了很多其它东西,如雪是白的、煤是黑的,但这些与 <这个苹果是青色的> 的真理是无关的。因此,恰恰是因为这个世界的特定部分,即事实"这个苹果是青色的",是 <这个苹果是青色的> 的直接使真者(immediate truthmaker),这个世界本身才被说是该命题的使真者。对于那些认为世界是所有事实的总和的事实主义者来说,这个结论是显然的。这样,对此情形,我们就可以确立这样一个结论:如果 α 包含一个部分,该部分的典范描述与 p 的典范描述有对应关系,那么 α 是 p 的使真者。

最后一种情形,即通过蕴含原则所确立的使真关系的情形。如前所述,正是蕴含原则的使用,不相关使真者难题才得以产生。但是,我们注意到,不相关使真者不是在下述意义上所说的:p 的本体论根源是 $\{x_1, x_2, \cdots, x_n, P_n\}$,而 α 的本体论根源除了 x_1、x_2、$\cdots$、x_n、P_n 还有别的不相关的个体或属性。考虑一个例子:事实"罗素坐在桌子前写作"是命题 <罗素在写作> 的使真者,而不是不相关使真者。这一使真关系是通过蕴含原则确立的:事实"罗素坐在桌子前写作"使 <罗素坐在桌子前写作> 为真;<罗素坐在桌子前写作> 蕴含 <罗素在写作>;所以,事实"罗素坐在桌子前写作"使

第 9 章 使真者与真理符合论

<罗素在写作>为真。实际上，观察不相关使真者的诸种情形会注意到，对于任意实体 α 和任意命题 p，α 是 p 的不相关使真者总是意味着：(a) p 说的是个体 a 怎么样，而 α 是关于个体 b 的；或者(b) p 说的是个体 a 有属性 P，而 α 指的是个体 a 有属性 Q；或 p 说的是个体 a、b、…间有关系 R，而 α 指的是个体 a、b、…间有关系 S。或者(c) 上述(a)、(b) 两种情况兼而有之。换言之，α 是 p 的不相关使真者总是意味着：如果 p 的本体论根源是 $\{x_1, x_2, \cdots, x_n, P_n\}$，那么某一个个体 $x_i (1 \leq i \leq n)$ 或者属性 "P_n" 不是 α 的本体论根源。对这种情况，通过运用集合运算，我们可以排除不相关使真者。

汇总前述几个观察和分析，就可以得到本书关于使真者的定义（为了论述的便利，我们将"实体 α 或者 α 的一个部分"简写为"α"）：

> **定义 9.1** （Od-T）假设实体 α 的典范描述是 "$I(<x_1, x_2, \cdots, x_m>, Q_m)$"，命题 p 的典范描述是 "$i(<x_1, x_2, \cdots, x_n>, P_n)$，$\alpha$ 是 p 的使真者，当且仅当如下条件之一被满足：
>
> (1) m=n，且 $Q_m \subseteq P_n$。
>
> (2) 存在一个命题 "q"，其典范描述是 "$i(<x_1, x_2, \cdots, x_m>, Q_m)$；存在一个事实 "$\beta$"，它的典范描述与 p 的典范描述符合 (1)，并且如下两个条件成立：
>
> (a) q 蕴含 p；
>
> (b) 集合 X 由 α 的本体论根源作为元素构成，集合 Y 由 β 的本体论根源作为元素构成，且 $Y \subseteq X$。

其中，"$Q_m \subseteq P_n$"表示属性 Q_m 与属性 P_n 是同一个属性，或者属性

Q_m 在范畴论上属于属性 P_n。

可以看到,(Od-T)的(1)涵盖了我们前述观察的前三种情况。第四种情况,即通过蕴含原则确立使真关系的情况,由(2)来处理。鉴于蕴含原则对使真者的重要性,也鉴于蕴含原则事实上能够确立使真关系(参看上面我们对最后一种情况的观察),我们的定义保留了蕴含原则,同时借用本体论根源所构成的集合间的关系排除蕴含原则可能导致的不相关使真者。即是说,如果 p 的直接使真者的本体论根源所构成的集合是 α 的本体论根源所构成的集合的子集,即不存在任何个体或属性,它是 p 的直接使真者的本体论根源,同时又不是 α 的本体论根源,那么不相关使真者不会产生。

下面对这一定义做两点解释性评论。其一,(Od-T)从始至终都希望紧扣真理本体论依赖实在这一使真者的直观。担保这一点的是:首先,在最简单的情况中,命题与使其为真的事实的典范描述间存在对应性,换言之,两者间存在一种逻辑原子主义意义上的同构关系;其次,从最简单的情况开始,通过蕴含原则予以拓展后,一个命题的真理所本体论依赖的特定实在不会被丢失。(Od-T)的如上特征可能使人产生一种疑虑,即诉诸典范描述的对应性会不会使我们倒退到逻辑原子主义的真理概念上,从而丧失使真者相对于真理符合论的诸多优势。在我看来,这种疑虑是不需要有的,因为本文也坚持使真关系是多对多关系,而且也并不认为一个命题与使其为真的事实间必然存在典范描述上的对应性。这两个论点都已经体现在(Od-T)中。就第一点而言,使一个命题为真的不只是通过(1)所确立的实体,还可以是通过(2)所确立的实体,换言之,一个命题可以有多个使真者。就第二点而言,尽管通过(1)所确立的

第9章 使真者与真理符合论

使真者与相应命题间在某些时候（$Q_m=P_n$时）存在典范描述的对应性，但在其他所有时候都不存在这种对应性。需要注意一点的是，(Od-T)中的被定义项都只是简单命题，如果考虑到复杂命题的情况，那么尽管我们未对此展开研究，也易看到情况会更复杂，例如，我们不会认为相应于真的<(p∨q)→r>，存在一个复杂事实"(p∨q)→r"。然而，尽管一般来说我们会否认真命题与使其为真的事实间存在同构关系，但不可否认的是，对于事实主义者来说，某些真命题与某些使其为真的事实间存在这样的同构关系，例如<这个苹果是青色的>与事实"这个苹果是青色的"。我们的定义仅是试图以此为起点，然后拓展开去，以期将使一个命题为真的所有其它实体都作为该命题的使真者挑出来。

其二，(Od-T)预期能避免不相关使真者。不相关使真者难题的产生通常是因为蕴含原则的使用，但是按照(Od-T)，那些导致不相关使真者的推理不再可靠了。例如，我们不能再这样推理：

(i) 事实"雪是白的"是<雪是白的>的使真者；
(ii) <雪是白的>蕴含<5+7=12>；
(iii) 事实"雪是白的"是<5+7=12>的使真者。

原因很简单：首先，它不满足(1)；其次，尽管这一推理满足的(2a)，但不满足条件(2b)，因此并不满足(2)。因此根据(Od-T)，事实"雪是白的"不是<5+7=12>的使真者。第二节我们谈到，这是不相关使真者的第一个具体形式，它是不相关使真者问题产生的基础，消解了这一基础，我们也就对不相关使真者问题实施了"釜底抽薪"。

一个问题是，(Od-T)为什么能避免不相关使真者？实际上，T是p的不相关使真者是指，p的真理并不本体论依赖T，但是某个使真者的定义却将T作为p的使真者挑出来。(Od-T)不会导致这样的问题，是因为(Od-T)将p的直接使真者的本体论根源都纳入（例如）α的本体论根源，从而使α原则上能够作为p的本体论基础，同时又通过蕴含原则确保这样的本体论依赖关系不仅仅是一种"原则上的能够"而是一种现实。考虑<南京在上海以北>的使真者。(Od-T)的(2b)确保了这一命题的使真者将包含南京、上海以及关系"在……以北"作为本体论根源，同时蕴含原则会排除满足这一要求的事实"北京在上海和南京以北"作为<南京在上海以北>的使真者，从而确保只有真正的p为真时的本体论基础通过限制条件。

在给定使真者的上述定义后，接下来我们回到上一小节留下来的任务，也是本书的主要目标，即使真者原则是否可以作为符合论之一种，并因此可以成为辩护符合论的方向。我们谈到，将使真者纳入符合论的工作依赖于对如下两个问题的回答：

其一，什么是使真者？

其二，什么是符合论？

我们刚才已经回答了第一个问题。对于第二个问题，我在第2.3.1节实际上已经谈到，符合论所试图把握、刻画的东西是这样一个东西：一个真值载体之为真的原因在于客观实在，一个真值载体凭借特定实在而为真；换言之，实在是真理的本体论基础，或者真理本体论依赖于实在。符合论是要通过求助于真值载体与实在（部分）的关系来解释真值载体为什么是真的。关于符合论，大卫曾谈道：

第9章 使真者与真理符合论

> 狭义地说，真理符合论是真理符合或对应于事实的观点，这是20世纪早期罗素和摩尔所倡导的观点。但是，这个标签通常更广泛地适用于任何这样的观点，它们明确拥抱这样的看法：真在于与实在的关系，即真是一种关系属性，涉及与实在的某个部分（有待明确）的独特关系（有待明确）。这一基本思想已经以多种方式表达出来，形成了一个理论大家族，更常见的是，一种理论构架。这一家族的成员使用了诸多概念来表示相关关系（符合、一致……）以及诸多概念来表示实在的相应部分（事实、事态、条件……）。（David 2020）

在第2.3.1节，我认为任何坚持如下三个论题的理论就是符合论：

(C1) 它是一种真理理论，即提供了对"是真的"的分析。

(C2) 它是通过求诸客观实在来解释真理的，一个真值载体为真是凭借客观实在而为真。

(C3) 是客观实在的特定部分，而非客观实在整体，使得某个特定真值载体为真或为假。

可以看到，这三个论题与大卫对符合论的理解是一致的。不仅如此，从大卫的论述中，我们还可以看到，符合论是一个理论大家族，我们不能因为某一个真理理论由于没有使用"符合"这样的概念就否认它是一种真理符合论。关键的是，这一理论是否坚持上述三个论题。

对于使真者原则而言，已经很清楚的是，它坚持(C2)和(C3)，人们的争议焦点在于它是否坚持了(C1)。由于担心循环定义的谬误,使真者原则没有采用"当且仅当"的双向条件句,而是这样表述:

(TM)(对于每一个命题 p,)如果 p 是真的,则存在某个(些)实体使其为真。

然而我们也看到,(TM)的逆表述可以从(TM)中平乏地推出来:如果 f 使得 p 为真,那么 p 是真的。把这一点与(TM)合起来,我们可以得到一个当且仅当式:

(TM-B)对于每一个命题 p,p 是真的,当且仅当存在某个(些)实体使其为真。

这一表述被认为面临循环定义的谬误,因为"是真的"通过"使真"来分析的,但是"使真"又需要通过"必然化"来分析,"必然化"又要通过"是真的"来分析。

有了关于使真者的上述定义(定义9.1)后,我认为情况并非如此了。在使真者理论中,很多人认为使真者不重要,因为所谓使真者就是使命题为真的实体,因此使真关系才是关键。定义9.1没有遵循这样的思路,而是抓住使真者的核心直观(即真理本体论依赖于实在),独立于使真关系来定义使真者。在有了使真者的定义后,我们会说,所谓使真关系就是一个使真者与相应其命题间的一种关系。这种关系,用阿姆斯特朗的话来说,是一种内在关系。所谓内在关系,阿姆斯特朗指的是,一旦两个关系项存在,那么这一关系

第9章 使真者与真理符合论

就成立了。因此，使真关系是"免费的午餐"。(Armstrong 2004a, p.9)既然如此，我们就可以这样修改(TM-B)使其避免循环定义的谬误：

(TM-F)对于每一个命题 p，p 是真的，当且仅当相应的(corresponding)的使真者存在。

回想一下符合论的一种刻画，即一个命题是真的，当且仅当相应的事实存在，可以看到，(TM-F)已经是一种典型的符合论表述了。因此，我们可以得出结论认为，一种被恰当刻画的使真者原则是符合论之一种。

按照本书辩护符合论的构想，我们先是重解了符合论的直观，认为符合论的直观实际上是真理依赖于实在，而这是使真者概念的直接意蕴，然而通过研究使真者概念的诸论题试图为正确理解和刻画使真者提供指导，最后，我们对使真者给出了一个新的定义，并基于此重新理解了使真者原则，把它刻画为符合论之一种。

现在是时候来看一下这一辩护策略给我们提供了一个怎样的符合论图景？一个特定命题的真理又如何被确定？对此问题，我们考虑简单命题，即不包含逻辑联接词和量词的命题，至于包含逻辑联接词和量词的复杂命题(否定命题除外)，与逻辑原子主义一样，我们将诉诸真值表。对于简单命题，我给出如下建议：

(CT)* 对任何命题 \<p\>，如果 \<p\> 的典范描述是：$i(<x_1, x_2, \cdots, x_n>, P_n)$，那么 \<p\> 是真的，当且仅当如下两个条件之

一被满足:

1. 存在这样一个实体 α，其典范描述是：$I(<x_1, x_2, \cdots, x_n>, P_n)$，即是说，$\alpha$ 由 x_1、x_2、x_n 和 P_n 构成，并且 $<x_1, x_2, \cdots, x_n>$ 实际地例示了 P_n。

2. 存在这样一个实体 β，其典范描述是 $I(<x_1, x_2, \cdots, x_n>, Q_n)$，并且必然有：如果 Q_n 存在，则 P_n 存在。

下面对符合论的这一刻画做一个简单的说明，作为本章的结尾。

下面对符合论的这一刻画做一个简单的说明，作为本章的结尾。

可以看到，这一刻画仅涉及了使真者定义（定义 9.1）的条件 1，我认为这样的处理是恰当的。在定义 9.1 中，如果 α 不满足条件 1 从而不能使 p 为真，那么它需要满足条件 2，但是 p 要为真，并不是一定需要 α 存在，这时实际上只要 β 存在就够了，而 β 是满足条件 1 的实体。定义 9.1 关心的是 α 需满足什么条件才能是 p 的使真者，就此而言，α 既可以作为 p 的直接使真者（条件 1），也可以作为包含 p 之直接使真者的实体（条件 2）。这里的"包含"指的是这样一个概念：如果 α 包含 β，那么 β 的本体论根源构成的集合是 α 的本体论根源构成的集合的子集。(CT)* 关心的是另一个问题，即一个命题在满足什么条件时为真，因此只要存在 p 的直接使真者，那么 p 是真的。对此，一个可能的疑虑是，(CT)* 的表述采取了"当且仅当"式，按此表述，仅当 p 有一个直接使真者时，p 才是真的。问题是，难道如下情况不可能（以定义 9.1 的情况 2 为例）：作为 p 之直接使真者的 β 不存在，但是满足条件 2 的 α 存在？对此，我的回答是：不可能。如果 p 的直接使真者不存在，那么不可能存在包含该直接使真者的实体作为 p 的使真者。举例来说，对 <罗素在写作> 之为真而言，如果事实"罗素在写作"不存在，那么不可能存在这样一个实体，它包含事实"罗素在写作"，如像"罗素在用钢笔写作"。换言之，如果实体 α 是 p 的使真者，但并非直接使真者，那么一定存在一个实体 β，它是 p 的直接使真者，并且与 α 间存在满足定义 9.1 的条件 2 的关系。

第 10 章 紧缩主义真理观对符合论的挑战

这一章,也即本书的最后一章,我们来看一下符合论在当代所面临的最主要的批评与挑战,即来自真理紧缩论(deflationism)的挑战。根据紧缩主义真理观,断言一个命题(语句、陈述)是真的也就是断言该命题(语句、陈述)本身。例如,说<雪是白的>是真的就等价于说雪是白的。不仅如此,紧缩主义还认为,这是我们关于<雪是白的>之真理能够说的全部东西,此外不再有任何其他可以谈论的东西。由于认为类似于"<雪是白的>是真的,当且仅当雪是白的"这样的无穷实例穷尽了关于真理我们可以说的一切,因此紧缩主义认为,一切关于真理的实质研究,如符合论、融贯论、实用主义真理观,都赋予了真理概念它本身并不拥有的东西。真理并没有那么重要,实质性的真理研究所赋予的真理的很多角色、功能需要清除。真理需要紧缩。

可以看到,紧缩主义对符合论的挑战是整体性的,也即:根据紧缩主义,符合论所试图搞清楚的那个东西根本就是生造出来的,这个世界中根本没有这样的东西。就此而言,要辩护符合论,我们就不得不回应紧缩主义的挑战。这一章的结构如下:第一节讨论一个问题,即是真的是否如实质性真理论(符合论是其中之一)所认为的那样是一种性质?第二节讨论真理是否具有解释和评价功能,即真理是否能够提供规范。紧缩主义对这两个论题都持否定回答,因此我们的讨论会从紧缩主义出发。

10.1 紧缩主义真理观

紧缩主义真理观是20世纪最流行、影响最大的研究真理的进路之一,但它不是一个理论,而是有着诸多不同的版本(或理论)。历史地看,我们至少可以发现如下一些有影响力的紧缩主义版本:冗余论(redundancy theory)、去引号论(disquotationism)、行为论(performative theory)、代语句主义(prosententialism)、同一论(identity theory)和极小真理论(minimal theory)等。这些理论之所以共享"紧缩主义"的名称,当然是由于它们对真理的基本看法一致,这一看法(正如"紧缩主义"这一名字所显示的)认为,传统关于真理的研究赋予了真理太重要的地位、太多的内容,例如是真的是一种性质、真理是信念的规范(norm)等,但这些并不是真理所具有的。传统研究的真概念是膨胀的,需要紧缩。但是,真概念需要收缩到什么地方?对这一问题,紧缩主义者内部则存在分歧。

常被认为是紧缩主义之理论先驱的兰姆赛曾这样谈道:

> 真和假首要地归于命题。它们被归于的命题或者是直接给出的,或者是被描述的。首先假定它是被直接给出的;那么,很明显,"这是真的:凯撒被谋杀了"不过意味着凯撒被谋杀

了,"这是假的:凯撒被谋杀了"不过意味着凯撒没有被谋杀。它们是这样的词组:有时候我们出于强调或者文体风格的理由使用它们,或者用它们标示一个在我们的论证中被陈述占据的位置……在第二种情况中,其中命题是被描述而非直接给出的,我们可能碰到更多的问题,因为我们得到一些陈述,其中我们无法在日常语言中消除语词"真的"或者"假的"。所以,如果我说"他总是对的",我的意思是,他断定的命题总是真的,并且看起来,如果不使用语词"真的",没有任何表述这一点的方式。但是,假定我们这样表达它,即"对于所有的 p,如果他断定 p,则 p 是真的",那么我们看到,命题涵项 p 是真的就不过与 p 是一样的,正如(举例来说)它的值"凯撒被杀了是真的"与"凯撒被谋杀了"是一样的。(Ramsey 1927, pp.157-158)

可以看到,兰姆赛认为任何一个包含"真的"(true)语词的语句都等价于一个不包含"真的"语词的语句,即使对于全称量化句(如"他断定的所有命题都是真的")也是如此。因此,真理是多余的。看来,把兰姆赛归入紧缩主义[①]一定是在最宽泛地意义上谈的,因为通常认为,紧缩主义只是要最小化(而非取消)真理的功能、作用。

与后来紧缩主义的大部分版本一样,兰姆赛注意到如下等价式并赋予其关键角色:

[①] 谈及紧缩主义,文献中通常会把兰姆赛归入到其理论先驱的位置,如在斯坦福哲学词典中斯图嘉(Daniel Stoljar)、达姆尼亚诺维奇(Nic Damnjanovic)所做的那样(Stoljar and Damnjanovic 2014, sec. 1),又如,索莫斯(Scott Soames)将兰姆赛的冗余论算作是紧缩论的一个版本。(Soames 1999, p.232)

第10章 紧缩主义真理观对符合论的挑战

10.1 ⌜p⌝是真的，当且仅当p。

其中，"p"是一个表示语句的变量，"⌜ ⌝"代表某个生成真值载体的装置(device)。例如，如果语句是真值载体，则"⌜ ⌝"是一个起名(name-forming)装置(王洪光 2013,p.9)；如果命题是真值载体，那么⌜p⌝表示语句"p"的涵义。看起来，这一等价式的正确性毋庸置疑，同时，它似乎表达了，断言一个命题是真的等价于断言该命题自身。因此，把是真的归于一个命题，看起来没有为该命题增加什么。

由于赋予了这一现象以极端重要性，因此，弗雷格有时候也被看作是紧缩主义的先驱，[①] 因为弗雷格曾这样谈道：

> 我们不可能认识到某物具有某性质却没有同时发现**该物具有该性质**这一思想是真的。所以，一个事物的每一个性质都套着一个思想的性质，即真理。同样值得注意的是，语句"我闻到了紫罗兰的香味"与语句"这是真的：我闻到了紫罗兰的香味"具有相同的内容。所以看起来，通过将真这一性质归于它，我并没有为其增添什么东西。但是，当科学家经过诸多犹豫不决和辛勤的研究后最终说"我的猜想是真的"时，这难道不是一个伟大的结果？看来，语词"真的"的涵义是完全特殊的。(Frege 1956, p.293)

可以看到，弗雷格也断言了(10.1)那样的等价式，这是他被看作紧

[①] 达米特就认为，紧缩主义起源于弗雷格。(Dummett 1959)

缩主义之先驱的关键证据。但是，相比于紧缩主义者想要的，弗雷格关于真概念所说出的东西显然要多得多，而其中的一些实际上是对紧缩主义的挑战。例如，弗雷格认为是真的是一种性质，又如，当科学家们最终说出"我的猜想是真的"时，"是真的"一词扮演着非常重大的评价或解释功能。

索莫斯认为，弗雷格在这里区分了两个不同的语言学环境，其中真谓词被用于谈论命题：

环境一 这是真的：S。[It is true that S]/命题 S 是真的。[The proposition that S is true]

环境二 约翰说的每一样东西都是真的。
存在一些真的命题，它们没有被可获得的证据所支持。
每一个命题都是这样的：或者它或者它的否定是真的。

当弗雷格谈论"我闻到了紫罗兰的香味"和"这是真的：我闻到了紫罗兰的香味"时，他关心的是（环境一）中真谓词的使用；当他谈论科学家的评论"我的猜想是真的"时，他关心的是（环境二）中真谓词的使用。(Soames 1999, p.230) 所以，如果弗雷格这里的区分是对的，那么我们可以推出：真谓词在（环境一）中的使用并没有穷尽真谓词的所有用法。就此而言，弗雷格不是一个紧缩主义者，他是一个反紧缩主义者。弗雷格的论述构成了对紧缩主义的挑战。

毫无疑问，对(10.1)这样的等价式的关注为绝大部分紧缩主义者提供了基本的理论动机。例如，艾耶尔同样否认真理具有本质，而其得出结论的方法是对下述语言现象的观察："如果我说，莎士

第10章 紧缩主义真理观对符合论的挑战

比亚写作了哈姆雷特,这是真的,或者命题"莎士比亚写作了哈姆雷特"是真的,我不过是说,莎士比亚写作了哈姆雷特。类似地,如果我说,莎士比亚写作了伊利亚特,这是假的,我不过是说,莎士比亚没有写作伊利亚特。"(Ayer 1935, p.28)再如,紧缩主义之一个版本的去引号理论其代表性人物蒯因注意的也是这样的现象:"说'布鲁图杀了凯撒'这个陈述是真的,或者说'钠的原子量为23',实际上不过是说布鲁图杀了凯撒或钠的原子量为23。"(蒯因 2007a, p.220)并基于此断定:"真的归属恰恰取消了引号。真即去引号。"(蒯因 2007b, p.524)

下面,我们就以霍维奇的极小真理论为例看一看(10.1)这样的等价式在紧缩主义真理观中的作用,以及紧缩主义的基本论题。之所以如此选择,是因为极小真理论是当代最精致、影响最大的紧缩主义真理论。这里,我们的基本关注点是:像(10.1)这样的等价式是否穷尽了真谓词的使用?答案如果是肯定的,那么紧缩主义者如何回应弗雷格基于真谓词在(环境二)中的使用而得出的如下结论:真理具有解释和评价功能?具体而言,紧缩主义者如何回应实质真理论者(如符合论者)的如下两个论题:其一,是真的是一种性质;其二,真理是信念(断言)的规范(norm)。必须说明的是,在讨论这两个问题时,我不会局限于霍维奇的个人看法,而将广泛地考察其他紧缩主义者的观点。

1990年,霍维奇出版了《真理》(*Truth*)一书,该书第一次从紧缩论的角度系统地处理了关于真理的各种哲学问题,可以说是紧缩主义真理论中最重要、影响最大的一本专著。(周振忠 2014, p.106)在该书中,霍维奇首先拒斥了这样一个问题:什么是真理?他认为这个问题是修辞性的(rhetorical),尝试寻找这一问题的答案会是纯粹的浪费时间。这是因为:一方面,真理概念弥漫于关于思想与行动之基础本质与规范的哲学构造中——例如,"真理是科学的目标";"真的信念促进成功的行为";"真理在有效的推理中被保持";"理解一个语句就是知道什么环境将使得它为真",因此,评估和解释这些原则,深入了解真理的基础本质,可以揭示我们整个的概念方案。但是另一方面,围绕真概念之令人生畏的难度和深度提示着,在我们探究真理的本质时,已经遇到了分析的极限。事实上,人们普遍同意,就实现我们似乎需要的洞见方面,至今几乎没有取得任何进展。符合论仅得到一个模糊的、指导性的直观,即真理是某种对事实的符合,而符合论传统的替代者是错的,因为它们违背这一直观。因此,真理概念给我们的是这样一个古怪的神秘莫测的特征:其基础本质看起来同时是必然的和不可能的。(Horwich 1998, pp.1-2)

霍维奇认为这种印象是完全错误的,它来源于两个相关的错觉:其一,真理具有某种隐藏的本质等待我们去发现;其二,我们解释核心哲学原则(如刚刚提到的那些)的能力,以及因此解决逻辑学、语义学和认识论中一揽子问题的能力取决于这一发现。这两个错觉的主要原因,霍维奇猜测,是语言学的类比。(Horwich 1998, p.2)正如"是有磁性的"这一谓词指称着这个世界的一个特征,"是有糖尿病的"描述了生物学中的一组现象,人们类比以为,"是真的"指称了一个复杂的性质,它是实在的一个成分,其基础结构有望在某一天被哲学的或科学的分析所揭示。但是,一个表达式的涵义有可能被其表面的形式所掩盖,"存在"这一词提供了这一

第10章 紧缩主义真理观对符合论的挑战

情形的臭名昭著的例子。"是真的"与"存在"的情形类似,它并非归于某些实体(如陈述、信念,等等)以一个普通的(ordinary)性质,因此不同于大多数其他谓词,"是真的"不应该被期望参与了它所指之物的某种深层理论——一种阐明其应用条件的一般性理论。(Horwich 1998, p.2)

若如此,真谓词是否就如兰姆赛所断言的那样,是冗余的?尽管否认真理有更基础的本质,但霍维奇认为出于逻辑需要,真谓词是必要的,因为存在这样的场合,在该场合中,我们对某个命题有一个态度,但出于各种原因我们搞不清楚这个命题具体是什么。[①](Horwich 1998, p.2)例如,我们可能仅以下述方式知道该命题:"奥斯卡所认为的"。在这样的情境中,真理概念的价值是不可估量的,因为它使我们能构造另一个命题,它天然地与我们搞不清楚的命题相关,并且完美地作为我们相关态度的替代对象。考虑,举例而言,

10.2 奥斯卡所说的是真的。

假定奥斯卡所说的东西(令其为 p)已被给定,即给定下述条件

10.3 $p=<$雪是白的$>$。

那么,我们就可以推出:

---

① 霍维奇谈论了我们搞不清该命题的如下诸种情况:它被表达了,但表达得并不足够清楚或大声;它可能是用一种我们不理解的语言表达的;我们可能想覆盖无穷多的命题,但我们无法想到它们全部。(Horwich 1998, pp.2-3)

10.4 雪是白的。

可以看到，我们实际上想对 <雪是白的> 有一个肯定性的态度，但由于我们不知道这一命题（只是知道奥斯卡断言了一个命题），因而我们无法通过直接断定 <雪是白的> 的方式表达该态度。然而，如果存在真谓词，那么就存在一个间接表达该态度的方式，即说出（**10.2**）。就此而言，真谓词是有其功用的。霍维奇认为，正是由于这一推理性质，涉及真理的命题才得到其功用。即是说，真谓词有其功用，是因为在特定情形下，它使得这些命题成为我们的信念、假定、欲望等的唯一合适的对象。（Horwich 1998, p.3）

再考虑一个例子。假如我对于奥斯卡关于食物的判断非常有信心；他刚刚断言了鳗鱼很好，但我并不清楚他有这么一个评论。那么，我能合理地获得什么信念？肯定不是鳗鱼很好。更确切地讲，所需要的是一个命题，上述断言可从该命题中推出来。假定奥斯卡所说的东西已被确定，那么所需要的命题就是这样一个命题：

10.5 如果奥斯卡说的是鳗鱼很好那么鳗鱼很好，并且，如果他说的是牛奶是白的那么牛奶是白的，……如此等等。

然而，这里的命题是无穷的，属于我们想覆盖但无法通过枚举的方式做到这一点的情形。如果存在真概念，这一情形会不会有所改变？依据我对奥斯卡的信心，（**10.5**）可以改写如下：

10.6 如果奥斯卡说的是鳗鱼很好，那么 <鳗鱼很好> 是真的，并且，如果他说的是牛奶是白的，那么＜牛奶是白的＞是真的……如此等等。

接着，(**10.6**)就可以重述为一个全称量化命题，其论域是命题：

10.7 对于每一个命题 p，如果奥斯卡所说的 $=p$，那么 p 是真的。

用日常语言来表述(**10.7**)就是：

10.8 奥斯卡说的都是真的。

可以看到，如果没有真谓词，我们既无法表达对＜雪是白的＞的态度，也无法表达对奥斯卡关于事物之判断的信心。真谓词的存在使我们能够做到这一些。基于此，霍维奇得出结论认为，真理概念的功用和存在理由(*raison d'être*)是它向我们提供了这样的命题，即(**10.2**)和(**10.8**)。(Horwich 1998, p.3)

那么，为什么真理具有这样的功用？霍维奇认为其原因在于，对于任何给定的陈述句 p，我们都被提供了这样一个等价的语句：命题 p 是真的。换言之，真理概念的上述功用来自于它是如下等价模式(Equivalence Schema)的具体实例：

(**E**) ＜p＞是真的，当且仅当 p。

可以看到，这是(10.1)确定真值载体为命题后的版本。在进一步讨论(**E**)之前，我们先来看看，它如何确保了真谓词的上述功用。无疑，从(10.2)和(10.3)中我们可以推出：

10.9 ＜雪是白的＞是真的。

如果再有等价模式的下述具体实例：

10.10 ＜雪是白的＞是真的，当且仅当雪是白的。

我们就能得到(**10.4**)。显然，如果有如下等价模式的具体实例：

10.11 ＜鳗鱼很好＞是真的，当且仅当鳗鱼很好；＜牛奶是白的＞是真的，当且仅当牛奶是白的；如此等等。

那么，基于(**10.5**)和(**10.11**)，我们可以推出(**10.6**)。

可以看到，正是有了等价模式(**E**)，真谓词才能够让我们表达对不确定命题的态度，才能够让我们表达全称量化式。据此而言，等价模式的重要性不言而喻。但是，霍维奇进一步认为，除了(**E**)的无穷实例，再不需要假定任何关于真理的进一步的东西。(Horwich 1998, p.5)然而，对于霍维奇的上述结论，依然有一个值得进一步探讨的问题：真谓词的功能需要预设等价模式这一点是毫无疑问的，但是，是否只需要有了等价模式的无穷实例，真谓词就具有这一功能？这里的关键问题是：从(**10.6**)到(**10.7**)的全称量化是如何可能的？对这一问题，我们后面再谈；目前还是暂时回到紧缩主义真理观。

总结一下至此所介绍的极小真理论，可以看到，关于真理概念，霍维奇实际上谈了三个方面的内容：拒斥关于真理的实质性研究、真谓词的功用与存在理由，以及等价模式。具体而言，它们可以表述如下（Horwich1999,p.18）：

  1. 真谓词的功用和存在理由是使得我们能够对于模式概括（schematic generalisations）给出直接刻画。例如，"$p \vee \neg p$"变成"每一个形如'$p \vee \neg p$'的命题是真的。"
  2. 这一谓词的涵义——即我们以自己的方式对语词"真的"的理解——存在于下述事实中：我们对它的全部使用来源于我们倾向于接受如下"等价模式"的实例：命题 $u(that\ p)$ 是真的，当且仅当 p。
  3. 关于真理的解释性的基本事实是由该模式的实例所表达的；所以，真理没有一个作为基础的本质——一个命题的真理并不存在于它拥有某些进一步的基础特征。

可以看到，这三个论题中，两个是关于真谓词的肯定性论题，一个则是否定性的。由于第(1)、(2)又穷尽了真谓词的用法，因而第(3)个论题得以建立，又由于第(1)个论题建基于等价模式（**E**）（第(2)个论题的核心部分），因此，等价模式对于极小真理论是何等的重要就一目了然的。

这里稍微扩充一下。通常认为，包含肯定与否定两个方面的论

题是各种紧缩论之基本立场的普遍形态,例如,对于紧缩主义的基本立场,周振忠曾有一个总结:①

> ……肯定的方面就是表达性(expressivity),即真谓词在我们的语言中有各种用法和功能,包括:(1)逻辑功能:譬如作为代换量化的手段表达无穷合取或无穷析取;(2)句法功能:作为"去名词化的标记"用以恢复语句的结构;(3)语义功能:消引号、语义上升;(4)语用功能:表达赞同、承认,或作为认可断定(endorsing assertion)的手段。……收缩论的否定方面有不同的层面,包括:(1)形而上学层面:否认真是一种性质;(2)概念层面:否认真概念是一个解释性的概念;(3)语义层面:否认真谓词具有描述功能。(周振忠 2014, p.107)

尽管对真谓词的功能之界定稍有不同,但紧缩主义者通常都认为,真谓词的作用仅仅是语言、逻辑方面的,此外没有其他的功能,例如没有形而上学层面的意义,没有解释、评价功能,等等。

现在,我们来尝试探讨这样一个问题:真谓词的使用已被等价模式和全称量化式所穷尽了吗?毫无疑问,对于一个接受二值逻辑的人来说,等价模式的具体实例其真理性是毋庸置疑的。② 回想一

---

① 在另一篇文章,即"收缩论及其不一致性研究"中,周振忠认为紧缩主义的基本论点还有这样一个,即紧缩主义的真概念中立于所有认识论的、形而上学的哲学态度。(周振忠 2008, p.35)如果注意到下述论题在认识论、伦理学等学科根深蒂固的影响:真理是信念、断言的规范,那么很容易看到,紧缩论的真概念不可能是中立的,它将为这些学科的图景带来巨大的不同。

② 霍维奇将等价模式的每一个不会导致悖论的具体实例看作是极小理论的公理。(Horwich 1998, p.17)

下，前面我们在讨论摩尔和塔斯基的真理论时，我们也曾碰到类似的等价式。例如，摩尔的如下论述：

> 假定……我朋友相信我已经去度假了。我认为，毫无疑问，至少在"真"和"假"这两词的日常意义（不管它是什么）上，下述陈述成立[：]……如果他的这一信念是真的，那么我必须已经去度假了……而且，反过来说……如果我已经去度假了，那么他的这一信念肯定是真的……换言之，我实际上出去度假了是他的信念之为真的必要且充分的条件……而且，类似的……我没有去度假是这一信念之为假的必要且充分的条件……（Moore 1953, pp.274-275）

又如，塔斯基的 T 等式，即：

（T）"x"是真的，当且仅当 p。

其中，"x"是对象语言某个语句的名字，而 p 是该语句在元语言中的翻译。显然，任何一个二值论者都将接受等价模式的任何一个实例（假定该实例不会导致悖论）。假如他不接受等价模式的具体实例，那么他将接受其否定，即接受（举例而言）：

10.12 <雪是白的>是真的，当且仅当雪不是白的。

显然，如果一个人与我们是在同一个意义上使用"是真的"这一谓词,那么(**10.12**)只会比(**E**)的具体实例——即:<雪是白的>是真的,当且仅当雪是白的——更不可接受。因此,根据排中律,如果我们必须在(**10.12**)和(**E**)的具体实例中择一的话,那么显然,我们会接受(**E**)的具体实例。

但是,无论是摩尔还是塔斯基,尽管他们承认,等价模式是任何真理论可接受的必要条件,[①] 但他们没有一个认为等价模式已经说出了关于真概念的所有东西。这里,不妨以塔斯基为例来看一下其中的理由。先看塔斯基的一段论述:

> 应该强调指出,无论是表达式(T)本身(它并非一个语句,而只是一种语句模式),还是任何(T)型的具体实例都不能看作真理的定义。我们只能说,通过用具体的语句代替"p",用这个句子的名字代替"x"所获得的任何(T)型等值式,可以看作是真理的部分定义,它解释了这一个体的语句之为真在于什么地方。一般性定义,在某种意义上,应是所有这些部分定义的逻辑合取。(Tarski 1944, p.344)

看起来,如果(T)等式的每一个具体实例是真理的部分定义,而所有具体实例的逻辑合取就是真理概念的一般性定义,那么(T)等式及其无穷实例就告诉了我们什么是真理。但是,由于这样的具体实例有无穷多,因此,逻辑合取是不可能的。因此,我们需要一种手

[①] 摩尔认为它是一个充分必要条件。但是,塔斯基认为它仅是一个实质恰当性条件,任何可接受的真理定义还必须满足形式正确性条件。换言之,塔斯基认为约定T仅是真理定义的必要条件而非充分条件。

第10章 紧缩主义真理观对符合论的挑战

段,能从无穷的具体实例中概括出一个全称量化式出来,即从

10.13 "雪是白的"是真的,当且仅当雪不是白的;并且,"草是绿的"是真的,当且仅当草是绿的;并且……

概括出:

10.14 对于所有的 p,"p"是真的,当且仅当 p。

表面看来,这个量化过程很容易,即只需用任意一个语句变量替换"天在下雪",然后将得到的公式(即 **10.14**)适用于任何值就可以了。

然而,塔斯基否认了这种概括的可能性。原因在于,(**10.14**)不能作为"x 是一个真句子"的一般定义,因为符号 x 的可能替换的总和在此被引号名字约束了。因此,如果要概括,必须对 (**10.14**) 进行改造。改造所依据的思想非常简单,即对于每一个句子都有一个相应的引号名字,于是借助于一个过渡就可以给出"x 是一个真句子"的一般定义。改造后的句子如下:

10.15 对于所有的 x,x 是一个真句子,当且仅当,对于一个确定的 p,x 等价于"p",并且 p。

但是,塔斯基认为,这一改造是由于忽略了引号名字的特性而得出的,并不正确。他说,引号名字跟语言中的单词一样,是作为简单表达式看待的,因此,它们的组成成分——引号和位于其中的表达

式——跟字母和单词中连续字母的复合物一样，没有独立的意思。就像不能用随便什么东西去替换单词"ture"中的字母"t"一样，我们不能用随便什么东西去替换作为引号名字之组成部分而出现的字母"p"。于是当用"雪是白的"代替(**10.14**)中的 p 时，我们得到的不是

  10.16 "雪是白的"是真的，当且仅当雪是白的。

而是如下语句：

  10.17 "*p*"是真的，当且仅当雪是白的。

如果我们再用"雪不是白的"替换 p，则会得到：

  10.18 "*p*"是真的，当且仅当雪不是白的。

从(**10.17**)和(**10.18**)中，我们会得到一个矛盾，即"p"是真的，当且仅当"p"不是真的。也许人们会认为，不用引号名字而改用其他的名字，如结构描述性名字，可以避免这样的问题。但是如此一来，又会发现根本找不到一种合适的全称量化，因此，一般的定义依然是找不到的。(Tarski 1956, pp.159-164)

  这里，塔斯基是以语句作为真值载体。如果真值载体如霍维奇所选择的那样是命题，情形是否会有所不同？即是说，我们能否从

10.19 命题(that)苏格拉底是聪明的是真的,当且仅当苏格拉底是聪明的。

概括到

10.20 对于所有的 p,命题(that)p 是真的,当且仅当 p。

即是说,如果用"苏格拉底是聪明的"替换变量 p,这种替换能否深入到"the proposition that p"中去?在戴维森看来,答案是否定的。

对于霍维奇的极小真概念,戴维森曾提出一个反驳。这个反驳后来被冠以"戴维森式反驳(Davidsonian objection)",(Dodd 1997, p.267)其内容是这样简单的一句话:"我不理解这一基本的公理模式或它的实例。"(Davidson 1996, p.273)戴维森解释道:

> 同一个句子在霍维奇模式的实例中出现两次,一次在"命题(that)"这些语词之后,它的语境要求其结果是一个单称词,一个谓词的主语,还有一次作为一个普通的句子。我们无法消除这一句子的这种重复而不破坏一个理论的整个面貌。但是,除非我们能够看到如何利用这个重复的句子在它两次出现时的相同语义特征,即利用它们来说明这一模式之实例的语义,否则我们就不能理解这种重复的结果。我看不到怎样能够做到这一点。(Davidson 1996, p.274)

即是说,戴维森所说的不理解实际上是一种理论上的(theoretical)

不理解：在给出（**10.19**）的语义学时，我们如何利用在"当且仅当"的两边都出现的语句的相同语义特征？（Künne 2003, p.327）

戴维森先排除了一种比较直接的建议，即"命题（that）苏格拉底是聪明的"或跟在"命题（that）"后的句子是没有结构的名字，因为这样将使得我们拥有无穷多的初始词汇从而使得语言的习得不可能。（Davidson 1996, p.274）实际上，我们正是通过理解"苏格拉底是聪明的"这一语句从而知道"命题（that）苏格拉底是聪明的"这一单称词项的指称。既然如此，戴维森开始考虑第二种建议，即修改等价模式的实例，而把（**10.19**）读作：

10.19* 由句子"苏格拉底是聪明的"表达的命题是真的，当且仅当苏格拉底是聪明的。

但是，由于同一个句子在不同的语言中可能表达不同的命题，因此（**10.19**）*实际上需要通过增加一个相对于特定语言的条件而进一步修改：

10.19** 由句子"苏格拉底是聪明的"在汉语中表达的命题是真的，当且仅当苏格拉底是聪明的。

但是，"相对于特定语言"这样的修改对极小真理概念来说是不可接受的，因为霍维奇认为真不是一个相对于特定语言的概念，这也就是为什么他选择"命题"做真值载体。（Ludwig 2004, p.429）

对于霍维奇来说，一个好消息是，极小真理论并不需要对等价

第10章 紧缩主义真理观对符合论的挑战

模式的实例进行全称量化,即不需要从(**10.19**)概括到(**10.20**)。实际上,霍维奇反对这一点,因为对量化的解释需要诉诸真理。但是,由于等价模式本身不能提供全称量化,因此霍维奇的如下论点是站不住的,即:我们之所以能用真概念谈论全称命题(如他说的都是真的)的源泉在于等价模式及其无穷实例。换言之,我们在前面提出的一个问题——即从

(**10.6**) 如果奥斯卡说的是鳗鱼很好,那么<鳗鱼很好>是真的,并且,如果他说的是牛奶是白的,那么<牛奶是白的>是真的,……如此等等。

到

(**10.7**) 对于每一个命题 p,如果奥斯卡所说的 $=p$,那么 p 是真的。

的全称量化是如何可能的——现在有了一个答案,即:如果仅基于等价模式及其无穷实例,那么答案是否定性的。

如果这个结论是正确的,则其意义重大,因为紧缩主义的如下说法将受到强烈的质疑,即:等价模式的无穷实例穷尽了关于真理我们可以说的一切。很明显,如果只有等价模式的无穷实例,而这一模式及其实例本身不能提供全称量化,那么我们甚至不能表达"奥斯卡说的都是真的"这样的全称量化式。就此而言,极小真理论并没有穷尽关于真概念的一切,极小真理论是不完备的。

实际上,关于极小真理论的不完备性,索莫斯也曾从两个方面论证这一点。对于第一个方面,他谈道:

> 我们对于真性质的把握并没有被我们倾向于接受基础层次的命题(ground-level propositions)——它们本身不包含真概念——的 T-命题所穷尽。相反,我们发现,某些关于"更高层次的"(真理归属的)命题的 T-命题是完全可接受的,甚至是贫乏的;其他一些我们发现是令人困惑的、病态的;还有一些是完全悖论性的。这些反应不是任意的。存在一些关于我们对真概念的把握的东西指引它们。没有一个把这些遗漏的解释可以是完备的。一个恰当的真理理论必须正确地识别不同的 T-命题类——没有问题的,病态的和悖论的——并且它必须解释,为什么这些不同的类拥有它们所拥有的特征。(Soames 1999, p.247)

即是说,极小真理论要求等价模式的具体实例不能是病态的,不能导致悖论,但是极小真理论本身却不足以把那些非病态的具体实例挑出来。这表明它是不完备的。

关于第二个方面,索莫斯说,存在诸多关于真理的概括,而极小真理论自身不足以解释它们。例如,考虑如下基本断言:

10.21 对于任何命题 p 和 q,p 和 q 的合取是真的,当且仅当 p 是真的,并且 q 是真的。

索莫斯说:"由于极小理论完全由 T-命题构成,因此它并不包含(10.21)①或任何其他概括。(10.21)也不是这一理论的逻辑后承。"(Soames 1999, p.247)换言之,由于极小理论不过是等价模式之实例的集聚(collection),因此可以构想,一个人可能知道该理论的每一个命题,但是依然不能推出(10.21),因为他不知道,这些实例所涉及的命题是否是所有(相关的)命题。

10.2 真理是否是断定的规范?

长久以来,真理被看作是认知的目标。对此,B.威廉姆斯(Bernard Williams)有一句被广为引用的话:"信念瞄准真理(Belief aims at truth)。"(Williams 1973, p.136)类似的说法还有"信念追踪真理"。达米特甚至认为,只有真理才是我们认知努力的目标,他这样谈道:"真理的概念中含有这个意思:我们的目的是做出真陈述。"(Dummett 1978, p.2)为了说明这一点,达米特将真理概念与下棋的概念进行了类比:

> 让我们比较一下真、假与棋牌游戏的赢、输。对于某个具体的游戏,我们首先可以设想通过指定初始位置和允许的移动来制定规则;如果不再有可允许的移动,那么游戏结束。然后,我们可以区分两类(或三类)最终的位置,我们分别称之为"赢"(意思是最先走的玩家赢了)、"输"(类似地),以及可能

---

① 索莫斯文本中的序号与此有异,因此这里稍有改变。

的"平局"。除非我们显式地求诸"赢"、"输"和"平局"这些词的通常涵义，否则这一描述就遗漏了一个关键点——即玩家的目标是赢。玩家去玩是为了赢，这是赢得游戏这一概念的一部分，这一部分并没有被最终步骤分为赢的步骤和输的步骤之分类所传达。我们可以设想一个国际象棋的变体，在其中，每一个玩家的目标是被将死。这将是一个完全不同的游戏；但是，我们设想的形式描述与国际象棋的形式描述是一致的。国际象棋的全部理论可以通过仅仅指称其形式描述而得到刻画；但是，这一理论的哪些定理会使我们感兴趣将依赖于我们是希望玩国际象棋还是它的变体游戏。类似地，我们的目的是作出真陈述，这是真理概念的一部分。(Dummett 1978, p.2)

即是说，如果下棋不以赢为目的，那么这样的棋就不是我们通常所理解的棋，而是另一个东西。同样，如果我们做出一个断言、持有一个信念，但我们不是去断定一个真的东西、相信一个真的东西，那么这样的断言也不是我们通常所理解的断言，这样的信念也不是我们通常所理解的信念，它们是别样的东西。

如果真理是信念的目标，如果只有真理是信念的目标，那么我们应该相信真的东西而非假的东西。如果一个人相信假的东西，即使他有很好的理由，那么他也处在一种可以受到批评的境地中。举例来说，众所周知，暖色调（如红、洋红、黄）在所有的红绿色盲眼中呈现为黄色，现在，假设一个红绿色盲认为五星红旗的主色调是黄色，我们知道，他是真诚地拥有这一信念，并且他有非常好的理由持有这一信念，但是由于五星红旗的主色调是红色而非黄色，因此他就处在一个可以受到批评的境地中。

学者们通常把这称之为"真理是信念的规范"或"真理是断定的规范"。对于规范，我们的语言用来刻画它的语词大致有三类：一是规约性的（prescriptive），如"应该"、"禁止"；一类是评价性的，如"好的"、"正义的"；还有一类我们称之为"理由"。（程炼 2014,p.43）根据规范的这三种可能的涵义，真理是信念的规范也就意味着：

（TN-O）你应该相信真命题，而非假命题。
（TN-G）如果一个命题是真的，那么你相信它即是好的，否则即使你有很好的理由，你也处在可被批评的境地中。
（TN-R）仅当一个命题是真的时，你相信它才是好的。[①]

例如，你应该相信、断定五星红旗的主色调是红色；如果你相信、断定五星红旗的主色调是黄色，即使你是一个红绿色盲，你也处在可被批评的境地中；如果你相信、断定五星红旗的主色调是红色，那么你的这一信念、断定行为就值得肯定。

为什么真理能够作为信念、判断的规范？对此问题，各种关于

[①] 根据魏纪武（Ralph Wedgwood），真理作为规范的刻画是：一个信念是正确的，当且仅当，被相信的命题为真。（Wedgwood 2002, p.267）根据这一观点，上述三个语句就需要修改为三个当且仅当式。但是，当且仅当式很容易招致反驳。例如，程炼曾给出一个反驳的例子："假设有一个命题 x 为真，但 x 超级复杂、无比琐碎，相信 x 需要数倍于现在人类大脑容量的能力。"（程炼 2014, p.44）我们这里无意去探讨真理作为信念之规范的正确涵义，而着重于讨论这一命题对紧缩主义真理概念构成的挑战，因此我们采取一个更谦虚的、更契合我们直观的表达。

真理的实质性研究方案(如符合论、融贯论)认为,真理之所以能够是断定、信念的规范,是因为存在是真的这样的性质。即是说,因为(举例而言)"雪是绿的"不拥有是真的这一性质,因而它不是真的,这样当你断言"雪是绿的"时,你在认知上就是有瑕疵的,就可以受到批评。此外,这种看法也可以解释如下现象:不同的真命题说了迥然有别的东西,为什么我们对它们应该持有同一个命题态度,例如为什么我们应该对<雪是白的>、<五星红旗的主色调是红色>、<北京在上海以北>这些表达完全不同东西的命题恰好持有同样的肯定态度?根据实质性研究方案,答案很清楚:因为它们拥有同样的性质,即是真的。

回到紧缩主义真理观。如前所述,霍维奇认为关于真理的紧缩主义由如下三个论题构成(Horwich 1999, p.18):

1. 真谓词的功用和存在理由是使得我们能够对于模式概括给出直接刻画。例如,"$p \vee \neg p$"变成"每一个形如'$p \vee \neg p$'的命题是真的"。

2. 这一谓词的涵义——即我们以自己的方式对语词"真的"的理解——存在于下述事实中:我们对它的全部使用来源于我们倾向于接受如下"等价模式"的实例:命题 $u(that\ p)$ 是真的,当且仅当 p。

3. 关于真理的解释性的基本事实是由该模式的实例所表达的;所以,真理没有一个作为基础的本质——一个命题的真理并不存在于它拥有某些进一步的基础特征。

第10章 紧缩主义真理观对符合论的挑战

如果真理的作用、功能只是让我们能做出像间接断定(如"哥德巴赫猜想是对的")、全称概述(如"他说的每一个句子都是真的")这样的东西,而这样的功能其实也来自于我们倾向于接受等价模式的无穷实例,并且在任何一个等价模式的实例中,断定一个命题为真就等价于断定该命题自身(即是真的等同于是确保可断定的(warrantedly assertable)),那么显然,真理不能作为信念、断定的规范,这个功能或者特征超出了紧缩主义对真理的限定。换言之,紧缩主义者通常要否定真理是信念或断定的规范。

对紧缩主义者的上述立场,赖特(Crispin Wright)在《真理与客观性》(*Truth and Objectivity*)中提出了一个著名论证以反驳紧缩主义真理观。这一论证的结论,简单来说即是:紧缩主义的解释性论题——即:去引号模式(Disquotational Schema)[(**DS**):"P"是T,当且仅当P。]的无穷具体实例穷尽了关于真谓词的涵义,与其否定性推论——即:(**NC-D**):"真的"一词并不表达真实的性质而仅仅是一个去引号装置(断定性装置)——之间是不一致的。这一不一致,简单来说,即是:从(**DS**)中可以得出,真理是断定的规范。但是,根据(**NC-D**),真谓词不过是断定性装置,它不能提供这样的规范。显然,如果赖特的论证是对的,那么紧缩主义者要么放弃其肯定论题,要么放弃其否定命题,无论是放弃哪一条,紧缩主义真理观都不再紧缩了。

那么,赖特是如何论证其观点的?且先来看一下。赖特谈到,人类的实践活动,那些带有意向性、目的的活动,具有规范性特征。有两个明显有别的规范性:描述性(descriptive)规范和规约性(prescriptive)规范。在具体实践中,如果参与者根据某个行动是否具有某个特征而来选择其行动,那么该特征就是一个描述性规范。与之相反,如果对某行动具有该特征的反思为人们做出、赞成或允许该行动提供了(可错的)理由,即使在大多数情况下这些理由并不为实际的参与者所知道,那么在此情况下,该行动的该特征也提供了一个规约性规范。(Wright 1992, p.15)这两个是肯定性规范,当然还有否定性规范。

按照对规范概念的这一看法,显然,紧缩主义承诺了这样一个论题,即:T 谓词是任何断定性(assertoric)实践的肯定性规范,这一规范既是描述性的也是规约性的。(Wright 1992, p.16)理由很简单:其一,T 谓词(真理谓词)是规约性规范,因为认为一个语句是 T 的任何理由,通过双条件句,都可以转化为做出或允许该语句所表达的断定行为的理由。其二,T 谓词也是描述性规范,因为人们是否断定或允许断定某个语句是根据该语句是否为 T 来选择的。(Wright 1992, p.17)现在,假设 T 谓词如紧缩主义者所断言的那样不过是一个断定装置,表达的是确保可断定性。那么,确保可断定性也提供了关于断定行为的规范,因为它能够区分关于 T 谓词之恰当的与不恰当的使用。确保可断定性是规约性规范,因为认为一个语句是确保可断定的理由正是断定该语句的(可错的)理由;它也是描述性规范,因为人们对于做出断定行为的选择(事实上)是根据所使用的语句是否具有"确保可断定性"这一特征来确定的。(Wright 1992, pp.16-17;周振忠 2017, pp.143-144)不仅如此,"T"与"确保可断定的"在规范上还是一致的(normatively coincident)。因为认为一个语句是确保可断定的理由就是认可使用该语句所作出的断定的理由,反之亦然;并且,认可一个断定的理由,通过(**DS**),

就是认为表达该断定的语句是 T 的理由,反之亦然。因此,认为一个语句是 T 的理由就是认为该语句是确保可断定的理由,反之亦然。(Wright 1992, p.18)

问题是,尽管"T"与"确保可断定的"在规范上是一致的,但两者却是不同的规范,因为它们外延不同。理由很简单:一个语句为真并不意味着它是确保可断定的,一个语句是确保可断定的也并不意味着它是真的。来看一下这一点。根据(DS),有:

10.22 "$\neg P$"是 T,当且仅当,$\neg P$。

这是通过用"$\neg P$"替代等价模式中的"P"所得到的结果。此外,对于(DS)这一双向条件句,如果我们否定条件句的一边,那么我们将得到另一边的否定,即得到:

10.23 $\neg P$,当且仅当,$\neg$("P"是 T)。

从(10.22)和(10.23)(通过双条件句的传递性)可以得到:

10.24 "$\neg P$"是 T,当且仅当,$\neg$("P"是 T)。

如果 T 谓词是真谓词,那么这个推理是成立的。但是,如果"T"被读作"确保可断定的",那么(10.24)不成立,至少当 P 所陈述的信息是中立的,即无论是断定它还是它的否定都无法被辩护时如此,因为此时,断言"$\neg$(P 是确保可断定的)"是正确的,但是断言"'$\neg P$'

是确保可断定的"则不正确。由于(**10.24**)对于 T 谓词成立，因此我们至少知道了"T"与"确保可断定的"之间某类概念上的区别。(Wright 1992, pp.19-20) 一个简单的例子可以清晰地表明这一点："譬如，如果火星上确实有人，那么'火星上有人'这句话就是真的，但由于缺乏足够的信息，这个语句并不是确保可断定的。反过来，我们虽然拥有充分的证据或理由去断定一个语句，实际的情况却可能并非如语句所述，因而该语句不真。这是因为人的认识能力有局限，对世界的认识有可能出错。"(周振忠 2017, p.145)

既然"T"与"确保可断定的"标志着不同的规范，那么，紧缩主义就面临严重的问题。对此，赖特说道：

> 由于紧缩主义的定义性（defining）论题是，"真的"仅是一个去引号装置——一个认可断定的装置，我们需要该装置仅是为了间接的（"哥德巴赫猜想是真的"）或简明的（"他说的所有东西都是真的"）这类认可——由于这是紧缩主义观点的本质，因此，紧缩主义者当然必须坚持，在断定的实践中起作用的唯一的实质性规范是确保可断定性的规范，并且，真谓词不能标志独立的规范。因为，如果它是独立的规范，那么，用"真的"谓述一个语句就将是声称，该语句对一个规范的满足不同于确保可断定。这样，对于下一论点将没有留下任何的空间："真的"不过是语法上的谓词、其角色不是要归属一个实质性的特征。(Wright 1992, p.18)

换言之，由于真谓词确实标志了一个规范（这一点是从(**DS**)中推出来的），而且这一规范不同于确保可断定性的规范，那么，再认为真谓词仅仅是一个认可断定的装置就会犯自相矛盾的错误。

紧缩主义者如何回应赖特的上述论证？霍维奇尝试提出如下两个论题予以回应（Horwich 1996, pp.879-880）：

> 论题一：真理是断定的规范。
> 论题二：真理的规范性特征为等价模式（E）的无穷实例所穷尽。

由于在任何一个等价模式（E）的具体实例中，真理的规范性都可以在无需真谓词的情况下给出，因此这种策略实际上是消解了真理的规范作用，或者说使得"真理是断定的规范"这样的论题变得琐碎、贫乏。这样的策略也为斯图佳和丹尼亚诺维奇所支持，他们提出一个观点，即：在某种意义上，紧缩主义并不与真理是断定的规范这一观点相冲突。（Stoljar and Damnjanovic 2014, sec. 7.5）

这如何可能？让我们聚焦于具体的情形，此时，情况看起来是：即使不提及真理，我们也能把握"真理是断定的规范"这一观点的内容。假设红绿色盲玛丽相信五星红旗的主色调是黄色，并且对于这一信念她有很好的证据，然后她基于这一信念和相关证据断定五星红旗的主色调是黄的。我们可能说，存在一个断定的规范使得玛丽在这种情况下受到批评。具体来说，由于五星红旗的主色调是红的而非黄的，所以玛丽的断言中一定存在某些不正确或有瑕疵的东西。这种情况我们可以简述如下：

10.25 如果玛丽断言 P，玛丽应该受到批评，当且仅当 $\neg P$。

即是说，如果仅考虑这种简单情形，那么我们并不需要真理作为断定的规范。问题是，存在无穷多的这种简单情形。为了一般性地刻画这种简单情形，我们需要能够对其概括。对此，紧缩主义的等价模式提供了我们所需要的东西，即如下概括过程：

10.26 如果某人断言五星红旗的主色调是黄的，而且五星红旗的主色调不是黄的，那么他会受到批评；如果某人断言雪是绿色的，而且雪不是绿色的，那么他会受到批评……

10.27 如果某人断言五星红旗的主色调是黄的，而且 <五星红旗的主色调是黄的> 为假，那么他会受到批评；如果某人断言雪是绿色的，而且 <雪是绿色的> 为假，那么他会受到批评……

10.28 对于所有的命题 p，如果某人断言 p，而且 p 是假的，那么他会受到批评。

最后一点，即 (**10.28**)，用某些哲学家的话语来说，即是：

10.29 真理是断定的规范。

因此，如果真理是断定的规范，那么如果你断定了假的东西，那么你就会受到批评。简言之，紧缩主义并不否认真理是断定的规范，

相反,为了给出上述概括,真理是必须的。作为这种概括的结果,霍维奇论道:

> 与赖特的意图相反,我们以真谓词来明确表达清晰的断定之规范的使用与紧缩主义的如下核心论题是一致的:真谓词仅仅是使得某种形式的概括更为便利的装置,这种装置,其起作用只需要满足去引号模式。(Horwich 1996, p.880)

对这一回应方案,一个直接的问题是:真理作为断定的规范是否为等价模式的无穷实例所穷尽?即是说,如果给出了等价模式(**E**)的无穷实例,我们是否就能像从(10.27)到(10.28)那样得到真理是断定的规范?或者更恰当地说,像"真理是断定的规范"这样的表述能否还原为等价模式(**E**)的无穷具体实例?这个问题我们稍后再谈。

现在,我们先来看一看霍维奇的上述方案能否算作是对赖特论证的拒斥。由于在等价模式(**E**)的每一个具体实例中,断定一个命题是真的等同于断定该命题本身(即真谓词不过是断定性装置、去引号装置),因此,作为规范的真理就等同于作为规范的确保可断定性。然后,根据论题二,我们可以得到:真理的规范性就等同于确保可断定的规范性。然而,由赖特的论证可知,真理作为规范并不等同于确保可断定性作为规范,因为它们之间外延不同。由此可以得到,霍维奇的上述方案并不能回应赖特的挑战。对此,紧缩主义者多德也承认,他说:

> 如我们将看到的,在建议……上霍维奇是正确的。但是,他在所发生之事上的荣光无助于极简主义者的事业。因为接受"是真的"标记了一个独特的规范,霍维奇就因此奖赏了赖特。关键点是这样的:如果"是真的"确实标记了一个独特的规范,那么,对霍维奇来说,真谓词就必须不仅仅是一个认可的装置。既然如此,赖特控诉霍维奇在论证(E)对于解释真理的规范是充分的时犯了诡辩谬误就当然是正确的。正是这一模式的正确性,根据赖特,承诺了我们一个多于极小真概念的东西。(Dodd 1999, p.294)

多德基于此得出结论认为:"在我看来,这表明,极小主义者只有否定真谓词表达了断定的规范才能够回应赖特。"(Dodd 1999, p.294)具体来说,紧缩主义者应该坚持,"一个人应该仅仅断定真的东西"(One should assert only what is true)中的真谓词仅仅是履行了它的句法功能,因此并没有表达一个具有解释功能的角色。

如何坚持?对此,多德建议我们先看一下极小主义者如何消解如下论题:科学理论是成功的,因为它们是真的。这一论题同样认为真理拥有解释性的角色。在消解这一论题时,极小主义者通常会首先区分真谓词的两种出现:其一是真理仅仅是出现在解释性的表达式中,其二是真理是真正地解释性的;然后,极小主义者会争辩说,在对科学成功的解释中,真理的角色属于第一种。记住这一点,我们就可以区分两种情况。第一种情况是,真谓词的出现很明显是非本质的。例如,霍维奇曾谈道(Horwich 1998, p.50):

10.30 没有什么比光速更快，这一理论很有效，因为它是真的。

可以改写为：

10.31 没有什么比光速更快，这一理论很有效，因为没有什么比光速更快。

这一改写清晰地显示出，是事实而非任何命题的真理解释了理论的成功。（Dodd 1999, p.295）第二种情况是这样的，在其中，我们需要利用真谓词的句法功能，如下面两个例子：

10.32 狭义相对论能够做出精确预测，因为它是真的。（Horwich 1998, p.49）

10.33 真的理论能够做出精确预测。（Horwich 1998, p.50）

第一个例子涉及的是"间接"认可，第二个例子涉及的是全称量化。多德认为，在（**10.32**）和（**10.33**）中，尽管真谓词看起来是在解释，但是并不是真理在做这样的解释。显然，这是一个至关重要的判断，如果这个判断能够成立，第二种情况（其中真理具有解释功能）就通过这种曲折的方式归属于了第一种情况（真理不具有解释功能），那么真理的解释功能就被彻底地消解了。如果至此的分析是对的，多德继续论证说，那么它给我们的教训就是显然的。这一教训简单来说即是：在像

10.34 一个人应该只断定真的东西。

这样的全称量化式中,真谓词仅仅是所论命题之全称量化得以可能的装置,它只是出现在具有解释功能的表达式中而非自身具有解释功能,因此,它本身并不表达一个规范。

问题是,为什么真谓词在全称量化式中不具有解释功能,而只是出现在具有解释功能的表达式中?令人极度不满意的是,多德没有给出解释,而仅是引用了戴维特(Michael Devitt)的一句话:"真理被需要,并不是因为它是解释性的,而是因为我们刻画事实(它们是解释性的)的唯一方式需要利用真理的表达性角色。"(Devitt 1991, p.280)看起来,多德是诉诸的是这样一个看法,具有解释功能的是事实,只不过我们需要借助真理的表达功能来给出事实。从某种意义上讲,我认为这话是对的,即我同意最终实际上是事实在做解释,但是,这是否意味着真理不具有解释功能,真理仅仅是刻画事实的必要句法手段,这可能值得商榷。我们且通过一个例子来看一下这一点。

前面讨论霍维奇对赖特的回应时,我们曾悬搁了一个问题,即真理的规范性特征能否还原到等价模式的无穷具体实例上。现在,尽管否认真理是断定的规范,多德同样面临着一个任务,即将(10.33)这样的全称量化式还原到类似于(10.31)这样的事实在其中起解释功能的表达式。即是说,对于霍维奇和多德来说,问题是一致的:如何把全称量化的表达改写成第一种情况?

一种比较容易想到的做法是,将(10.33)改写为:

第10章 紧缩主义真理观对符合论的挑战

(**10.33***) 对于所有的理论 t，如果 t 是真的，那么 t 能够做出精确预测。

然后进一步改写为：

(**10.33****) 对于所有的理论 t，如果 t，那么 t 能够做出精确预测。

其中，**t** 是一个事实集。可以看到，在(**10.33****)中，起解释作用的并不是真理，而是一个事实集。

然而，这种改写的困难之一是：一个理论总是由特定数量的真语句构成，也许对于每一个真语句，我们都可以利用等价模式(**E**)来消除真谓词，但问题是，组成理论的真语句通常不是关于某种特定情况的真语句，如"雪是白的"，而是表达某种更一般性之东西的真语句，例如"作用力与反作用力相等"，因此，消除真谓词后等价模式(**E**)右边的表达式到底表达了什么？这个问题耐人寻味。在具体情形如"雪是白的"中，我们可以说，等价模式(**E**)右边的表达式表达了这个世界的特定状况，或者说事实，即雪是白的。(毫无疑问，等价模式的直观自明也来自于我们潜在地就是如此来理解它的。)但是，在如"作用力与反作用力相等"这样的更一般的情形中，这个世界是否存在这样的事实令人起疑。如果把事实之本体论的文献梳理一遍，我们可以更清楚地看到这个困难：关于事实概念，居支配地位的解释认为，事实是结构性实体，由其所关于的对象作为组成部分构成，如"这个苹果是红的"这一事实由这个苹果、红色作为组成部分组合而成。以这一事实概念去关照(**10.33****)，问题很自然就是：是否存在"作用力"、"反作用力"这样的实体？另一种关于事实概念的有影响的观点认为，事实是从真命题到实在的一个函数，例如，如果<作用力与反作用力相等>，那么通过一个事实算子，我们可以获得一个事实，即事实"作用力与反作用力相等"。但是，这样的事实概念同样不能为紧缩主义服务，因为事实的刻画离不开真理概念。

这是这种改写的困难之一，更大的、更致命的困难是：这根本不能算作是一个可接受的改写，而不过是对(**10.33**)的形式化重述。一种恰当的改写应该要消除"所有的"这样的全称量词。可以想见，就此而言，紧缩主义者基本上都会这样改写：

10.35 如果 t，那么 t 能够作出真的预测；如果 s，那么 s 能够作出真的预测；……

我已经对 t、s 的具体涵义提出了疑虑，现在我们来看看省略号。人们通常在两种情况下使用省略号，一种情况是，作者和读者对接下来的内容心照不宣，因此为了篇幅的简洁，为了节省作者和读者的时间、精力，我们用省略号略过接下来的内容，比如下述情况：

1, 2, 3, 4, 5, 6, ……

尽管这个序列是无穷的，但它是计算可枚举的，即如果没有时间的限制、没有生命期限的限制，在原则上我们可以一直写下去，任何一个同我一样没有相关限制的人原则上可以检测我写得是否正确。还有一种情况是，作者、读者对接下来的内容是什么并不清楚，即不是计算可枚举的，但作者认为接下来的内容都是所论观点的实例，因此使用省略号。

我认为紧缩主义者对省略号的使用属于这种情况，例如(10.35)。然而问题是，即使去除时间的限制，即使去除生命期限的限制，并且假定在任何一个时刻，一个人可将已有的所有真语句枚举出来，这样的枚举依然不是一个完全枚举，依然会有他所不知道的真理在未来的某个时刻被发现，因此在任何时刻所得到的那个枚举都与"真的理论能够做出精确预测"有着原则性的区别，因为从前者我们只能推出那个枚举中的某个真语句（理论）能作出精准预测，而从后者我们能推出任何一个真语句（理论）能够作出精准预测。

换言之，像"真的理论能够做出精确预测"这样的全称量化式改写为(10.31)或等价模式(E)的无穷具体实例，并且这种改写不能对省略号给予一个清晰地描述时，某些重要的东西就丢失了，这一重要的东西毫无疑问是真概念自身的特质，是一般意义上而言的真理的规范性特征。实际上，全称量化式无法还原为等价模式的无穷具体实例，与等价模式的无穷具体实体无法概括到全称量化式，这是一个硬币的两面。关于后一面，塔斯基、戴维森已经给出了强有力的论证，对此，我们在上一节，即第10.1节，已经给出了一个较为详细的梳理，这里不再赘述。

在这一节的最后，我想再考察一下紧缩主义者认为真理不是断定之规范的其他一些理由或动机。对此，程炼曾给过一个非常清晰而漂亮的讨论。（程炼2014）程炼谈到，尽管对真理的尊崇古已有之，很早以来人们就把真理看作是一种具有内置的(built-in)或构成性的(constitutive)规范性，但是这一规范的具体涵义是什么，至今缺乏一个令人满意的回答。例如，魏纪武的如下主张影响深远(Wedgwood 2002, p.267)：

  (**TN**)：一个信念是正确的，当且仅当，被相信的命题是真的。

但这个主张不可接受：假设有一个命题 x 为真，但 x 超级复杂、无比琐碎，相信 x 需要数倍于现在人类大脑容量的能力。根据(TN)，你应该相信它，然而，这会要求我们是全能的认知者。(程炼 2014, pp.43-44)这是荒谬的。

  对于真理为什么会被看作是内置的、构成性的规范，程炼总结了三类论据：其一是概念分析；其二是我们对自身生活实践的反思与提炼；其三是哲学家的理论殿堂。(程炼 2014, pp.43-44)但是，这些论据资源都根植于这样一种柏拉图式的哲学理想：让人类的思考、意向和行动受到客观规范的制约，并让这种制约建立在理性的基础上。然而，我们是否有足够强大的理由拥抱这种形而上学呢？程炼认为答案是否定的。(程炼 2014, pp.46-47)理由是：其一，哲学需要概念，但是，相对于不同类型的、不可还原的概念，这个世界并非对应的拥有不同类型的、不可还原的事物；其二，真理都是具体的，有关于造船造炮的真理、有关于实业教育的真理、有关于典章制度的真理，但是，并没有抽象的、一般的真理，为求真而求真，只会"浪费公帑或私钱"。就一般的真理而言，它并没有什么形而上学上有趣或深刻的本性,因为真理是透明的,①我们之所以需要真概念、真谓词,是因为它的语言学功能。其三,真理概念在解释链上只是出现在解释性的表达式中,而非具有解释功能。

基于这样的分析,程炼以一段非常有感染力的话结束他的讨论:

> 有一则趣闻。我的一位搞美术的朋友教我如何分辨门外汉和艺术评论家:在同一幅作品前,说"这几根萝卜画得真像"之类大白话的是门外汉,说"这幅作品彰显了一个萝卜群体的内在灵性"之类的行话的是艺术评论家。作品只有一件,谈论它的方式却迥异。追随布莱克本,在本文中我再次强调迷魅地谈论一个世界与谈论一个迷魅的世界之间的区别。毫无疑问,"彰显"、"群体"、"内在"和"灵性"这些学院行话或许能够激发我们的灵感和丰富我们接纳事物的态度,仿佛事物因此变得丰富有灵起来。我们要抵制的一个诱惑是:把这些行话术语读入事物中,把它们外推为世界的一个与众不同的部分从而让之取得不容置疑的客观性。无论说得多漂亮,就那么几根萝卜。(程炼 2014,p.50)

我同意程炼的如下判断:我们不能从一个概念有用就认为在这

---

① 所谓"真理是透明的",程炼指的是,我们可以安全地从命题 p 推出命题 p 为真、命题 p 为真为真、……(程炼 2014, p.49)当然,我们不能安全地从命题 p 推出命题 p 为真;但这不是"真理是透明的"这一论断的关键,关键之处在于,如果我们有命题 p 为真,那么我们可以安全地将"为真"这一语词加在"命题 p 为真"这一表达式后面从而得到一个新的表达式,然后我们又可以将"为真"安全地置于新得到的表达式后面,这个过程可以无限继续下去。

个世界中有一个对应于该概念的实体。问题是,如何把这个判断运用到真理这一概念上。程炼的论据是上面所谈论的理由二与理由三。但是,如果我们在前面的讨论是正确的,那么至少可以说,紧缩主义者还没有给这个问题提供一个好的回答,理由也很简单,即这样一个推理:

(i)我们拥有一些实质的、有意义的关于真理的全称量化式,如"真的理论能够做出精确的预测"。

(ii)这些全称量化式不能还原到无穷多的具体真理,无穷多的具体真理也不能概括出这样的全称量化式。

(iii)基于(i)、(ii),一般的真理(由全称量化式所表达)并没有为无穷多的具体真理所穷尽。

在我看来,不消解这一推理,紧缩主义的立场就得不到辩护。

回到程炼关于萝卜的趣闻。尽管艺术评论家与门外汉不会对萝卜的数量有所分歧,但是这并不意味着艺术家所看到而门外汉所看不到的东西是艺术家的杜撰,真实的情况更可能是,艺术家所看到的东西有些是他的主观感受,有些则是客观实在(如构图、色彩的搭配,等等),我们不能因为门外汉"看"不到这些东西就认为这些东西是虚假的。同样,对于真理概念也是如此,我们不能因为我们"看"不到、摸不着真理这样的实体就认为它是哲学家们的杜撰。要想否定哲学家们对真理作为实体,或者是真的这一性质作为实体的承诺,除非我们能用不求诸真概念的方式把它解释掉,否则我们将不得不做出这样的承诺。目前看来,紧缩主义者对此还无能为力。

参 考 文 献

Alston, W. P., *A Realist Conception of Truth*. Ithaca and London: Cornell University Press, 1996.

Aquinas, T., *Quaestiones disputatae de veritate*. Turin: Marietti, 1949.

——, *Summa Theologiae*. Turin: Marietti, 1950.

Aristotle, *Categories and De Interpretatione* (introduction and notes by J. C. Akrill). Oxford: Oxford University Press, 1963.

——, *Metaphysics*. Oxford: Oxford University Press, 1971.

Armour-Garb, B., and Woodbridge, J. A., "Truthmakers, Paradox and Plausibility", *Analysis*, 70(1):11–23, 2010.

Armstrong, D. M., *Berkeley's Theory of Vision: A Critical Examination of Bishop Berkeley's Essay Towards a New Theory of Vision*. Melbourne University Press, 1960.

——, *Universals and Scientific Realism*. Cambridge: Cambridge University Press, 1978.

——, *A Theory of Universals: Volume 2: Universals and Scientific Realism*. Cambridge: Cambridge University Press, 1980.

——, *A Combinatorial Theory of Possibility*. Cambridge: Cambridge University Press, 1989a.

——, *Universals: An Opinionated Introduction*. Westview Press, 1989b.

——, *A World of States of Affairs*. Cambridge: Cambridge University Press, 1997.

——, *Truth and Truthmakers*. Cambridge: Cambridge University Press, 2004a.

——, D. M., "How Do Particulars Stand to Universals?", in *Oxford Studies in Metaphysics*, edited by D. W. Zimmerman, Oxford: Oxford University Press, 2004b.

——, "Reply to Simons and Mumford", *Australasian Journal of Philosophy*, 83 (2):271–276, 2005a.

——, "Four Disputes about Properties", *Synthese*, 144(3):1–12, 2005b.

——, "Particulars Have Their Properties of Necessity", in *Universals, Concepts and Qualities: New Essays on the Meaning of Predicates*, edited by P. F. Strawson and A. Chakrabarti. Aldershot & Burlington: Ashgate, 2006.

——, "Questions About States of Affairs", in *States of Affairs*, edited by M. E. Reicher. Ontos Verlag, 2009.

Asay, J., "Truthmaker Theory", in *Internet Encyclopedia of Philosophy*, edited by J. Fieser and B. Dowden. Http://www.iep.utm.edu/truth-ma/, 2014.

——, "The Facts About Truthmaking: An Argument for Truthmaker Necessitarianism", *Ergo, an Open Access Journal of Philosophy*, 3(18):493–500, 2016.

——, "Truthmakers Against Correspondence", *Grazer Philosophische Studien*, 97: 271–293, 2020.

Austin, J. L., "Unfair to Facts", in his *Philosophical Papers*, pp. 154–174. Oxford: Oxford University Press, 1979.

——, "Truth", in *The Nature of Truth — Classic and Contemporary Perspectives*, edited by M. P. Lynch, pp. 25–40. Cambridge, MA: MIT Press, 2001.

Ayer, A. J., "The Criterion of Truth", *Analysis*, 3(1/2):28–32, 1935.

——, *Russell and Moore: The Analytical Heritage*. Cambridge: The Harvard University Press, 1971.

Baldwin, T., "The Identity Theory of Truth", *Mind*, 100(1):35–52, 1991.

Barrio, E., and Rodriguez-Pereyra, G., "Truthmaker Maximalism Defended Again", *Analysis*, 75(1):3–8, 2015.

Barwise, J., and Perry, J., *Situations and Attitudes*. Cambridge, MA: MIT Press, 1983.

Baxter, D. L. M., "Instantiation as Partial Identity", *Australasian Journal of Philosophy*, 79(4):449–464, 2001.

Beebe, H., and Dodd, J., *Truthmakers: The Contemporary Debate*. Oxford: Clarendon Press, 2005.

Bigelow, J., *The Reality of Numbers: A Physicalist's Philosophy of Mathematics*. Oxford: Oxford University Press, 1988.

Blackburn, S., *Dictionary of Philosophy*. Oxford: Oxford University Press, 1996.

——, and Simmons, K., *Truth*. Oxford: Oxford University Press, 1999.

Bradley, F. H., *Appearance and Reality: a Metaphysical Essay*. London: Swan Sonnenschein, 1893.

——, *Collected Essays*. Westport, Conn.: Greenwood Press, 1935.

Briggs, R., "Truthmaking Without Necessitation", *Synthese*, 189(1):11–28, 2012.

Cameron, R. P., "How to Be a Truthmaker Maximalist", *Noûs*, 42(3):410–421, 2008a.

——, "Truthmakers, Realism and Ontology", *Royal Institute of Philosophy Supplement*, 62(62):107–128, 2008b.

Candlish, S., "The Truth about F.H. Bradley", *Mind*, 98(391):331–348, 1989.

——, "The Unity of the Proposition and Russell's Theory of Belief", in *Bertrand Russell and the Origins of Analytical Philosophy*, edited by R. Monk and A. Palmer, pp. 102–135. Bristol: Thoemmes Press, 1996.

——, *Russell/Bradley Disputes and It's Significance for Twentieth-Century Philosophy*. Hampshire & New York: Palgrave Macmillan, 2007.

——, and Damnjanovic, N., "The Identity Theory of Truth", in *The Stanford Encyclopedia of Philosophy*, edited by E. N. Zalta. http://plato.stanford.edu/archives/spr2011/entries/truth-identity/, spring 2011, 2011a.

Carruthers, P., "Frege's Regress", *Proceedings of the Aristotelian Society*, 82:17–32, 1981.

Cartwright, R., "A Neglected Theory of Truth", in his *Philosophical Essays*.

Cambridge, MA: MIT Press, 1987.

Cheyne, C., and Pigden, C., "Negative Truths from Positive Facts", *Australasian Journal of Philosophy*, 84(2):249–265, 2006.

Chruch, A., "Review of Carnap's Introduction to Semantics", *Philosophical Review*, 52:298–304, 1943.

Correia, F., and Schnieder, B., *Metaphysical Grounding: Understanding the Structure of Reality*. Cambridge: Cambridge University Press, 2012.

David, M., "Truth as Identity and Truth as Corespondence", in *The Nature of Truth: Classic and Contemporary Perspectives*, edited by H. Beeboe and J. Dodd. Cambridge, MA: The MIT Press, 2001.

——, "Armstrong on Truthmaking", in *Truthmakers: The Contemporary Debate*, edited by H. Beebee and J. Dodd. Oxford: Clarendon Press, 2005.

——, "Truth-Making and Correspondence", in *Truth and Truth-Making*, edited by E. J. Lowe. Storkfield, U. K. Acumen Press, 2009.

——, "The Correspondence Theory of Truth", in *The Stanford Encyclopedia of Philosophy*, edited by E. N. Zalta. Metaphysics Research Lab, Stanford University, winter 2020, 2020.

Davidson, D., "The Structure and Content of Truth", *Journal of Philosophy*, 87(6): 279–328, 1990.

——, "The Folly of Trying to Define Truth", *Journal of Philosophy*, 93(6): 263–278, 1996.

——, *Inquiries into Truth and Interpretation*. Oxford: Clarendon Press, second edition, 2001a.

——, *Subjective, Intersubjective, Objective*. Oxford: Clarendon Press, 2001b.

Demos, R., "A Discussion of Certain Types of Negative Propositions", *Mind*, 26(102): 188–196, 1917.

Devitt, M., "Minimalist Truth: a Critical Notion of Paul Horwich's Truth", *Mind and Language*, (6):273–283, 1991.

Dodd, J., "Mcdowell and Identity Theories of Truth", *Analysis*, 55(3):160–165, 1995.

———, "On a Davidsonian Objection to Minimalism", *Analysis*, 57(4):267–272, 1997.

———, "There is No Norm of Truth: A Minimalist Reply to Wright", *Analysis*, 59(4):291–299, 1999.

———, "Is Truth Supervenient on Being?" *Proceedings of the Aristotelian Society*, 102:69–86, 2002.

———, "Negative Truths and Truthmaker Principles", *Synthese*, 156(2):383–401, 2007.

———, *An Identity Theory of Truth*. Hampshire & New York: Palgrave Macmillan, 2008.

Dorr, C., "What We Disagree about When We Disagree about Ontology", in *Fictionalism in Metaphysics*, edited by Mark Elikalderon. Oxford: Clarendon Press, 2005.

Dummett, M., "Truth", In his *Truth and Other Enigmas*, pp. 1–28. Cambridge, MA: Harvard University Press, 1959.

———, *Frege: Philosophy of Language*. Duckworth, 1973.

———, *Truth and Other Enigmas*. Duckworth, 1978.

———, *The Seas of Language*. Oxford: Clarendon Press, 1993.

Eddington, A. S., *The Nature of the Physical World*. New York: Macmillan, 1958.

Ehring, D., *Tropes: Properties, Objects, and Mental Causation*. Oxford: Oxford University Press, 2011.

Fine, K., "First-Order Modal Theories III-Facts", *Synthese*, 53:43–122, 1982.

———, "Xiv*—Ontological Dependence", *Proceedings of the Aristotelian Society*, 95(1):269–290, 1995.

———, "The Non-Identity of a Material Thing and Its Matter", *Mind*, 112:195–234, 2003.

Fox, J. F., "Truthmaker", *Australasian Journal of Philosophy*, 65(2):188–207, 1987.

Frege, G., "The Thought: A Locial Inquiry", *Mind*, 65(259):289–311, 1956.

——, *Philosophical and Mathematical Correspondence*. Chicago: University of Chicago Press, 1980.

——, "Letter to Wittgenstein 28.6.1919", *Grazer Philosphische Studien*, 33/34: 19–20, 1989.

——, *The Frege Reader*. Oxford: Basil Blackwell, 1997.

Gaskin, R., *The Unity of The Proposition*. Oxford: Oxford University Press, 2008.

——, "The Identity Theory of Truth", in *The Stanford Encyclopedia of Philosophy*, edited by E. N. Zalta. Metaphysics Research Lab, Stanford University, 2019.

Gettier, E., "Is Justified True Belief Knowledge?", *Analysis*, 23(6):121–123, 1963.

Gödel, K., "Russell's Mathematical Logic", in *The Philosophy of Bertrand Russell*, pp. 125–53. Evanston: Northwestern University Press, 1944.

Golosz, J., "In Defence of An Argument Against Truthmaker Maximalism", *Logic and Logical Philosophy*, 24(1):105–109, 2015.

Grossmann, R., *The Existence of the World*. London and New York: Routledge, 1992.

Haack, S., *Philosophy of Logic*. Cambridge: Cambridge University Press, 1978.

Halbach, V., *Axiomatic Theory of Truth*. Cambridge: Cambridge University Press, 2011.

Heathcote, A., "Truthmaking and the Gettier Problem", in *Aspects of Knowing: Epistemological Essays*, edited by S. Hetherington, pp. 151–167. Kidlington & Amsterdam: Elsevier, 2006.

Heil, J., "Truth Making and Entailment", *Logique and Analyse*, 43(169–170):231–242, 2000.

——, *From an Ontological Point of View*. Oxford: Oxford University Press, 2003.

——, "Real Tables", *Monist*, 88(4):493–509, 2005.

Horchberg, H., *Thought, Fact, and Reference: The Origins and Ontology of*

Logical Atomism. Minneapolis: University of Minnesota Press, 1978.

——, "Armstrong, D. M., *A World of States of Affairs* (Cambridge: Cambridge University Press, 1997), xiii + 285pp." *Noûs*, 33(3):473–495, 1999.

Horgan, T., and Potrč, M., *Austere Realism: Contextual Semantics Meets Minimal Ontology*. Cambridge, MA: MIT Press, 2008.

Hornsby, J., "Truth: The Identity Theory", *Proceedings of the Aristotelian Society*, volume 97, pp. 1–24. Oxford: Basil Blackwell, 1997.

——, "Truth without Truthmaking Entities", in H. Beebee and J. Dodd editors, *Truthmakers: The Contemporary Debate*. Oxford: Clarendon Press, 2005.

Horwich, P., "Realism Minus Truth", *Philosophy and Phenomenological Research*, 56(4):877–881, 1996.

——, *Truth*. Oxford: Clarendon Press, second edition, 1998.

——, "Davidson on Deflationism", in *Donald Davidson: Truth, Meaning, and Knowledge*, edited by Urszula M.M˙egleń, pp. 18–22. London and New York: Routledge, 1999.

Jago, M., and Barker, S., "Being Positive about Negative Facts", *Philosophy and Phenomenological Research*, 85:117–38, 2011.

——, "The Truthmaker Non-Maximalist's Dilemma", *Mind*, 121(484):903–918, 2012.

Jennings, R. C., "Popper, Tarski and Relativism", *Analysis*, 43(3):118–123, 1983.

Kant, I., *Selected Pre-Critical Writings*. Manchester: Manchester University Press, 1968.

——, *Kant's Logic*. Indianapolis: Bobbs-Merrill, 1974.

——, *Critique of Pure Reason* (Translated and Edited by Paul Guyer & Allen W. Wood). Cambridge: Cambridge University Press, 1998.

Kirkham, R. L., *Theories of Truth: A Critical Introduction*. Cambridge, MA: The MIT Press, 1997.

Korman, D. Z., *Objects-Nothing Out of the Ordinary*. Oxford: Oxford University Press, 2015.

Kukso, B., "The Reality of Absences", *Australasian Journal of Philosophy*, 84 (1): 21–37, 2006.

Künne, W., *Conceptions of Truth*. Oxford: Clarendon Press, 2003.

Lewis, D., *On the plurality of Worlds*. Oxford: Basil Blackwell, 1986.

——, "Critical Notice of D. M. Armstrong's A Combinatorial Theory of Possibility", *Australasian Journal of Philosophy*, 70:211–24, 1992.

——, "Mathematics in Megethology", *Philosophia Mathematica*, 1(1):3–23, 1993.

——, "Truthmaking and Difference-Making", *Noûs*, 35:602–615, 2001.

——, "Things qua Truthmakers", in *Real Metaphysics: Essay in honour of D. H. Mellor*, edited by Hallvard Lille-hammer and Gonzalo Rodriguez-Pereya, pp. 25-38. London: Routledge, 2003.

——, and Rosen, G., "Postscripts to 'things qua truthmakers': Negative existentials", in *Real Metaphysics*, pp. 39–42. London: Routledge, 2003.

Liggins, D., "Truthmakers and the Groundedness of Truth", *Proceedings of the Aristotelian Society*, 108(2):177–196, 2008.

López De Sa, D., and Zardini, E., "Does This Sentence Have No Truthmaker?", *Analysis*, 66(2):154–157, 2006.

——, "Disjunctions, Conjunctions, and Their Truthmakers", *Mind*, 118: 417–425, 2009.

Loux, M. J., *Substance and Attribute: A Study on Ontology*. D. Reidel Publishing Company, 1978.

Lowe, E. J., *The Possibility of Metaphysics*. Oxford: Clarendon Press, 1998.

——, "How Are Ordinary Objects Possible?", *The Monist*, 88(4):510–533, 2005.

——, *The Four-Category Ontology: A Metaphysical Foundation for Natural Science*. Oxford: Oxford University Press, 2006.

——, "An Essentialist Approach to Truthmaking", in *Truth and Truth-Making*, edited by E. J. Lowe and A. Rami, pp. 201–216. Stocksfield, UK: Acumen, 2009.

Ludwig, K., "Davidson's Objection to Horwich's Minimalism about Truth", *Journal of Philosophy*, 101(8):429–437, 2004.

MacBride, F., "Truthmakers", in *The Stanford Encyclopedia of Philosophy*. http://plato.stanford.edu/archives/fall2016/entries/ truthmakers/, fall 2016, 2016.

Mantegani, N., "Instantiation Is not Partial Identity", *Philosophical Studies*, 163(3):697–715, 2013.

Martin, C. B., "How it is: Entities, Absences and Voids", *Australasian Journal of Philosophy*, 74(1):57–65, 1996.

Maurin, Anna-Sofia, *If Tropes*. Dordrecht: Kluwer, 2002.

——, "Bradley's Regress", *Philosophy Campass*, 7(11):794–807, 2012.

McDowell, J., *Mind, Value, and Reality*. Cambridge, MA: Harvard University Press, 1998.

McFetridge, I. G., "Propositions and Davidson's Account of Indirect Discourse", *Proceedings of the Aristotelian Society*, 76(n/a):131–145, 1975.

McTaggart, J. E., *The Nature of Existence*. Cambridge: Cambridge University Press, 1921.

Meinong, A., *Über Möglichkeit und Wahrscheinlichkeit*. Leipzig: Barth, 1915.

Melia, J., "Truthmaking Without Truthmakers", in *Truthmakers: The Contemporary Debate*, p. 67. Oxford: Clarendon Press, 2005.

Mellor, D. H., "Real Metaphysics: Replies", in *Real Metaphysics: Essays in Honour of D. H. Mellor*. Oxford: Routledge, 2003.

——, "Truthmakers For What?", in *From Truth to Reality: New Essays in Logic and Metaphysics*, edited by H. Dyke. Oxford: Routledge, 2009.

Merricks, T., *Objects and Persons*. Oxford: Clarendon Press, 2001.

——, *Truth and Ontology*. Oxford: Oxford University Press, 2007.

——, "Do Ordinary Objects Exist? No", in *Current Controversies in Metaphysics*, edited by Elizabeth Barnes. Oxford: Routledge, 2015.

Milne, P., "Not Every Truth Has a Truthmaker II", *Analysis*, 73(3):473–481, 2013.

Milne, P., "Not Every Truth Has a Truthmaker", *Analysis*, 65(3):221–224, 2005.

Molnar, G., "Truthmakers For Negative Truths", *Australasian Journal of Philosophy*, 78:72–86, 2000.

——, *Powers: A Study in Metaphysics*. Oxford: Oxford University Press, 2003.

Moore, G. E., *Some Main Problems in Philosophy*. London: George Allen & Unwin Ltd., 1953.

Mulligan, K., "Truth and the Truth-maker Principle in 1921", in *Truth and Truth-Making*, edited by E. J. Lowe and A. Rami, pp. 39–58. Stocksfield, UK: Acumen, 2009.

Mulligan, K., and Correia, F., "Facts", in *The Stanford Encyclopedia of Philosophy*, edited by E. N. Zalta. Metaphysics Research Lab, Stanford University, winter 2020, 2020.

Mulligan, K., Simons, P., and Smith, B., "Truthmakers", *Philosophy and Phenomeno-logical Research*, 44(3):287–321, 1984.

Mumford, S., "Negative Truth and Falsehood", *Proceedings of the Aristotelian Society*, 107(1pt1):45–71, 2007.

Neale, S., *Facing Facts*. Oxford: Clarendon Press, 2001.

Neurath, O., *Philosophical Papers*. Dordrecht: Reidel, 1983.

Newman, A., *The Correspondence Theory of Truth*. Cambridge: Cambridge University Press, 2004.

Oliver, A., "The Metaphysics of Properties", *Mind*, 105(417):1–80, 1996.

Olson, E. T., *What Are We? — A Study on Personal Ontology*. Oxford: Oxford University Press, 2007.

Olson, K., *An Essay on Facts*. CSLI, 1987.

Orilia, F., "Type-free Property Theory, Bradley's Regress, and Meinong and Russell Reconciled", *Grazer Philosophische Studien*, 39:103–125, 1991.

Parsons, J., "There is No 'Truthmaker' Argument Against Nominalism", *Australasian Journal of Philosophy*, 77(3):325–334, 1999.

——, "Negative Truths from Positive Facts?", *Australasian Journal of*

Philosophy, 84(4):591–602, 2006.

Perovic, K., "The Import of the Original Bradley's Regress(es)", *Axiomathes*, 24: 375–394, 2014.

Proops, I., "Wittgenstein's Logical Atomism", in *The Stanford Encyclopedia of Philosophy*, edited by E. N. Zalta. Metaphysics Research Lab, Stanford University, winter 2017, 2017.

Quine, W. V., *From a Logical Point of View—Logico-Philosophical Essays*. Cambridge, MA: Harvard University Press, 1953.

——, *Word and Object*. Cambridge, MA: The MIT Press, 1960.

Ramsey, F. P., "Universals", *Mind*, 34:401–417, 1925.

——, "Facts and Propositions", *Proceedings of the Aristotelian Society*, 7(1):153–170, 1927.

——, *On Truth*. Dordrecht: Kluwer, 1991.

Read, S., "Truthmakers and the Disjunction Thesis", *Mind*, 109:67–79, 2000.

Restall, G., "Truth-makers, Entailment and Necessity", *Australasian Journal of Philosophy*, 74:331–340, 1996.

Rodriguez-Pereyra, G., "Why Truthmakers", in *Truthmakers: The Contemporary Debate*, edited by H. Beebee and J. Dodd, pp. 17–31. Oxford: Oxford University Press 2005.

——, "Truthmaker Maximalism Defended", *Analysis*, 66(3):260–264, 2006a.

——, "Truthmakers", *Philosophy Compass*, 1(2):186–200, 2006b.

——, "Truthmaking, Entailment, and the Conjunction Thesis", *Mind*, 78(2000):72–86, 2006c.

——, "The Disjunction and Conjunction Theses", *Mind*, 118(470): 427–443, 2009.

Russell, B., *The Principles of Mathematics*. London: George Allen and Unwin, 1903.

——, *Problems of Philosophy*. Oxford: Oxford University Press, 1912.

——, *Logic and Knowledge: Essays, 1901–1950*. London: George Allen & Unwin, 1956.

——, "The Nature of Truth", in *Foundations of Logics: 1903–05*, edited by A. Urquhart, pp. 492–506. London and New York: Routledge, 1994.

——, *Philosophical Essays*. London and New York: Routledge, 2009.

——, *The Philosophy of Logical Atomism*. London: Routledge, 2010.

Rychter, P., "Truthmaker Theory without Truthmakers", *Ratio*, 27(3):276–290, 2014.

Sainsbury, R. M., *Russell*. Boston & Henley: Routledge & Kegan Paul, 1979.

Sanford. D. H., "The Problem of the Many, Many Composition Questions, and Naive Mereology", *Noûs*, 27(2):219–228, 1993.

Schaffer, J., "The Individuation of Tropes", *Australasian Journal of Philosophy*, 79(2):247–257, 2001.

——, "Truth and Fundamentality: On merricks's Truth and Ontology", *Philosophical Books*, 49(4):302–316, 2008a.

——, "Truthmaker Commitments", *Philosophical Studies*, 141(1):7–19, 2008b.

——, "The Least Discerning and Most Promiscuous Truthmaker", *Philosophical Quarterly*, 60(239):307–324, 2010.

——, "Propositions United: Gaskin on Bradley's Regress and the Unity of the Proposition", *Dialectica*, 64(2):289–301, 2010.

Seargent, D., *Plurality and Continuity*. Dordrecht: Martinus Nijhoff Publishers, 1985.

Searle, J., *The Construction of Social Reality*. Free Press, 1995.

——, "Truth: A Recosideration of Strawson's Views", in *The Philosophy of P. F. Strawson*, edited by L. Hahn, pp. 385–401.Chicago: Open Court Publishing Company, 1998.

Sider, T., *Four-Dimensionalism*. Oxford: Clarendon Press, 2001.

Simons, P., "Aristotle's Concept of States of Affairs", in *Antike Rechts- und Sozialphilosophie*, edited by M. Fischer and O. Gigon, pp. 97–112. Lang, Frankfurt/M, 1988.

——, "Logical Atomism and Its Ontological Refinement: A Defense", in *Language, Truth and Ontology*, edited by K. Mulligan, pp. 157–179.

Dordrecht: Kluwer, 1992.

——, "Particulars in Particular Clothing: Three Trope Theories of Substance", *Philosophy and Phenomenological Research*, 54(3):553–575, 1994.

——, "Negatives, Numbers, and Necessity: Some Worries about Armstrong's Version of Truthmaking", *Australasian Journal of Philosophy*, 83:253–261, 2005.

——, "Defending Truthmaker Nonmaximalism", *Thought: A Journal of Philosophy*, 3(4):288–291, 2014.

Skiles, "Is There a Dilemma for the Truthmaker Non-Maximalist?", *Synthese*, 191(15):3649–3659, 2014.

Smith, "Truthmaker Realism", *Australasian Journal of Philosophy*, 77(3):274–291, 1999.

Soames, S., *Understanding Truth*. Oxford: Oxford University Press, 1999.

Sosa, E., "How to Defeat Opposition to Moore", *Philosophical Perspectives*, (13): 141–153, 1999.

Stevens, G., "Russell and the Unity of the Proposition", *Philosophy Compass*, 3 (3): 491–506, 2008.

Stoljar, D., and Damnjanovic, N., "The Deflationary Theory of Truth", in *The Stanford Encyclopedia of Philosophy*, edited by E. N. Zalta. Metaphysics Research Lab, Stanford University, fall 2014.

Strawson, P. F., "Reply to John R. Searle", in *The Philosophy of P. F. Strawson*, edited by L. Hahn. Chicago: Open Court, 1998.

——, "Truth", in *The Nature of Truth — Classic and Contemporary Perspectives*, edited by Michael P. Lynch, pp. 447–471. Cambridge, MA: The MIT Press, 2001.

Studtmann, P., "Aristotle's Categories", in *The Stanford Encyclopedia of Philosophy*, edited by E. N. Zalta. Metaphysics Research Lab, Stanford University, fall 2018, 2018.

Svennerlind, C., "Armstrong on Instantiation as Partial Identity", *Kapten Nemos Kolumbarium, Philosophical Communications, web series*, (33), 2005.

Tallant, J., "Ontological Cheats Mightjust Prosper", *Analysis*, 69(3):422–430, 2009.

Tarski, A., "The Semantic Conception of Truth: and the Foundations of Semantics", *Philosophy and Phenomenological Research*, 4(33):341–376, 1944.

——, *Logic, Semantics, Metamathematics*. Oxford: Clarendon Press, 1956.

Textor, M., "States of Affairs", in *The Stanford Encyclopedia of Philosophy*, edited by E. N. Zalta. Metaphysics Research Lab, Stanford University, winter 2016.

Thomasson, A. L., *Ordinary Objects*. Oxford: Oxford University Press, 2007.

——, "Existence Questions", *Philosophical Studies*, 141(1):63–78, 2008.

——, "The Controversy over the Existence of Ordinary Objects", *Philosophy Compass*, 5(7):591–601, 2010.

van Inwagen, P., *Material Beings*. Ithaca, NY: Cornell University Press, 1990.

Varzi, A., "Mereology", in *The Stanford Encyclopedia of Philosophy*, edited by E. N. Zalta. Spring 2015.

Wedgwood, R., "The Aim of Belief", *Philosophical Perspectives*, 36(s16):267–97, 2002.

White, A. N., and Russell, B., *Principia Mathematica*, volume 1. Cambridge: Cambridge University Press, 2 edition, 1968.

Wiggins, D., "On Being in the Same Place at the Same Time", in *Material Constitution: A Reader*, edited by M. Realanham, pp. 3–9. Lanham, MD: Rowman and Littlefield, 1997.

Williams, B., "Deciding to Believe", in *Problems of the Self*. Cambridge: Cambridge University Press, 1973.

Williams, C., *What is Truth?*, Cambridge: Cambridge University Press, 1976.

Williams, D. C., "On the Elements of Being: I", *Review of Metaphysics*, 7(1):3–18, 1953.

Wittgenstein, L., *Tractatus Logico-Philosophicus*. London: Routledge, 1922.

——, *Letters to C. K. Ogden with Comments on the English Translation:*

Tractatus Logico Philosophicus. Oxford: Basil Blackwell, 1973.

——, *Notebooks 1914–1916*. Oxford: Basil Blackwell, 2 edition, 1979.

Wright, C., *Truth and Objectivity*. Cambridge, Mass.: Harvard University Press, 1992.

柏拉图:《柏拉图全集》,王晓朝译,人民出版社,2003年。

陈嘉明:"事实与符合——陈波《没有"事实"概念的新符合论》之我见",《江淮论坛》,(3),2020。

程炼:"真理作为信念规范",《世界哲学》,(2):40-50,2014。

何朝安:"论非内涵语境下的替换失效现象",《哲学动态》,(10),2011。

何朝安:《意义的形而上学》(博士学位论文),复旦大学,2012年。

黄敏:"布拉德雷、罗素与维特根斯坦论关系",《现代哲学》,(2):69-76,2012。

黄维:《论阿姆斯特朗使真者理论中的受限衍推原则》(硕士学位论文),复旦大学,2012年。

卡尔·波普尔:《客观知识》,舒炜光等译,上海译文出版社,2005。

蒯因:《真之追求》,王路译,三联书店,1999年。

W. V. O. 蒯因:《蒯因著作集》(第6卷),涂纪亮、陈波主编,中国人民大学出版社,2007b。

W. V. O. 蒯因:《蒯因著作集》(第4卷),涂纪亮、陈波主编,中国人民大学出版社,2007a。

李主斌:"罗素与命题统一体",《上海交通大学学报》(哲学社会科学版),(3),5,2015。

李主斌:"麦克道威尔与真理同一论",《科学技术哲学研究》,(5):35-39,2013a。

李主斌:"塔斯基:语义性真理论与符合论",《逻辑学研究》,2(4):97-113,2009。

李主斌:"指称、真理与符合——戴维森能否成功拒斥符合论?",《中国分析哲学》(2012),浙江大学出版社,2013b,第151-166页。

刘振:"论特修斯之船问题及其解决——对E.J.劳连续历史解释方案的批判",

《自然辩证法研究》,(7):9-14,2015。
罗素:《逻辑与知识》,苑莉均译,商务印书馆,2005年。
苏德超:"忒修斯之船与跨时间的同一性",《陕西师范大学学报》(哲学社会科学版),2017(1):17-25。
苏珊·哈克:《逻辑哲学》,罗毅译,商务印书馆,2003年。
王洪光:"真理紧缩论与真理模式",《自然辩证法研究》,29(8):9-13,2013。
维特根斯坦:《逻辑哲学论》,贺绍甲译,商务印书馆,2005年。
亚里士多德:《范畴篇 解释篇》,方书春译,商务印书馆,2005年。
颜一:"实体(ousia)是什么?——从术语解析看亚里士多德的实体论",《世界哲学》,(2),2002。
翟玉章:"罗素的事实概念及其空洞性",《江海学刊》,2021(6):57-64。
周振忠:"分析哲学中的真理论研究——从收缩论的观点看",《哲学动态》,(7):105-111,2014。
周振忠:"收缩论及其不一致性研究",《学术研究》,(12):33-37,2008。
周振忠:"收缩论与断定的规范",《逻辑学研究》,(2):142-151,2017。

译名对照表

（数字为该名字首次出现的页码）

Aquinas, Thomas 阿奎那 11
Armstrong, D. M. 阿姆斯特朗 4
Aristotle, 亚里士多德 1
Asay, Jamin 阿赛 207
Austin, J. L. 奥斯汀 1
Ayer, A. J. 艾耶尔 81

Barrio, Eduardo 巴里奥 189
Barwise, Jon 巴维斯 91
Baxter, Donald 巴克斯特 236
Beebee, Helen 毕比 358
Berkeley, George 贝克莱 113
Bigelow, John 毕格罗 112
Blackburn, Simon 布莱克本 16
Blanshard, Brand 布莱夏尔德 62
Bradley, F. H. 布拉德雷 40
Brentanto, Franz 布伦塔诺 2

Cameron, Ross 卡梅伦 177
Candlish, Stewart 坎德利什 42
Carnap, Rudolf 卡尔纳普 88
Cartwright, R. L. 卡特莱特 83

Carruthers, Peter 卡拉瑟斯 101
Cheyne, Colin 切恩 295
Church, Alonzo 丘奇

Damnjanovic, Nic 达姆尼亚诺维奇 393
David, Marian 大卫 73
Davidson, Donald 戴维森 16
Dodd, Julian 多德 74
Demos, Raphael 迪莫斯 271
Devitt, Michael 戴维特 425
Dummett, Michael 达米特 27

Fine, Kit 法恩 50
Fox, John 福克斯 112
Frege, Gottlob 弗雷格 21

Gaskin, Richard 贾斯金 73
Gettier, E. L. 盖提尔 196
Gołosz, Jerzy 格沃斯 185
Gödel, Kurt 哥德尔 92
Grossmann, Reinhardt 格罗斯曼 348

Haack, Susan 哈克 27
Heathcote, Adrian 希思科特 188
Hegel, W. W. F 黑格尔 12
Hempel, Carl 亨普尔 62
Heidegger, Martin 海德格尔 12
Hochberg, Herbert 霍贝格 345
Hornsby, Jennifer 霍恩斯比 72
Horwich, Paul 霍维奇 2
Husserl, Edmund 胡塞尔 249

Jackson, Frank 杰克逊 163
Jago, Mark 贾戈 177

Kant, Immanuel 康德 11
Kirkham, Richard 科克汉姆 14
Korman, D. Z. 科曼 246
Kukso, Boris 库克索 192
Künne, Wolfgang 库勒 15

Leibniz, G. W. 莱布尼茨
Lewis, David 刘易斯 191
Lowe, E. J. 劳 127
López De Sa, Dan 洛佩斯德萨 183

MacBride, Fraser 麦克布兰德 114
Mackie, J. L. 马基 27
Martin, C. B. 马丁 112
Maurin, Anna-Sofia 莫林 265
McDowell, John 麦克道威尔 72
McTaggart, John 麦克塔格特 111

Meinong, Alexius 迈农 37
Mellor, D. H. 梅勒 202
Merricks, Trenton 梅里克斯 115
Mill, J. S. 穆勒 31
Milne, Peter 米尔恩 182
Molnar, Geroge 莫尔纳 191
Moore, G. E. 摩尔 5
Mulligan, Kevin 穆利根 110
Mumford, Stephen 芒福德 192

Neurath, Otto 纽拉特 62
Newman, Andrew 纽曼 80

Olson, K. R. 奥尔森 302

Perovic, Katarina 佩洛维奇 310
Perry, John 佩里 91
Pigden, Charles 皮克顿 295
Popper, Karl 波普尔 25
Prior, Arthur N. 普莱尔 114

Quine, W. V. O. 蒯因 27

Ramsey, F. P. 兰姆赛 12
Read, Stephen 里德 152
Restall, Greg 雷斯托 112
Rodriguez-Pereyra, Gonzalo 罗德里格斯-佩雷拉 74
Russell, Bertrand 罗素 1

Ryle, Gilbert 赖尔 113

Sainsbury. R. M. 塞恩斯伯里 270
Sanford, D. H. 桑福德 250
Schaffer, Jonathan 谢弗 134
Seargent, David 萨金特 341
Searle, John 塞尔 51
Shoemaker, Sydney 休梅克 348
Sider, Theodore, 赛德 113
Simons, Peter 西蒙斯 16
Simpson, Matthew 辛普森 195
Skiles, Alexander 斯基尔斯 197
Slote, M. A. 斯洛特 338
Smith, Barry 史密斯 110
Soames, Scott 索莫斯 393
Sosa, Ernest 索萨 196
Stevens, Graham 斯蒂文斯 36

Stoljar, Daniel 斯图嘉 393
Stout，G. F. 斯托特 111
Strawson, Peter 斯特劳森 54

Tarski, Alfred 塔斯基 1
Textor, Mark 泰克斯特 344

Wedgwood, Ralph 魏纪武 414
Weinberg, Julius 温伯格 305
Williams, Bernard B. 威廉姆斯 412
Williams, C. J. F. C. 威廉姆斯 16
Williams, D. C. D. 威廉姆斯 262
Williams, Michael M. 威廉姆斯 62
Wittgenstein, Ludwig 维特根斯坦 1
Wright, Crispin 赖特 416

Zardini, Elia 扎尔迪尼 183

后 记

在通读、修订完正文的最后一段文字后,我吁了一口气,如释重负,一件压在心里多年的事情终于结束,从此不再牵挂。这样的感觉很好。

2010年,我考入复旦哲学学院,跟随张志林老师攻读博士学位。这年国庆节的前一天,我拿着一篇论文去找张老师讨论博士论文的选题,张老师在分析了博士论文选题的几个原则后,建议我在硕士学位论文的基础上继续从事真理符合论的研究。2013年,我完成了博士学位论文《事实、真理与符合》,顺利拿到博士学位,然后来到上海交通大学。2014年,我以博士学位论文为基础,成功申请到了国家社科基金青年项目。原本以为,有了博士论文为基础,这个课题完成起来会很轻松,没想到时间一晃就过去了,课题结项的时间是一推再推,直到后来无可再推。

如果从硕士阶段研读塔斯基的语义性真概念开始算起,我从事真理论的研究已经十来个年头了,但是即便是对于符合论,也时常有"不识庐山真面目,只缘身在此山中"之感。总是一个论题引出另一个论题,一篇文献引出另一篇文献,就像顺藤摸瓜,瓜是越摸越多,但是瓜摸得越多越是觉得还有更多的瓜。或许,意识到各种各样的问题以及它们之间的关联,这本身意味着学术上的长进,但问题太多，有时也不免让人沮丧，让人有挫败之感。

　　幸好我处在一个好的环境中，一路走来，总是遇到乐于帮助我的人。我想特别感谢我的导师张志林教授以及师母王静教授，还有张门中的各位师兄弟姐妹。他们是近距离看我成长的人，也是激励我努力、奋进，在我感到挫败时鼓励我的人。感谢我的硕士导师邵强进教授，他是我学术研究的引路人，是他指引我从一个哲学爱好者变为一个哲学研究者。不幸的是，邵老师2020年已因病英年早逝，看不到我第一本专著出版了。感谢我来交大后，那些关心帮助我的领导和同事，特别是我的博后联系导师黄伟力教授。感谢学院资助本著作的出版。最后，当然也是最重要的，要感谢我的家人，他们一直陪伴着我，不管我身处顺境还是逆境。

　　这是我的第一本专著，难言善美，但是以之为起点，我相信自己已经站在了一个还不错的平台上，今后或许在真理论及相关论题上能有一些作为。就以此当作自勉之词吧。

　　尺短言长，不尽之处既是遗憾，也是想念。